"十四五"职业教育国家规划教材

中等职业教育市场营销专业系列教材

营销素养训练

YINGXIAO SUYANG XUNLIAN

（第四版）

张素洁 主 编

王 俊 田 娜 副主编

东北财经大学出版社

Dongbei University of Finance & Economics Press

大 连

图书在版编目（CIP）数据

营销素养训练 / 张素洁主编. —4 版. —大连 ：东北财经大学出版社，
2024.8. —（中等职业教育市场营销专业系列教材）. —ISBN 978-7-5654-
5350-2

Ⅰ.F713.3

中国国家版本馆 CIP 数据核字第 2024AV6276 号

东北财经大学出版社出版

（大连市黑石礁尖山街217号　邮政编码　116025）

网　　址：http://www.dufep.cn

读者信箱：dufep@dufe.edu.cn

大连永盛印业有限公司印刷　东北财经大学出版社发行

幅面尺寸：185mm×260mm　　　字数：449千字　　　印张：19

2024年8月第4版　　　　　　2024年8月第1次印刷

责任编辑：郭海雷　李　丹　　　　责任校对：何　群

封面设计：张智波　　　　　　　　版式设计：原　皓

定价：43.00元

教学支持　售后服务　　联系电话：（0411）84710309

版权所有　侵权必究　　举报电话：（0411）84710523

如有印装质量问题，请联系营销部：（0411）84710711

第四版前言

《国家中长期教育改革和发展规划纲要（2010—2020年）》强调：发展职业教育是推动经济发展、促进就业、改善民生、解决"三农"问题的重要途径，是缓解劳动力供求结构矛盾的关键环节，必须摆在更加突出的位置。职业教育要面向人人、面向社会，着力培养学生的职业道德、职业技能和就业创业能力。党的二十大报告提出：统筹职业教育、高等教育、继续教育协同创新，推进职普融通、产教融合、科教融汇，优化职业教育类型定位。《国家职业教育改革实施方案》指出：落实好立德树人根本任务，健全德技并修、工学结合的育人机制，完善评价机制，规范人才培养全过程。

2015年，经全国职业教育教材审定委员会审定通过，本教材被评为"十二五"职业教育国家规划教材；2020年，本教材被评为"十三五"职业教育国家规划教材；2023年，本教材被评为"十四五"职业教育国家规划教材。为适应时代发展变化，体现教学改革的最新成果，我们对教材进行了再次修订。

第四版教材在修订过程中，遵循《中国教育现代化2035》推进教育现代化的八大基本理念：更加注重以德为先，更加注重全面发展，更加注重面向人人，更加注重终身学习，更加注重因材施教，更加注重知行合一，更加注重融合发展，更加注重共建共享；深入贯彻"以就业为导向，以学生为主体，着眼于学生职业生涯发展，注重职业素养的培养，有利于课程教学改革"的总原则，体现以"做中学、做中教"为特点的新课改的基本要求，既注重培养学生营销服务岗位应具备的知识素养，又侧重培养学生的思维、心理、礼仪、沟通、口才等职业素质和职业能力。

为了让学生逐步、全面地提高营销素养，本教材把营销素养培育所必需的理念、意识、情感和方法融入每一个任务编排之中，力求做到以营销案例之魅力激发学生的学习兴趣；再辅之以精辟的分析，让学生进入任务学习中，理论学习与实践运用交叉，个人思考与团队游戏共存，完成一个知、情、意、行的学习过程，逐步培养营销意识，不断提升职业素养，促进学生的全面发展，为中职毕业生能够继续接受高职教育、顺利走上工作岗位提供发展平台。

本教材设计了营销礼仪训练、营销思维训练、营销沟通训练、营销口才训练、营销心理训练五个项目，采用任务导向的教材结构设计，每个项目由"学习目标""情景导入""知识准备""技能拓展""课堂测试""项目小结""项目测试""项目评价"等模块构成，并根据教学需要在任务中设置了"读一读""做一做""议一议""小资料""小案例""小提示"等栏目，达到了丰富教学手段的目的。本教材建议总学时为144课时，项目一每个任务6课时，其他项目每个任务4课时，综合实训18课时。

需要强调的是，在本次修订过程中，我们增加了课程思政相关内容，努力做到与时俱进。在每个项目中，新设一个"思政之窗"专栏，其内容围绕与本项目或任务内容相关的"思政元素"而展开。具体来说，课程思政元素从中国传统文化角度着眼，结合社会主义核心价值观——富强、民主、文明、和谐、自由、平等、公正、法治、爱国、敬业、诚信、友善——设计课程思政的主题，围绕知识传授、能力培养、价值塑造三位一体的课程建设目标，在课程内容中寻找相关的落脚点，通过案例、名言、小故事、知识点、训练任务等教学素材的综合运用，以润物无声的方式，将正确的价值追求有效地传递给学生和读者。

本教材由大连商业学校张素洁担任主编并统稿，吉林农业大学王俊和大连商业学校田娜担任副主编。具体编写分工如下：项目一由大连商业学校张素洁编写；项目二由吉林农业大学王俊编写；项目三由大连商业学校田娜、费立宇编写；项目四由大连市经济贸易学校冯素敏编写；项目五的任务一、任务五、任务六由大连商业学校张雪松编写，任务二、任务三、任务四由大连商业学校于琳琳编写；综合实训由大连商业学校张素洁编写。为方便教学，本教材配有电子课件，任课教师可登录东北财经大学出版社网站（www.dufep.cn）查询或下载。

在教材编写过程中，得到了王晋卿、安如磐、邓国民等商业领域职业教育专家的悉心指导。珍奥集团董事长兼首席执行官张力、大连世纪金秋健康咨询有限公司总经理温辛刚两位行业专家进行了行业专业技术指导，在提供了大量翔实的企业公关案例和职场培训资料的基础上，还从企业运营管理者角度与编写团队多次探讨一线营销人员应具备的主要职业素养，在教材的编写思路、教材结构、内容安排等方面积极建言献策，并派出公司的专业人员对课程配套微课的录制工作给予指导。可以说，本教材是校行企多元化合作的重要成果，也是提高人才培养质量的主要抓手。

本书既可以用作中等职业学校市场营销、商品经营、电子商务、客户服务等财经商贸类相关专业的教材，也可供广大营销人员业务培训和自学使用。由于各种原因，书中难免有不妥与疏漏之处，敬请读者批评、指正。

编　者

2024年6月

目　录

项目一 营销礼仪训练

营销工作该从何处着手呢？

商场内宽敞明亮、音乐舒缓，年轻漂亮、穿戴得体的服务人员殷勤地为顾客提供个性化服务……所有这些，都是为了创造一种"感觉"，一种让顾客体会愉悦、舒适和被尊重的感觉。人们喜欢生活在这种感觉里，所以一切的营销活动必须注重"感觉"。

"四秒钟决定对一个人的印象。"在营销过程中，客户除了看你是否具备专业知识和服务能力之外，还要通过你的仪容、仪表、服饰、表情、动作、语言表达、社交宴请礼仪等来感知、判断你是否具有良好的修养，是否让客户舒适、舒心。

可以说，营销礼仪是一种服务，是一种宣传，是一种品牌，更是一种效益。这就要求营销人员具备整洁美观的仪容、端庄大方的仪表、搭配合宜的服饰、亲切友善的形象、规范优雅的举止、自然亲切的语言、周到得体的礼节、真诚仁德的心性。

学习目标

知识目标：

1.了解营销人员在工作场合仪容、仪表、服饰方面的礼仪常识。

2.掌握仪态、动作的礼仪和运用方法。

3.理解"看场合、分对象"的社交礼仪方法。

4.熟悉营销工作中能够用到的国际礼仪常识。

能力目标：

1.能够熟练搭配规范的职业装及饰物。

2.能够根据不同场合运用合适的语言，展示得体的礼仪。

素养目标：

1.塑造亲切友善的职业形象，展示规范优雅的仪态举止。

2.养成真诚、仁德的心性。

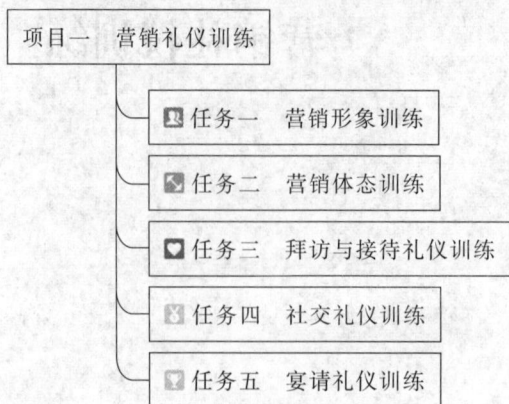

项目一　营销礼仪训练

- 📘 任务一　营销形象训练
- ⬛ 任务二　营销体态训练
- 💗 任务三　拜访与接待礼仪训练
- 🔳 任务四　社交礼仪训练
- ⬛ 任务五　宴请礼仪训练

任务一　营销形象训练

微课

营销形象训练

📖 情景导入

　　推销员李明亮去一家公司与客户见面。他身着崭新的白衬衫、笔挺的深色西裤，扎一条浅蓝色的领带，脚上黑皮鞋锃亮，提前15分钟来到了双方约定的大厦。他先去卫生间擦净皮鞋、整理衣服，然后左手拿着文件包，右手轻敲三下门，得到允许后，精神抖擞地进门，端正地站好，面带微笑、声音沉稳地说："王经理，您好！我是李明亮，感谢您给我拜访机会！"

想一想：

（1）你觉得李明亮的营销形象怎么样？为什么要重视营销形象？

（2）你会给自己设计一个怎样的营销形象呢？

👨‍🏫 知识准备

　　服饰仪表是营销人员带给客户的第一印象，客户会根据这一印象对营销人员给出最初评价，有的说法是它甚至能决定营销成败的30%。营销人员的经济状况、受教育程度、可信任度、社会地位、成熟度、家庭背景以及品行教养等，几乎都可以通过服饰仪表体现出来。恰当的着装能够弥补营销人员自身条件的某些不足，体现职业尊严，从而得到客户的认可。

　　营销形象如此重要，有以下五个原因：（1）营销人员代表的是企业形象；（2）营销工作需要和人打交道；（3）会穿衣化妆的人往往心灵手巧；（4）善于装扮的人比较自信；（5）重视形象，代表着你对营销工作的热忱态度。可见，人们并非奇求营销人员潇洒漂亮，而是强调着装的态度、打扮的品位。着装正式和打扮适当是尊重自己和对方的表现。

　　客户希望营销人员的服饰、仪容、仪表等整体形象一要符合生活中的交际礼仪，二要符合职业礼仪，三要符合客户心目中的形象礼仪，即"看场合、分对象"。合乎交际礼仪的整体形象会给客户留下良好的印象，提高营销活动的成功率。

营销形象礼仪具体包括仪容、发型、化妆、着装、配饰和鞋袜六个方面，其知识要点与作用分析见表1-1。

表1-1　　　　　　　　　　营销形象礼仪知识要点与作用分析

项目	知识要点	作用分析
1.仪容	①卫生：养成良好的习惯，每日洗澡更衣 ②口气：见客户之前别吃葱蒜类辛辣刺激性食物 ③洁肤：保持眼角、嘴角清洁，男士胡须、鼻毛及时清除 ④双手：保持干净，指甲修剪整齐，女生不涂或只涂无色、肉色指甲油	①使个人形象卫生、健康 ②保持口气清新，显得干净爽洁 ③洁肤比化妆更为基础，男士整洁比美观更为重要 ④手是人的第二张脸，细节往往决定成败
2.发型	①发型：整洁、规范，发色正常 ②发长：前不覆额、侧不过耳、后不及领 ③洗理：最好在见客户三天前理发，前一天洗净头发，避免头屑留在衣服上	①男生常见的是分头、平头 ②显得干净利落，庄重成熟 ③打理头发是塑造自身形象、精神面貌最直接、有效的方式
3.化妆	①淡妆：彩妆要自然、协调 ②粉底：选择接近肤色的粉底 ③睫毛膏、唇彩和腮红：选择适合自己的 ④香水：不用或只用清新、淡雅的香水	①女生化淡妆是对人的尊重 ②粉底可以使肤质显得细腻 ③睫毛膏和唇彩是化妆重点，用腮红调整脸型 ④过浓的香味会让人反感
4.着装	①女生：选款式简洁、色调清爽、式样新颖的同色系职业套装 ②男生：穿合身的正式西装 ③衬衫：选白色棉纤质地为好 ④领带：选用丝质的，最好是单色、素色 ⑤长裤：不宜穿背带裤、运动裤、牛仔裤	①西装套裙是最通用、最稳妥的着装，显得稳重、优雅而自信 ②西装显得干净爽利、干练大方 ③白衬衫有职业感和专业精神 ④领带是个性的体现，也是全身的亮点 ⑤正装裤会让客户产生信任感
5.配饰	①饰物：要少而精，全身不超过三种，每种不超过两件 ②手表：只戴一块简洁大方的手表 ③女式手提包：大小、颜色要和服装相搭配 ④男式手提包：选黑色、棕色长方形公文包	①饰物多而杂，显得没有品位 ②戴手表显示珍惜时间、有效率 ③女式手提包要有职业感、统一感 ④男式公文包显示职业形象
6.鞋袜	①男生袜：袜子以深色、单色为好 ②男生鞋：皮鞋黑亮、光洁 ③女生袜：穿透明丝袜，带一双备用的 ④女生鞋：式样简单、装饰少的黑色中跟皮鞋，夏天要穿前后都包脚的正装凉鞋	①花色、浅色袜子是男性职场大忌 ②黑亮的皮鞋彰显修养和专业 ③脱丝的袜子、网眼袜自降身价 ④中跟鞋是最佳选择，既舒适结实，又能体现职业女性的尊严

议一议

（1）在工作场合，对营销人员的仪容、发型有哪些具体要求？

（2）怎样理解"看场合、分对象"这句话？

![技能拓展图标] **技能拓展**

拓展内容一：你会选择发型吗？

1.发型的基本要求

营销人员应该给人以干练的印象，发型选择宜简洁大方。怪异的发型往往会给人以不好的感觉，比如特立独行、难以合作、做事掌握不好分寸等。

女性营销人员的发型要求：如果留长发，在工作的时候需要束起来或者盘于脑后；刘海须保持在眉毛上方，尽量不要遮挡住眼睛，否则会妨碍别人和你顺畅地交流。

男性营销人员的发型要求：轮廓分明，样式保守整洁，修剪得体，两侧鬓角不得长于耳垂底部，背面不超过衬衣领底线，前面不遮盖眼睛（如图1-1所示）。

图1-1 营销人员的发型

2.根据脸型选择发型

（1）长形脸。长形脸的特点：脸长，额头、脸颊与下巴等宽、短横眉、鼻长、唇厚。适合发型：脸两侧加发量、带刘海、短发。

（2）蛋形脸。蛋形脸的特点：额头比下颚稍宽，脸宽约为脸长的2/3。适合发型：多种发型，中长发居多。

（3）方形脸。方形脸的特点：额头、脸颊、下巴宽度基本相同，下颌骨是重点。适合发型：脖子附近正面可看到一点头发、顶加高、稍偏分、短发。

（4）圆形脸。圆形脸的特点：长宽基本相同、眉眼上扬、脸圆润丰满。适合发型：头发靠脸颊、耳上方头发尽量向上。

（5）心形脸。心形脸的特点：宽额、尖下巴、颧骨高、薄唇、眉上扬。适合发型：披肩发、下巴两侧加发量、前发遮额两侧、中长发。

（6）菱形脸。菱形脸的特点：两颊宽、额头下巴尖（笑时下巴尤尖）、眉上扬。适合发型：外翘披肩发、太阳穴处加发量、脸颊头发贴近脸。

（7）洋梨形脸。洋梨形脸的特点：额窄、两腮宽、脸整体较宽。适合发型：上额发量加大、短发、头发贴脸。

![做一做图标] **做一做**

小组合作，根据每个人的脸型，选择适合自己的发型。

拓展内容二：女士，你会化一个完美的妆容吗？

女士化淡妆是对人的尊重，因此女性营销人员最好淡妆上岗。淡妆的整体感觉要干净、漂亮、干练、有亲和力。眼睛和嘴唇是表情达意的重要器官，也是销售过程中传递影响力的重要部分，因此淡妆重点是眼妆和唇妆，但不可太夸张。

化妆是运用色彩、线条、层次等方式美化容貌的一个重要手段。化妆要正确、准确、精致、和谐。化妆不仅是美化手段，也是一种情感和积极态度的表达。

完美的妆容不仅需要健康的肌肤和质量较好的化妆品，还需要有良好的审美眼光。培养审美鉴赏能力，是一件漫长的和不易做到的事情。提高自己的化妆水平，可以关注以下几点：一要不断地加强文化修养；二是可以通过影视、书报、杂志等留心和琢磨得体的妆容；三要把握一个基本要点，即重点化妆的部位应该是最有优势和美的部位，不宜过多地表现不足的部位。

化妆是要反复练习的，对平日化妆不多且没有经过专业训练的女士来说，应急化妆是不可取的。

好的妆容要用好的化妆工具来完成，你需要一套简便和质量考究的化妆工具，并学会使用和养护。因此，要选购一个精美的化妆包，装上心爱的随身化妆品。

化妆品质量对化妆效果有直接影响，应尽可能选择品质好的化妆品，特别是使用频率较高的化妆品，如口红、粉底、眉笔等。化妆品一定要洁净，如被污染或过期，则不能保证化妆效果。

1. 底妆

化妆时的肌肤要清洁干净，保持良好的光洁度和湿润感。化妆前正确地清洁和保养皮肤，是必要的前提和保障。化妆前要做到皮肤洁净，不脱皮，不泛油光。粉底的颜色应与肤色协调，确保脸与脖颈之间没有明显分界线，腮红颜色应与口红、眼影的色彩搭调。

2. 眼妆

眉型宜自然流畅，依自己原有的眉型走向，清理干净周围的杂毛就好（如图1-2所示）。千万不要修得细细而高挑，即使你的脸型适合也不要，因为它只适合出现在模特的脸上，在日常生活、工作中出现会让人感觉你比较尖刻，不好相处，缺乏亲和力。

图1-2　画眉毛

黑色眼线笔画出睫毛根部的线条，强调眼睛的形状和眼神配合（如图1-3所示）。眼部运用淡淡的棕色系眼影，突出眼神的光彩，做时尚品或奢侈品销售的人还可以加上流行的蓝色眼影，给人以高雅大方的视觉感受。另外，可以根据自己的服装、产品的颜色和场景的色调等因素来选择眼影的颜色。需要注意的是，一定要先以珠光米

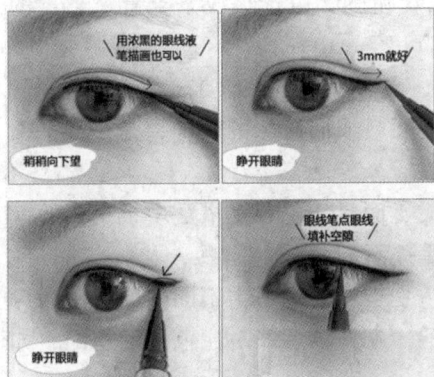

图1-3　画眼线

色或白色在眼睑上打底，同时在下眼睑挨近睫毛根部的位置涂颜色，使眼睛用色平衡。最后在眉骨上涂珠光米色或白色的眼影，可以更加凸显眼睛深邃有神。

另外，刷翘睫毛可使眼睛更加漂亮，这是提升眼神的重要步骤（如图1-4所示）。

3. 腮红和唇妆

腮红和唇妆的用色要清淡，注意与整体妆容的统一协调，有

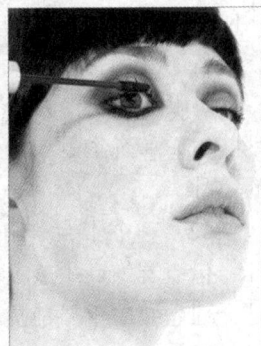

图1-4　画睫毛

淡淡的红晕即可，体现的是自然红润的肤色（如图1-5、图1-6所示）。

图1-5　涂腮红

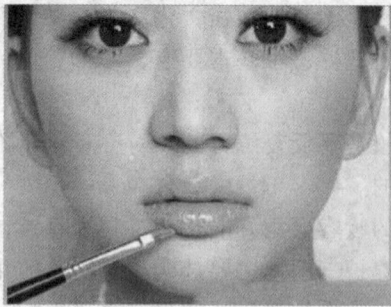

图1-6　画唇妆

 做一做

（1）女士练习使用日妆用品、用具。

（2）小组合作，学会化简单的日妆。

拓展内容三：如何让女士的服饰搭配显得更有品位？

服饰搭配是形象设计的灵魂。选对服装仅仅是着装的第一步，搭配得好才显得有品位。着装有三个层次：一是和谐；二是美感；三是个性。越高的层次和境界越需要借用搭配来完成。搭配通常有三个方面：一是服装与服装间的搭配；二是饰品与服装的搭配；三是服装、饰品与人体的搭配。

1.基本的搭配原则

（1）强调整体视觉效果。强调整体视觉效果也就是要注意着装的整体效果。要表现权威感，应选择线条感强，挺直、平整的服装；要表现妩媚感，应选择线条丰富、柔美的服装。

（2）平衡和对比效果。平衡的搭配，会呈现和谐、宁静、优雅的效果；对比的搭配，会呈现个性、时髦、夸张、动感的效果。上下装采用同面料或同质感的服饰，是一种平衡性搭配的方法。

（3）善用色彩。服装有三个基本要素：色彩、款式、面料。色彩是搭配中最重要的元素之一，是整体服饰的灵魂和支柱。色彩的搭配包括：不同色系的搭配，比如红、橙、黄、绿、青、蓝、紫不同色系的搭配；同色系的搭配，是指同一色系中不同明度、不同深浅的搭配；邻近色系的搭配，如红和橙、黄和绿的搭配；互补色系即对比色系的搭配，如红与蓝、绿的搭配；无彩色与有彩色的搭配等。

2.服饰搭配十大金律

（1）一个主题。最有效的方法是让包、鞋、围巾、饰物的色彩成为上装或下装颜色中的一种。

（2）一个平台——选择好基本款式。基本款式的档次决定了服装的整体水平，包括鞋、包、首饰、手表、大衣、围巾、手套、基本颜色和款式的套装。提升着装的整体档次是合理着装的重要前提，因为它能让服装展现出人的高品质、良好的经济及社会背景，所以选择好基本款式是学习着装的第一步（如图1-7所示）。

图1-7 选择好服装的基本款式

（3）一个重点——鞋最重要。鞋是生活态度的"说明书"，鞋的质量、款式、光泽与服装颜色的协调非常重要，它是唯一运动着的服饰，更是视觉集中的焦点。

（4）一个亮点——首饰与配件。首饰让服装有了活力与生命力，它能够在人们活动时从不同的角度散发出或金属或珠光或晶莹或七彩的光芒，使人的整体着装像被镀上了一层灵光，让人眼前一亮。另外，与首饰配套的配件也能起到很好的衬托作用（如图1-8所示）。

首饰与配件的选择要遵循"三个统一"和"三个点"的原则。

图1-8 首饰与配件

三个统一：尺寸上，身材高大选大的，身材小巧选小的；风格上，高级场合选精美华丽的，工作场合选简约的，休闲场合选休闲的；颜色上，冷肤选银饰，暖肤选金饰。

三个点：一个主题——风格配套；一个重点——一个简洁，则另一个复杂；一个突出——衣服有金扣，则首饰不必要。

（5）一个定律——遵循人体美的规律。人体美的黄金分割律为：上身与下身之比为38：62；头与颈之比为62：38；腰围是臀围的62%；头是肩宽的38%。

需要注意的是，良好的姿势是塑造美好形体的前提。

（6）一种穿法——不同寻常。守旧的穿法让人感觉没有朝气，如何搭配一身美丽的服饰，如何驾驭自信而坦然的感觉，成为服装的主人，是着装者必须考虑的。

平衡美——服装搭配的四个重要平衡：色彩的深浅、纯杂、明暗；图案的简单与复杂、规则与凌乱；面料的轻重、厚薄、挺括、垂感、软硬；款式的松紧、现代与古典、复杂与简洁、清纯与老练、阴与阳。

我们应掌握以下穿着技巧：

①多种面料法：单色服装的搭配，如新娘装。

②点缀法：成套服装的搭配，如首饰、丝巾、胸针、手镯、鞋、包。

③安静法：大花的图案配黑色、白色的外衣、鞋、包（如图1-9所示）。

④建立联系法：找出相关事物，如首饰、丝巾、鞋（如图1-10所示）。

⑤软硬兼施法：极端面料因素的搭配，如牛仔与真丝。

⑥华丽面料朴实法。

⑦松紧搭配法。

⑧阴阳和谐法：软裙、细带、高跟与大表、粗链、高靴。

图1-9　安静法搭配

⑨追求成熟与清纯的平衡。年轻人应突出线条简单，宜搭配图案光泽少的服饰。中年人宜选取鲜艳、图案多、复杂些的款式，注重多层次的搭配，通过讲究的首饰、高级面料、精致的剪裁、高雅的气质烘托成熟风韵。年轻人以朴素、简单为主，略带贵气与成熟；中年人以贵气为主，成熟中增添青春活力。

⑩性感与端庄的平衡。有选择性地显露，露上不露下。例如，旗袍性感，晚装高贵。

⑪简单与复杂的平衡。别穿得太简单，两件以上服饰能够凸显娇贵，一能显示爱惜自己，二能显示每天丰富多彩，有活力。

图1-10　建立联系法搭配

（7）一个原则——服装色彩的搭配。

① 基本色之间的平衡：黑、白、灰、米、蓝、棕。

② 图案领导法：花衣可与花色中任意颜色搭配。

③ 同色深浅搭配：产生文雅、安静、协调感。

④ 邻近色的搭配：如红与黄、黄与绿、青与蓝。

⑤ 互补色的搭配：如红与绿、黄与紫。

（8）肤色与服装色彩的搭配。

（9）先确立基本色，再考虑最适合的颜色（衬衫、丝巾、毛衣）。

（10）消除顾虑，增强自信与勇气。

📖 小资料

女士制服的着装要求

制服是个无声的符号，在商务交往中的影响力越来越大，它可以传达出你所在行业、从事职业、职业化程度、受教育程度等信息。

经典工作服范例：

1. 最适合办公时间穿着的制服依次是：裙套装、西裤或裙子配上衣、西裤配短外套。

2. 尽量选择中性色，推荐的制服颜色有：灰、中等蓝、深蓝、骆驼黄、黑、铁灰、深褐、灰褐、深黄、深红、褐、白（如图1-11、图1-12所示）。

图1-11 白色制服

图1-12 铁灰色制服

　　不要选择过于艳丽的、引人注意的色彩。红、蓝、浓绿虽然显眼，却还不至于不恰当，而香蕉黄或鲜橙色用作西装套裙，看上去就会让人觉得缺少职业性。

　　3.裤袜：除了肤色或近肤色、浅咖啡色之外，其他的颜色均不恰当。

　　4.鞋：低跟（一寸半左右）、包头、中性或深色调的色彩。

　　拓展内容四：男士，你知道西装的穿着礼仪吗？

　　作为职场人士，着装的修饰十分必要，它既能显示出你对客户的尊重，又能体现出你的自尊和自爱。着装不仅是打扮和装饰，实际上它更能体现良好的精神面貌和乐观积极的工作态度。西装能够最大限度地张扬男性魅力。当前，西装早已成为男士们在工作、交际场所通用的服装，其款式和面料的选择也越来越多。那么，穿西装时要注意哪些事项呢？

　　首先，要保持整洁，让西装干净挺括。

　　其次，购买西装后要及时去除袖口上的商标，剪掉外露的线头。

　　西装一定要合肩合身。衣长在臀部下缘或是大拇指尖端为宜，正式西装的袖子在手掌虎口处，休闲西装的袖子在手掌中间，被称为掌心袖。

　　西装的颜色最好选择深灰色、藏青色、蓝黑色等深颜色，这样比较符合职场的礼节（如图1-13所示）。黑色西装虽然也较为正式，但在有些国家和地区只有丧葬时才穿，而且我们经常见到一些保安、保镖穿着黑色西服套装。浅色西装属于休闲色彩，可以在非正式场合穿着。

　　正式的西装，里面要搭配硬领的长袖衬衫（如图1-14所示），与西装的颜色相协调，衬衫袖子以露在西装袖口外1厘米为宜。穿休闲西装，里面可以搭配T恤衫或休闲衬衣，面料应与西装协调。休闲西装的袖子一般比正式西装的稍长，不宜露出里面T恤衫或休闲衬衣的袖子。

图1-13 深色西服套装

图1-14 硬领长袖衬衫

领带是西服整体穿着中最引人注意的部分，最好选择真丝材质的领带。有规则图案的领带比较适合正式场合，比如格子、条纹、斜纹图案，在一些非正式场合，则可以选择一些无规则的图案，比如动物、花卉、水墨画图案等。身材高大魁梧的人，应该佩戴宽大一些的领带，领带结打得饱满些为好。系好的领带的下端至少不能在皮带之上，领带夹要夹在衬衫的第四、第五粒扣子中间，使领带与衬衣相对固定。

西装的前襟口袋只能放装饰性袋巾；外侧口袋尽量少放或不放东西，因为装的物品太多、太厚或者太沉容易导致西装穿着变形；内侧的口袋可以放钢笔、钱夹；西装裤子的两个侧袋可以放钥匙、手机；后面的口袋是装饰性口袋，尽量不要放东西。

若是单排双粒扣的西装，第二粒是样扣，只扣最上面的一粒即可，或是完全不扣；若是单排三粒扣的西装，只扣中间一粒或是完全不扣，第一粒和第三粒是样扣（如图1-15、图1-16所示）。若是双排扣西装则一定要扣上扣子，最下面一粒可以不扣；若是三粒扣以上的西装，则最下面的一粒纽扣是样扣，不要扣上。

图1-15　完全不扣　　　　图1-16　只扣中间一粒

穿西装只能穿皮鞋，并且以黑色系带皮鞋最为规范。皮鞋适合配以深色的棉袜，最忌讳白色或其他浅色袜，另外需注意不能穿尼龙袜。袜子的长度应至脚踝上部，太短的袜子会使人坐下时裸露出太多腿上皮肤，显得不够雅观，也不庄重（如图1-17所示）。

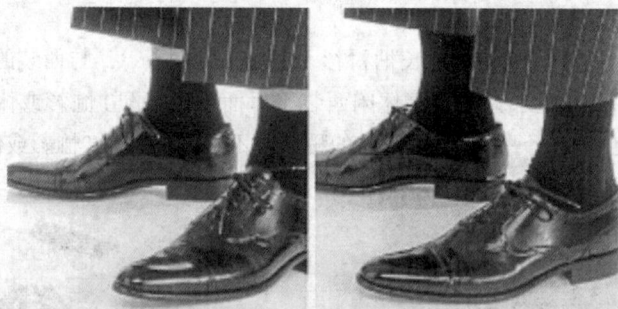

图1-17　西装搭配鞋袜

皮带除了有固定裤子的作用，也承担了很强的装饰功能。穿西装的时候，要选择皮革质地的皮带，皮带扣要使用简洁的金属扣，皮带的颜色可根据西装颜色而定，但以深颜色为好，黑色是比较通用的颜色，可以搭配任何深颜色的西装。但是，在腰带上不要别夹任何物品，包括手机、打火机、钥匙链等，因为西装是一种简洁而稳重的服装。

手表是男士非常重要的配饰，原则上身着相对正式的服装时，你只能佩戴金属或者皮革表带的手表，电子表、塑料及牛仔布质地表带的手表都是不合适的。男士西装及配饰如图1-18所示。

做一做

小组合作，模拟搭配规范的职业装及饰物。

小资料

你会制造服饰的"视错"吗？

屁股大：宜斜摆、圆摆衣服，少贴袋，腰周简洁；宜后背有长丝巾或竖排扣，不宜短夹克或下摆在胯最宽处。

矮胖：忌强对比色，慎用大面积鲜亮色，宜简洁、合体、少装饰，忌过紧或过松，同色有拉长效果。

大圆脸：忌大耳饰，宜U领、V领，突出衣服细节，用造型感转移视线。

短腿：宜高跟鞋、长裤、高腰裤、长裙，忌九分裤、铅笔裤、盖屁股上衣、齐膝风衣，腰长忌低腰裤、小马夹；最好裤子与鞋袜顺色搭配。

粗腿：宜深色、宽松喇叭裤、直筒裤、长裤裆，忌细高跟鞋、紧身裤、大花裤。

脖短：宜全露脖、露些肩部，发型不要齐脖，脖部不要夸张装饰，耳环宜下垂、长条形的，忌圆形或方形的，忌贴脖的立领、花边领，衣领要简洁。

脖长：宜采用繁杂装饰。

肩宽：忌后背多装饰，宜V领、上肩袖、斜线条、上深下浅，忌泡泡袖。

臂粗：袖口不落在最粗处。

胸平：多装饰，宜堆褶、蕾丝、结。

图1-18　男士西装及配饰

思政之窗

国潮服饰与礼仪文化

国潮服饰对中华优秀服饰文化进行创造性转化、创新性发展，通过文化表达、设计赋能、科技支撑，带动服装界的流行新风潮，提升中国服饰国际影响力。中华服饰和中华文化相得益彰，不仅体现着礼仪的内涵、哲学的理念，也展现着以文化自信重塑的东方文化内涵和生活美学。新中国成立以来，中华民族经历了从"站起来""富起来"到"强起来"的伟大飞跃，这与我国日益繁荣发展的文化建设是分不开的。以"新国风""新国潮"为代表的服饰文化正以前所未有之势释放商业价值。在2022年北京冬奥会开幕式上，运动员入场环节中各代表团的引导员服饰突出了国潮特色：在寓意冬季的白蓝色调上，以连绵不断的传统回纹演绎雪花图案，以传统笔墨氤氲山水效果。引导员的虎头帽设计更是点睛之笔，蓝白相间的虎头造型出自河北民间剪纸，为整套服饰增添迎春之意。

资料来源　卞向阳. 服饰文化绽放新光彩（创造性转化创新性发展纵横谈·解读国风国潮）[N].人民日报，2022-05-10.

 **任务训练**

一、选择题

1.男性营销人员在工作中最好穿合身的（　　　）。

A.正式西装　　　　B.运动服　　　　　C.休闲装　　　　　D.棉毛衣

2.男士领带最好选用（　　）面料的，最好是单色。

A.化纤　　　　　　B.丝质　　　　　　C.纯棉　　　　　　D.针织

3.男士在工作中宜选（　　）长方形公文包。

A.红色　　　　　　B.黑色　　　　　　C.白色　　　　　　D.军绿色

4.女士佩戴的饰物要少而精，全身不超过（　　　）种，每种不超过两件。

A.一　　　　　　　B.二　　　　　　　C.三　　　　　　　D.四

5.女士约见客户，裙装最好配穿（　　）连裤丝袜，并且带一双备用的。

A.彩色　　　　　　B.黑色　　　　　　C.透明　　　　　　D.白色

二、实训题

请学生模拟营销人员，练习服饰的搭配。

任务二　　　营销体态训练

微课

营销体态训练

情景导入

实习营销员李扬在与客户交流时，总是面带微笑，让客户也产生愉悦情绪，获得了客户的好感。此外，在谈话中，她使用积极的肢体语言来感染客户。比如，在称赞客户的时候，伸出大拇指；在客户讲话的时候，看着客户的眼睛，身体略微向前倾，认真地听对方讲话。结果，工作不到一个星期，她就销售了一套一万多元的产品，在受到经理夸奖的同时，自己也信心倍增。

想一想：

李扬是怎样巧妙地运用肢体语言增进客户的好感的？在营销工作中，我们还可以运用哪些肢体语言来密切彼此的关系？

知识准备

【读一读】

行有四仪：一曰志动不忘仁；二曰智用不忘义；三曰力事不忘忠；四曰口言不忘信。慎守四仪，以终其身，名功之从之也，犹形之有影，声之有响也。（《群书治要·卷卅六·尸子》）

【释义】 言行有四个准则：一是遵循志向的过程中，不忘仁爱；二是运用智慧时，不忘道义；三是恪尽职守时，不忘忠诚；四是开口说话时，不忘信实。能谨慎遵守这四个准，终生不忘，名誉和功业自然会随之而来，就像身形有影子相随，声音发出会有回响一样。

营销的着眼点是营造一种"感觉"。我们给客户鞠躬、让座、倒茶、双手递东西，就是要通过这些肢体语言，给客户以被尊重的感觉。

营销人员与客户面谈过程中的身体语言，包括体态、手势和眼神、微笑等动作表情，能使表达更丰富，关系更和谐。行为举止是一个人的文化修养以及为人处世态度的自然流露。在营销活动中，姿势规范、举止庄重，会给人以有教养、懂礼貌的印象。

既然体态礼仪在营销交往中起着非同寻常的作用，那么如何才能做到端庄大方、周到得体呢？营销体态礼仪具体包括表情、站姿、坐姿、走姿、体态语和距离几个方面，其知识要点与作用分析见表1-2。

表1-2 营销体态礼仪知识要点与作用分析

项目	知识要点	作用分析
1.目光礼仪	①注视部位：对方双眼到下颌部位 ②注视角度：最好平视或仰视 ③注视时间：占交谈时间的30%~60%	①对客户专注，体现亲切感 ②对客户表现诚意和尊重 ③第一时间获知客户的反应
2.微笑礼仪	①迎接问候：露出上排八颗牙齿 ②无须说话：不露牙齿，嘴角两端略略扬起 ③微笑与目光的结合：眼中含笑	①热情接待客户 ②无声的交流体现诚意 ③发自内心地欢迎客户
3.站姿礼仪	①要求：头正、肩平、臂垂、躯挺、腿并 ②女士：双手握于腹前，脚成丁字步 ③男士：两脚分开与肩同宽，左手握右腕 ④禁忌叉腰、反剪、抱胸、倚靠	①显示身姿挺拔、舒展、俊美 ②女士站姿自然轻松、端庄亲切 ③男士站姿体现沉稳、干练 ④错误的站姿给人以不良的印象
4.坐姿礼仪	①入座：从椅子的左侧走到座位前，站稳（女士需稍稍拢一下裙），右脚后退半步，屈膝直身坐下 ②要求：面带笑容，双目平视，嘴唇微闭，微收下颌，上体挺直、坐椅子面的2/3 ③女性：双膝并拢，双脚平放或侧放、交叉，双手相握放在一腿的中前部 ④男性：膝盖分开一拳左右，手心向下放于膝上	①入座过程中，要轻、稳、缓 ②姿态安详雅致、庄重大方 ③女性坐姿端庄、优雅、周到得体 ④男性坐姿端正、自信、不卑不亢
5.走姿礼仪	①要求：头正、肩平、重心上提，挺胸收腹 ②摆臂：以肩为轴，双臂前后摆动，双手稍向内合，摆幅30度至35度 ③步位：脚尖朝向正前方，两脚轨迹为直线 ④步幅：前脚跟与后脚尖距离为一脚长 ⑤步态：轻松敏捷、端庄健美（女性），协调稳健、庄重刚毅（男性）	①走姿是在站姿的基础上展示动态美 ②摆臂最能表现一个人的风度和活力 ③两脚走成一条直线，显得气宇轩昂 ④因性别、身高、服装不同，步幅会有一定差异 ⑤有一种轻快自然、矫健从容的动态美

项目	知识要点	作用分析
6.手势礼仪	①要求：四指并拢，掌心向斜上方，手与小臂成一直线，肘部130度，腋下打开 ②请进：右手从体前向右横摆到体侧，与腰同高，眼睛看向右侧 ③请坐：右手从体前向右横摆到体侧，与大腿同高，身体向前方倾斜 ④请往前走：手从体前向右横摆，与肩同高 ⑤诸位请：双手从体前向两侧横摆，与胸同高	①手势是沟通情感的媒介，可以增强感染力，拉近与他人的距离 ②手心向上、手掌摊开，是一种欢迎的姿态 ③谦恭的姿态，代表一定的教养与风度 ④它表达了坦诚、善意、礼貌和肯定的态度 ⑤积极的手势明朗、热情、自信、干练
7.距离礼仪	①亲密距离：0.5米以内 ②个人距离：0.5~1.5米 ③社交距离：1.5~3米 ④大众距离：3米以上	①只与较熟客户保持亲密距离 ②适用于两人坐着或者一站一坐 ③站着商谈时，一般保持社交距离 ④与多人谈话，一般保持大众距离

技能拓展

拓展内容一：你会运用目光和微笑吗？

1.目光打动客户

在营销过程中，特别是在第一次见面时，能不能打动客户，往往取决于目光。有的人目光平和、自信、纯真，仿佛会说话，让人初次见面就印象深刻。眼睛不仅可以表达瞬间情绪波动，更会传递你的人生阅历和生活态度、价值观、喜好和性情。其实每个人的眼睛只是有大小、形态和亮度等的差异，目光才是最重要的，没有什么比抬起头看着对方更能传递自信的魅力了。

目光的交流也需要技巧。目光应该坚定坦诚、沟通力强，不能死死地直视对方，更不能傲慢和居高临下；要将目光柔和地落在别人的整个脸部。当双方沉默时，应将目光移开。目光过低，显得缺乏自信；目光过高，容易给人以傲慢感；目光游移不定，会让人产生缺乏信赖感。

目光凝视区可划分为公务凝视区域、社交凝视区域和亲密凝视区域。

公务凝视区域：以两眼为底线、额中为顶角形成的三角区。

社交凝视区域：以两眼为上线、唇心为下顶角所形成的倒三角区。

亲密凝视区域：从双眼到胸部之间。

销售人员自己说话时，最好看着对方眼睛，显得诚恳、专注；对方说话时，最好看着对方口鼻处，不咄咄逼人。

眼睛是心灵的窗户，眼神是心态的轨迹。眼神是通过眼睛传递情感的一种动态语言。瞳孔的变化、眼球的活动，直接受脑神经支配，因此，人的感情能从眼神中反映出来。在销售过程中，如果你善于借助眼神表达，善于从眼神中了解对方，往往会给对方配合默契和值得信任的印象。

如何做到见面打招呼能从你的眼神中读出微笑？可以试用这个方法：打招呼之前，先静静地看对方一秒钟，将对方的面容记入脑中，然后从眼睛开始，让亲切温暖的笑容从眼部表现出来，再慢慢扩散到整个脸上。一秒钟的目光停留，是为了给对方一个尊重的礼遇和专有的笑容，给对方留下深刻的印象。

小提示

平常面对面交谈，当双方对话时，视线落在对方的鼻间，偶尔可注视对方的双目；当诚心恳请对方时，可以注视对方的双目。虽然一直望着对方的眼睛能表现出你的热心，但要避免过于针锋相对。

2.微笑礼仪

（1）微笑是表达和交流情感的最好方式，能给人和蔼、热情的感觉，加上适当使用敬语，会使客户感到亲切、安全。微笑服务可以使客户的需求得到最大的满足。客户除了物质上的需求外，也要求得到精神上、心理上的满足。实践证明，诚招天下客，客从笑中来；笑脸增友谊，微笑出效益。

最好的微笑并非天生就有，需要不断学习、熟悉和练习。原生的微笑要在有笑意时才会笑出来，而经过训练的笑容是可控制、有表达力和感染力的（如图1-19所示）。

图1-19　微笑训练（1）

微笑是永不过时的通行证，它可以拉近人与人之间的距离，表达尊重和礼貌，感谢他人的诚意，因此要善用微笑。积极、热情的态度比能力更重要；面带微笑，你就能表现出热情。

（2）要笑得自然、亲切、甜美、大方、得体，只有尊敬客人，热爱自己所从事的工作，才会发自内心地笑对客人。嘴角向两边牵动，由心到眼充满喜悦之情，面部肌肉柔和放松，不断调整嘴角牵动的幅度，找到最得体、最亲切、最自然的笑容。最动人和最感人的笑容，一定是发自内心的、真挚的、真实的。一种是不露牙齿，嘴角略微扬起的微笑，适合与客人相距较近、无须说话的场合；另一种是露出上排八颗牙齿，热情微笑，适合与客人相距3米左右、迎接问候的场合。微笑不仅表示礼貌，也代表对人的友好与尊重。

（3）微笑的原则包括：主动微笑、自然大方、眼中含笑、真诚微笑、健康微笑、一视同仁、最佳时机和维持、天天微笑。

做一做

以健康的心态、良好的心境和愉悦的心情，练习微笑。

（1）咬筷子微笑训练，嘴角两端扬起，露出上排八颗牙齿（如图1-20所示）。

（2）对着镜子，或者面对面，用书遮住眼睛以下部分，来训练微笑的眼神。

（3）全班进行分组训练、评比，每一组评出一个最佳微笑之星。

图1-20　微笑训练（2）

拓展内容二：什么样的站姿最美？

站立是销售人员最常用的一种基本动作。男士要求"站如松"，刚毅洒脱；女士则应秀雅优美，亭亭玉立。

1.站姿的基本要领

（1）头正，双目平视，嘴唇微闭，下颌微收，面部平和自然。

（2）双肩放松，稍向下沉，身体有向上的感觉，呼吸自然。

（3）躯干挺直，收腹，挺胸，立腰。

（4）双臂放松，自然下垂于体侧，手指自然弯曲。

（5）双腿并拢立直，两脚跟靠紧，脚尖分开。

2.男士站姿

（1）跨立式站姿。身体立直，抬头、挺胸、收腹，下颌微收，双目平视，两腿分开，两脚平行，宽不过肩，双手自然下垂贴近腿部或交叉于身后（如图1-21所示）。

（2）男士标准站姿。身体立直，抬头、挺胸、收腹，下颌微收，双目平视，双膝并拢，两腿绷直，脚跟靠紧，脚尖分开40度至60度，双手自然垂放于体侧。

3.女士站姿

（1）标准式站姿。身体立直，抬头、挺胸、收腹，下颌微收，双目平视，两脚成V形，膝和脚后跟尽量靠拢，两脚尖张开40度至60度，双手自然放下或体前交叉。

（2）女士丁字步站姿。身体立直，抬头、挺胸、收腹，下颌微收，双目平视，两脚尖略分开，右脚在前，右脚跟紧贴左脚脚弓处，两手自然垂放或体前交叉（如图1-22所示）。

图1-21　男士跨立式站姿

图1-22　女士丁字步站姿

做一做

（1）背靠墙：后脑、双肩、臀部、小腿肚、脚跟贴墙。头正颈直，集中意念，双目平视或微闭，做深呼吸12次。

（2）两人背靠背站立。

（3）头顶书本、膝盖夹纸（如图1-23、图1-24所示）。

图1-23 练习方法（1）　　　　图1-24 练习方法（2）

（4）对镜练习。

4.不当站姿

站立时抖腿、脚尖在地上划来划去、用脚踢东西或者用一只脚蹭另一只脚、两脚交叉、摸头发、摆弄衣扣、东张西望，显示这是一个漫不经心、没有教养或心智不成熟的人。应尽量避免的站姿有：

（1）防御式：双臂交叉，抱在胸前，有消极、防范、抗议他人之嫌。

（2）权威式：双手背在体后，令人产生不确定感。

（3）示威式：用单手或双手撑腰，显得强势、进犯、威胁。

（4）隐藏式：双手插入衣袋或裤袋中，显得不严肃、拘谨、小气。

拓展内容三：不同场合下你应该怎么坐？

1.标准式

标准式是最基本的坐姿，男女均可，适用于较正式场合。其要领是上身与大腿、大腿与小腿、小腿与地面都成直角。男士两腿之间可有一拳的距离，女士两腿并拢。上身端正，两手放在膝上，掌心向下（如图1-25所示）。

2.前伸式

前伸式多为男士所使用，也较为正规，适用于社交场合。其要领是在标准式基础上，左脚前伸半脚长，右脚前伸一脚长，两脚平行，与肩同宽（如图1-26所示）。

3.重叠式

重叠式适合出席气氛隆重场合的短裙装女士，其造型优雅、大方高贵。重叠式要求双腿完全交叠，斜放一侧，脚尖垂向地面（如图1-27所示）。

4.侧点式

侧点式适用于穿裙子的女士在较低处就座时使用。其要领是双腿并拢，双脚斜放一侧，力求使斜放后的腿部与地面成45度角，脚尖侧点地（如图1-28所示）。

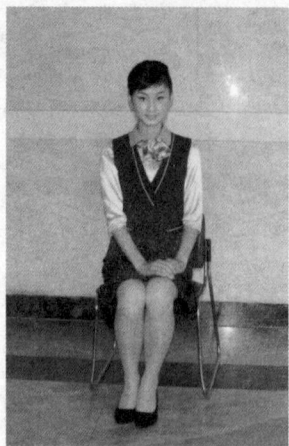

图1-25　女士标准式

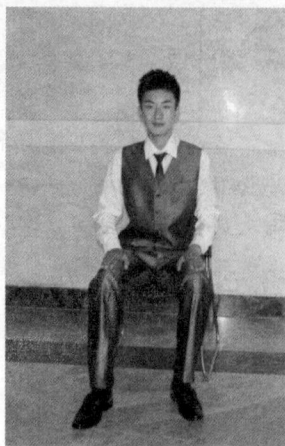

图1-26　男士前伸式

5.交叉式

交叉式适用于各种场合，男女均可。要求女士双膝并拢，男士双膝距离一拳，双踝交叉，可以内收，也可以斜放（如图1-29所示）。

图1-27　女士重叠式

图1-28　女士侧点式

6.屈伸式

屈伸式适用于女士。要求大腿并拢，一腿前伸，一腿后屈，脚掌着地，双脚前后要保持在一条直线上（如图1-30所示）。

图1-29　女士交叉式

图1-30　女士屈伸式

拓展内容四：如何走出最美的步伐？

1.步态美的要求是协调稳健、轻盈自然（如图1-31所示）

（1）上体正直，眼平视，挺胸、收腹、立腰，重心稍向前倾。

（2）双肩平稳，双臂以肩关节为轴，前后自然摆动，摆动幅度以30~40厘米为宜；节奏快慢适当，前摆约35度，后摆约15度，手掌朝向体内。

（3）脚尖朝向正前方，脚跟先落地，脚掌紧跟落地，使身体前移。

（4）步位，即脚落在地面的位置，应使两脚内侧行走的路线为一条直线。

图1-31 步态美

（5）步幅，即跨步时两脚间的距离，一般应为一脚或一脚半长。

2.陪同行走

（1）陪同引导。在工作中接待引领客户，请对方开始行走时，要面向对方，稍微欠身；在行进中和对方交谈或答复提问时，把头部、上身转向对方，并且善意提醒，如"前方右转""请上楼""请往前走"。

双方并排行走时，陪同人员应居于左侧；如果双方单行行走时，要居于侧前方1米左右的位置。当客户不熟悉行进方向时，应该走在前面、走在外侧（如图1-32所示）。

陪同人员行走的速度要考虑到和对方相协调，不可以走得太快或太慢，要处处以对方为中心；每当经过拐角、楼梯或道路不平、照明欠佳的地方，都要提醒对方留意，如"小心地滑""前方有施工""左转时小心"。

图1-32 陪同引导

小提示

（1）三位男士同行时，以中间位为尊。

（2）一位男士与两位女士同行时，男士应在最右边位置。

（3）两位男士与一位女士同行时，女士走在中间位置。

（2）上下楼梯。走专门指定的楼梯；减少在楼梯上的停留时间；坚持"右上右下"原则；注意礼让别人；上下楼梯时，不要和客户抢行；出于礼貌，可以请对方先走。如果是陪客户上楼，陪同人员应该走在客户的后面；如果是下楼，陪同人员应该走在客户的前面。

做一做

请学生扮演营销人员，要求根据场景，陪同客户进行模拟电梯礼仪训练。

（1）叫电梯：遇有赶电梯的客户，问明上楼还是下楼，代为按键（如图1-33所示）。

（2）进电梯：询问客人去几层，按住电梯门，让客人先上电梯（如图1-34所示）。

图1-33 叫电梯

图1-34 进电梯

（3）电梯内：侧身站在操作面板前，侧身与客户保持45度（如图1-35所示）。

（4）出电梯：如图1-36所示，先按住开关，用身体挡住门，让客户先出，以手明示方向："请往前走。"

图1-35 电梯内

图1-36 出电梯

拓展内容五：女士什么样的蹲姿最完美？

1.标准蹲姿

若捡身体右侧的物品，下蹲时应左脚在前，右脚稍后，两腿靠紧下蹲，左脚全着地，右脚跟提起，右膝低于左膝，右膝左侧靠于左小腿内侧，形成左膝高右膝低的姿势。臀部向下，基本上以右腿支撑身体。男性两腿之间可有适当的距离，而女性一定要将腿靠紧（标准蹲姿如图1-37所示）。若捡身体左侧的物品，姿势则正好相反。切记不要双腿平行叉开、低头、弯背、翘臀。平时应多练习用优美的蹲姿捡起掉在地上的物品（如图1-38所示）。

图1-37 标准蹲姿

图1-38 用优美的蹲姿捡物品

2.交叉式蹲姿

该姿势通常适用于女士，它的优点是造型优美典雅。其基本特征是蹲下后双腿交叉在一起，具体要求为：下蹲时，右脚在前，左脚在后，右小腿垂直于地面，全脚着地，右腿在上，左腿在下，二者交叉重叠，左膝由后下方伸向右侧，左脚跟抬起，并且脚掌着地，两腿前后靠近，合力支撑身体，上身略向前倾，臀部朝下。

做一做

请你用优美的蹲姿捡起掉在地上的物品。

拓展内容六：你的手势是否舒展大方？

在与他人交流时，可以适当配合手势，但手势不宜太多，更不要用单手指指人。规范的手势应当是手掌自然伸直，掌心向内向上，手指并拢，拇指自然稍稍分开，手腕伸直，使手与小臂成一直线，肘关节自然弯曲，大小臂的弯曲以130度为宜。掌心向斜上方，手掌与地面成45度角。

1.请进

动作要领：迎接来宾时，右手从腹前抬起向右横摆到身体的右前方，腕关节要低于肘关节。双腿并拢或站成右丁字步，左手自然下垂或放在腹前、背在后面，身体微向伸出手的一侧倾斜，目视宾客，面带微笑，表现出对宾客的尊重、欢迎（如图1-39所示）。

2.请往前走

动作要领：给宾客指方向时，将右手由前抬到与肩同高的位置，前臂伸直，用手指向来宾要去的方向。一般男士使用这个动作较多。注意指引方向时，不可用单手指，那样显得不礼貌（如图1-40所示）。

图1-39 请进

图1-40 请往前走

3.请坐

动作要领：请来宾入座时，一只手由前抬起，从上向下摆动到距身体45度处，摆向座位的地方；手臂向下形成一斜线；头部随客人转动，面带微笑（如图1-41所示）。

4.诸位请

动作要领：当举行重大庆典活动，面向较多来宾时，将双手由前抬起到腹部，再向两侧摆到身体的侧前方（如图1-42所示）。若是站在来宾的侧面，则两手从体前抬起，同时向一侧摆动，两臂之间保持一定距离。

图1-41　请坐

图1-42　诸位请

 **小资料**

手势的不同含义

（1）举大拇指手势的含义。在中国，手握拳伸出大拇指，表示"好""了不起"等，有赞赏、夸奖之意；在意大利，伸出拇指表示数字"一"；在希腊，拇指下伸表示"厌恶""坏蛋"；在英国，拇指上伸表示向司机示意搭同方向顺路车。

（2）举食指的含义。在多数国家表示数字"一"；在法国则表示"请求提问"；在新加坡表示"最重要"；在澳大利亚则表示"请再来一杯啤酒"。

（3）"V"形手势的含义。伸手示数时这个动作在世界上大多数地方表示"二"；用它也可以表示"胜利"，不过，表示胜利时，手掌一定要向外，如果手掌向内，就是贬低人、侮辱人的意思了；在希腊，做这一手势时，即使手心向外，如手臂伸直，也有对人不恭之嫌。

（4）"OK"形手势的含义。在我国和世界其他一些地方，该手势表示数字"零"或"三"；在美国、英国表示"赞同""了不起"；在法国，表示"零"或"没有"；在泰国表示"没问题""请便"；在日本、韩国、缅甸表示"金钱"；在印度表示"正确""不错"；在突尼斯表示"傻瓜"；在拉美表示"下流"。

任务训练

一、选择题

1.在面谈过程中，客户说话时，营销人员可以一直看着对方的（　　　）。

A.眼睛　　　　　　B.口鼻部　　　　　　C.胸部　　　　　　D.额头

2.入座时从座位的（　　　）侧就座。

A.左　　　　　　　B.右　　　　　　　　C.前　　　　　　　D.后

3.就座时占椅面的（　　　）左右，于礼最为适当。

A.1/2   B.2/5   C.2/3   D.3/4

二、实训题

请学生分别扮演客户和营销人员。要求："营销人员"猜测"客户"不同手势的含义。

1.掌心向上。

2.掌心向下。

3.攥紧拳头。

4.伸出手指来指点。

5.双手自然摊开。

6.以手支头。

7.用手成"八"字形托住下颏。

8.对方用手挠后脑。

9.手无目的地乱动。

10.不自觉地摸嘴巴、擦眼睛。

11.双手相搓。

12.说话时，双手插于口袋。

任务三　　拜访与接待礼仪训练

情景导入

微课

接待礼仪训练

一天，公司领导对营销部实习生李颖说："过两天北京某公司一位女客户张经理，乘火车前来参加展会，你负责接待陪同工作。"为了让客户初次见面就能感受到主人的热情周到，李颖接到任务后就开始着手准备，首先确认了来访客户的车次，提前准备好接站牌，又确认了接站的轿车。

当天，李颖提前半小时到火车站等候（如图1-43所示）。见面时，她亲切热情地迎上去握手，并作自我介绍："张经理，欢迎您！我是营销部的李颖，很荣幸见到您！"（如图1-44所示）又说："您一路上辛苦了，我们先去酒店休息，好吗？请往这边走。"用规范的手势指示客户，引到乘车处。

图1-43　在火车站等候

图1-44　握手并自我介绍

想一想：

李颖在接待客人的时候，是如何自我介绍的？你认为见面礼仪还应注意哪些细节？

 知识准备

【读一读】

子曰："君子安其身而后动，易其心而后语，定其交而后求。君子修此三者，故全也。"（《周易》）

【释义】孔子说："君子必先使自己身心安稳，然后才可以行动；必先换个角度为人着想，使自己心平气和，再开口说话；必先以诚信待人，建立信誉，然后才可以提出要求。修养能够达到这三点，就能与人和睦相处，无所偏失。"

商务拜访与接待礼仪，是营销人员经常用到的礼仪形式。来访者、接待者的言行举止、待人接物不仅体现出个人素质，更能影响外界对企业的信任与认可程度。因此，商务拜访与接待礼仪成为营销人员职业礼仪的基础。营销人员是否懂得运用拜访与接待礼仪，不仅反映出员工的自身素质，而且折射出公司的企业文化水平。

商务拜访是指亲自或派人到有关单位去拜会、访问的活动。在营销人员与客户之间、社会组织之间、个人与企业之间，拜访活动都是必不可少的。客户拜访是商务拜访交往中最常见的活动，要视受访者的文化水平、职业、年龄等具体情况，热情大方、周到得体，促使拜访取得成功。商务拜访礼仪具体包括预约礼仪、准备礼仪、仪态礼仪、等候礼仪、语言礼仪、告辞礼仪六个方面。具体的知识要点及作用分析见表1-3。

表1-3　　　　　　　　　　商务拜访礼仪知识要点及作用分析

项目	知识要点	作用分析
1.预约礼仪	①事先打电话说明拜访目的 ②约定拜访时间和地点。不要在客户刚上班、快下班、异常繁忙、开会、休息或用餐时间去拜访	①让客户提前有心理准备 ②让客户提前安排，不影响客户休息及工作
2.准备礼仪	①阅读拜访对象的个人资料 ②准备好拜访时可能用到的资料 ③检查备品：名片、笔和记录本、电话本、计算器、公司和产品介绍、合同等 ④明确谈话主题、思路和内容 ⑤出发前最好与客户通电话确认一下 ⑥选好交通路线，算好时间提前到达	①充分了解拜访对象背景 ②避免拜访时有疏忽 ③准备周全，降低成本，省时省力 ④有备而来，便于直接切入主题 ⑤以防临时发生变化 ⑥确保提前5~10分钟到达
3.仪态礼仪	①眼神：注视对方，多用目光交流 ②微笑：嘴角微微上扬，呈"V"形 ③站姿：头正、肩平、臂垂、躯挺、腿并拢 ④坐姿：入座轻稳缓、上体自然挺直、挺胸、双膝自然并拢、双手自然放在腿上、双腿自然弯曲 ⑤走姿：头正、肩平、躯挺、步位直、步幅适度、步态稳	①无声的交流体现诚意 ②温馨亲切的微笑，拉近双方距离 ③站姿显示挺拔 ④坐姿体现沉稳 ⑤走姿展现洒脱

项目	知识要点	作用分析
4.等候礼仪	①面带微笑，向接待员说明身份、拜访对象和目的 ②等候客户时，不要看无关的资料 ③接待员奉茶时，双手接茶，表示感谢 ④等待超过一刻钟，可向接待员询问有关情况 ⑤留下自己的名片和相关资料，请接待员转交	①主方有优先了解权 ②查看相关资料，显得专业、敬业 ③尊重每一个人，常怀感恩心 ④珍惜时间，意味着重视工作效率 ⑤为下次拜访做好准备
5.语言礼仪	①敬语：场合选择得当，敬语使用得体 ②谦语：会谈过程中如无急事，不打电话或接电话 ③雅语：语言温馨得体、耐人寻味	①敬语体现个人修养 ②自重体现礼仪精神 ③良好的表达使会谈锦上添花
6.告辞礼仪	①一般拜访半小时后就应该及时告辞 ②说定告辞就应起身离开，不要久说或久坐 ③和对方握手告辞	①根据对方的态度，确定告辞时间和时机 ②说做一致，干脆利落 ③握手表达依依惜别之情

商务接待是增进主客情感、促成商务活动的重要环节。接待者热情招待，会使来访者感到心情舒畅。恰到好处、体贴入微的接待，会为整个接待工作营造美好的氛围（如图1-45所示）。

图1-45　恰到好处、体贴入微的接待

议一议

作为营销人员，你会怎样接待那些有备而来的或没有预约的客户呢？

迎接宾客是整个接待工作的序幕，完美的迎接工作会提升客户对公司的好感，是继续交往与合作的关键。亲切的接待能让客户产生如沐春风、宾至如归之感。引领通常是接待客人时，为他人提供方便的礼仪规范行为，引领宾客时要态度亲切、真诚待人，做到"四到"——眼到、口到、手到和心到。每位来宾都可能是企业的潜在客户，是无形的财富，把招待工作做得亲切自然、耐人寻味，会通过客户口耳相传，为企业赢得口碑。客户告辞时，还应当以礼相送，使整个接待工作善始善终。

商务接待礼仪大致包括迎接礼仪、引领礼仪、招待礼仪、送别礼仪四个方面。

商务接待礼仪知识要点及作用分析见表1-4。

表1-4　　　　　　　　　商务接待礼仪知识要点与作用分析

项目	知识要点	作用分析
1.迎接礼仪	①问候：主动、热情、亲切地问候；与场合相符，选择招呼的方式 ②介绍：自我介绍。如："您好，我是××公司营销部吴琳。"如果有同伴前往也要进行介绍 ③握手：双方距离1.5米左右，对视，伸出右手相握，至虎口处，轻摇三至五下，力度适中 ④表情：微笑适度，目光得体	①对陌生人用正式、客气的问候，熟人可用轻松的招呼方式，体现教养 ②介绍增进了解，知道如何称呼 ③礼仪是用距离和尺度来衡量人的修养；视线交流体现大方得体 ④微笑可使他人感到亲切、愉悦，增加亲和力
2.引领礼仪	①引领手势：请进、请坐、请向前走、诸位请 ②正常行进：陪同客人并排行进，中央高于两侧，内侧高于外侧；单行行进，陪同人员应在左前方1米处引导，身体侧向客人，配合手势和语言 ③上下楼梯：引领者走在客人左前方 ④乘坐电梯：无人控制的电梯，陪同人员应先进后出，并控制好按钮。有人控制的电梯，陪同人员后进后出，把优先权礼让给地位高的人或客人 ⑤指引和危机提醒：指引提醒，如"前方右转""请上楼""请往前面走"。危机提醒，如"小心地滑""前方有施工""左转时小心"	①用手势的高低、方位等反映引领指示的不同含义 ②陪同人员把内侧、中间位置让给客人，为他人提供方便并保证安全 ③在左前方起到引领作用 ④无人控制的电梯，陪同人员控制电梯，防止伤到客人；有人控制的电梯，让客人先进先出，代表尊重、礼让 ⑤对不安全因素进行提醒，保证客人安全，免受惊吓
3.招待礼仪	①座次安排：面向门、离门远为上；宾主双方对正门并排就座时，以右侧为上，左侧为下，居中为上；佳座为上 ②端茶递水：茶以八分满为宜；一只手托住杯底，另一只手握住杯把下端，或双手扶住杯底奉上；通常放在客人右手边 ③递接名片：递名片时文字正面朝向客人，双手递上，身体前倾，微笑点头；接名片时双手接收，认真阅读，小声重复名片上的名字及职务、头衔，表示感谢 ④交谈礼仪：谈话内容选择要有观点、有内涵、有思想；说话态度要谦逊，友善；懂得倾听	①离门远不易受打扰，面向门视线好。舒适的座椅让给客人，体现尊重 ②手尽可能远离杯口，保证杯口干净，递茶位置要方便客人 ③名片虽小，却是自我介绍的延伸。轻声读出对方的职务、头衔，以示敬仰 ④谈话前要有所准备，并通过表情、语气、态度等营造信任、亲切、友善的交谈气氛
4.送别礼仪	①挽留：对方提出告别时，主方要挽留惜别 ②起身：千万不要在客人起身之前站起来 ③握手：告别时客人先伸手握手，主人迎握 ④相送：客人离开，主人送别至门口或车站等地，在对方走后，自己才能离去	①挽留中表达不舍之意 ②如主人先起身，会显得急于让客人离开 ③显示与客人相处意犹未尽 ④送别中加深交往情谊

成功拜访的身心准备

（1）外部形象：服装、仪容、言谈举止乃至表情动作上都力求自然，保持良好的形象。

（2）控制情绪：不良的情绪是成功的大敌，我们要学会控制自己的情绪。

（3）投缘关系：消除主人心理障碍，建立投缘关系就建立了一座可以和主人沟通的桥梁。

（4）诚恳态度："知之为知之，不知为不知。"这句古语告诉我们的是做人的基本道理。

（5）自信心理：信心来自心理，只有做到"相信公司、相信产品、相信自己"，才可以树立强大的自信心理。

技能拓展

拓展内容一：你会设计拜访流程吗？

1.打招呼

在客户开口之前，以亲切的音调向客户打招呼问候，如："王经理，早上好！"

2.自我介绍

介绍公司名称及自己姓名，并双手递上名片，在交换名片后，对客户表达谢意。如："这是我的名片，谢谢您能给我拜访的机会！"

3.破冰

营造一个好的气氛，以拉近彼此之间的距离，缓和客户对陌生人来访的紧张情绪，如："王经理，我是您部门的张工介绍来的，听他说，您是一个很随和的领导。"

4.开场白的结构

提出议程；陈述议程对客户的价值；时间约定；询问是否接受。如："王经理，今天我专门来向您了解贵公司对××产品的一些需求情况，知道你们的计划和需求，我可以为你们提供更方便的服务，我们大约需要谈五分钟，您看可以吗？"

5.巧妙运用询问术，让客户说

（1）设计好问题漏斗。通过询问客户来达到探寻客户需求的真正目的，在询问客户时，问题面要采用由宽到窄的方式逐渐进行深度探寻。如："王经理，您能不能介绍一下贵公司今年总体的商品销售趋势和情况？""贵公司在哪些方面有重点需求？""贵公司对××产品的需求情况，您能介绍一下吗？"

（2）结合运用扩大询问法和限定询问法。采用扩大询问法，可以让客户自由发挥，让他多说，如："王经理，贵公司的产品需求计划是如何报审的呢？"而采用限定询问法，则让客户始终不远离会谈的主题，限定客户回答问题的方向，如："王经理，向我们提交的一些供货计划，是需要通过您的审批后才能由下面的部门去落实吗？"不要采用封闭话题式的询问法来代替客户作答，以免造成对话的中止，如："王经理，你们每个月销售××产品大概是 6 万元，对吧？"

（3）对客户谈到的要点进行总结并确认。根据会谈过程中你所记下的重点，对客户所谈到的内容进行简单总结，确保清楚、完整，并得到客户的同意。如："王经理，今天我跟您约定的时间已经到了，很高兴从您这里听到了这么多宝贵的信息，真的很感谢您！您今天所谈到的内容一是关于……二是关于……三是关于……是这些，对吧？"

6.结束拜访时，约定下次拜访的内容和时间

在结束初次拜访时，应该再次确认本次来访的主要目的是否达到，然后向客户叙述下次拜访的目的、约定下次拜访的时间。如："王经理，今天很感谢您用这么长的时间，给我提供了这么多宝贵的信息。根据您今天所谈到的内容，我回去好好做一个供货方案，再来向您汇报，我下周二上午将方案带过来让您审阅，您看可以吗？"

拓展内容二：拜访客户，你了解馈赠礼仪吗？

在营销拜访过程中，向对方馈赠礼物，要以他人能够接受并表示满意为前提。古人云："千里送鹅毛，礼轻情意重。"也就是说，不在于礼品本身的轻重，只要送礼者诚心实意，受礼者满意，即恰到好处。这样，既可避免礼物不当或太轻而陷入窘境，也可避免礼物太重而显得商业味太浓。送礼应注意以下原则和要求：

1.目的性原则

在交际活动中送礼是为了表达对他人的祝贺、感谢、关怀、安慰、鼓励和思念等，是为了使对方在接受礼物后产生愉悦和幸福的情感。客人对礼物的需要各不相同，明确了赠送的目的后，就有了选择礼物的标准：从对方的兴趣、爱好、立场出发，精心挑选、精心制作，就可以投其所好，使礼物表达诚恳的心意。

2.实用性原则

礼物要使对方喜爱，并融进送礼者的真情。选择礼物时，要考虑受礼者的性别、年龄、婚否和兴趣，挑选具有鲜明特色或特定意义、具有深刻记忆性并适合在一定礼仪场合馈赠的礼物。所送礼物要有一定的使用价值，突出受礼者的个性。有时，送自己精心制作的礼物具有特殊意义。

3.适应性原则

适应性原则是指无论是公务馈赠场合还是私人馈赠场合，礼物是否适应时间、地点、对象及尊重对方的礼俗。馈赠礼物时要尊重对方的礼俗，有些东西是不能随便送人的。譬如，在别人喜庆的时候不能送钟（终）、鞋（邪）、刀剪等。在适当的场合送给对方适当的礼品，并且随礼物写上几句祝福的话语，就可以充分显示送礼者的内在情感。

适应时间，是指馈赠礼物要选择合适的时间。公务馈赠一般以节假日之前和对方开业、庆贺或取得重大成就时为宜，私人馈赠一般应以节假日或对方有喜庆之日时为宜。

适应地点，是指馈赠礼物要选择合适的地点或场合。一般不适宜在大庭广众之下向对方进行馈赠。

适应对象，是指馈赠礼物要选择合适的对象。一般情况下，可以按"投其所好"的原则，有针对性地选择礼物（见表 1-5）。

表1-5   礼物的选择

馈赠对象	适宜馈赠的礼品	礼品的寓意
新婚夫妇	送礼金或比较贵重的、有意义的结婚用品	祝贺、百年好合的礼物
乔迁者	送字画、镜屏工艺品或盆花	恭贺、装饰新居的礼物
病人	送滋补品、水果或鲜花	祝福、早日康复的礼物
儿童	送儿童读物或玩具	能够让孩子喜欢的礼物
知识分子	送图书、字画、工艺品	高雅、有品质的礼物
运动爱好者	送羽毛球拍、网球拍、健身器材、运动装、运动鞋	祝福健康的礼物
钓鱼爱好者	送渔具等	投其所好的礼物
吸烟者	送卷烟或打火机	投其所好的礼物
临别友人	以钢笔、纪念册、签名照片为宜	具有纪念意义的礼物
游客	以当地的明信片、照片、纪念章、手工艺品为宜	高雅的礼物
外国友人	礼物要具有中国特色，如唐三彩、景泰蓝、真丝巾、名酒、名烟、名茶、剪纸等	具有东方特色的礼物

4.馈赠要有守纪性

许多单位有廉政建设要求，制定了有关送礼和受礼的制度与政策，因此在馈赠和接受礼物时要遵章守纪。如果对方单位政策不容许接受礼物，就不应该送礼，要无条件遵守规定。这时可以用别的办法代替送礼，如邀请对方人员及其家属欣赏音乐会或参加其他活动。

5.注重礼物的包装和送礼方式

馈赠的礼物必须有包装，美观独特的装潢能够进一步显示馈赠者的情谊。礼物要用礼品纸包装，用彩色丝带系上花结，最好放上名片或写上相应的祝贺语的小卡片（如图1-46所示）。

图1-46　礼品包装

馈赠礼物最好当面送给受礼人，双手捧上并说几句祝贺或介绍礼品的话。若请别人代送或寄送礼物时，要随礼物附上贺词或名片。

拓展内容三：接待工作要做哪些准备？

接到来客通知后，接待工作就开始进入准备阶段。这是整个接待工作的重要环节，一般应从以下几个方面着手：

1.了解客人基本情况

接到来客通知时，首先要了解客人的单位、姓名、性别、民族、职业、级别、人数等。其次要掌握客人的意图，了解客人的目的和要求以及在住宿和日程安排上的打算。最后要了解客人到达的日期、所乘车次或航班和到达时间，然后将上述情况及时向主管人员汇报，并通知有关部门和人员做好接待的各项准备工作。

2.确定迎送规格

按照身份对等的原则安排接待人员。对较重要的客人，应安排身份相当、专业对口的人士出面迎送，也可根据特殊需要或关系远近程度，安排比客人身份高的人士破格接待。对于一般客人，可由相关部门选派有礼貌、言谈流利的人员接待。

3.布置接待环境

良好的环境体现了对来宾的尊重。接待室的环境应该明亮、安静、整洁、幽雅。应配置沙发、茶几、衣架、电话，以备接待客人进行谈话和联络之用。室内应适当点缀一些花卉盆景、字画，营造雅致的气氛，还可放置几份报刊和本单位的宣传材料，供客人翻阅。

4.做好迎客安排

与行政或相关部门联系，安排迎客车辆；预先为客人准备好客房及餐饮服务；若对所迎接的客人不熟悉，需要准备一块迎客牌，写上"欢迎×××先生（女士）"以及本单位的名称；若有需要，还可准备鲜花等。

拓展内容四：你会安排礼仪中的位序吗？

根据交往的需要，在人们共同出席一个社交活动时，必然要面对位置的设定、顺序的排列问题，共同出席社交活动的人们，各居其位、各享其尊，才有可能使活动有序、有礼地开展下去。

1.多人行走的次序

（1）两人行走，右为上；三人行走，中为上（如图1-47所示）；多人行走，前为上。

（2）作为引领者，应走在客人左前方一两步，不时为其提醒（如图1-48所示）；如果陪同客人和领导，自己应走在客人和领导的后一步。

（3）上楼时，领导、客人在前（如图1-49所示）；下楼时，领导、客人在后；出门三迎，身送七步；门外开，客先入，门内开，主人先入。

图1-47　三人行走，中为上

（4）陪行时，重在陪，手势宜少不宜多，使用要规范，不能用食指指人、指路，要用五个手指。

图1-48　引领客户

图1-49　上楼引领

（5）应注意别让自己提的物品阻拦或碰撞到别人。若与多人行走，应主动拎提物品，走在外侧。

2.招待室客人座次

当主人在招待室接待客人时，遵循面向门、离门远、居中为上，以右为尊，佳座为上的原则。

（1）面门居中为主人。座次以主人的座位为中心，如果女主人参加时，则以主人和女主人为基准，近高远低，右高左低，依次排列。

（2）主人右侧是主宾。把主宾安排在主人的右侧位置，主宾夫人安排在女主人右侧位置。主左宾右分两侧而坐，译员安排在主宾右侧。

3.主席台位次

当主席台的领导人数为奇数时，1号领导居中，2号领导排在1号领导左手边，3号领导排其右手边，其他依次排列。

当领导人数为偶数时，1号领导、2号领导同时居中，1号领导排在居中座位的左边，2号领导排右边，其他依次排列。

思政之窗

东京审判前的座次之争

1946年5月2日，远东国际军事法庭对东京审判做最后一次彩排，在这次彩排中，来自同盟国法官们的座次安排成为了矛盾的焦点。澳大利亚籍庭长韦伯把本应排名第二的中国法官席位调换给了他亲近的英国法官，中国法官的席位由第二变成了第三。对此，梅汝璈据理力争，维护了中国人的尊严。

虽然法庭宪章对座次排序并没有明文规定，但此时，盟国法官座位的排列次序显得极为敏感。梅汝璈坚定地认为，在整个远东战场和太平洋战场上，中国是最有力的同盟国之一。中国人民付出的牺牲最大，对日本侵略者抵抗的时间最长。1945年9月2日，密苏里战舰上举行受降仪式上，中国是继美国之后，第二个在受降书上签字的国家。据此两方面讲，中国法官的座次理应排在第二。在他的据理力争之下，最终达成了一致：按照受降国签字顺序安排座位。

他争的不是自己的风光，而是在争全中华儿女的尊严。

资料来源　宁波海事法院. 东京审判前，中国法官梅汝璈这个座次该不该争［EB/OL］.［2024-01-02］. https：//www.thepaper.cn/newsDetail_forward_14574815.

4.轿车位次

一般情况下让客人先上车，后下车。

（1）在公务场合，接待客人是一种公务活动，车辆是单位的，司机是专职司机，则上座是后排右座，即司机的对角线；副驾驶座一般是随员的座位。

（2）在社交场合，车辆一般归属个人，开车的是车主，则上座是副驾驶座。

拓展内容五：怎样正确恰当地引导访客？

接待人员在引导访客的时候要注意引导的手势。

1.使用优雅的手势引导

（1）男性引导人员的正确手势。当访客进来的时候，男性引导人员需要行礼鞠躬。当手伸出的时候，眼睛要随着手动，手的位置在哪里眼睛就跟到哪里。切忌指引方向时口中说"这边请"，而手却指向不同的方向。

（2）女性引导人员的正确手势。女性引导人员在作指引时，手要从腰边顺上来，视线随之过去，很明确地告诉访客正确的方位。当开始走动时，手就要放下来，否则会碰到其他过路的人；等到必须转弯的时候，需要再次打个手势告诉访客"对不起，我们这边要右转"。打手势时切忌五指张开或表现出软绵绵的无力感。

2.搭乘电梯礼仪

访客来临，需要有专门的接待人员将其引入公司内部。除了温馨适宜的招呼语之外，接待人员还要学会如何引导客户搭乘电梯。搭乘电梯共有五种礼仪，只要你掌握了这些礼仪，就能够给你的客户带来一段愉快的电梯经历。

（1）引导客户进电梯，控制电梯门，让客户安全进入。

（2）如电梯内人满，应先出来几位同仁，让访客先进入。

（3）如电梯内有同仁，应让他帮忙按开关，让访客先进入。

（4）狭小的空间内，不要背对访客站立，也不要面对面，最好与客户保持45度的斜角，用眼睛的余光观察客户。

（5）抵达目的地，控制电梯门，让访客先离开，并清楚示意访客应该往哪个方向去。

引导客户搭乘电梯的礼仪主要强调的是以客为尊，先人后己。为了避免发生踩脚、夹门等意外情况，接待人员要时时刻刻为客户控制好电梯开关，在确保没有任何危险的情况下再让客户出入。

3.上下楼梯的引导方式

在引导客户走楼梯的时候，如果是男性接待人员，在前面引导就可以了。如果是女性接待人员，恰巧穿短裙，那么你千万不要在引导客户上楼时自告奋勇地说"请跟我来"，因为差两个阶梯时，客户的视线就会投射在你的臀部和大腿之间。此时，你要真心实意向对方道歉，说明原因，并很明确地将正确方位告诉客户。上楼时，请客人走在楼梯里侧，女性接待人员走在中央，配合客人的步伐速度引导；下楼时，女性接待人员走在客人的前面，请客人走在里侧，自己走在中间，边注意客人动态边下楼。

4.危机提醒

公司有的地方正在施工或者在转弯的时候有一根柱子，接待人员都要及时提醒客户，以免发生意外情况。让访客在公司受到任何人身伤害，或者受到一些惊吓，都是很不应该的，这会使访客对公司产生不好的印象。让客户高高兴兴来，平平安安离开，也是每一位接待人员的工作职责。

5.引入会客室

会客室的门有内开与外开两种，在打开内开的门时不要急着把手放开，以免后面的客人受伤。如果要打开外开的门，更要注意安全，一旦没有控制好，也容易伤到客人。在开门时，身体要倚住门板，做一个"请"的动作，客人进去后再把门轻轻关上。

拓展内容六：你会敬茶吗？

敬茶是中国传统的待客礼节，来宾来访，都要先敬上一杯茶水。敬茶需注意以下几点：

（1）不管交谈多长时间，都应给来宾敬茶，这是起码的待客之道。如果有几种茶水可供选择，可以用封闭式提问的方式，即具体列出都有哪些茶水，询问来宾需要喝哪一种。

（2）敬茶的杯子要干净。如果给来宾敬用茶叶冲泡的茶水，规范的方式是用有盖、有把儿的瓷杯；一次性杯子是退而求其次的选择。用什么茶叶应事先征求来宾的意见。

（3）如果是用有盖有把儿的瓷杯，放入适量茶叶后，倒上约1/3杯开水，把杯子盖好，从来宾的右边上茶。估计茶叶差不多泡开的时候，再为来宾续上开水，可以用右手拿着茶杯盖子，放在茶几上，把盖口朝上，水约为茶杯的2/3就行了。一次性杯子，放入茶叶后，一次性倒入约为杯子2/3的水就可以了。取茶叶的时候，不能用手抓，要用茶叶勺取，或者先把适量茶叶倒入茶叶筒的盖中，再从盖中倒入杯中。

（4）敬茶要先客后主。来宾较多的话，按级别或长幼依次敬上。上茶的具体步骤为：先把茶盘放在茶几上，用右手给来宾递上，手指不要搭在茶杯口上，也不要让茶杯撞到来宾手上。如果妨碍来宾交谈，要先说一声"对不起"。

招待茶点的时候，最好把茶点装在托盘里，再送到来宾面前或者旁边的茶几或桌子上。茶水饮料最好放在来宾的右前方；如果有点心、糖果之类，则最好放在来宾左前方。

拓展内容七：接待过程中应注意哪些谈话礼仪？

谈话的表情要自然，语气亲切，表达得体。说话时可适当做些手势，但动作不要过大，更不要手舞足蹈，不要用手指指人。与人谈话时，不宜与对方离得太远，但也不要距离过近，不要拉拉扯扯，拍拍打打。谈话时不要唾沫四溅。

参与别人谈话要先打招呼，别人在个别谈话时，不要凑前旁听。若有事需与某人说话，应待别人说完。有人与自己主动说话，应乐于交谈。第三者参与说话，应以握手、点头或微笑表示欢迎。发现有人欲与自己谈话，可主动询问。谈话中遇有急事需要处理或需要离开时，应向谈话对方打招呼，表示歉意。

谈话现场超过三人时，应不时地与在场的所有人攀谈几句。不要只与一两人说话，不理会在场的其他人，也不要与个别人只谈两个人知道的事而冷落第三者。如所谈问题不便让旁人知道，则应另找场合。

在交际场合，讲话时要给别人发表意见的机会，别人说话，也应适时发表个人看法。要善于聆听对方谈话，不轻易打断别人的发言。一般不提与谈话内容无关的问题。如对方谈到一些不便谈论的问题，不对此轻易表态，可转移话题。在相互交谈时，应注视对方，以示专心。对方发言时，不要左顾右盼、心不在焉或注视别处，显出不耐烦的样子，也不要老看手表，或作出伸懒腰、看手机等漫不经心的动作。

谈话的内容一般不要涉及疾病、死亡等不愉快的事情，不谈一些荒诞离奇、耸人听闻、黄色淫秽的事情。一般不询问妇女的年龄、婚否，不径直询问对方履历、工资收入、家庭财产、衣饰价格等私人生活方面的问题，与妇女谈话不说妇女长得胖、身体壮等话语。对方不愿回答的问题不要追问，不刨根问底。对方反感的问题应表示歉意，或立即转移话题。一般谈话时不批评长辈、身份高的人员，不议论当事国的内政。不讥笑、讽刺他人，也不要随便议论宗教问题。

男子一般不参与妇女圈内的议论，也不要与妇女无休止地攀谈而引起旁人的反感。与妇女谈话更要谦让、谨慎，不与之开玩笑，争论问题要有节制。

谈话中要使用礼貌语言，如"你好""请""谢谢""对不起""打搅了""再见"等。在我国人们相见习惯说"你吃饭了吗""你到哪里去"等，有些国家不用这些话，甚至习惯上认为这样说不礼貌。在西方，一般见面时先说："身体好吗？""最近如何？""一切都顺利吗？""好久不见了，你好吗？""夫人（丈夫）好吗？""孩子们都好吗？""最近休假去了吗？"等。对新结识的人常问："你这是第一次来中国吗？""来中国多久了？""这是你在国外第一次任职吗？""你喜欢这里的气候吗？""你喜欢我们的城市吗？"等。分别时常说："很高兴与你相识，希望再有见面的机会。""再见，祝你周末愉快！""晚安，请向朋友们致意。""请代问全家好！"等。

在社交场合，还可谈论天气、新闻、工作、业务等。谈话时一般不过多纠缠，不高声辩论，更不能恶语伤人，出言不逊，即便争吵起来，也不要斥责，不要讥讽辱骂，最后还要握手而别。

拓展内容八：你会谦恭地送别吗？

不同的客户应享受不同的送客礼仪，虽然都是谦恭有礼，但是每个公司要根据实际情况的不同，将客户送至不同的地点，从而也就需要采用不同的送客礼仪。

一般来说，客户离开时都要享受"全员送客礼"，其他主要的送客礼仪还有电梯送客礼、大门口送客礼、车旁送客礼等。

1.全员送客礼

一般发生在客户离开公司，经过一些办公室的时候。如果访客恰好经过你与其他员工办公的地方，只要看见访客，就应该马上站起，将椅子推入桌下，每人都抬头看一下客户，然后说一声："谢谢！再见！"力求做到"人人迎宾，人人送客"。这样的举动不是小题大做，它会带给客户宾至如归的感觉。

2.电梯送客礼

电梯送客礼是指将客户送至电梯口，等电梯门即将关上时，再次行礼道别。接待人员在电梯门关上之前，都要对客户注目相送，等电梯即将关上的一刹那挥手示意或行最后一次的鞠躬礼，并说声"谢谢，欢迎再次光临！再见"。

3.大门口送客礼

大门口送客礼是指将客人送至大门口，目送客人离开才可返回工作岗位。接待人员要将客人送到门口，等到客人即将离开时，做最后一次鞠躬，同时说声"谢谢，欢迎再次光临"，并目送客人离开，才可返回自己的工作岗位。

4.车边送客礼

车边送客礼是指将客人送至汽车旁，等车子开走才可离开。一定不要忘了在车门将要关上的一刹那做最后一次鞠躬，并说"谢谢，请注意行车安全"，然后目送车子驶离，直至看不见车影才可离开。

任务训练

一、选择题

1.在五人座的轿车上，最尊贵的座位应当是（　　　）。

A. 副驾驶   B. 后排左侧

C. 后排右侧   D. 后排中间座

2. 引导来宾，走在客人（　　）方，侧身保持两三步距离。

A. 左前   B. 右前

C. 左后   D. 右后

3. 一位男士与两位女士同行，则男士应在最（　　）边位置。

A. 前   B. 后

C. 左   D. 右

二、实训题

请同学们分组扮演营销人员和客户角色，演练拜访客户的礼仪。

任务四　　社交礼仪训练

情景导入

微课

社交礼仪训练

一大早，营销部实习生李颖把来自北京的张经理从酒店接到公司，安排她与公司营销总监刘先生见面。李颖心想：介绍的原则是尊者具有优先了解权，按照职务高低、长幼为序、男女有别等，把身份低者介绍给身份高者。张经理远道而来，应该具有优先了解权。于是，李颖亲切地为双方作了介绍："张经理，请允许我向您介绍一下，这位是营销部刘总监。刘总监，这位是北京来的贵客张经理！"刘总监热情地伸出双手，满面笑容地说："张经理，幸会幸会！这是我的名片，请多指教！"

想一想：

李颖是如何为客户和领导作介绍的？你认为介绍时还应注意哪些细节？

知识准备

【读一读】

孔子曰："君子有九思：视思明，听思聪，色思温，貌思恭，言思忠，事思敬，疑思问，忿思难，见得思义。"（《论语·季氏篇》）

【释义】孔子说："君子有九个方面值得深思熟虑。观看，要慎思看得明白；听受，要慎思听得清楚；脸色，要慎思表现温和；容貌态度，要慎思谦恭有礼；发言，要慎思诚实不欺；做事，要慎思认真严谨；疑惑，要慎思请教提问；发怒，要慎思会有后患；每有所得，要慎思合于道义。"

营销人员与客户交往过程中，社交礼仪显得尤为重要，它能使情感表达得更到位，人际关系更融洽，商业合作更愉快。

既然社交礼仪在营销工作中具有非同寻常的作用，那么如何能做到与客户交往时彬彬有礼、落落大方、周到得体呢？社交礼仪具体包括称呼礼仪、介绍礼仪、握手礼仪、名片礼仪和致意礼仪五个方面，其知识要点与作用分析见表1-6。

表1-6　　　　　　　　　　　　社交礼仪知识要点与作用分析

项目	知识要点	作用分析
1.称呼礼仪	①职务称呼：董事长、王部长、李林主任 ②职称称呼：总工程师、武教授、陈律师 ③职业称呼：司机、警察、老师、大夫 ④社交称呼：成年男子称"先生"，不知婚否的女性称"女士"，国际惯例未婚女性称"小姐"、已婚且丈夫社会地位高的女性称"夫人" ⑤亲属称呼：爷爷、奶奶、阿姨、叔叔、大姐、小妹 ⑥代词称呼：您、贵公司、贵厂、贵校 ⑦姓名称呼：可以互称姓名，甚至只称呼名字	①职务称呼最常见，以示身份有别并表达敬意 ②可在工作中直接称呼对方的技术职称 ③在工作中，若不了解对方的具体职务、职称，有时不妨直接称呼其职业 ④社交场合，按照惯例采用社交称呼 ⑤在生活空间，多用亲属称呼 ⑥不知对方的具体情况，可用代词称呼 ⑦仅限年龄、级别相近而且互相熟悉的同事；此外，必须尊称其职务
2.介绍礼仪	①介绍的顺序：先介绍位卑者给位尊者 ②介绍的手势：标准站姿，五指并拢，掌心向上，拇指微微张开，指向被介绍人 ③介绍的语言："尊敬的李白先生，请允许我向您介绍一下王维先生……" ④被介绍人的动作：除贵宾与长者外，一律起立，目视对方，点头致意，热情握手，互问"你好"	①原则是尊者具有优先了解权 ②面带微笑，目视对方，用真诚谦虚的态度来打动对方 ③多使用敬语和谦语，语气要自然，语速要正常，语音要清晰 ④态度要自然、随和、自信、大方，表现出结识对方的诚意，显得亲切而有礼貌
3.握手礼仪	①距离：双方相距1米左右，上身稍向前倾，立正 ②顺序：尊者先伸出手 ③部位：伸出右手，握至虎口处 ④力度：轻摇两下，力度适中 ⑤表情：微笑适度，目光对视	①在个人距离之内，表示安全和亲切 ②尊者有权决定握不握手 ③若右手不便，要解释并致歉；握虎口处最恰当 ④要表示热烈，也可较长时间适度用力握手 ⑤传达出你的诚意和自信
4.名片礼仪	①递名片的顺序：一般是身份低者先递上名片 ②递名片的动作：手指并拢，拇指与食指夹着名片上端两角，双手递送到对方胸前约半米处 ③递名片的语言：面带微笑，话语恭敬："这是我的名片，请多指教！" ④接名片的动作：双手捧接，及时致谢，认真拜读，正确称谓，礼貌存放	①身份低者为了表达对对方的尊敬 ②动作要洒脱大方，名片的正面指向对方，以方便对方观看 ③态度要从容自然，表情要亲切谦恭 ④双手接过名片，认真观看，以表示对赠送名片者的尊重，同时便于加深印象
5.致意礼仪	①起立致意：站立起来，向对方表达敬意 ②点头致意：向对方轻轻点头示意 ③微笑致意：向对方展露微笑，表达友好之意 ④招手致意：伸直右臂，向远处的熟人示意 ⑤欠身致意：向对方微微欠身，表达敬意 ⑥脱帽致意：见到对方，摘下帽子，表达敬意	①尊者到来或者离去时，最好起立致意 ②同一地点多次见面、一面之交、不宜交谈的场合，最好点头致意 ③表达谢意、歉意，最宜微笑致意 ④招呼较远的熟人，最好招手致意 ⑤表达敬意，最宜欠身致意 ⑥西方绅士表示对人的恭敬，多使用脱帽致意

技能拓展

拓展内容一：你知道介绍礼仪吗？

1. 自我介绍

自我介绍要讲究态度，态度要自然、亲切、随和、自信、大方、有礼，还要把握时机，最佳时机是对方有空闲、心情好、有兴趣认识你之时。自我介绍分为应酬式、工作式、交流式、礼仪式、问答式。

（1）应酬式。适用于某些公共场合和一般性的社交场合，这种自我介绍最为简洁，往往只包括姓名一项。比如："你好，我叫（是）××。"

（2）工作式。适用于工作场合，包括本人姓名、供职单位及部门、职务或从事的具体工作等。比如："你好，我叫××，是××公司的销售经理。""我叫××，在××公司从事销售工作。"

（3）交流式。适用于社交活动中，希望与交往对象进一步交流和沟通。它包括介绍者的姓名、工作、籍贯、学历、兴趣及与熟人的关系。比如："你好，我叫××，在××工作。我是××的同学，都是××人。"

（4）礼仪式。适用于讲座、报告、演出、庆典、仪式等正规而隆重的场合，包括姓名、单位、职务等，同时应加入自谦语、敬语。比如："各位来宾，大家好！我叫××，是××学校的学生。我代表全校学生，欢迎大家光临我校，希望大家……"

（5）问答式。适用于应聘和公务交往。问答式的自我介绍，是有问必答，问什么就答什么。

2. 为他人介绍

（1）介绍顺序。在社交活动中，介绍顺序的原则是尊者有优先了解权。为他人作介绍的顺序有六种：

第一种，是把职位低者介绍给职位高者，它适用于比较正式的场合，特别是职业相同的人士之间。

第二种，把男士介绍给女士，这是体现"女士优先"的原则。在为女士和上级作介绍时，遵循先介绍领导的原则。

第三种，把晚辈介绍给长辈，即优先考虑双方的年龄差异，通常适用于同性之间。

第四种，将客人介绍给主人，它适用于来宾众多的场合。

第五种，把未婚者介绍给已婚者，它适用于了解婚姻状况时用，要是不确定，不要冒昧行事。

第六种，把个人介绍给团体，当新人初次与团体成员见面时，负责人可以采取这种方式来介绍他与众人相识。

小提示

每个人都有多重身份，介绍时，应以其所在场合的身份为主。比如，在单位，按照职务高低、资历深浅的顺序；在家里，以辈分高低、长幼为序；在正式社交场合，则依照国际惯例，遵循"女士优先"原则；同学朋友聚会，就按照年龄大小、关系远近来介绍。

（2）介绍人的陈述。介绍时，多用自谦语、敬语、尊称。例如："尊敬的张宝强先生，请允许我向您介绍一下王欢先生……""请允许我向您介绍一下……"

在非正式场合，还可以使用一些较有亲和力的介绍词。例如："××小姐，您认识××先生吗？""小赵，来见一见××先生好吗？"

朋友之间，可以用轻松活泼的方式介绍。例如："老王，这就是我常提到的我们单位的才子小李。小李，这位是大名鼎鼎的老王。"

（3）介绍时的神态举止。介绍人态度要热情友好、认真礼貌。介绍时，介绍人应起立，行至被介绍人之间。在介绍一方时，应微笑着用自己的视线把另一方的注意力引导过来。手的正确姿态应是手指并拢，掌心向上，胳膊略向外伸，指向被介绍者（如图1-50所示）。

图1-50　为他人介绍

（4）被介绍人的礼仪。介绍人开始介绍时，除贵宾与长者外，被介绍者一律应起立，表现出结识对方的愿望。面向对方，目光既柔和又专注地看着对方的眼睛。随着介绍，向对方点头致意，或用一些感叹词来呼应他的介绍。待介绍完毕，应热情地和对方握手，并互问"你好"，之后再重复一遍对方的姓名或称谓，显得亲切而有礼貌，使对方感到很愉快、印象深刻。

3.把个人介绍给集体

要把一个人介绍给众多的在场者时，最好按照一定的次序，如顺时针或逆时针方向，依次进行。除非有地位非常尊贵的人在场，才可以破例，否则跳跃式介绍会伤害他人的自尊心。

拓展内容二：你掌握握手礼仪吗？

1.握手礼仪的基本要求

（1）相距1米左右站立，上身略微前倾。

（2）按照"尊者为先"的原则行握手礼。上级和下级握手时，上级先伸手，下级迎握；男士和女士握手时，男士要等女士先伸手之后迎握，若女士无握手之意，男士则点头鞠躬致意即可，不可主动去握住女士的手；年长者和年轻者握手时，年长者先伸出手，年轻者迎握；主人和客人见面时，主人有向客人先伸手的义务，以示欢迎，客人迎握。送别客人时，主人应等客人先伸手，主人再迎握。在社交场合，以先到者先伸手为礼。

（3）握手时一定要伸出右手，四指并拢，拇指自然张开，握到虎口处。男士握住女士的手指部分，以示对女性的尊重（如图1-51所示）。

（4）时间以3~5秒为宜。一般上下晃动两三下即可，如果是老朋友好久不见，握手时间可以稍长，以表达喜悦、激动之情。

（5）握手时力度适中。如果力度过轻，被视为"死鱼式握手"，对方会觉得你在敷衍他，没有热情，显得漫不经心，既然要握手，就应大大方方地握；力度过重，则有挑衅之嫌。

（6）目视对方并面带微笑，传达出你的诚意和自信（如图1-52所示），千万不要一边握手一边东张西望，或者跟这个人握手还没结束目光就移至下一个人身上，这样别人从你眼神里体味到的只能是轻视或慌乱。

图1-51　握手的部位

图1-52　握手时的表情

（7）握手的时候，说些表示友好或尊敬对方的语言更好。例如："您好，欢迎您的到来"，"认识您很高兴"，"认识您是我的荣幸"，或者"久闻大名，如雷贯耳，幸会"等。对方肯定会很开心。

2.握手的类型

（1）垂臂式。右手握手，左手垂臂。一般初次相见，特别是政务会见、商务会见场合，这种握手是最合适的，体现了尊敬和郑重（如图1-53所示）。

（2）抱握式。右手相握，左手抱于对方的右手。这是感激和祝贺，意思是说感谢你对我的关怀或者祝贺你取得那么卓越的成就（如图1-54所示）。

图1-53　垂臂式

图1-54　抱握式

（3）拍肩式。右手相握，左手轻拍对方的肩膀（如图1-55所示）。通常用于上级对下级的一种祝贺、期许、赞美等，同时配合恰当的话语，如："年轻人，欢迎你加入我们企业，好好干，前途无量。"

（4）拍臂式。右手相握，左手轻拍对方的小臂（如图1-56所示）。通常用在同级、平辈之间的夸奖和赞誉，同时配合恰当的话语，如："听说您获得了营销冠军，真了不起，恭喜恭喜！"

图1-55 拍肩式

图1-56 拍臂式

（5）拍手式。右手相握，左手轻拍对方的手，这种握手的寓意是安抚和慰问（如图1-57所示）。比如说对方要长时间离开，或者祝愿病人身体早日康复，或者对失去亲人的家属的慰问等。

（6）背臂式。右手相握，左手握拳背于身后，意在体现一个人的自信和年轻（如图1-58所示）。

图1-57 拍手式

图1-58 背臂式

📖 小资料

握手的禁忌

1.不可戴着手套、墨镜、帽子与他人握手。只有女士在社交场合戴着薄纱手套握手，才是被允许的。

2.不可同时与多人握手。

3.左手不可插兜。

4.不可面对他人握手请求置之不理、面无表情、不置一词。

5.不可抓住异性的手握住不放。

6.不可力度过重。

7.不可不专心，左顾右盼。

8.不要仅仅握住对方的手指尖，好像有意与对方保持距离。

9.不可交叉握手、跨门槛握手、隔桌子握手、形成十字交叉。这是让人忌讳的。

拓展内容三：你会递接名片等物品吗？

1.递交名片

（1）名片取放的位置。规范的做法是将名片放在名片盒或者名片夹里。一般情况下，男士可将名片放在衬衫的左侧口袋里或西服的内侧口袋里或放在公文包里，避免放在裤子的口袋里；女士可将名片置于手提包内。商务人员在出门前要注意检查是否带足名片。

（2）递交名片的场合。一般情况下，商业性质的横向联系、交际中的礼节性拜访以及表达情感的场所，都可以递上名片。

（3）递交名片的时机。如果初次见面，相互介绍之后可递上名片。若是比较熟识的朋友，可在告辞时递上名片。

（4）递交名片的顺序。一般是地位低者、晚辈或客人先向地位高者、长辈或主人递上名片，然后由后者予以回赠。若上级或长辈先递上名片，下级或晚辈也不必谦让，礼貌地用双手接过，道声"谢谢"，再予以回赠。

（5）递交名片的动作。为表达对对方的尊敬，一般应手指并拢，大拇指与食指夹着名片的上端两角，以向上弧线的方式，双手递送到对方胸前约半米处。将名片的正面下方指向对方，以方便对方观看。

（6）递交名片的语言。递交名片时应面带微笑，说些恭敬、友好的话语。比如："这是我的名片，请多指教！""这是我的名片，欢迎多联系。""这是我的名片，请多关照！"

总之，递交名片时，动作要洒脱大方，态度要从容自然，表情要亲切谦恭。

2.接受名片

（1）递名片者将名片递上，表达了友好之情，接受名片者应双手接过名片。

（2）从上到下，从正到反，认真观看，以表示对赠送名片者的尊重，同时便于加深印象。

（3）看完名片后，可以轻声念出对方的名字或者职务，以让对方确认无误。

（4）要郑重地将其放在名片盒里，并表示谢意。如果是暂放在桌子上，切忌在名片上放其他物品，也不可漫不经心地放置一旁，告别时千万不要忘记带走。接受名片者应通过动作表情来显示对对方人格的尊重。

（5）同时交换名片时，可以右手递交名片、左手接拿对方名片。

小案例

关于名片的几个小故事

故事一：来自中国台湾的李先生是从事小商品进出口生意的。有一次，他来到义乌某公司进出口部，找到其中一位部门经理曹先生，商谈合作事宜。

见面后，两人相互交换了名片，曹先生一边与李先生谈话，一边用手玩弄对方的名片。他的这一举动，引起了李先生的不快，他认为这是极不礼貌的行为，于是李先生放弃了与他的合作。

故事二：赵小姐是某直销化妆品销售员。有一次，她应邀出席一个联谊活动，这对她而言是一次扩大社交圈的绝好机会。

正当赵小姐想结识更多的朋友时，却发现自己忘带名片了。一下子，赵小姐觉得自己好像被束缚了手脚，动弹不得。整个晚上，她无法向别人介绍自己，也无法向别人索要名片，一次交际机会就这样白白地溜走了。

故事三：某房地产公司办公室沈主任在一次赴宴时，认识了杭州某管理咨询公司项目部的陈经理。当时，两人交换了名片，但沈主任在离开时，将陈经理的名片留在了餐桌上。

后来，陈经理应邀为该房地产公司做培训，由沈主任负责接待工作。接机时，陈经理一下子叫出了沈主任的名字，而沈主任却怎么也想不起陈经理的职务、姓名，沈主任顿时尴尬不已。

3.递送其他物品礼仪

（1）递文件。文字正向对方，双手拿上端两角（如图1-59所示）。

（2）递伞、包。把手向着对方，举到胸前。

（3）递笔、刀剪。尖端朝向自己，递到对方右手（如图1-60所示）。

图1-59　递送文件

图1-60　递签字笔

（4）递送茶杯、水瓶。递送茶杯应左手托底，将茶杯把儿指向客人的右手边，双手递上。递送饮料、酒水时，应将商标朝向客人，左手托底，右手握在距瓶口1/3处。

做一做

请两组学生分别扮演客户和营销人员，进行模拟递接物品的礼仪训练。

拓展内容四：你会行鞠躬礼吗？

鞠躬，意思是躬身行礼，是表示对他人敬重的一种郑重礼节。

1.动作要领

两脚并拢，立正站好，手放体前，弯曲上身，视线下垂，慢慢起身。

2.鞠躬角度

（1）刚刚进入客户办公室时，营销人员可双手相握，放在腹前，或者双手自然垂在身体两侧，微微欠身15度即可（如图1-61所示）。

（2）面对客户时，营销人员可双手平放在大腿前面，以胯为轴，上身向前弯曲30度左右，视线随着身体而起落，起身的速度略慢（如图1-62所示）。

图 1-61 鞠躬 15 度

图 1-62 鞠躬 30 度

（3）当营销人员与客人告别时，退后两步，向客人鞠躬45度，依依惜别（如图1-63所示）。

（4）当营销人员表示歉意或表示感谢时，可以90度正式鞠躬，表达至诚至真的情意（如图1-64所示）。

图 1-63 鞠躬 45 度

图 1-64 鞠躬 90 度

做一做

请两组学生分别扮演客户和营销人员，进行鞠躬礼仪训练。

小资料

拱手礼

拱手礼是最具中国特色的见面问候礼仪，通过自谦的方式表达对他人的敬意。国人讲究以人和人之间的距离来表现出"敬"，这种距离不仅散发着典雅气息，体现了中国人文精神，而且比较符合现代卫生要求。

行礼时，双腿站直，上身直立或微俯，双手互握合于胸前。男子应右手握拳在内，左手在外，女子相反；丧事则男子左手握拳在内，右手在外，女子相反。

拓展内容五：你还知道哪些见面礼仪？

1.拥抱礼

拥抱礼多行于官方或民间迎送宾朋或祝贺致谢等场合。在当代许多国家的涉外迎送仪式中，多行此礼。

两人相对而立，右手环抚于对方的左后肩，左手环抚于对方的右后腰，彼此将胸部各向左倾而紧紧相抱，头部相贴，然后向右倾而相抱，接着再做一次左倾相抱。

拥抱礼是在欧美、中东及南美洲常见的礼节，是比较亲密的一种见面礼仪。这种礼仪一般用于同性或者亲密的异性之间。美国人、俄罗斯人均是性情豪爽、感情外露的民族，喜欢热烈式拥抱。美国人不拘礼节，感情奔放，敢于表露感情，常在公众场合热烈拥抱，亲朋好友离别时，更是长时间地搂抱在一起，如胶似漆、难分难舍。

斯拉夫人情感表达十分热烈，拥抱的动作最大，拥抱前张开双臂一阵冲刺，一旦抱住对方，如熊掌紧箍，热烈而有力，被称为"熊式拥抱"。在拉美，拥抱如同握手一样普遍。

2.合十礼

合十礼起源于印度，流行于泰国、缅甸、尼泊尔等佛教国家。它最初仅为佛教徒之间的拜礼，后发展成全民性的见面礼节。

做法：两掌合拢于胸前，十指并拢伸直，头略低，身体略向下躬，掌尖和鼻尖基本持平，手掌向外倾斜，口念"萨瓦蒂"，神情安详、严肃。

姿势：晚辈遇见长辈，要双手高举至前额，两掌相合后举至脸部，两拇指靠近鼻尖，头微低，女人还需右脚向前跨一步，身体略躬。拜见国王或王室重要成员时，男女还须跪下行礼。

长辈还礼时，只需双手合十放在胸前即可。国王等人还礼时只点头即可。任何人遇见僧人都要行礼，僧人则不必还礼。

跪合十：各国佛徒拜佛祖或拜高僧时所行的礼节。右腿跪地，双手合掌于两眉中间，头部微俯，以示恭敬虔诚。

站合十：平民、平级之间或公务人员拜见长官时常用的礼节。端正站立，掌尖合十置于胸部或口部，以示敬意。行礼时可以问候对方或口颂祝词。

蹲合十：拜见父母或师长时的礼节。身体蹲下，将合十的掌尖举至两眉间，以示尊敬。

3.亲吻礼

长辈对晚辈，宜吻额头；晚辈对长辈，宜吻下颌；异性平辈朋友之间，宜贴面；同性平辈朋友之间，宜吻脸颊；男士对贵族妇女可吻手（女方先伸出手作下垂式，男方轻轻提起指尖吻手）。

吻手礼是流行于欧美上层社会的一种礼节。英法两国比较喜欢吻手礼，男士行至已婚女士面前，首先垂首立正致意，然后以右手或双手捧起女士的右手，俯首用自己微闭的嘴唇去象征性地轻吻一下其指背。

在德国，正式场合仍有男子对女子行吻手礼，但多是做个吻手的样子，不必非要吻到手背上。在法国施吻手礼时，嘴不应接触到女士的手，也不能吻戴手套的手。

任务训练

一、选择题

1.握手最佳部位是握到（　　　　）。

A.指尖　　　　　　　B.指根　　　　　　　C.虎口　　　　　　　D.手腕

2.与人交往，在运用手势时应牢记（　　　　）。

A.宜少忌多　　　　　B.宜多忌少　　　　　C.尽量不用　　　　　D.尽量多用

3.根据礼仪规范，在握手时，由（　　　　）首先伸出手来发起握手。

A.年幼者　　　　　　B.晚辈　　　　　　　C.下级　　　　　　　D.尊者

二、实训题

请学生模拟扮演营销人员和客户，练习社交礼仪。

（1）迎送客户。选择合理的站姿，微笑着目视客户，用尊称称呼客人，正确使用肢体语言和欢迎、告别语。

（2）介绍。目视对方，手位得体，自我介绍实事求是。介绍他人时，手势规范，注意顺序。

（3）握手。应明确伸手的顺序，选择合适的时机，目视对方，亲切友善。控制握手的力度和时间的长短，根据不同对象做到先后有别。

（4）行鞠躬礼。应面对客户，自然微笑，身体前倾到位。行礼时，应准确称谓受礼者，合理使用礼貌用语。

（5）致意。在不同场合向客户行不同的致意礼。行礼时，次序合理，时机得当，自然大方。

（6）递送物品。向客人递送名片、表格、笔、零钱时，用双手或托盘，将物品的正面朝向客人，直接递到客人手中。递送带尖的物品时，尖部应朝向自己或朝向他处。收受名片时，应双手捧接，及时致谢，认真拜读，正确称谓，礼貌存放。

（7）与客户相遇。在走廊遇到客户或必须从客户面前通过时，应缓步或稍停步礼貌问候，向旁边跨出一步，礼貌示意客户先行。

（8）出入电梯。出入无人服务的电梯时，应先入后出，靠一侧站立，面对或斜对客户；出入有人服务的电梯时，应后入先出。

任务五　　　　　　　**宴请礼仪训练**

情景导入

　　某公司计划邀请国内外合作企业的领导、客户，举办规模盛大的公司成立10周年庆典活动。庆典开始之前，办公室主任联系了五星级酒店的营销经理，商讨宴会形式——举办中式宴会、西式宴会，还是冷餐会、酒会？

　　……

庆典活动完毕，公司领导引领嘉宾到宴会厅就座，主席台的几张主桌上早已放置了桌牌，姓名牌按照来宾的次序摆放在不同的位置上。就座后，宴会正式开始……

营销部的精英们和来自各地的客户们举杯庆祝，交流信息、畅叙友谊、共谋发展……作为营销人员，需要尽可能充分地了解客户，与老客户热情地叙旧，与新客户诚恳地沟通，真切表达对客户的谢意，强化与客户的关系，忙碌而不忙乱……整个宴请活动在和谐有序、热烈隆重的氛围中度过（如图1-65所示）。

想一想：

该公司的庆典活动中运用了哪些宴请形式？你所知道的宴会礼仪还包括哪些？

图1-65 营销人员参加宴会

![知识准备图标] 知识准备

【读一读】

《曲礼》曰：毋不敬，俨若思，安定辞。安民哉！（《礼记》）

【释义】《曲礼》说：任何时候都不要有不敬之心，举止要端庄稳重，说话要谨慎、条理分明。只有如此，才能安定天下民众！

商务宴请是现代企业为达到迎宾送客、洽谈业务、沟通交往、树立形象等商务目的而举办的社交活动，分为宴会（包括中式宴会、西式宴会）、招待会（包括自助餐、酒会）以及茶会、工作餐等形式。除了需要对宴会进行周密组织，营销人员端庄的仪表、规范的举止、热情的笑容、礼貌的谈吐和良好的修养，也是商务宴请活动成功的关键要素。

一、中式宴会礼仪

在商务交往中，中式宴会数量远远超过其他宴请形式。主办方要利用中式宴会来宴请贵宾、广交朋友、增进友谊、促成合作，营销人员应该掌握中式宴会礼仪，促进销售成功。

中式宴会礼仪知识要点与作用分析见表1-7。

表1-7　　　　　　　　　　　　中式宴会礼仪知识要点与作用分析

项目	知识要点	作用分析
1.确定宴请的目的、名义、形式	①宴请的目的：以特定时刻、特定事件为由，有欢迎、欢送、答谢、庆贺、招待、交流等 ②宴请的名义：对外宴请，如邀请主宾偕夫人出席，主方应以夫妇的名义；国内宴会以主办单位或单位负责人的名义邀约客人 ③宴请的形式：正式的、规格高的、人数少的宜选宴会；人数较多的则宜选冷餐会或酒会	①宴请是公务活动所必需的，宴请的目的决定宴会的规格、形式 ②遵守宾主双方身份对等的原则 ③根据宴请缘由、主宾的职务身份及风俗习惯确定宴请形式

项目	知识要点	作用分析
2.确定时间、地点	①宴请的时间：晚宴被认为是规格最高的，避开重要的节假日、活动日、禁忌日 ②宴请的地点：官方正式宴会一般安排在政府大厦；民间宴请可以在酒店	①宴请的时间应适合宾主双方，有些要选择有特定意义的时间 ②活动越隆重，越要讲究环境，因为它体现了对对方的礼遇
3.发出邀请	①较正式的宴请：要提前一周左右发请柬 ②口头约请：仍应补送请柬，并在请柬右上方或左下方注上"备忘"字样 ③需要安排座位的宴请活动：要求被邀请者答复是否出席，请柬上一般注明"请答复" ④只需要不出席者答复：注明"如不能出席请答复"字样，并注明电话号码，以备联系 ⑤请柬发出后，可以电话询问对方是否出席	①过早怕客人遗忘，过迟怕客人措手不及 ②较正规的商务往来，要以正式的邀约形式为主 ③发出邀请，要力求合乎礼貌，取得被邀请者的良好回应 ④可以及时落实客人出席情况，以调整安排席位 ⑤既方便客人，又确切掌握信息
4.确定宴会菜单	①安排菜单原则：突出特色，客随主便；注意色、香、味、形及荤、素搭配 ②优先考虑的菜肴：有中餐特色的菜肴、有本地特色的菜肴、本餐馆的特色菜 ③不宜出现的菜肴：触犯个人、民族、宗教禁忌的菜肴 ④正式宴请印制菜单：一桌一份或人手一份	①要根据宴请的规格及宴请地的特色，兼顾来宾尤其是主宾的饮食禁忌，使宴请活动轻松愉快 ②菜色道数、分量要适当 ③触犯客人禁忌是宴请的大错 ④便于客人预先了解菜肴，或作为留念
5.做好席位安排	①桌次高低：以离主桌位置远近而定，近高远低，右高左低 ②座次高低：以离主人位置远近而定，主宾在主人右方 ③每桌要放置桌次牌、座次牌或名牌	①正式宴请都要排定席次 ②习惯是以近为尊、以右为尊 ③按照国际惯例，事先要通知出席者，以免坐错座位
6.宴请的程序及服务	①宴会开始前：主人一般在门口迎接客人 ②客人抵达后：宾主相互握手问候，由工作人员将客人引至休息厅小憩，并以饮料待客 ③宴会开始：主人陪同主宾进入宴会厅后，全体人员方可入座、开宴 ④上菜以后：主人应招呼客人进餐，要与同桌的人普遍交谈 ⑤安排正式讲话：应在热菜之后、甜食之前进行，主人先讲，亦可入席即讲 ⑥宴会结束：主人应热情地送客至门口	①主人对客人表示尊敬与欢迎 ②若无休息厅，可请客人直接进入宴会厅，但不可马上入座 ③表示对主宾的重视和礼遇 ④布菜不夹菜，敬酒不劝酒，饮酒过量会失言、失态，起反作用 ⑤入席即讲，先声夺人；宴席过半讲话，大家有耐心听 ⑥比较正式的场合，迎宾者应当在门口与客人一一握手话别

二、西式宴会礼仪

西式宴会上的礼仪比较讲究，西式餐具的摆放也有其特殊的规律和意义。西餐礼仪讲究四个 M：Menu（精美的菜单）、Manner（优雅的礼仪）、Music（动听的音乐）、Mood（迷人的氛围）。西式宴会礼仪具体包括入座礼仪、餐巾礼仪、刀叉礼仪、酒水礼仪、进餐礼仪五个方面。西式宴会礼仪知识要点与作用分析见表1-8。

表1-8　　　　　　　　　　　西式宴会礼仪知识要点与作用分析

项目	知识要点	作用分析
1.入座礼仪	①进入餐厅：男士先开门，请女士走在前面 ②座次：按距离主人的座位远近，右高左低 ③入座：女士要等右边的男士将椅子拉开后入座 ④用餐时的坐姿：上臂和背部要靠到椅背上，腹部和桌子保持约一拳的距离	①女士优先是西餐礼仪的基础 ②这是西餐的惯例，外国习惯男女穿插安排，以女主人为准 ③这是最得体的入座方式 ④最好避免两脚交叉的坐姿
2.餐巾礼仪	①用餐开始：女主人拿起餐巾，表示用餐开始 ②餐巾铺法：餐巾开口朝前对折，平铺在大腿上 ③中途离席：餐巾放在椅子上，表示暂时离开 ④用餐结束：餐巾放在桌子上，表示用餐结束 ⑤餐巾用法：可以用来揩拭口唇、遮挡剔牙	①西餐礼仪中女主人地位最高 ②不可以挂在脖子上或铺在桌上 ③可以搭在椅背上 ④放在桌子左边即可，不能团成一团 ⑤不可以擦餐具、擦脸、擦手
3.刀叉礼仪	①刀叉拿法：从外向内依次取用，每吃一道菜用一副刀叉，左手拿叉，右手拿刀，边切边吃 ②用餐中：刀叉成"八"字形，平架在盘子两边 ③结束用餐：叉齿向上，刀刃向内，并拢平行放于餐盘上 ④谈话时：可以拿着刀叉，讲话配合手势时应放下刀叉	①刀叉的数量与菜的道数相等，并按上菜顺序由外向里排列 ②表示还要继续吃，服务员不会收走餐具 ③服务员看到了，就会收起餐具 ④动作幅度过大，显得粗鲁无礼
4.酒水礼仪	①餐前酒：香槟、雪利酒或基尔酒等 ②佐餐酒：肉类主菜搭配红葡萄酒，鱼类则搭配白葡萄酒 ③餐后酒：最有名的是白兰地酒 ④酒杯：（从左至右）盛水的大杯，盛香槟酒的高脚杯，盛红葡萄酒的中杯，盛白葡萄酒的小杯 ⑤喝酒：把酒杯放在桌上由服务员去倒；用手指握杯脚，倾斜酒杯喝；喝后用餐巾抹一下嘴唇	①餐前酒口味较淡，可以开胃 ②佐餐酒搭配不同的主菜是西餐惯例 ③餐后酒单独少量饮用 ④酒杯按序取用，不要混淆 ⑤一饮而尽、吸着喝、边喝边透过酒杯看人、用手指抹杯口的口红等，都是失礼的行为
5.进餐礼仪	①喝汤：用汤匙由后往前将汤舀起，尝一口后，加调味品 ②吃主菜：叉牢肉或鱼，刀紧贴叉边下切，切一块吃一块 ③吃主食：面条、馅饼用叉子吃；面包用手撕着吃 ④吃水果：切瓣、去皮核、切块，用叉取食 ⑤喝咖啡：自取牛奶、白糖加入杯中，用小匙搅拌后，匙放回碟内。右手拿杯把，左手端小碟喝 ⑥遇到意外：餐具掉落可让服务员再送一副；酒水打翻溅到邻座身上，应表示歉意并协助擦干	①汤少时可将盘略微抬高，有握环的碗可直接拿住端起来喝 ②以免滑开或刀切在瓷盘上发出响声 ③显示娴熟的技巧和优雅的礼仪 ④水果不能用手直接拿着吃 ⑤用小匙喝咖啡不符合礼仪规范 ⑥应沉着冷静，随机应变，尽量不要引起其他人侧目注视

技能拓展

商务宴请成功的秘诀在于细心，照顾到每一个客人的喜好。在商务宴会中，进餐只是一种形式，真正的内容仍以商务活动为主。

小案例

李嘉诚曾说：我喜欢在餐桌上评估一个高管的人品。

如果名贵菜肴每次转到他面前，他都不吃，说明这个人不真诚；如果他不管不顾地只吃名贵菜肴，说明这个人为了利益可以不计任何代价；如果他吃排骨，吃了很多，但每块排骨都没吃干净，说明这个人做事贪图名利。李嘉诚最欣赏的是能够把每块排骨都吃得干干净净的一类人。他认为这一类人既有清晰的目标，又能够踏实地朝着目标前行。虽然没有专家学者对李嘉诚的说法进行验证，但相信李嘉诚会用自己企业主管的评聘来验证。

可见，用餐不仅仅是自己吃饱，更主要的是与人交流，展示个人的良好形象。

拓展内容一：你知道宴请有哪几种形式吗？

国际上通用的宴请形式有四种：宴会、招待会、茶会、工作餐。

1. 宴会

宴会，指比较正式、隆重的饮食招待聚会。宴会是正餐，出席者按主人安排的席位入座进餐，由服务员按专门设计的菜单依次上菜。按规格不同，宴会有国宴、正式宴会、便宴、家宴之分。

（1）国宴。国宴特指国家元首或政府首脑为国家庆典或为外国元首、政府首脑来访而举行的正式宴会，是宴会中规格最高的。按规定，举行国宴的宴会厅内应悬挂两国国旗，安排乐队演奏两国国歌及席间乐，席间主、宾双方有致辞、祝酒。

（2）正式宴会。这种形式的宴会除不挂国旗、不奏国歌及出席规格有差异外，其余的安排大体与国宴相同。有时也要安排乐队奏席间乐，宾、主均按身份排位就座。许多国家对正式宴会十分讲究排场，对餐具、酒水、菜肴的道数及上菜程序均有严格规定。

（3）便宴。这是一种非正式宴会，常见的有午宴、晚宴，有时也有早宴。其最大特点是简便、灵活，可不排席位、不作正式讲话，菜肴也可丰可俭。有时还可安排自助餐形式，自由取餐，自由行动，这种形式更显得亲切随和。

（4）家宴。家宴即在家中设便宴招待客人。西方人士喜欢采取这种形式待客，以示亲切，并且常用自助餐方式。西方家宴的菜肴往往远不及中餐丰盛，但由于通常由主妇亲自掌勺，家人共同招待，因而它不失亲切、友好的气氛。

2. 招待会

招待会是指一些不备正餐的宴请形式，一般备有食品和酒水饮料，不排固定席位，宾主活动不拘形式。较常见的招待会形式如下：

（1）冷餐会。此种宴请形式的特点是不排席位，菜肴以冷食为主，也可冷、热兼备，连同餐具一起陈设在餐桌上，供客人自取。客人可多次进食，站立进餐，自由活动，边谈边用。冷餐会的地点可选在室内，也可选在室外花园中进行。对年老体弱者，要准备桌椅，并由服务人员招待。这种形式适宜于招待人数众多的宾客。我国举行大型冷餐招待会，往往用大圆桌，设座椅，主桌安排座位，其余各席并不固定座位。食品和饮料均事先放置于桌上，招待会开始后，客人自行进餐。

（2）酒会。酒会又称鸡尾酒会，形式较为灵活，便于客人广泛交谈接触。招待品以酒水为主，略备小吃，不设座椅，仅置小桌或茶椅，以便客人随意走动。酒会举行的时间亦较灵活，中午、下午、晚上均可。请柬上一般均注明酒会起止时间，客人可在此期间任何时候入席、退席，来去自由，不受约束。鸡尾酒是用多种酒调配而成的混合饮料，酒会上不一定都用鸡尾酒。通常情况下，鸡尾酒会备有多种酒品、饮料，但不用或少用烈性酒。饮料和食品由服务员托盘端送，亦有部分放置在桌上。近年来，国际上举办大型活动时广泛采用酒会的形式招待来宾（如图1-66所示）。自1980年起，我国国庆招待会也改用酒会这种形式。

图1-66　商务酒会

3.茶会

茶会是一种更为简便的招待形式。它一般在上午10时、下午4时左右举行，地点多设在客厅，厅内设茶几、座椅，不排席位。如为贵宾举行的茶会，入座时应有意识地安排贵宾与主人坐在一起，其他出席者随意就座。

茶会是请客人品茶的，对茶叶、茶具及递茶都有一定讲究，以体现茶文化。茶具一般用陶瓷器皿，不用玻璃杯，也不用热水瓶代替茶壶。外国人一般喜欢品红茶，略备点心、小吃，也有不用茶而用咖啡的，其组织安排工作与茶会相同。

4.工作餐

这也是一种非正式宴请形式。按用餐时间分为工作早餐、工作午餐、工作晚餐，主客双方可利用进餐时间边吃边谈问题。我国现在也开始流行在外事工作中采用这种宴请形式。它多采用快餐分食的形式，既简便、快速，又符合卫生要求。此类活动一般不请配偶，因它多与工作有关。工作餐往往以长桌安排席位，其座位与会谈桌座位排列相仿，便于主宾双方交谈、磋商。

拓展内容二：如何组织中式宴会？

1.确定宴请的名义、对象与形式

中式宴会，多以主办单位或单位负责人的名义邀请客人，其原则是宾、主双方身份对等。宴请的范围一经确定，即应草拟具体邀请名单，被邀请人的姓名、职务、称呼等一定要准确，并适时向客人发出邀请。

一般情况下，正式的、规格高的、人数少的以宴会的形式为宜，人数较多则以冷餐会或酒会更为合适。

2.确定宴请的时间、地点

宴请的时间应照顾宾、主双方，尤其照顾主宾方面。按照国际惯例，晚宴被认为是规格最高的。通常宴请要注意避开重要的节假日、重要的活动日、双方或一方的禁忌日（如西方人士忌13日、周五）。宴请组织者与主宾商量并确定时间后，再邀请其他宾客。

越是隆重的活动，越要讲究用餐环境，因为它体现了对对方的礼遇。官方正式宴会一般安排在指定的酒店或客人下榻的酒店。用餐环境要确保幽静、雅致、卫生。

3.发出邀请

较正式的宴请要提前一周左右发请柬。需要安排座位的宴请活动，为确切掌握出席情况，还要求被邀请者答复是否出席，请柬上一般注明"请答复"字样。如只需要不出席者答复，则注明"如不能出席请答复"字样，并注明电话号码，以备联系。请柬发出后，也可以用电话询问对方是否出席。

请柬内容包括活动形式、时间、地点及主人姓名（如以单位名义邀请，可用单位名称），重大活动还要注明着装的要求及其他注意事项。

请柬所提到的人名、单位名、节日名称等均用全称。中文请柬行文中不提被邀请者的姓名，其姓名写在请柬信封上；主人姓名放在落款处。请柬可以印刷，亦可手写，但手写字迹要美观、清晰。

4.确定宴会的菜单

在安排菜单时，要兼顾来宾尤其是主宾的饮食禁忌，最好是有民族特色、本地风味、节令时蔬、饭店拿手和客人喜爱的菜肴，注意色、香、味、形及荤素搭配。

优先考虑的菜肴有：

一是有中餐特色的菜肴。中餐里的龙须面、煮元宵、炸春卷、蒸饺子、狮子头等，因为具有鲜明的中国特色，所以受到很多外国人的推崇。

二是有本地特色的菜肴。比如西安的羊肉泡馍、湖南的毛家红烧肉、上海的红烧狮子头、北京的涮羊肉等，宴请外地客人时，上这些特色菜可能更受欢迎。

三是本餐馆的特色菜。上一份本餐馆的特色菜，能说明主人的细心和对被邀请者的尊重。

不宜出现的菜肴有：

一是触犯个人禁忌的菜肴。在宴请外国友人时，要对每个人的饮食禁忌有所了解，不能出现让外国友人"无从下口"的情况。

二是触犯民族禁忌的菜肴。如英美人不吃动物内脏、动物的头爪，美国人不吃羊肉和大蒜，俄罗斯人不吃海参、海蜇、墨鱼、木耳，英国人不吃狗肉，法国人不吃无鳞鱼，德国人不吃核桃等。

三是触犯宗教禁忌的菜肴。在所有的饮食禁忌之中，宗教方面的饮食禁忌最为严格，而且绝对不允许有丝毫违犯。

四是职业禁忌。有些职业在餐饮方面有各自的禁忌。如国家公务员在执行公务的时候不准吃请，在公务宴请时不准大吃大喝，一般用餐不准超过国家规定的标准，不准饮用烈性酒。再如，驾驶员在工作期间不得饮酒。

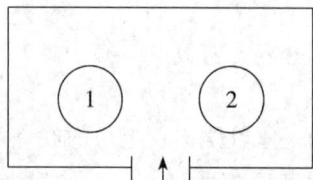 小资料

酒水的种类

白酒：我国在正式宴请场合多喝白酒，讲究"酒满敬人"和"一饮而尽"。

啤酒：喝啤酒讲究大口饮用。在国外，啤酒上不了筵席，但在国内的社交聚餐中饮用却很普遍。啤酒还是消暑解渴的最佳饮品。

葡萄酒：喝白葡萄酒，要捏着杯脚；喝红葡萄酒，则握住杯身。在喝葡萄酒时，有的人喜欢兑可乐或雪碧来改变口感，其实这种做法是不正确的。

香槟酒：饮用香槟，应使用郁金香形的高脚玻璃杯，并捏住杯脚。

5.安排好桌次和席次

桌次：以离主桌位置的远近而论，右高左低。桌数较多时，要摆放桌次牌。中餐餐桌通常采用圆形桌。常见的有：小型桌次排列，如图1-67所示。大型桌次排列，圆厅居中为上，横排时以右为上，纵排时以远为上，有讲台时临台为上。请柬上要注明桌次，宴会厅门口有桌次示意图，现场有引位员，每张桌上放置桌次牌及用餐者名片（如图1-68所示）。

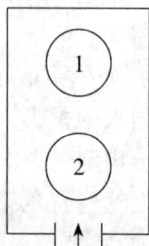

图1-67　小型桌次排列

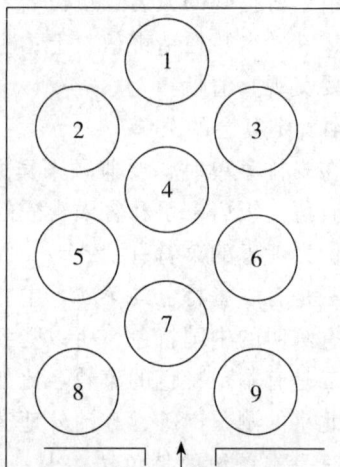

图1-68　大型桌次排列

座次：按照我国的习惯，每桌8~12人为宜，宜用双数。席位安排原则为：面门为主，右高左低，各桌同向。同一桌上，以距离主人的座位远近而定，右高左低。如果有双方夫妇共同出席，则通常把女士安排在一起，即主宾坐在男主人右方，其夫人坐在女主人右方。我国习惯按职务排列，以便谈话，陪同人员要坐在末端，避免让客人尤其是女宾坐末端。在男女主人出面而对座的席次，不论圆桌或长桌，理想的席次安排，以6、10、14、18人（其余类推）为宜（如图1-69所示）。

西方国家的习惯是男女穿插排列，以女主人为首，男主宾坐在女主人右侧，女主宾坐在男主人的右侧（如图1-70所示）。

如果桌数较多，各桌的第一陪同人员应尽量面朝主桌的第一主人，也可以与主人的位置相同（如图1-71所示）。

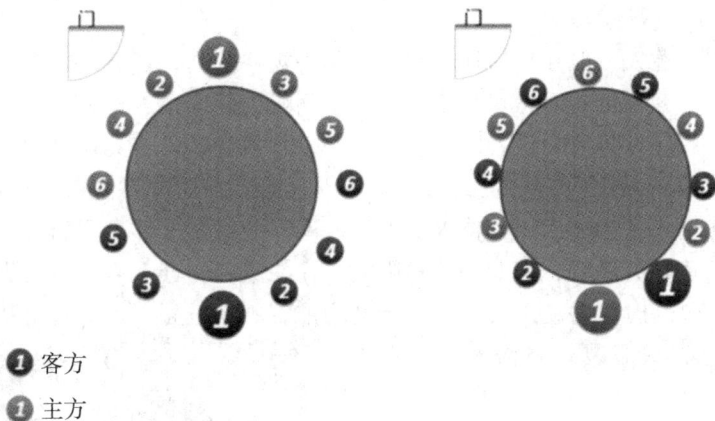

① 客方

① 主方

图1-69 座次安排

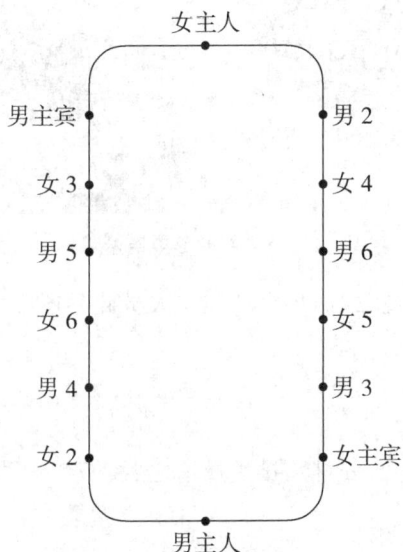

图1-70 男女穿插排列

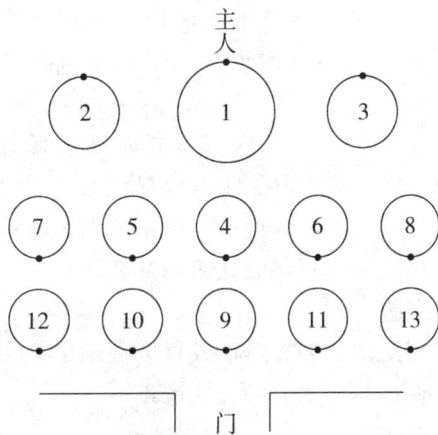

图1-71 各桌的第一陪同人员面朝主桌的第一主人

6.宴会现场的布置

正式宴请活动现场要适当布置，现场包括宴会大厅和休息厅，现场布置要严肃、庄重、大方，适当点缀鲜花。有些宴会场所要悬挂会标、准备话筒等音响设备，一般在主桌背后设一立式话筒。要有专门的工作人员负责宴会的各项准备及服务工作，安排好迎宾人员、接待人员和引导人员（如图1-72所示）。

可采用一些辅助手段来烘托宴请现场环境、调节气氛。例如，宴会厅尽量用暖色调灯光调节；音乐应以轻柔舒缓的抒情音乐为主，如钢琴曲、小提琴曲、萨克斯独奏曲、民乐等，还可以邀请文艺团体现场演出。

图1-72 正式宴请现场布置

7.宴请的程序及服务

宴会开始前,主人一般在门口迎接客人。如果规格较高,还要由少数主要人员陪同主人排列成迎宾线。客人抵达后,宾、主相互握手问候,随即由工作人员将客人引至休息厅小憩。在休息厅内应有相应身份者陪同客人,并以饮料待客。若无休息厅,可请客人直接进入宴会厅,但不可马上入座。主宾到达后,主人应陪同他进入休息厅与其他客人会面,当主人陪同主宾进入宴会厅后,全体人员方可入座,此时宴会即可开始。

西方宾客抵达宴会厅时,有专人负责唱名,而在家庭宴会上以女主人为第一主人,人们入座、用餐、离座时,均应以女主人的行动为准,不得抢先。

主人最好穿正式服装,整洁大方。女士要适当化妆,显得隆重、重视、有气氛,头发要梳理整齐,夏天穿正装凉鞋,要穿袜子(如图1-73所示)。

菜一上来,主人应注意招呼客人进餐,要与同桌的人一一交谈。

有些宴请如安排正式讲话,应在热菜上过之后,上甜食之前进行,主人先讲,亦可入席即讲。

吃完水果后,主人与主宾离座,宴会即

图1-73　穿正式服装出席宴会

告结束。客人离去时,主人应热情地送至门口。在比较正式的场合,迎宾人员此时还应当列队于门口,与客人们一一握手话别,表示欢送之意。

拓展内容三:你会礼貌地赴宴吗?

1.应邀

接到邀请,可打电话或复以便函尽早答复,以便主人安排。接受邀请之后,万一不能出席,应尽早向主人解释、道歉。

2.出席

出席宴会之前,要核实宴请的主人,活动举办的时间、地点,是否邀请配偶以及对服装的要求。掌握出席时间,身份高者可略晚到达,一般客人宜略早到达。

3.抵达

抵达宴请地点,先到衣帽间脱下大衣和帽子,然后向主人和其他客人问候致意。节庆活动,可以赠送花篮表示祝贺;参加家庭宴会,可向女主人献上鲜花。

入席时,用手把椅子拉后一些再坐下。用餐前,身体应坐直,手放在膝盖上,不要把手放在桌子上或者摆弄餐具。男士应主动为身旁的长者或女士拉椅让座,并且热情地向邻座作自我介绍,礼貌地与同桌的人交谈。

4.进餐

主人打过招呼后,即开始进餐。取菜时,不要盛得过多。盘中食物吃完,如不够可以再取,如由招待员分菜,待招待员送上时再取。不能吃或不爱吃的菜肴,当招待员上菜或主人布菜时,不要拒绝或显露出难堪的表情,可取少量放在盘内,并表示"谢谢,够了"。

吃相文雅。把食物送入口中,不能把嘴凑近食物。闭嘴咀嚼,喝汤不要啜,吃东西不发出声音。食物太热,可待稍凉后再吃,切勿用嘴吹。嘴内的鱼刺、骨头不要直接外吐，要用餐巾掩口，用手或筷子取出，放在骨碟里。口中有食物，不宜说话。嘴唇有油污不要沾染到酒杯上，应先用餐巾拭净。吃剩的菜、用过的餐具和牙签，都应放在盘内，勿置于桌上。剔牙时，用手或餐巾遮口。万一打喷嚏、咳嗽，应马上掉头向后，用餐巾掩口。

不能当众宽衣、松裤带，需要整理仪容仪表时可去盥洗室。参加小型宴会，如主人请客人宽衣，男宾可脱下外衣搭在椅背上。

用餐时遇有酒水打翻、筷子掉地，碰到了邻座，要道声"对不起"，再请服务员帮忙。

对于餐桌上较远的公用物品，不可起身去取，可请求邻座帮忙，用后放回原处，并向邻座致谢。

在宴席上，上鸡、龙虾、水果时，有时送上一个小水盂（铜盆、瓷碗或水晶玻璃缸），水上漂有玫瑰花瓣或柠檬片，供洗手用。洗时两手轮流沾湿指头，轻轻涮洗，然后用餐巾或小毛巾擦干。

5.祝酒

宴会中，主人应向来宾敬酒，客人也应回敬主人。敬酒表示友好，活跃气氛。主人和主宾先碰杯，身份低者与身份高者碰杯时，应稍欠身点头，杯沿比对方略低，表示尊敬。人多可同时举杯示意，不要交叉碰杯。在主人和主宾致辞、祝酒时，应暂停进餐，停止交谈，注意倾听。主人和主宾到其他桌敬酒时，应起立举杯，目视对方。不能越过身边的人而和其他人祝酒干杯。

切忌喝酒过量。喝酒过量容易失言，甚至失态，最好控制在本人酒量的1/3以内。

6.宴会结束

吃过水果后，宴会即可结束。此时，主人应向主宾示意，主宾从座位上起立，这是让全体起立的信号。女主人邀请女宾退席后，男宾可留下，到休息厅休息。

宴会后，应有礼貌地与主人握手道谢，对宴会的组织及菜肴的丰盛精美表示称赞。通常是男宾先与男主人告别，女宾先与女主人告别，然后再分别与其他人告别。客人一般在主宾离席后陆续告辞。如确有事需提前退席，应向主人说明、致歉后悄悄离去，也可以事前打招呼，届时离席。

7.纪念品

有的主人为每位出席者备有小纪念品或一朵鲜花。宴会结束时，主人招呼客人带上。可简短赞扬小礼品，但不必郑重表示感谢。外宾常常会把宴会菜单作为纪念品带走，有时还请同席者在菜单上签名留念。

8.致谢

一般参加正式宴会后2~3天内，客人可送印有"致谢"字样的名片表示感谢，用铅笔在名片的底部书写，名片可寄出或亲自送达。如亲自送达不见主人时，可将名片的上角向下折，然后再弄平，表示是由本人亲送，也可附感谢信表示感谢。

📖 小资料

筷子的使用禁忌

1.三长两短：将筷子长短不齐地放在桌子上，太不吉利，代表"死亡"。中国人过去认为人死后要装进棺材，未盖棺材盖时，棺材的组成是前后两块短木板，两旁加底部共三块长木板，五块木板做成的棺材正好是三长两短。

2.仙人指路：用拇指和中指、无名指、小指捏住筷子，而食指伸出或用筷子指人，都带有指责的意思，俗称"骂大街"。

3.品箸留声：把筷子的一端含在嘴里，用嘴来回去嘬，并不时发出噬噬声响。这是缺少家教的表现，令人生厌。

4.击盏敲盅：在用餐时用筷子敲击盘碗，被看作乞丐要饭。因为过去只有要饭的才用筷子击打要饭盆，哀告施舍。

5.执箸巡城：手里拿着筷子，旁若无人地在桌上晃动，不知在哪里下筷为好。这是典型的缺乏修养的表现，目中无人，极其令人反感。

6.迷箸刨坟：手里拿着筷子在菜盘里不停地扒拉，寻找猎物，就像盗墓刨坟一般。这也是缺乏教养的表现，令人生厌。

7.泪箸遗珠：用筷子往自己盘里夹菜时，手里不利落，将菜汤洒落到其他菜里或桌子上。这种表现被视为严重失礼。

8.颠倒乾坤：用餐时将筷子颠倒使用，这种做法被人看不起，正所谓饥不择食，以至于不顾脸面，将筷子使倒。

9.定海神针：用一根筷子去插盘子里的菜品，这是对同桌人的一种羞辱。此举在欧洲与当众对人伸出中指的意思一样。

10.当众上香：帮人盛饭时，为了方便把一副筷子插在饭中递给对方，被视为大不敬，因为为死人上香时才这样做。

11.交叉十字：将筷子随便交叉放在桌上，是对同桌人的全部否定，就如同学生被老师在本上打叉一样。在过去，吃官司画供时才打叉，故将筷子随便交叉放在桌上也是对自己的不敬。

拓展内容四：你掌握西餐礼仪吗？

1.预约

越高档的饭店越需要提前预约。预约时，要说清人数和时间，表明是否要吸烟区或视野良好的座位，同时可以告知宴会的目的和预算。

2.服装

西餐宴请的服装是依照本次宴会的规格而定的，通常的选择有：

Formal（正式）——男士穿燕尾服或晚礼服，女士穿晚礼服或国服。

Informal（非正式）——男士穿西服，女士穿洋装或是过膝盖的礼服。

Casual Elegant（正式休闲）——男士穿非正式休闲西服，女士穿过膝盖的套装或礼服。男士要穿着整洁的上衣和皮鞋，正式服装必须打领带，女士要穿有跟的鞋子。

3.座次

同一桌上，席位高低以距离主人的座位远近而定，右高左低。外国习惯男女穿插安排，以女主人为准，主宾在女主人右侧，次主宾在男主人右侧。西餐座次原则、西餐座次安排分别如图1-74、图1-75所示。

- 女士优先（女主人：主位/男主人：第二主位）
- 恭敬主宾（男女主宾分别紧靠女主人和男主人）
- 以右为尊（男主宾坐于女主人右侧，女主宾坐于男主人右侧）
- 距离定位（距主位近的位子高于距主位远的位子）
- 面门为上（面对餐厅门的位子高于背对餐厅门的位子）
- 交叉排列（男 & 女，生人 & 熟人）

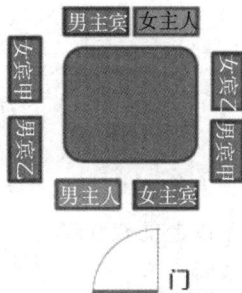

图1-74　西餐座次原则

男女主人居中而坐时位次的排列

男女主人分坐于两侧位次的排列

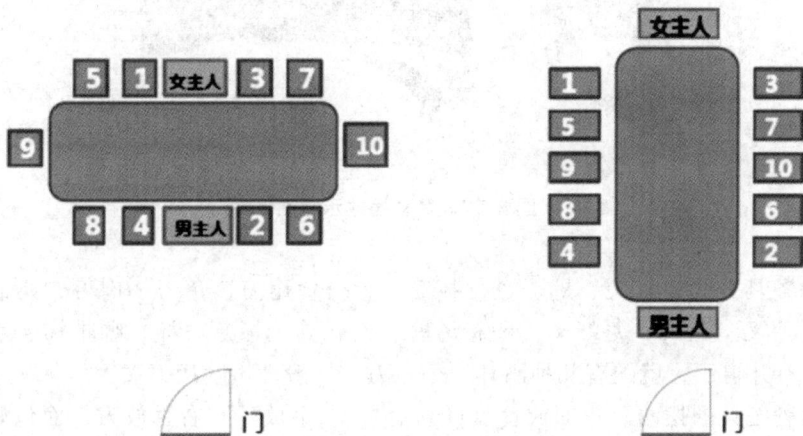

图1-75　西餐座次安排

4.坐姿

从左侧入座。当椅子被拉开后，身体在几乎要碰到桌子的距离站直，领位者会把椅子推进来，腿弯碰到后面的椅子时，就可以坐下来。男客人应先帮助其右边的女宾挪动椅子，待女宾站在椅子前时，再将椅子稍往前推。身体要坐正，上臂和背部要靠到椅背，腹部和桌子保持约一个拳头的距离，最好避免两脚交叉。

5.点菜

没有必要点很多菜，点太多却吃不完反而失礼。前菜、主菜（鱼或肉选择其一）加甜点是最恰当的组合。

6.点酒

对酒不大了解的人，最好告诉调酒师自己挑选的菜色、预算、喜爱的酒类口味，请调酒师帮忙挑选。主菜若是肉类应搭配红葡萄酒，鱼类则搭配白葡萄酒。上菜之前不妨来杯香槟、雪利酒或基尔酒等较淡的酒（如图1-76所示）。

汤　—　白葡萄酒
鱼　—　红葡萄酒
肉　—　香槟酒
点心　—　雪利酒

图1-76　西餐菜品与酒水的搭配

7.餐巾

当女主人拿起餐巾时，表示用餐开始，客人把餐巾打开，开口朝前对折，平铺在腿上，盖住膝盖以上的双腿部分。餐巾用来揩拭口唇、遮挡剔牙，不可以擦餐具、擦脸、擦手。若中途暂时离开，餐巾放在椅子上；用餐结束，餐巾随意折叠后，放在餐盘左方，但不能揉成一团（如图1-77所示）。

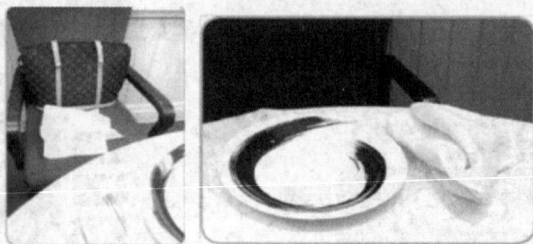

图1-77　餐巾摆放示意图

8.餐具

西餐的餐具分为刀、叉、匙、盘、杯等。刀分食用刀、鱼刀、肉刀、奶油刀、水果刀，叉分食用叉、鱼叉、龙虾叉，匙有汤匙、茶匙等，杯有茶杯、咖啡杯、水杯、酒杯等。宴会上有几道酒，就配有几种酒杯。公用刀叉一般大于食用刀叉。

（1）西餐餐具的摆法。正面放食盘（汤盘），左手放叉、右手放刀，面包奶油盘在左上方。正餐中刀叉的数目与上菜的道数相等，并按上菜顺序由外至内排列，刀口向内（如图1-78所示）。

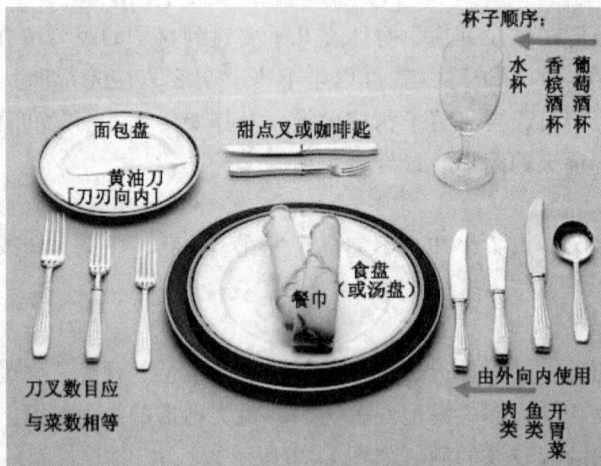

图1-78　西餐餐具的摆法

（2）刀叉的取用。吃西餐时按刀叉顺序由外往里取用，右手持刀，左手握叉。先用刀将食物切成小块，再用叉送入嘴里。取用刀、叉时，应按照由外而内顺序，吃一道菜，换一套刀叉。撤盘时，一并撤去使用过的刀叉。

（3）刀叉的拿法。轻握尾端，食指按在柄上。通常情况下，欧洲人使用时不换手，美国人则切割后，把刀放下，右手持叉送食入口。每道菜吃完后，将刀叉并拢排放于盘内；如未吃完，则摆成"八"字形，刀口均向内（如图1-79所示）。

（4）吃鸡、龙虾。经主人示意，可以用手撕开吃，否则可用刀叉把肉割下，切成小块吃。切带骨头或硬壳的肉食，一定要把肉叉牢，刀紧贴叉边下切，以免滑开，避免刀切在瓷盘上发出响声。不容易叉的食品，可用刀把它轻轻推上叉。使用刀时，不要将刀口向外，更不要用刀送食物入口。用餐时，不要手持刀叉乱比划。

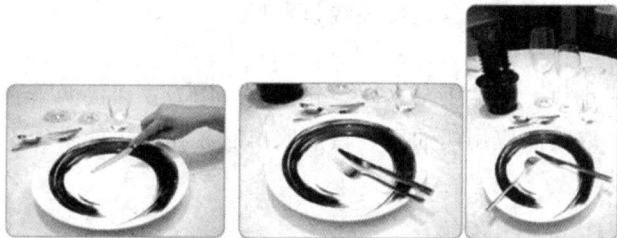

图1-79　刀叉的用法

（5）喝汤。汤用深盘或小碗盛放，喝时用汤匙由内往外舀起送入口中，即将喝尽时，可将盘向外略托起。吃带有腥味的食品如鱼、虾、野味等，可用手将柠檬挤出汁，滴在食品上，以去除腥味。吃面条时，可以用叉卷起来吃，不要挑着吃。

　做一做

宴会进行中，遇到意外情况，如刀叉撞击盘子发出声响，或餐具摔落到地上，或打翻酒水等，你会怎么处理？

遇到意外情况，应沉着冷静。餐具碰出声音，可轻轻向邻座或主人说一声"对不起"；餐具掉落，可让服务员另送一副；酒水打翻溅到邻座身上，应表示歉意并且协助擦干，如对方是女性，只要把干净餐巾或手帕递上即可，由她自己擦干。

9.倒酒

用大杯盛水，中杯盛红葡萄酒，小杯盛白葡萄酒，高脚杯盛香槟酒。通常由服务员负责将少量酒倒入酒杯中，让客人鉴别一下品质是否有误。如果是你负责斟酒，应先倒满自己的杯底尝一尝，如果没问题，就按身份依次为客人斟酒。葡萄酒大杯斟1/4至1/3杯，小杯斟八分满（如图1-80所示）。

图1-80　为客人斟酒

10.喝酒

轻轻摇动酒杯，让酒与空气充分接触，可以增加酒的醇香。喝酒时不能吸着喝，而是要倾斜酒杯，仔细品尝。一饮而尽、边喝边透过酒杯看人，都是失礼的行为。喝完后要用餐巾抹一下嘴唇，杯沿上有口红印可用面巾纸擦去。

正确的握杯姿势是什么样的？

提示：用手指握住杯脚。为避免手的温度使酒温升高，可用大拇指、中指、食指握住杯脚，小指放在杯子的底部固定（如图1-81所示）。

图1-81　正确的握杯姿势

11.喝汤

上身略微前倾，用汤匙将汤舀起送入口中，汤匙与面部呈45度角较好，不能吸着喝。碗中的汤剩下不多时，可用手指将碗略微抬高。如果用有握环的碗盛汤，则可直接拿住握环端起来喝。

12.吃面包

取来面包，撕成小块，用左手拿来吃。硬面包可用刀先切成两半，再用手撕成块，不要用叉子去叉面包。取黄油应用奶油刀，黄油取出后放在旁边的小碟子里，每次掰一小块面包，吃一块涂一块。

13.吃鱼

西餐的鱼肉通常是把鱼刺和骨头剔干净后才上桌。鱼肉极嫩、易碎，因此餐厅通常备有专用的汤匙。这种汤匙比一般喝汤用的稍大，不但可切分菜肴，还能将调味汁一起舀起来吃。如果是整条鱼，则应先用刀在鱼鳃附近刺一条直线，将鱼的上半身挑开后，将刀叉在骨头下方，从头往鱼尾方向划开，把鱼骨剔掉并挪到盘子的一角，最后把鱼尾切掉。

14.吃沙拉

吃沙拉时只用叉子，可用右手拿叉，叉尖朝上。

15.喝饮料或喝水

应把口中食物咽下后再喝水或饮料，不要用它来冲咽嘴里的食物。

拓展内容五：西餐的十道菜怎么吃？

一般的宴会，大约有九至十道菜点。根据西餐上菜程序，吃什么菜用什么餐具，喝什么酒用什么酒杯，很有讲究。

第一道菜上面包、黄油（如图1-82所示）。用餐时，用黄油刀把黄油抹在面包上食用（西餐中，面包当副食用，量很少，每份两片，大约一两）。

第二道菜上冷盘（西餐叫小吃）（如图1-83所示）。与冷盘一起上的是烈性酒，使用利口杯饮用。

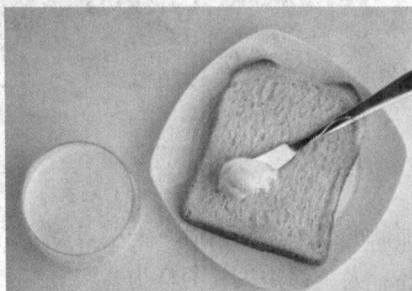

图1-82　面包、黄油

图1-83　冷盘

第三道菜上汤（如图1-84所示）。西餐是在上热菜之前上汤菜。喝汤时上舍利酒，用舍利杯。喝汤时不要吹气，勺接触碟子时，尽量不要发出声响。

第四道菜上鱼（如图1-85所示）。吃鱼用鱼刀、叉。吃带头尾的鱼时，将鱼头朝左，鱼腹向前拿到碟里，切掉头、尾，从鱼腹部切入，沿着背骨从头往尾方向切开。将上面的鱼肉放在碟里食用，接着取下鱼骨，食用下面的鱼肉，不要将鱼翻过来。上鱼时配白葡萄酒，以去腥味。

图1-84 汤

图1-85 鱼

第五道菜上副菜（也叫小盘）（如图1-86所示）。副菜量较少，易消化，吃副菜时用中刀、叉，一般不再配酒。

第六道菜上主菜（也叫大菜）（如图1-87所示）。西餐宴会讲究上"烤乳猪、烤火鸡"等整只的熏烤食物。吃主菜时用大刀、叉。上主菜时配红葡萄酒，以解油腻，用红酒杯饮用。

图1-86 副菜

图1-87 主菜

第七道菜上甜点（如图1-88所示）。吃甜点时用点心勺和中叉。上甜点时要配香槟酒，用较大的香槟酒杯饮用。香槟酒是西餐宴会中的主酒，在西餐中有"酒王"之称。

第八道菜上水果（如图1-89所示）。吃水果时用水果刀。苹果、梨等圆形水果，先切成四瓣，然后用刀将皮和核去除。

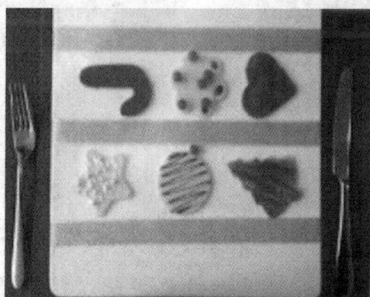

图1-88 甜点

图1-89 水果

第九道菜上咖啡（如图1-90所示）。上咖啡时另配一小罐牛奶，可与咖啡混合在一起，用咖啡勺搅拌饮用。

第十道菜上利口酒（如图1-91所示）。利口酒是宴会中的收尾酒，用利口杯饮用。

图1-90 咖啡

图1-91 利口酒

 小资料

持握咖啡杯的方法：右手拇指与食指握住杯耳，轻缓地端起杯子。在正式场合，咖啡都是杯、碟一起端上桌（碟子用来放置咖啡匙，接收溢出杯子的咖啡）。

饮咖啡时，是否需要同时端起碟子应区分不同情况：若坐在桌子附近，通常只端杯子；若距桌子较远，或站立、走动时，则应左手将杯、碟一起端起至齐胸高度，再以右手持杯而饮。这种方法既迷人（姿势好看）又安全（可以防止溢出杯子的咖啡弄脏衣服）。

匙的使用：搅拌牛奶或方糖，使其迅速溶化；咖啡太烫，可待其自然冷却，或以匙稍作搅动，使其变凉。不用时，可将匙平放在咖啡碟里（如图1-92所示）。

★匙只用来拌咖啡

图1-92 咖啡匙的使用

取食甜点：先放下咖啡杯，再取食甜点。切勿只吃不喝，本末倒置。

交谈须知：在饮用咖啡时，应适时地交谈。要细语柔声，不要大声喧哗、乱开玩笑，更不要动手动脚。不要在他人饮咖啡时向其提出问题；自己饮过咖啡要讲话以前，最好先用纸巾揩嘴。

拓展内容六：西餐就餐时聊些什么？

在餐桌上，面对不同背景、年龄、性格、爱好的客人，到底要聊些什么才适合呢？

1.适合的话题

（1）天气。外国人习惯每天相遇时由天气展开话题，英国人和大洋洲人更是如此。

（2）新闻事件。在餐桌上谈论新闻事件是大家乐此不疲的事情。女士们比较喜欢谈论社会新闻、文艺活动等；男士们则比较喜欢谈论经济、政治和体育方面的新闻。

（3）家庭成员。很多外国人初次见面就会把自己随身带的照片拿出来，向邻座介绍家庭成员。

（4）运动。外国人很喜欢谈运动，但每个国家的喜好不一样。欧洲人喜欢谈网球和足球，美国人喜欢谈橄榄球。女性喜欢谈健身、塑身与养生。

（5）书籍。西方人很喜欢聊天时候谈谈近期的畅销书。

（6）旅行。旅行无疑是个很好的话题，旅行途中的见闻趣事会让去过的人产生共鸣，让没有去过的人感到非常好奇，分享这些新奇的话题会让大家觉得你见多识广。

（7）美食。中国人崇尚美食，西方人也一样，所以在餐桌上谈美食就再自然不过了。例如，介绍每道菜的名称、做法和典故。

西方的餐宴上往往男宾女宾穿插入座，餐前有一两个小时供彼此聊天、介绍和认识，随后进入餐叙，餐后男女分开，分别谈论各自感兴趣的话题。

2.应避免的话题

（1）敏感的政治话题。西方人认为政治是个人的信仰，看法可能互异，所以见仁见智。在餐桌上，谈论此类话题可能会因为相互的分歧而引起无谓的辩论和争执。

（2）宗教。宗教有各种派别，不适合在餐桌融洽的气氛当中当作话题。

（3）敏感的历史事件。即使十分好奇，也不要轻易谈起这种容易引起争论的话题。

拓展内容七：你知道商务就餐的禁忌吗？

1.西方人"六不吃"

不吃动物内脏；不吃动物的头和脚；不吃宠物，尤其是猫和狗；不能吃珍稀动物；不吃淡水鱼，淡水鱼有土腥味；不吃无鳞无鳍的鱼、蛇、鳝等。

2.商务就餐"五不谈"

不能非议国家和政府；不能涉及国家和行业秘密；不能在背后说领导、同事、同行的坏话；不能谈论格调不高的问题；不涉及私人问题，关心人要有度，关心过度是一种伤害。

3.私人问题"五不问"

不问收入，收入与个人能力及企业效益有关，谈论就要比较，痛苦来自相互比较；不问年龄，快退休的人和白领丽人的年龄最好别问；不问婚姻家庭，因为家家都有本难念的经；不问疾病；不问经历，英雄不问出处，重在现在，你是名校毕业生，人家不一定是。

拓展内容八：你知道自助餐礼仪吗？

1.了解菜序

吃饭，不仅要吃饱，还要吃好，更要吃得合理。冷餐会（如图1-93所示）以冷餐为主，热餐为辅，餐序应该是：首先吃冷菜，其次喝汤，然后吃热菜，接着吃水果，再以喝饮料结束。

图1-93 冷餐会

2.既吃又说

任何宴会，实际上吃饭只是形式，社交才是真正的内容。我们要和别人聊天，适度地和他人进行互动。

3.维护形象

要讲究基本礼貌，比如吃东西不能发出声音、现场不能吸烟、不能当众化妆或补妆。

4.介绍菜肴

可以适当地介绍菜肴，但不能向别人摊派菜肴。比如，可以说："听说这家餐厅的红焖大虾比较好，建议您试试。"

5.关注新手

如果你经常参加宴会、酒会、自助餐，可以主动向没去过的人介绍一下自助餐的吃法。

倘若你在参加自助餐时，排队取菜、多次少取、送回餐具、不外带食物，这些基本的礼节做到了，还能照顾好别人，利己利人，那样不仅会吃得满意，还可以收获来自他人的尊敬和友情，真正地多交朋友，广结善缘。

拓展内容九：女士，你会搭配酒会的服饰吗?

1.首饰

女士参加酒会，最好穿晚装，并且戴一两件首饰。闪耀感和存在感是挑选首饰的基本条件，因此，垂感好的水晶、水钻耳环，镶嵌较多的金属感项链，镶宝石的闪亮手链，甚至一枚造型独特的水钻胸针，都是晚装的绝佳配饰。

当然，如果你戴上了闪耀的耳环和项链，手链和戒指便可以省去；如果选择了宽版的镶满水晶的手镯，项链也可以不佩戴，突出手腕上的重点就可以了（如图1-94所示）。

图1-94 酒会服饰

2. 鞋子

首先是细跟和高跟才可以。要么选择本身颜色较为抢眼，如红色、金色、银色的高跟鞋，要么选择鞋面上有闪亮装饰的款式。用水钻作装饰的鞋和手工镶珠片的绸面鞋作晚装鞋最为合适。

3. 包

配酒会礼服的包必须是小的手提包。装饰有亮片、水晶、流苏或是刺绣的手工制品最能显示你对细节的注意。晚装包不用买多，但是金色和银色要各准备一个。

拓展内容十：你知道工作餐礼仪吗？

工作餐，是商务交往中有业务关系的合作伙伴，借用餐的形式交换信息或洽谈生意的一种商务聚会。

1. 工作餐的安排

（1）目的。工作餐是一种以餐桌充当会议桌或谈判桌，改头换面所进行的非正式的商务会谈。可以会晤客户、接触同行、互通信息、共同协商、洽谈生意、接待新朋友、面试应聘者。

（2）时间。原则上，工作餐的时间共同商定，也可由做东者首先提议。其最佳时间是工作日的中午，以1个小时左右为宜。因此，欧美往往称为工作午餐，这体现了商务人员讲求办事效率的务实精神。

（3）地点。由主人选定，客随主便。用餐地点可选择饭庄、酒楼的雅座，宾馆、俱乐部、康乐中心附设的餐厅，高档的咖啡厅，快餐店等。

2. 工作餐的组织

（1）要负责通知客人。由组织者负责将工作餐的时间、地点、人员、议题等通报给其他人员。对于重要的人士，需要主人亲自相告。

（2）要负责餐厅订座。由组织者负责前往餐厅提前预订座位。订座有五种方法：专人订座、电话订座、传真订座、网络订座、用特惠卡或VIP卡订座。

（3）要负责迎候客人。组织者必须至少提前10分钟先于客人抵达，迎候客人们的到来。

3. 工作餐的进行

（1）组织者可在餐馆的正门之外、预订好的餐桌旁、餐馆里的休息室处迎宾。

（2）双方见面之后——握手，互致问候。如果不熟悉，双方的负责人还须进行介绍。

（3）组织者因故不能提前抵达用餐地点，最好委托专人代表自己迎候客人。必要时，组织者还须说明原因，并为此向客人致歉。

（4）工作餐的结算，应当由组织者负责，但通常又分为："主人付费"，即组织者负责买单付账；"各付其费"，即"AA制"，由全体用餐者平均分摊账单，各自付费。国外多以AA制为主，但要有言在先，组织者负责算账、收钱、交费。

任务训练

一、选择题

1. 使用西餐餐具的原则是（　　　　）。

A.左手持叉，右手持刀　　　　　　　　　B.右手持叉，左手持刀

C.凭个人的习惯而定　　　　　　　　　　D.随便

2.营销人员在宴会上饮酒，酒量应该控制在平日的（　　　）。

A.1/2　　　　　　　　　　　　　　　　B.1/3

C.1/4　　　　　　　　　　　　　　　　D.1/5

3.工作餐通常在（　　　）举行。

A.公务结束后　　　　　　　　　　　　　B.中午

C.晚上　　　　　　　　　　　　　　　　D.下午3∶00

4.自助餐取菜顺序为（　　　）。

A.汤、冷菜、热菜、点心、甜品、水果

B.热菜、汤、冷菜、点心、甜品、水果

C.汤、冷菜、点心、热菜、甜品、水果

D.冷菜、汤、热菜、点心、甜品、水果

二、实训题

模拟营销人员邀请客户到酒店用餐（西餐）的情景，说出应该注意的礼仪。

项目小结

　　在营销工作过程中，除了专业知识和服务能力之外，我们要通过自己的仪容仪表、服饰、表情、动作举止、拜访接待礼仪、社交宴请礼仪等，给客户良好的感觉，让客户满意，最终达成工作目标。

　　营销人员要求具备整洁美观的仪容、端庄大方的仪表、得体的服饰、亲切友善的形象、规范优雅的举止、自然亲切的语言、周到得体的礼节。

　　营销礼仪训练，具体包括营销形象训练、营销体态训练、拜访礼仪训练、社交礼仪训练以及宴请礼仪训练。

项目测试

一、选择题

1.男士选择衬衫宜以（　　　）系为主，这样较好搭配领带和西装。

A.白色　　　　　　B.黑色　　　　　　C.条纹　　　　　　D.印花

2.女生夏天约见客户，适宜选择（　　　）。

A.只露一头的半正装凉鞋　　　　　　　　B.前后都露的休闲凉鞋

C.前后都包的正装凉鞋　　　　　　　　　D.无所谓

3.站立时双手抱胸，表示（　　　）。

A.示威　　　　　　B.权威　　　　　　C.防范、敌对　　　　D.隐藏

4.传递信息、表达感情的过程中，占比重最大的是（　　　）。

A.语言　　　　　　B.声音　　　　　　C.表情　　　　　　D.外貌

5.别人正在交谈时，不要从（　　　）穿行。

A.左边　　　　　　B.右边　　　　　　C.后面　　　　　　D.中间

6.一般应该送客人到（　　），再转身离去。

A.办公室门外　　　　　　　　　　　B.楼下

C.大门外　　　　　　　　　　　　　D.自己的视野之外

7.拜访亲朋好友时，如需送礼物，除鲜花外，都必须带着（　　）。

A.价格标签　　　　B.售货发票　　　　C.礼品包装　　　　D.产品说明

8.（　　）时，应该起立致意，向对方表达敬意。

A.尊者来去　　　　　　　　　　　　B.同一地点多次见面

C.一面之交　　　　　　　　　　　　D.不宜交谈的场合

9.在与人交谈时，双方应该注视对方的（　　）才不算失礼。

A.上半身　　　　B.眉眼到口鼻部　　　　C.颈部　　　　D.脚

10.如果在你的餐巾前有大、中、小、高脚杯四个杯子，应该分别装（　　）。

A.水、红葡萄酒、白葡萄酒、香槟酒　　　　B.啤酒、水、红葡萄酒、香槟酒

C.水、啤酒、白酒、红葡萄酒　　　　　　　D.水、红葡萄酒、白酒、香槟酒

二、判断题

1.男士穿西装时，应穿旅游鞋。　　　　　　　　　　　　　　　　　（　　）

2.女士穿西服套裙时，应穿短袜。　　　　　　　　　　　　　　　　（　　）

3.营销人员约见客户时，全身服装的色彩不应超过三种。　　　　　　（　　）

4.面谈过程中，营销人员注视客户双眼的时间应不少于相处总时间的1/3。（　　）

5.面谈过程中，营销人员表达热情可以恰当地微笑，露出上排八颗牙齿。（　　）

6.男士面谈坐姿要求双脚踏地，双膝保持一拳的距离，双手放在椅子扶手上。（　　）

7.如果主人亲自驾驶汽车，副驾驶座应为上座。　　　　　　　　　　（　　）

8.与他人交谈完毕就可以立即转身离开。　　　　　　　　　　　　　（　　）

9.接待来访结束时，可以婉言提出，也可用起身的体态语言告诉对方。（　　）

10.陪同客人乘无人管理的电梯时，由客人先进入并摁住开关。　　　　（　　）

11.在楼道或进出门上下楼梯与领导相遇时，应主动打招呼，但不必让其先行。（　　）

12.不要在握手时戴着墨镜，患有眼疾或眼部有缺陷者可例外。　　　　（　　）

13.与客人一起走楼梯时，要让客人走楼梯的内侧（绕着中心的一侧）。（　　）

14.行握手礼时，或与多人同时握手时，可以交叉握手。　　　　　　　（　　）

15.吃西餐的时候，对于面包盘上的面包，可以用餐刀切着吃。　　　　（　　）

16.当两人相距在1.5米之内时，即为私人距离。　　　　　　　　　　（　　）

17.享用自助餐时，应遵守的基本原则是"多次少取"。　　　　　　　（　　）

18.工作餐通常在晚上举行。　　　　　　　　　　　　　　　　　　　（　　）

19.菜未吃完而中途离开，可以将餐巾放在桌面上。　　　　　　　　　（　　）

20.西餐进餐时，中途离开可将刀叉放成"八"字形。　　　　　　　　（　　）

项目评价

本项目考核由职业能力和通用能力两部分构成，成绩分别根据学生在课堂教学、课堂讨论中的表现及课堂测试的完成情况给出，填入表1-9。

表1-9　　　　　　　　　　　　项目考核评价表

内容		评价		
学习目标	评价项目	分值	得分	评语
职业能力				
营销形象训练	1.仪容	2		
	2.发型	2		
	3.化妆	2		
	4.着装	2		
	5.配饰	2		
	6.鞋袜	2		
营销体态训练	1.表情	2		
	2.站姿	2		
	3.坐姿	2		
	4.走姿	2		
	5.体态语	2		
	6.距离	2		
拜访与接待礼仪训练	1.拜访预约礼仪	2		
	2.拜访准备礼仪	2		
	3.拜访仪态礼仪	2		
	4.拜访等候礼仪	2		
	5.拜访语言礼仪	2		
	6.拜访告辞礼仪	2		
	7.接待迎接礼仪	2		
	8.接待引领礼仪	2		
	9.接待招待礼仪	2		
	10.接待送别礼仪	2		
社交礼仪训练	1.称呼礼仪	3		
	2.介绍礼仪	4		
	3.握手礼仪	4		
	4.名片礼仪	4		
	5.致意礼仪	3		

内容			评价		
职业能力	宴请礼仪训练	1.中餐礼仪	5		
		2.西餐礼仪	5		
		3.酒会礼仪	3		
通用能力	组织能力		5		
	沟通能力		5		
	解决问题的能力		5		
	自我提高的能力		5		
	创新能力		5		
综合评价			100		

项目二 营销思维训练

爱因斯坦曾经说过："上学的主要目的，不是获取知识，而是掌握好的思维方式。"思维是智慧的源泉，是人们走向成功的捷径。掌握正确的思维方式，锻炼和提高自己的思维能力，可以使思维更加活跃，使分析问题和解决问题的能力得到质的飞跃。

人类的思维方式通过后天的训练是完全可以学习并运用的。本项目特别列举了常见的营销思维方式，如能在营销实践中有目的地加以运用，相信一定能够帮助营销人员更加有效地开展营销活动。

学习目标

知识目标：

1.了解营销思维品质训练的重要性。

2.理解逻辑思维、逆向思维和发散思维的作用。

3.熟悉系统思维和灵感思维的自我训练方法。

4.掌握创新思维的运用方法。

能力目标：

1.能够运用共赢思维为商家和客户创造利益。

2.能够选择适合的思维方法解决营销的问题。

素养目标：

能够在营销实践中摒弃零和博弈思维方式，树立共赢思维方式。

项目二　营销思维训练

　　任务一　思维品质训练

　　任务二　逻辑思维训练

　　任务三　逆向思维训练

　　任务四　共赢思维训练

　　任务五　发散思维训练

　　任务六　系统思维训练

　　任务七　创新思维训练

　　任务八　灵感思维训练

任务一　　思维品质训练

微课

思维品质训练

情景导入

　　国内某家食品公司推出了一款新式面包，但该款面包刚上市时销量很小。为此，该公司管理层绞尽脑汁，最终他们在报纸上登出了一条别出心裁的广告，结果三个月后，这种新式面包的销量远远领先于其他面包。

　　想一想：

　　这家食品公司刊登的广告内容可能是什么？试着讨论一下，这家食品公司遇到的本质问题是什么？

知识准备

【读一读】

学而不思则罔，思而不学则殆。（《论语·为政》）

【释义】只学习、不思考，就会迷惘；只思考、不学习，思考也会陷入困境。

　　要注重学习和思考之间的关系。学习包括从书本上学，也包括从实践中学。"思"可以理解为问题意识，只有带着问题学，学习才有方向。"言必称希腊"或者认为中国应该照搬西方制度的观点，就是典型的"学而不思"；同样，要解决问题，也必须重视学习，通过归纳总结过去好坏两方面的做法和借鉴他人的经验，才有可能真正找到解决问题的钥匙。

一、思维品质概述

思维是一种复杂的心理现象，是人脑的一种机能，是人类在感性认识的基础上对客观世界间接的、概括的反映，是人类对客观事物的本质和内在规律的认识过程。

在现实生活中，每个人的思维方式是不同的，即表现出个体差异化的思维品质。思维品质是指个体在思维活动中智力特征的体现，即人类在思维活动上表现的差异。思维品质自身具备逻辑性、灵活性、创新性、批判性、逆向性等诸多特性，每一种特性都能引领一种思维的方式，从而揭示问题的本质原因，帮助人们根据事物发展变化的具体情况随机应变，创造性地为人们解决问题。在营销活动中，良好的营销思维品质是市场营销人员必备的品质之一。

二、思维品质的形成

一般的思维品质是通过正常的生活和工作自然形成的，虽然一个人没有刻意地去寻求提高自己的思维品质，但是生活、学习、工作、认识、实践活动本身就是一种对思维品质的训练。通过不断地使用和学习各种思维方式和方法，特别是在自己的专业领域和兴趣活动中大量重复某些思维方法，并在长期的思维活动中不断积累与发展，能够形成个人固有的一套思维模式、思维定式和思维习惯，甚至达到熟练和精巧的程度。每一个人的思维品质都有自己的特点和结构，都有和他人不同之处。总之，思维品质的形成与提高取决于个人所处的环境条件、个人的经历、个人的主观努力程度等因素。

三、思维品质的表现形式

思维品质是在进行思维活动时才能够表现出来的，因此它的表现形式就是思维能力，具体体现为表达能力、写作能力、表演能力、操作能力等。在做同一件事情时，每个人的思维品质和思维能力不同，采用的思维方式和方法不同，结果就会不同。可见，思维方式和方法也是影响人们对待客观事物时态度不同的重要因素。

因此，一个行为主体的所有有目的面向客体对象的行为能力，都是思维品质和思维品质影响下的思维能力、思维方式方法共同发挥作用的结果。

技能拓展

拓展内容：训练良好思维品质要遵循哪些原则？

因个体差异的客观存在，导致每个个体思维品质训练的过程也是千差万别的。但并不是说思维品质的训练方式是完全无序的，以下介绍几条训练思维品质的原则，有助于提高思维品质训练的效果，减少不必要的盲目探索。

1.学以致用

学以致用的原则要求人们在进行思维品质训练时，必须努力把学习科学知识和思维训练方法同实际的思维训练结合起来，有意识地、有计划地运用特定的思维方式和方法解决实际中的具体问题。在解决问题的过程中能领会该种思维的精髓要义，把握思维的规律，摸索和总结经验教训，反省自己的思维过程，使不明显的思维过程变得清晰。通过不断反复的实践，把理论和方法内化为一种思维技能，并在今后的实践中不断地把这种能力迁移到其他思维活动中去，在实践中巩固、拓展思维技能。

 **做一做**

根据情景导入中该食品公司新产品得以畅销情况的描述，试从举办比赛活动打开销路的角度设计该条广告。

2.循序渐进

人们进行思维训练时，要根据自身思维发展的规律，制订适合个体特点的思维训练计划。简单地说，思维的次序应该是：由具体到抽象、由简单到复杂、由局部到整体、由分析到综合。每一类思维活动大都经历不同的层次和发展阶段，因而应先从精确的、程序化的、易操作的思维方式进行训练，然后过渡到不确定性的、非程序化的、不易准确把握的思维方式。

3.精选材料

任何思维品质的训练都不是凭空进行的，总要有内容和形式。不同的材料、不同的内容适合于不同的思维训练。从每个人的具体情况出发，选择适合自己的训练内容、材料和形式，有助于提高思维训练的效果。

4.扬长避短

大脑的天性与生命早期的发展条件预先决定了人们运用某种信息密码的主要倾向。因此，不同的人的大脑具有掌握和运用不同类型密码的能力。伟大的发明家爱迪生深知自己的数学思维能力很差（直到他晚年，他仍然坦率地承认自己无法理解数学），于是他便选择了以形象思维、发散思维和操作性思维为主的技术发明。因此，思维训练的主体要充分考虑到个人的思维能力的特点，确定自己的思维类型和特点，以便扬长避短。

 小资料

美国教授鲁特·波恩斯坦说，伟大的思想家使用过12种"思维工具"，使用这些工具可以使人成为天才，它们是：

（1）观察：通过观察，磨炼人所有的感官，从而使思维变得敏锐。

（2）抽象：观看或思考某种复杂的事物，去粗取精，化繁为简，把唯一本质的东西找出来。

（3）类比：虽然两件事物截然不同，但可以从某个角度找出其共同点。

（4）想象：使用某些或全部感官在心里创造不同的形象。

（5）转化：使用新获得的思维技巧，形成新发明的基本构图，然后制出模型。

（6）综合：使用各种帮助思维的工具得出结果，能用身体、感官、直觉、精神、智力等不同方式对事物进行思考。

（7）模式认知：观察和研究不同的事物，把本质的东西剥离出来。

（8）模式形成：找到或创立新方法，对事物理出头绪，纳入规范。

（9）躯体思维：使用肌肉、肠胃的感觉及各种情感状态。

（10）层次思维：能把不同的情绪变成不同的层次，就像把素描改成雕塑一样。

（11）模型化：能将复杂的事物简化成一个模型。

（12）游戏中的创造力：能从毫无目的的游戏中演化出技术、知识和本能。

思政之窗

做"知行合一"的新青年

新时代中国青年应敢于追梦、勇于试错，在生命力最旺盛的日子里，学理论知识、重实践行动、讲高效合作，始终如一向着心中的梦想不断攀登，把青春的绿色铺满征途，把奋斗的姿态布满生命的画卷，在构建人类命运共同体的实践中贡献中国青年力量。

应知学问难，在乎点滴勤。如果知识不足、本领不强，工作自然难以做到游刃有余。要避免"书到用时方恨少"的尴尬，就要坚持"吾日三省吾身"，扛起责任，锲而不舍地读书学习。新时代的青年要找准学习方向、激发学习动力，把"要我学"变为"我要学"。

千里之行始于足下。一些青年"拈轻怕重"，选择"躺平"，但青年的成长成才，从来没有捷径可走。只有坚定地去锻炼、去提升、去奉献，在实践中不断磨砺自己，一步一个脚印，做好下苦功、吃苦头的准备，尤其是要虚心向书本求知、向领导求方、向同事求法、向群众求实。从"用双脚丈量中国大地"的实践历练中，启迪思想、汲取智慧、获得力量，不断积累干事创业的"第一桶金"。

资料来源　于良海，陈永飞. 做"知行合一"的新青年 [EB/OL]. [2024-01-03]. https://review.jschina.com.cn/zgep/202207/t20220723_3040707.shtml.

任务训练

一、选择题

1.日本名古屋市的越后屋衣料店，专设了一个雨伞出借柜台，每逢下雨天，顾客便可免费借用雨伞。你认为该衣料店这样做的主要原因是（　　　）。

A.通过向顾客借用雨伞，可以在今后开展卖雨伞的业务

B.通过向顾客借用雨伞，考察顾客是否守信

C.通过在伞上印制的衣料店的信息，为衣料店作流动广告

D.通过向顾客借用雨伞，方便客户雨天出行

2.第二次世界大战期间，德国农村人烟稀少，那里有一位老人生活得很安宁。一天，一个头戴礼帽、手提皮箱、身穿风衣的男人在他家院子的栅栏外徘徊。老人观察了很久，然后走上前去对那个男子说："先生，你是否愿意帮我把栅栏里的木头扛到那边的角落里去？我老了，扛不动了。"男人眼睛里一亮，连声答应，脱去风衣礼帽，很卖力地把木头扛过去并摆放得整整齐齐。你认为老人让男子搬木材的真实原因是（　　　）。

A.让男子搬木材，自己就不用那么辛苦地搬了

B.通过让男子搬木材，可以与男子主动搭讪

C.通过让男子搬木材，可以让男子有理由留宿

D.通过让男子搬木材，可以检验男子是否勤快

3.甲、乙、丙、丁四个人传球，从甲开始传，并作为第一次传球，经过五次传球后，

球又回到甲手中，一共有（　　　）种传法。

A.60　　　　　　　　　B.65　　　　　　　　　C.70　　　　　　　　　D.75

二、实训题

一位商人去桐乡买桐油，到达桐乡之后，他发现桐油价格上涨，市场供不应求，自己无利可图。他不甘心这样白跑一趟就打道回府，于是在冥思苦想之后终于在桐油价格上涨的时候，狠狠地赚了一笔。

请以小组为单位进行讨论，为该商人想出一个可以发财的好办法。

任务二　　逻辑思维训练

情景导入

有三个人去住旅馆，住三间房，每一间房10元，于是他们一共付给老板30元。第二天，老板觉得三间房只需要25元就够了，于是叫服务员退回5元给三位客人，谁知服务员贪心，只退给每人1元，自己偷偷扣下了2元，这样一来就等于那三位客人每人各花了9元，于是三个人一共花了27元，再加上服务员独吞的2元，总共是29元。可是当初他们三个人一共付出了30元，那么剩下的1元哪儿去了呢？

想一想：

请结合该任务，通过逻辑推理，你认为是哪个推理环节出现问题了呢？

知识准备

一、逻辑思维的概念

逻辑思维又称为抽象思维，其特点是以抽象的概念、判断和推理作为思维的基本形式，将感性认识的分析、综合、比较、抽象、概括和具体化作为思维的基本过程，从而揭露事物的本质特征和内在联系。逻辑思维是人类认识过程的高级阶段，具有较强的抽象性，是在结合社会实践的基础上发展而来的。

二、逻辑思维的特点

1.间接性

逻辑思维是来源于感性认识的理性认识，这种理性认识是借助于大量的感性材料，经过大脑的去伪存真、由表及里、由此及彼的加工之后形成的对客观事物的本质认识。因此，逻辑思维具有间接性。

2.概括性

逻辑思维撇开感性认识中个别的、次要的、具体的特征，而依据客观事物一般的、共同的、主要的、本质的特征形成概念。逻辑思维对客观事物的全面反映过程、形成逻辑概念的过程，就是逻辑思维概括反映现实的过程。

三、逻辑思维的作用

1.逻辑思维有助于人们正确认识客观事物

逻辑思维是基于人类感性认识的基础上，经过一系列思维过程而得到的综合性结果。

如能在日常生活中积极地进行逻辑思考，可以帮助我们更加清楚地认识事物的本质特征，而不被表面现象所迷惑。

小案例

美国有一位工程师和一位逻辑学家，是无话不谈的好友。一次，两人相约赴埃及参观著名的金字塔。到了埃及，逻辑学家住进宾馆后仍然一如既往地写起自己的旅行日记；工程师则独自徜徉在街头，忽然耳边传来一位老妇人的叫卖声："卖猫啊，卖猫啊！"

工程师一看，在老妇人身旁放着一只黑色的玩具猫，标价500美元。这位妇人解释说，这只玩具猫是祖传宝物，因孙子病重，不得已才出卖以换取住院治疗费。工程师用手一举，发现猫身很重，看起来似乎是用黑铁铸就的，不过，那一对猫眼则是珍珠的。

于是，工程师就对那位老妇人说："我给你300美元，只买下两只猫眼吧！"老妇人一算，觉得行，就同意了。工程师高高兴兴地回到了宾馆，对逻辑学家说："我只花了300美元竟然买下两颗硕大的珍珠！"逻辑学家一看这两颗大珍珠，少说也值上千美元，忙问朋友是怎么一回事。当工程师讲完缘由，逻辑学家忙问："那位妇人是否还在原处？"工程师回答说："她还坐在那里。想卖掉那只没有眼珠的黑铁猫！"逻辑学家听后，忙跑到街上，给了老妇人200美元，把猫买了回来。工程师见后，嘲笑道："你呀，花200美元买个没眼珠的铁猫！"

逻辑学家却不声不响地坐下来摆弄这只铁猫，突然，他灵机一动，用小刀刮了刮铁猫的脚，当黑漆脱落后，露出的是黄灿灿的一道金色的印迹，他高兴地大叫起来："正如我所想，这猫是纯金的！"

原来，当年铸造这只金猫的主人，怕金身暴露，便自作主张将猫身用黑漆漆过，俨然如一只铁猫。对此，工程师十分后悔。此时，逻辑学家转过来嘲笑他说："你虽然知识渊博，可是缺乏一种思维的艺术，分析和判断事情不够全面、深入。你应该好好想一想，既然猫的眼珠是由珍珠做成，那只猫全身会是不值钱的黑铁所铸吗？"

资料来源　于永军. 哲学就在你身边 ［M］. 北京：解放军出版社，2013.

2. 逻辑思维有助于人们更好地认识事物的本质和规律

逻辑思维是透过实践表象，经过一定的分析整理，透析出事物的本质和规律，从而更好地使人们认识事物，利用规律为人类服务。

小案例

1908年的一个晚上，日本东京帝国大学化学教授池田菊苗正在品味妻子给他做的晚餐。妻子做的是海带黄瓜片汤，池田菊苗喝了一口，觉得特别鲜美。突然，教授站了起来，直奔实验室。原来，池田菊苗教授觉得海带黄瓜片汤太鲜美了，直觉告诉他，汤中一定有一种特殊的鲜味物质。教授用很多海带进行化学分析，经过半年多的努力，终于从

10千克的海带中提炼出了2克谷氨酸钠。教授把它放进菜肴里,果然,鲜味大大提高了。这就是味精的由来。

资料来源　张康作. 改变世界的伟大发明 [M]. 杭州:浙江科学技术出版社,2021.

3.逻辑思维可以帮助人们甄别信息,抓住机遇

对一些表面现象加以一定的推理和分析,便可获知一些新的内容和信息,如能有效利用分析出的新信息,便能充分抓住机遇,赢取最终的胜利。

小案例

1898年4月,美国和西班牙为了扩张各自的势力范围,发生利益冲突,最终导致战争,即"美西战争"。战争爆发之前,纽约股市遭受重创。但是战争开始之后,美国军队胜利的消息不断传出,被称为美国"投资鬼才"的巴鲁克相信美国一定会最终得胜,而且战争一结束,股市必定会快速反弹。

局势的发展证明他的预测没有错。7月3日,美国海军在古巴的要塞城市圣地亚哥全歼西班牙舰队,巴鲁克希望在消息还没扩散时在伦敦大量买进低价股票,在纽约股市第二天开盘后趁着股市攀升伺机高价抛出。但是,由于天色已晚,当天已经没有到纽约的火车,巴鲁克立即决定花费巨资包租整列专车奔向纽约。7月4日凌晨,天刚拂晓,巴鲁克跳下火车,然后马不停蹄地乘上一艘开往曼哈顿的小船,靠岸后又一路小跑冲到办公室里,打开发报机,向伦敦发出了大量吃进股票的电报,赢得了先机。当纽约其他人一夜安睡之后,伸着懒腰起床打开收音机,才听到美国获胜的消息,但是面对停盘的纽约证交所和其他地方股价已经上扬的交易所,也只好望洋兴叹,这场"闪电战"令巴鲁克和他的公司都赚了大钱。

资料来源　马江. 短线操作大全 [M]. 北京:北京理工大学出版社,2015.

技能拓展

拓展内容:从哪些方面能培养自己的逻辑思维呢?

1.让自己置身于问题之中

要想充分调动逻辑思维的主动性,需要我们置身于问题本身之中。因为当某个问题需要得到解决时,人们的逻辑思维才能真正地活跃起来,并且能在不断解决问题的过程中发展与成熟起来。爱因斯坦曾经指出:"我没有什么特别的才能,只是喜欢刨根问底地追究问题罢了。"因此,要想提高自身的逻辑思维能力,就必须善于提出问题、发现问题、分析问题,并积极地解决问题。

小案例

日本著名企业家大野耐一曾总结自身发现问题的秘诀:凡事要连问五个"为什么"。有一次,生产线有一台机器突然停止运转,多次维修后仍不见效。

大野耐一问:"为什么机器停了?"

工人答："因为超过了负荷，保险丝就断了！"

大野耐一又问："为什么超负荷了呢？"

工人答："因为轴承的润滑不够。"

大野耐一接着问："为什么润滑不够？"

工人再答："因为润滑泵吸不上油来。"

大野耐一还问："为什么吸不上油来？"

工人答："因为油泵轴磨损了，松动了。"

至此，大野耐一还不罢休，继续问："为什么磨损了呢？"

工人答："因为没有安装过滤器，混进了铁屑等杂物。"

于是，大野耐一要工人给油泵安上过滤器，终于使生产线恢复了正常。不同的答案，对应不同的解决层次，通过反复多次问答，可以对症下药，彻底解决问题。

资料来源 李春生. 精益生产管理实践［M］. 北京：北京理工大学出版社，2021.

2. 提高自己的分析能力与判断能力

在解决问题时，要懂得找出问题的重点、难点，要学会看到事物之间的联系，也要注意事物之间的因果关系。只有这样，才能提升判断事物正误的能力，从而使逻辑思维能力不断提高。

议一议

有三位老师，分别姓张、王、李。不知道他们各教什么课程，只知道三个人中，一位教语文、一位教数学、一位教外语。另外还知道，张老师讲课只说中国话，外语老师是一位同学的叔叔，李老师是女的，她不教数学课。他们每个人究竟教什么课呢？

提示：分别把三位老师简记为张、王、李，三门课程简记为语、数、外，问题中的条件可以简单地借用数学符号表示成：

①张≠外；②外=男；③李=女；④李≠数。

由②、③得到 ⑤李≠外。

由④、⑤得到 ⑥李=语。

由⑥、①得到 张=数，王=外。

所以，结论是：李老师教语文，张老师教数学，王老师教外语。

可见，上面的题目是一个典型的逻辑问题，解答时把它数学化，表示成紧凑的等式或不等式，一目了然。

3. 用丰富的知识武装自己

如果对某些事物一无所知，那么我们往往不知道怎么去分析和判断，而当我们对一些事物了如指掌的时候，那么就能够比较容易地作出判断。因而，要提升自己的逻辑思维能力，就必须用丰富的知识武装自己。要学会充分运用观察、比较、类比、分析、综合、演绎、归纳、抽象、概括等思维方式，对条件和结论提供的外在信息与自身脑中储存的内在信息进行提取、组合、加工和转化。另外，掌握好有关的逻辑知识，如命题的充要条件、等价命题、逻辑划分、推理规则等，从而做到因果关系明晰、推理步步有据、陈述层次清楚，论证完美无缺。

 任务训练

一、选择题

1.1元钱一瓶饮料，喝完后两个空瓶可以换一瓶饮料，假设你有20元钱，最多可以喝到（　　）瓶饮料。

A.20　　　　　　　　B.30　　　　　　　　C.39　　　　　　　　D.40

2.有一个人拿一张百元钞票到商店买了25元的东西，店主由于手头没有零钱，便拿这张百元钞票到隔壁的小摊贩那里换了100元零钱，并找回那人75元钱。那人拿着25元的东西和75元零钱走了。过了一会儿，隔壁小摊贩找到店主，说刚才店主拿来换零的百元钞票为假币。店主仔细一看，果然是假钞，只好又找了一张真的百元钞票给小摊贩。在整个过程中，店主一共损失了（　　）。

A.200元　　　　　　B.100元　　　　　　C.125元　　　　　　D.175元

3.某地有两个奇怪的村庄，A村庄的人在星期一、星期三、星期五说谎，B村庄的人在星期二、星期四、星期六说谎，在其余日子他们都说实话。一天，外地的孙铁来到这里，见到两个人，分别向他们提出关于日期的问题。两个人都说："前天是我说谎的日子。"如果这两人分别来自A、B两村庄，那么最可能为真的是（　　）。

A.这一天是星期日或星期五　　　　　　B.这一天是星期六或星期三

C.这一天是星期四或星期二　　　　　　D.这一天是星期三或星期一

二、实训题

记者走访了一家公司。这家公司有两种人：一种是只说真话的老实人，一种是只说假话的骗子。午餐时，全公司的人都围坐在餐桌旁，记者向公司的每个人都问了一个同样的问题："你左边的那个人是不是老实人？"每个人都回答"不是"。而后，记者问公司的老板有多少人，老板说有25人。回家后，记者想起忘记问老板是老实人还是骗子，急忙打电话。老板不在，是秘书接的电话。她回答："公司有36个人，我们老板是个骗子。"

根据以上的情况，请你帮助记者判断老板是不是骗子？公司有多少人？

任务三　　　逆向思维训练

微课

　情景导入

逆向思维训练

沧州的南面有一座寺庙靠近河岸，庙门倒塌在了河里，两只石兽一起沉没于此。经过十多年，僧人们募集金钱重修（寺庙），便在河中寻找石兽，最后也没找到。僧人们认为石兽顺着水流流到下游了。于是划着几只小船，拖着铁钯，（向下游）寻找了十多里，没有找到石兽的踪迹。

一位讲学家在寺庙中教书，听说了这件事笑着说："你们这些人不能推究事物的道理。这（石兽）不是木片，怎么能被暴涨的洪水带走呢？石头的性质坚硬沉重，泥沙的性质松软浮动，石兽埋没在沙上，越沉越深罢了。顺着河流寻找石兽，不是（显得）疯狂了

吗?"大家信服地认为（这话）是精当确切的言论。

一位老河兵听说了讲学家的观点，又笑着说:"凡是落入河中的石头，都应当在河的上游寻找它。正因为石头的性质坚硬沉重，沙的性质松软轻浮，水流不能冲走石头，水流反冲的力量，一定在石头下面迎水的地方侵蚀沙子形成坑洞。越激越深，当坑洞延伸到石头底部的一半时，石头必定倾倒在坑洞中。像这样再冲刷，石头又会再次转动，像这样不停地转动，于是反而逆流朝相反方向到上游去了。到河的下游寻找石兽，本来就（显得）很疯狂；在石兽沉没的地方寻找它们，不是（显得）更疯狂了吗?"结果依照他的话去（寻找），果然在上游的几里外寻到了石兽。

资料来源　编者根据清代纪昀《阅微草堂笔记》中文章整理。

想一想，为什么石兽没有冲到下游呢?

知识准备

通常，人们都喜欢用正向思维，即按照逻辑顺序、时间顺序或者对事物与认识发展自然进程进行的常规思维。逆向思维是与正向思维对立、相反的方向进行的非常规思维。

一、逆向思维概述

逆向思维是指人们沿着事物的相反方向，用反向探求的方式对产品、课题或方案进行逆向思考，提出新的课题设计或完成新的创造的思维方法，它是对司空见惯的，似乎已成定论的事物或观点逆向思维的一种思维方式。逆向思维比正向思维层次更高，是一种超常规的思维方法，它充满了辩证思维和哲学智慧，因为任何事物都有正反两个方面，都是矛盾的对立统一体。同时，问题如从正向思维的方向思考，短时间内难以找到解决方案，而从事物的反方向去思考反而能让问题的解决简单化，甚至有"出奇制胜"的效果。

二、逆向思维的特点

1.普遍性

逆向思维普遍存在于各种领域，形式多样，适用广泛，其形式和内容是多种多样的。如性质上对立两极的转换——软与硬、高与低等；结构、位置上的互换、颠倒——上与下、左与右等；过程上的逆转——气态变液态或液态变气态、电转为磁或磁转为电等。无论哪种方式，只要从一个方面想到与之对立的另一方面，就是逆向思维。

2.批判性

逆向思维与正向思维是对立的，是正向思维的逆转和颠倒。因此，运用逆向思维来解决问题总是要打破原有的思维习惯，对传统和常识提出批判，以寻找新的解决方式。

3.新颖性

人们总是按照传统的思维方式思考问题，久而久之，思维就会陷入一种呆板的模式，有时候会陷入死胡同。而逆向思维具有新颖性，人们在生活中运用逆向思维就能打破常规，克服思维障碍，从而更好地解决问题。

三、逆向思维的作用

1.解决正向思维难以解决的问题

很多时候，人们通常按照自己对事物的理解去处理事情，但是他们不知道自己的理解是否正确，是否遵循了事物发展的规律。其实，很多事情的结果往往与人们的正向理解恰恰相反，而运用逆向思维便可以解决正向思维难以解决的问题。例如，我们都熟悉"司马光砸缸"的故事，按照正向思维的逻辑，一定要让人脱离缸，这样一来，便有几种解决方案：要么找大人来救小孩；要么把缸推倒，让掉进缸里的小孩自己爬出来。而这些方法显然都需要很长的时间，不利于及时救出小孩，而司马光恰恰运用逆向思维，让水脱离孩子，采取直接砸缸的方法及时救出了孩子，解决了正向思维难以解决的问题。

小案例

古时候，一位母亲有两个儿子，大儿子开染布作坊，小儿子做雨伞生意。每天，这位老母亲都愁眉苦脸，天下雨怕大儿子染的布没法晒干，天晴了又怕小儿子的伞没有人买。一位邻居开导她，叫她反过来想：雨天，小儿子的雨伞生意做得红火；晴天，大儿子染的布很快就能晒干卖出。运用逆向思维，邻居帮这位母亲解决了心中的烦恼，从此后这位老母亲每天都眉开眼笑，生活得很快乐。

资料来源　代剑萍，聂志远. 不安分的哲学［M］. 海口：南方出版社，2011.

2.使人独辟蹊径，制胜于意料之外

议一议

某时装店的经理不小心将一条高档的呢裙烧了个洞，其身价一落千丈。如果用织补法补救，也只是蒙混过关，欺骗顾客。请问，如果用逆向思维的方式，你应该怎么做呢？

如果想突破常规，往往需要突破正向思维方式的束缚，从反向的角度找寻解决问题的方式，敢于创新和挑战，从而提出意料之外的解决方案。正如这位经理那样，在小洞的周围又挖了几个小洞，并精心修饰，将其命名为"凤尾裙"。逆向思维不仅带来了可观的经济收入，同时也为该时装店提升了知名度。

3.将复杂的问题简单化，使效果成倍提高

议一议

当大量手机厂商在国内进行竞争厮杀之时，一个名不见经传的小品牌传音却在非洲找到了自己的市场——一年卖出1.74亿部。是的，就是这样一个国人闻所未闻的小众品牌凭借自己高性价比迅速占领非洲市场。非洲市场没有时尚和技术的要求，传音手机就能将很多国内已经用烂了的技术照搬过来，比如双卡双待、自拍摄像等功能。这些功能虽然在国内手机市场不值一提，但是在非洲已经是十分先进的实用技术。靠着极致的性价比，传音在非洲市场的发展相当顺利。同时，传音仔细研究了非洲的人文，将大量非洲元素融入到传音手机，并且也设计了很多符合非洲人使用习惯的功能。比如照相使用其他手机无法清晰地看清黝黑的面部及其表情，而传音解决了这一问题。就是这样小小的变化，让传音手机能够在一众竞争对手中脱颖而出，受到了非洲消费者的广泛喜爱。

你觉得传音手机取得成功的关键是什么？

在问题的处理中，有时不需要制止什么，而是要顺其自然地提倡什么，这样往往使复杂的问题变得简单，有时还会使效果更好。正如案例中传音手机不过是运用国内的一些正常的手机技术，稍微做出一些适合非洲的本土化改动，就能规避掉国内手机大品牌之间的竞争，从而另辟蹊径，找到自己的发展之路。

4.在诸多办法中，找出最佳方法

在营销活动中，也需要运用逆向思维，大胆创新，主动出击，处理一些问题时往往会提出最佳的解决方案，从而收到特殊的效果。

小案例

苹果公司一直以来都以其创新性和独特的设计风格而闻名。而苹果公司的创始人乔布斯正是一个善于逆向思维的人。在设计产品时，他不是去考虑如何满足消费者的需求，而是先想象出一个完美的产品，然后再找到满足这一想象的方式。这种逆向思维让苹果公司成为了全球最具影响力的科技公司之一。

技能拓展

拓展内容：我们应该如何培养自身的逆向思维呢？
1.从事物的反向去思考问题

议一议

1938年，匈牙利人发明了圆珠笔，但是这种圆珠笔大约写到2万字的时候就开始漏油，给使用者带来极大的不便。漏油的原因是，笔珠由于磨损而蹦出，油墨随之流出。于是，人们在耐磨性上做文章，采用宝石或不锈钢材料。然而坚硬的圆珠保全了自己，却使套管受到磨损，漏油情况还是会发生。正当人们一筹莫展时，日本发明家中田藤之郎却利用逆向思维解决了这一难题。你知道他的解决方案吗？

任何事物都是矛盾的，即任何事物都是对立统一的。然而，我们在认识事物、解决问题的时候，却往往只注意到事物的一个方面，而忽略了事物的另一个方面。所以，当我们从正面的角度不能解决问题的时候，就应该从反面的角度来寻找突破的可能。中田藤之郎就利用了逆向思维的特点，他从改善笔珠的耐磨性上转移到套管的储存量上，生产出只能写15 000字的圆珠笔，从而使问题得到圆满的解决。

资料来源　兰清堂，王之廉. 创造性思维训练［M］. 开封：河南大学出版社，2002.

小案例

一位老人走进一家银行，来到信贷部坐下来。他身着豪华西装，脚穿高级皮鞋，还戴有领带和金领带夹。"我想借1美元。"老人说。"什么？1美元？"信贷部经理问。"对啊，可以吗？"

"当然可以，只要有抵押，再多些也无妨的。"老人打开豪华皮包，拿出一堆股票、债券等，放在经理的桌上。"总共值50多万美元，够了吧?""当然! 当然! 不过，你真的只借1美元吗?""是的，就1美元。""那么年息为6%，只要您按时付出利息，到期我们就退给您抵押品。"老人办完手续，拿了借来的1美元就准备离开银行。一直冷眼旁观的分行长怎么也弄不明白: 有50多万美元抵押品的人，为何来银行借1美元? 于是他追上前去问个究竟。这位老人的回答让人大吃一惊，正是通过这家银行几乎等于零（一年才6美分）的"租金"寄存这些证券，这样就不用另外花钱来租用保险箱寄存证券了。

资料来源　廖非，邓永霞. 大学生创新思维［M］. 北京: 航空工业出版社，2021.

　　2.看到事物互相联系的关系

🎙️📄 **小案例**

宋神宗熙宁年间，越州地区闹蝗灾，庄稼长势受到严重影响，粮食产量急剧下降，出现供应缺口，使得粮食的价格暴涨。朝廷任命赵汴为越州知州前去赈灾。赵汴刚一上任就召集大家商讨怎样渡过灾荒难关。众人认为: "依照惯例，都是州府张贴布告，严禁那些商人趁火打劫，哄抬米价，这样才能解救老百姓啊! 这附近的州县都已经张贴布告了，我们也赶快行动吧!"赵汴挥挥手说: "不急，容我再思考思考。"赵汴沉思良久后，对大家说: "这布告肯定是要贴的，但我不是宣布压制米价，而是要反其道而行之，告诉四面八方的人，米价可以任意加价出售。"大家一听，目瞪口呆，怀疑地说: "什么? 可以自由上涨? 这……"赵汴笑笑，十分肯定地对大家说: "好了，大家就按照我说的做吧，请放心。"

大家带着疑虑，照着赵汴说的办了，他们在各个街口都张贴了可以自由加价的告示。同时，附近州县也贴出告示: 严禁乱加米价，如有违抗者一律严惩不贷。这时，商人们都看到越州贴出不限米价的告示，于是从四面八方蜂拥而至，都想在越州卖个好价钱。来越州的米商越来越多，但米价却很高。老百姓看到这么高的米价，都不敢买。可这米也不能一直堆在仓库里啊，这大老远地把米运到越州，要是再运回去会加大成本。于是很多米商为了降低成本，便纷纷降价。米价跌得一天比一天快，就这样，越州的老百姓以略高一点的米价买到了米，但供过于求，保证了老百姓的正常生活。附近州县的米价虽低，但却供不应求。

事物之间是彼此联系的，一个事物的变化，往往会导致另一事物的变化。米的供应量与米价、越州米价与周围州县米价之间是互相联系的。米商求利，当其他州县限制米价时，必然导致米商不愿贱卖自己的米。因此，赵汴出怪招"不限米价"，吸引米商到越州来卖米。结果因为米商太多，越州的米供过于求，结果又导致米价难以上涨太多，最终保证了百姓的正常生活。

　　3.摆脱传统正向思维的束缚

很多时候，人们都是按照已有经验、方法、技巧来处理问题。虽然很多时候经验、方法和技巧很有效，但是在一定程度上限制了解决问题的思路。这就是说，在面对问题时要努力拓展自己的思路，换个角度看问题，更快捷有效地找到解决问题的方法。

 **议一议**

有三家裁缝店，裁缝们的手艺都不错，只因这三家店都在一条街上，这使得竞争很激烈。为了让顾客知道自己的店是这三家店中最好的，三家裁缝店店主都在冥思苦想。一天，第一家裁缝店店主在门外摆了一个牌子，牌子上写着"全城最好的裁缝店"几个大字。第二家裁缝店店主看见第一家店居然大言不惭，为了压过他们，也在店外摆了一个牌子，牌子上写着"全国最好的裁缝店"。那么，假设你是第三家裁缝店的店主，你会怎么做呢？

提示：如果按照正向思维，第三家裁缝店的店主应挂牌为"全球最好的裁缝店"，不过，这也难免有些夸大其词，噱头太大反而让顾客不相信自己。那么，裁缝店的店主运用逆向思维，会在店外摆什么牌子呢？

 **任务训练**

一、选择题

1.如果小赵去旅游，那么小钱、小孙、小李将一起去。如果上述论断是真的，那么下面（   ）也是真的。

A.如果小赵没去旅游，那么小钱、小孙、小李三人都没去

B.如果小钱、小孙、小李都去旅游，那么小赵也去

C.如果小李没去旅游，那么小钱和小孙不会都去

D.如果小孙没去旅游，那么小赵和小李不会都去

2.一位美国游客在印控克什米尔地区遭绑架。凌晨，他利用天黑和下雨的机会，从一座山坡上的泥草房里逃了出来，那么，他逃脱魔掌需要走（   ）。

A.一条下山的近路　　　　　　　　　B.一条通向半山腰茂密的树丛的路

C.一条5 000米上山的小路　　　　　D.以上均可

3.一个城镇需要大量马匹，于是出高价收购。但是沿途城镇在路上设置了5个关卡，向贩马人收取重税。关卡每次从贩马人手中收取所运马匹数量的一半作为税收，另外还返还1匹。一位贩马人赶着自己的马来卖马，过了5个关口，却一匹马也没有损失，请问他带了（   ）匹马。

A.2　　　　　　　　B.3　　　　　　　　C.4　　　　　　　　D.5

二、实训题

有一家人决定搬进城里，于是去找房子。全家三口，夫妻两个和一个五岁的孩子。他们跑了一天，直到傍晚，才好不容易看到一张公寓出租的广告。他们赶紧跑去，房子很不错，于是他们前去敲门询问。这时温和的房东出来，对这三位客人从上到下地打量一番。丈夫鼓起勇气问道："这房屋出租吗？"房东遗憾地说："啊，实在对不起啊，我们公寓不招有孩子的住户。"丈夫和妻子听了，一时不知道如何是好，于是，他们默默地走开了。走了没多远，那个五岁的孩子突然挣脱了父母的手，又返回去敲房东的门，孩子只对房东

说了几句话，房东居然"嘿嘿"笑了起来，把房子租给了他们。

请结合逆向思维猜测一下，孩子是怎么说的才会让房东立即回心转意？

任务四　共赢思维训练

微课
共赢思维训练

情景导入

京东用实际行动促进共同富裕，以京东"共富"助力社会"奔富"。

截至2022年8月底，京东"奔富计划"用22个月的时间带动农村实现产值超6 200亿元，在全国打造了陕西紫阳县向阳镇营梁村、贵州修文县等众多"奔富村"，帮助数百万农户大幅增收。刚刚结束的京东"双11"，近10 000种农产品在京东平台的成交额超过10万元，近三成粮油、茶叶等初加工农产品实现了超过100%的增长，超过500个农特馆成交额同比增长100%。"奔富计划"有望提前实现三年产值超万亿元的目标。

"中国式现代化是全体人民共同富裕的现代化"，从小"共富"到同"奔富"，从同"奔富"到大"共富"，需要更多京东式企业有担当、能创新、敢作为。

资料来源　汤晓燕. 刘强东内部信的底层逻辑：从小"共富"到同"奔富"［N］. 华商报，2022-11-25.

想一想：

在乡村振兴的道路上，京东推出了"奔富计划"，蕴含的共赢思维是如何体现的？

知识准备

一、共赢思维概述

双赢思维是我们熟悉的概念，即双方都能获得利益的思维模式。而共赢思维是双赢思维的扩展，它内涵更为丰富，是一种不仅可让交往的双方互利，还可让各方面均获得较满意的结果的思维模式。在处理双边和多边关系时，基于互敬、互惠的思考框架，在双方相互信任的基础上，通过各方的互相理解、互相支持、换位思考等，使双方或多方的利益分配趋于合理化，获得更多的机会、财富及资源，使各方基本满意，而非损人利己和损己利人，使各方的关系逐步提升为互相依存的伙伴关系。这种思维模式鼓励人们在解决问题时找到互惠的解决方法。

二、共赢思维的作用

1.让各方都能得到满意的结果

共赢思维最直接的目的是让各方都能得到满意的结果。通过事物之间相互影响、相互制约的关系，调节事物之间相辅相成的关键平衡点，从而使事物向共赢的方向发展。

小案例

有一个老人，他有三个儿子。大儿子、二儿子都在城里工作，小儿子和他在一起，父子相依为命。

突然有一天，一个人找到老人，对他说："尊敬的老人家，我想把你的小儿子带到城里去工作。"老头气愤地说："不行，绝对不行，你滚出去吧！"这个人说："如果我在城里给你的儿子找个对象，可以吗？"老头摇摇头："不行，快滚出去吧！"这个人又说："如果你未来的儿媳妇是石油大王的女儿呢？"老头想了又想，终于被儿子当上石油大王的女婿这件事打动了。

过了几天，这个人找到了石油大王，对他说："尊敬的先生，我想给你的女儿找个对象。"石油大王说："快滚出去吧！"这个人又说："如果你未来的女婿是世界银行的副总裁，可以吗？"石油大王想了想，还是同意了。

又过了几天，这个人找到了世界银行总裁，对他说："尊敬的总裁先生，您应该马上任命一个副总裁！"总裁先生摇头说："不可能，这里这么多副总裁，我为什么还要任命一个副总裁呢，而且必须马上？"这个人说："如果您任命的这个副总裁是石油大王的女婿，可以吗？"总裁先生当然同意了。

资料来源　阮东平. 智胜的力量［M］. 北京：企业管理出版社，2011.

议一议

在上述的资料中，这个人是如何抓住事物之间的联系，从而实现了老人、老人的小儿子、石油大王、世界银行总裁四者之间的共赢的？

2. 通过合作创造出大于个体的利益

合作精神是一种品质，是一种并非人人都具有的优良品质。合作是一种超越个体行为的群体行为艺术。合作的过程，就是通过知识、经验、物质和利益的让渡与获取，来实现个体利益和社会利益的最大化的过程。

小案例

在茫茫的沙漠中，有两个非常饥饿、又没办法得到食物的人，在最无助的时候幸运地遇到了上帝。上帝给了其中一个人一套钓具，给了另外一个人一篓鱼。得到鱼的人马上找柴火来自己烤着吃，没过几天，鱼吃光了，他也在饥饿中慢慢死去了。得到钓具的人在赶往海边的路上也被饿死了。

过了不久，上帝又遇到了同样是非常饥饿又没办法得到食物的两个人，他同样是给了他们一人一套钓具，一人一篓鱼。与前面的两个人不同的是，这两个人并没有就此分手，而是一起忍着饥饿向水边走去，在实在忍不住饥饿的时候，就烤一条鱼分着吃，然后继续赶路，就这样，在鱼没有吃完之前，他们终于赶到了海边，用钓具钓到了鱼，从此两人过上了富足的生活。

资料来源　陶渊亮. 这世上还有这样的礼物［M］. 北京：农村读物出版社，2004.

最大化的利益很多时候通过个体无法实现。就像小案例中上帝第二次所帮助的那两个人，通过彼此的物质（鱼）和利益（将来钓到的鱼）的交换、交流与合作，摆脱了饥饿，挣脱了死亡，最终实现了"共同生存"这个独自无法实现的目标。这就是合作产生共赢、从而创造出大于个体的利益。

3.锻炼人们的分享意识

一个人不管多聪明，总是会有知识盲点，一个人不管多么能干，也不可能独自完成每一个任务。所谓"三个臭皮匠，顶个诸葛亮"，一个人懂得与人分享，才能善于合作，才能互补不足、集思广益，让自己的生活、工作节省时间和精力，提高自己的竞争力，最终成就一番事业。

小案例

一个精明的花草商，千里迢迢从非洲引进了一种名贵的花卉，培育在自己的花圃里，准备到时候卖个好价钱。商人对这种名贵花卉爱护备至，许多亲朋好友向他索要，一向慷慨大方的他竟连一粒种子也不肯给，他计划繁育三年，等拥有上万株后，再开始出售和馈赠。

到了第三年的春天，他那名贵的花已经繁育出了上万株，然而令这位商人沮丧的是，这些花的花朵已经变得很小，花色也比刚引进的时候差多了，完全没有了它在非洲的那种雍容和鲜艳。他知道，这样下去是不可能靠这些花赚到钱的，难道是这些花退化了吗？可是非洲人年年种植这种花，大面积、年复一年的培育并没有见过这种花会退化呀？

商人百思不得其解，便去请教一位植物学家，植物学家来到他的花圃看了看，问道："你这花圃隔壁是什么？"商人回答："隔壁是别人的花圃。"植物学家又问："他们种植的也是这种花吗？"他摇摇头说："这种花在当地只有我一个人种植，他们的花圃里都是些普通花卉。"植物学家沉吟了许久说："我知道你这名贵的花风光不再的秘密了，尽管你的花圃里种满了这种名贵之花，但毗邻的花圃却种植着其他花卉，你的这种花被风传授了花粉后，又染上了毗邻花圃里其他品种的花粉，所以它就一年不如一年，越来越不那么雍容华贵了。"

商人问植物学家该怎么办，植物学家说："谁能够阻挡风传授花粉呢？要想使你的名贵之花不失本色，只有一种方法，那就是让你邻居的花圃里也种上这种花。"于是商人把自己的花种分给了邻居。

次年春暖花开的时候，商人和邻居的花圃几乎成了这种名贵之花的海洋，花朵又肥又大，花色典雅，朵朵流光溢彩，雍容华贵。这些花儿一上市便被抢购一空，几年后，商人和他的邻居都发了大财。

资料来源　金实.聆听友谊的弦音 [M].北京：北京燕山出版社，2009.

提示：要想拥有名贵的花的海洋，就要与人分享美丽；要想最终获得成功，就需要锻炼与人分享的意识。

技能拓展

拓展内容：如何才能培养共赢思维呢？

1.具备团队合作的观念

个人能力要想得到充分发挥，一定要依赖团队合作；个人若想得到真正的发展，必须依赖团队合作；树立团队合作的理念，与团队荣辱与共才能一起成长。

小案例

一位国王有九个儿子，他们都很聪明能干，但是他们谁都不服气别人，总是明争暗斗。对此，国王很伤心。他认为，如果再这样下去，国家就会出现危机。于是国王谆谆教导他们要和睦相处，不要整天互相攻击。然而，儿子们都听不进去父亲的话，依然互相掣肘，暗中诋毁对方。

一天，国王病得很重，他感到自己时日不多了，就把九个儿子都叫来说："你们每个人都在地上放一支箭。"同时对其中的一个儿子说："你随意折断一支箭。"儿子随手拿起一支箭，很轻松地就折断了。国王继续对儿子说："现在，你试着一次性折断剩下的八支箭。"儿子用了自己最大的力气，也没有折断这八支箭。

资料来源　柴一兵. 天才的思维是这样炼成的［M］. 北京：北京工业大学出版社，2014.

请问：国王在临终前让儿子折断八支箭的用意何在？

2.愿意妥协和让步

合作是为了寻求共同的利益，达成共同的目标。在现实生活中，我们要达成一定的目标，要获得一定的利益，必须懂得与人合作，但合作并不是一个简单的过程，如果合作双方不愿意妥协和让步，必然会有违合作意愿。因此，我们若要与人合作得好，就必须懂得妥协和让步，只有适当的妥协和让步，才能调动他人合作的积极性和意愿，才能达到共同的目标。

小案例

一个阔太太在海边买了一座很大的别墅，有花园、广场，环境优雅别致，来这里休闲、游玩的人络绎不绝。游人很多，可以让她少几分孤独，但是维护的工作量也很大。为此，阔太太立了一块"私人花园，禁止入内"的牌子，可收效甚微。阔太太很生气，随后又立出一块牌子："欢迎来玩，但是花园里有毒蛇，会置人于死地，请小心！"看到这个警示牌，果然来的人少了。

几个月以后，花园渐渐荒芜，无人光顾，阔太太心里也越来越空虚。看着满园破败的景象，她毅然决然地拆掉了篱笆墙，撤掉了警示牌，将花园重新打理了一番，并立起了一块新牌子："花园已重新修整，欢迎大家来玩。"从此，阔太太的花园又恢复了往日的热闹，游客在这里感受到了欢乐，阔太太也感到充实和喜悦。

请问：阔太太为什么妥协，要让游人重新进入自家的花园？

3.懂得分享和给予

给予和接受是不可分割的整体，一个人只有舍得给予，才可能接收到别人的给予。所以，一个人只有抛弃狭隘的心理，懂得给予、舍得给予，才能获得最大的成功。

小案例

从前有一个老和尚，双目失明，但是每当夜幕降临时，他总是提着灯笼在街上走，

项目二　营销思维训练　　89

有人问盲和尚：“你自己都看不见，为什么还要提着灯笼走路呢？”盲和尚回答说：“提着灯笼走路是为了让别人能够看到我，不会撞到我，灯笼既能为我提供方便，也能照亮别人。”

4.具备优势互补的观念

没有人是万能的，每个人都有自己的优点和缺点。在竞争激烈的社会中，善于优势互补的人，才能取人之长、补己之短，从而提升自己的竞争力，实现共赢。

小案例

兔子找到了一份销售的工作，经理让兔子和乌龟一起去拜访一个重要的客户。

在路上，兔子看乌龟爬得实在太慢了，就埋怨道：“你真是太慢了，我先走了，我到客户那里等你吧。”说完，兔子撒腿就跑了，可是跑了一会儿，它不得不停下来，因为有一条河挡住了它的去路。兔子心里想：“真是晦气，看来我今天拜访不了客户了，完不成工作可怎么办？”

兔子正在发愁，乌龟慢慢爬过来，对兔子说：“别怨天尤人了，经理叫我来就是让我帮你过河的。”于是，兔子踩在乌龟的背上，顺利地过了河。

过了河，乌龟说：“你赶快去拜访客户吧，我还要等你回来再驮你回公司呢！”兔子听后十分佩服经理，自言自语道：“经理想得就是周到，我真是自叹不如啊！”后来，兔子成功拜访了客户，为公司接了一个大单。

资料来源　柴一兵. 天才的思维是这样炼成的［M］. 北京：北京工业大学出版社，2014.

任务训练

一、选择题

1.一箱菠萝有10斤重，卖1元钱一斤。有个买菠萝的人说：“我全买了，做罐头，麻烦你帮我把皮削下来。里面的部分7角钱一斤，另外我不会让你亏的，皮我也要，算3角钱一斤。这样加起来还是1元，对不对？”卖菠萝的人这时应该（　　　）。

A.卖给对方，还是1元一斤，没损失

B.不卖，少于1元一斤，有损失

C.卖给对方，一斤多于1元，有利润

D.不知道该卖还是不该卖

2.美国第九任总统威廉·哈里逊小时候家里穷，他沉默寡言，家乡的人们都认为他是个傻孩子。有一次，一个人跟他开玩笑，分别拿着一枚5美分和1美元的硬币放在他面前让他挑，挑哪个就送哪个。哈里逊挑了5美分的硬币。请问，哈里逊这样做的原因是（　　　）。

A.哈里逊不知道1美元的硬币比5美分多

B.哈里逊喜欢被别人嘲笑

C.哈里逊希望能有更多的人问他这个问题

D.哈里逊更喜欢5美分的硬币

3.有一位老者在某工厂门口摆摊卖香烟。一天，他在摊位挂了一个打气筒，并挂出"免费为自行车打气"的招牌。请你分析老者这样做的主要原因是（　　　　）。

A.老者打算今后开展有偿打气业务

B.老者喜欢助人为乐

C.老者自己经常用打气筒给自行车打气

D.免费打气服务会吸引不少骑自行车的工人，这些工人在打完气之后会顺便买包烟

二、实训题

汤姆逊是一名演员，他不仅长得玉树临风，还具有很强的表演能力。他经过不断的努力，已经从一个无人知晓的跑龙套小演员变得小有名气，经常在一些影视剧中担任主演。此时，他最需要把自己全方位包装起来，进而提高自己的知名度，使自己更出名。

爱莎开了一家文化影视公司，她在这行已打拼多年，对于这一行的业务和规则已经十分熟悉，并且又有丰富的人脉。但是，由于她公司的规模还不大，很多一线的歌星和演员都不愿意和她合作。

这时，汤姆逊找到爱莎洽谈合作。

请问，两人之间将如何合作？这能给双方带来哪些利益？

任务五　　　　　　　　　　**发散思维训练**

情景导入

微课

甲去买牙膏，牙膏29元，但他没牙刷，跟店员说："顺便送一个牙刷吧。"店员没给。乙去买牙膏，牙膏29元，他也没牙刷，跟店员说："便宜一块钱 发散思维训练
吧。"最后，他用这一块钱买了一个牙刷。

想一想：

两个人的做法有什么不同？

知识准备

一、发散思维概述

发散思维又称为求异思维或多向思维，即对一个问题从多个方向、多种思路去寻找答案，充分发挥人的想象力，突破原有的思维定式和范围，从一点向四面八方想开去，从不同的角度和侧面进行思考，让思维发散，以便获得解决问题的全部可能。其本质就是探讨事物存在、运动、发展、联系的各种可能性。

二、发散思维的特点

1.流畅性

流畅性就是观念的自由发挥。它是指在尽可能短的时间内生成并表达出尽可能多的思维观念以及较快地适应、消化新的观念。流畅性反映的是发散思维的速度和数量特征。

2.变通性

变通性就是克服人们头脑中某种自己设置的僵化的思维框架，按照某一新的方向来思索问题的过程。变通性需要借助横向类比、跨域转化、触类旁通，使发散思维沿着不同的方面和方向扩散，表现出极其丰富的多样性和多面性。

3.独特性

独特性是指人们在发散思维中做出不同寻常的、异于他人的新奇反应的能力。独特性是发散思维的最高目标。

4.多感官性

发散思维不仅运用视觉思维和听觉思维，而且也充分利用其他感官接收信息并进行加工。发散思维还与情感有密切关系，如果思维者能够想办法激发兴趣，产生激情，把信息感性化，赋予信息以感情色彩，就会极大提高发散思维的效果。

三、发散思维的作用

1.使人们看问题更为全面

对于一个问题，从不同的角度去思考就会有不同的答案。运用发散思维会考虑到不同的思考角度，从而使人们看待问题更加全面。

小案例

老师问同学："树上有10只鸟，开枪打死1只，还剩几只？"

这是一个传统的脑筋急转弯题目，不够聪明的人会老老实实地回答"还剩9只"，聪明的人会回答"1只不剩"，但是有个孩子却是这样反应的。

他反问："是无声手枪吗？"

"不是。"

"枪声有多大？"

"80分贝至100分贝。"

"那就是会震得耳朵疼？"

"是。"

"在这个城市里打鸟犯不犯法？"

"不犯。"

"您确定那只鸟真的被打死啦？"

"确定。"

老师已经不耐烦了，"拜托，你告诉我还剩几只就行了，好吗？"

"好的，树上的鸟儿有没有聋子？"

"没有。"

"有没有关在笼子里的？"

"没有。"

"边上还有没有其他的树，树上还有没有其他的鸟？"

"没有。"

"有没有残疾的鸟或饿得飞不动的鸟？"

"没有。"

"打鸟的人眼睛有没有花？保证是10只？"

"没有花，就10只。"

老师已经满头大汗，但那个孩子还在继续问："有没有傻得不怕死的？"

"都怕死。"

"会不会一枪打死两只？"

"不会。"

"所有的鸟都可以自由活动吗？有没有鸟巢？里边有没有不会飞的小鸟？"

"没有鸟巢。所有的鸟都可以自由活动。"

"如果您的回答没有骗人，"学生满怀信心地说，"打死的鸟要是挂在树上没掉下来，那么就剩1只，如果掉下来，就1只不剩。"

这位学生的话还没说完，习惯于标准答案的老师已经晕倒了！

2.成为人们创新的基础

对于现有的事物，利用发散思维的扩散性，将其特性不断迁移、不断摸索，就能创造出新的事物和想法。

小案例

有一家公司的前身是专做电风扇的，产品很单一。后来厂长准备开发新的产品，询问专家的意见。专家对他说："只做风的生意就可以了。"厂长问道："只要是与风有关的，任何事情都可以做吗？"专家回答说："当然可以了。"

四五年之后，专家又到这家工厂视察，看到厂里正在生产暖风机，便问厂长："这是电风扇吗？"厂长说："不是，但它和风有关。电风扇是冷风，这个是暖风，你说过要我们做'风'的生意。这难道不是吗？"后来，这家公司的"风家族"产品线非常丰富，除了电风扇、排风扇、暖风机、鼓风机之外，还有果园和茶园的防霜用换气扇，培养香菇用的调温换气扇，家禽养殖业的棚舍换气调温系统……只做风的生意，就让公司创造了一个又一个辉煌。

3.让事物得到充分的运用

对于现有事物的用途，利用发散思维可以无限扩展出去，从而使事物得到最为充分的利用。

小案例

在一次中日创造学研讨会上，日本创造学家村上信雄拿出一把曲别针对中国学者说："你们知道曲别针有多少种用途吗？"一位中国学者一口气说了30种用途，台下响起了一片掌声。这时，村上信雄说："我能说出300多种用途。"说完，村上信雄便一一为大家证明曲别针的各种用途，台下响起了热烈的掌声。村上信雄为大家表演完后，收到一位叫许国泰的中国学者的纸条，纸条上说："尊敬的村上信雄先生，明天我将要发表一场演讲，证明曲别针有无数种用途。"

第二天，许国泰便就曲别针的无数种用途展开了演讲。他从曲别针的颜色、形状、重量、质量、柔软度等方面进行剖析。他把曲别针的用途形象地看成一个坐标轴，分别从数学、物理、化学、语文、外语、音乐等各个学科角度分析曲别针的用途。例如，在数学上，曲别针可以弯成0~9的数字及各种运算符号，可以进行数学演算；在物理上，曲别针的重量可以当成砝码；在化学上，曲别针可以与多种化学物质产生反应；在外语上，曲别针可以弯成26个英文字母，可以表达语言；另外还可以做成艺术品……许国泰的这个演说后来被称为"魔球现象"，并且轰动了整个大会。

资料来源　柴一兵. 天才的思维是这样炼成的［M］. 北京：北京工业大学出版社，2014.

技能拓展

拓展内容：在日常生活中，如何培养自己的发散思维呢？

1.推陈出新，多方向发展思维模式

用墨守成规、单一守旧的思维方式来思考问题，只会让人们的思维变得模式化，要想培养自己的发散思维，就要推陈出新，多方面思考问题，找到解决问题的新方法和新途径。

小资料

发散思维的方法

（1）材料发散法——以某个物品尽可能多的"材料"，以其为发散点，设想它的多种用途。

（2）功能发散法——从某事物的功能出发，构想出获得该功能的各种可能性。

（3）结构发散法——以某事物的结构为发散点，设想出利用该结构的各种可能性。

（4）形态发散法——以某事物的形态为发散点，设想出利用某种形态的各种可能性。

（5）组合发散法——以某事物为发散点，尽可能多地把它与别的事物进行组合成新事物。

（6）方法发散法——以某种方法为发散点，设想出利用方法的各种可能性。

（7）因果发散法——以某个事物发展的结果为发散点，推测出造成该结果的各种原因，或者由原因推测出可能产生的各种结果。

2.弱化思维定式

思维定式是指由实践目的、价值模式和知识储备等因素构成的特定认知框架，是人们所熟悉的思维方向、思维路径、思维方式和思维方法，也可以说是人们头脑中所习惯使用的一系列程序和工具的总和。

在某些情况下，人们运用发散性思维可以迅速解决问题，当环境发生变化时，思维定式就变成阻碍发散思维的枷锁，思维定式会使我们形成一种呆板、机械的思维模式。

议一议

一支铅笔按照思维定式就是写与画的工具，除此之外，铅笔还有多少种用途？请和小组成员一起讨论出铅笔的用途，越多越好。

纽约里士满区有一所穷人学校叫圣·贝纳特学院，它是贝纳特牧师在经济大萧条时期创办的。1983年，一位名叫普热罗夫的捷克籍法学博士在做毕业论文时发现，50年来，该校出来的学生在纽约警察局的犯罪记录最低。为延长在美国的居住期，他突发奇想，写信给纽约市市长布隆伯格，要求得到一笔市长基金，以便就这一课题深入开展调查。当时布隆伯格正因纽约的犯罪率居高不下受到选民的责备，于是很快就同意了普热罗夫的请求，给他提供了1.5万美元的经费。

普热罗夫凭借这笔钱，展开了漫长的调查活动。从80岁的老人到7岁的学童，从贝纳特牧师的亲属到在校的老师，总之，凡是在该校学习和工作过的人，只要能打听到他们的住址或信箱，他都要给他们寄去一份调查表，问题是：圣·贝纳特学院教会了你什么？在将近6年的时间里，他共收到3 756份答卷。在这些答卷中有74%的人回答，他们知道了一支铅笔有多少种用途。

普热罗夫首先走访了纽约市最大的一家皮货商店的老板，老板说："是的，贝纳特牧师教会了我们一支铅笔有多少种用途。我们入学的第一篇作文就是这个题目。当初，我认为铅笔只有一种用途，那就是写字。谁知铅笔不仅能用来写字，必要时还能用来做尺子画线，还能作为礼品送人表示友爱；能当商品出售获得利润；铅笔的芯磨成粉后可作润滑粉；演出时也可临时用于化妆；削下的木屑可以做成装饰画；一支铅笔按相等的比例锯成若干份，可以做成一副象棋，可以当成玩具的轮子；在野外有险情时，铅笔抽掉芯还能被当成吸管喝石缝中的水；在遇到坏人时，削尖的铅笔还能作为自卫的武器……总之，一支铅笔有无数种用途。贝纳特牧师让我们这些穷人的孩子明白，有着眼睛、鼻子、耳朵、大脑和手脚的人更是有无数种用途，并且任何一种用途都足以使我们生存下去。我原来是个电车司机，后来失业了。现在，你看，我是一位皮货商。"普热罗夫后来又采访了一些圣·贝纳特学院毕业的学生，发现无论贵贱，他们都有一份职业，并且都生活得非常乐观。而且，他们都能说出一支铅笔至少有20种用途。

资料来源　柯钧. 人生哲理枕边书 你应该知道的165个人生哲理［M］. 北京：九州出版社，2004.

3.大胆提出质疑

大胆质疑是摆脱思维定式的有效方法，通过大胆质疑，思维得到发散，才能有效地运用发散思维创造性地解决问题。

小案例

伽利略是意大利物理学家、数学家和天文学家。他发现了摆动定时性定律，提出了自由落体定律，发明了比重秤、空气温度计，发明了伽利略望远镜，证明了哥白尼的日心说是正确的。

伽利略从小多才多艺，他会画画、弹琴，非常喜欢数学，会制造各种各样的机动玩

项目二 营销思维训练 ……… 95

具。他本可以成为一个大画家或者大音乐家，但是，他更爱自然科学。他的心中充满了各种各样的疑问。他老是问父亲，为什么烟雾会上升？为什么水会起波浪？为什么教堂要造得顶上尖、底层大？长大以后，他的疑问就更多了。他深入钻研了亚里士多德的著作，常常陷入沉思之中。他想，亚里士多德的许多理论并没有经过证明，为什么要把它们看成是绝对真理呢？伽利略少年时代提出的许多个为什么，后来都由他自己找到了答案。

在伽利略的故乡比萨城里，有一座既庄严又华丽的大教堂。一天下午，伽利略来此参观。一个工作人员开始给一盏油灯注油，把灯挂在教堂的天花板上，漫不经心地让它在空间来回摆动。伽利略看到，吊灯开始以一个很大的弧度摆动着，弧度变小时，摆动的速度也变慢了。他觉得链条的节奏好像是有规律的，虽然往返的距离越来越小，但吊灯每往返一次所用的时间似乎都一样长。没有钟表，他用右手按住自己的脉搏，默默地数着吊灯摆动一次脉搏跳动的次数。他发现，吊灯每摆动一次所需的时间的确是相同的。伽利略心里突然一亮，他想："亚里士多德说过，摆经过一个短弧要比经过长弧快些。亚里士多德是不是弄错了？"他回到家里找来材料，做了几个摆。他把短摆挂在屋子里，长摆挂在大树上，然后精确计算一个摆从弧的一头运动到另一头所花的时间。实验结果证明，摆来回摆动一次的时间是由绳子的长度决定的，不管摆的重量如何，与振幅也无关。但伽利略还有些不明白，因为亚里士多德说过，物体从高处落下时，速度是由重量决定的。物体越重，下落速度也越快。但是，摆不也是从高处落下吗？为什么只要摆的绳长相同，摆落到最低点的时间都相同，而跟重量没有关系呢？

他决定到比萨斜塔上进行下一步的试验。他发明了一个小机关，只要一碰按钮，盒中的物体就能同时落下。试验的那一天，他让学生们拿着盒子站在二层、三层、五层及塔顶窗口，他发出了信号，二楼的学生打开盒子，让一个1磅重的铁球和一个10磅重的铁球同时从塔上落下。这样一层一层地试验，每一次试验下来，不同重量的铁球都同时到达地面。著名的比萨斜塔成了伽利略推翻亚里士多德错误的落体理论的历史见证者。

资料来源　柴紫满. 外国名人的童年［M］. 北京：北京燕山出版社，1996.

任务训练

一、选择题

1.有两个人，一个人脸朝东，一个人脸朝西，那么至少需要（　　）面镜子，才能使两个人互相看得见对方。

A.0　　　　　　　B.1　　　　　　　C.2　　　　　　　D.3

2.有一个数字，去掉第一个数字是13，去掉最后一个数字是40，请问这个数字是（　　）。

A.32　　　　　　B.33　　　　　　C.42　　　　　　D.43

3.下水井盖为圆形，以下（　　）不是井盖设计为圆形的理由。

A.沉重的圆形盖子可以滚到目的地，其他形状则不行

B.圆形的盖子不会掉入下水道，其他形状则有可能

C.井盖为圆形要比方形更为美观

D.圆形盖子可以轻而易举地盖严洞口，方形的需要将四角对准才可以

二、实训题

饥饿的狐狸看见葡萄架上挂着一串串晶莹剔透的葡萄，口水直流，想要摘下来吃，但又摘不到。看了一会儿，无可奈何地走了，他边走边自己安慰自己说："这葡萄没有熟，肯定是酸的。"这就是说，有些人能力小，做不成事，就借口说时机未成熟。这是《伊索寓言》里的故事，简单来看就是：狐狸想吃葡萄，却又摘不下来，看了一会无奈地走了，边走边安慰自己"葡萄没有熟，肯定是酸的。"

其中有几个关键点：

1.狐狸为什么想吃葡萄？

2.狐狸为什么摘不到葡萄？

3.摘不到后为什么又看了一会儿才走？

4.走的时候还能有什么反应？

这一系列疑问，站到故事之外又能怎样看呢？请你运用发散思维进行故事的扩充。

任务六　系统思维训练

情景导入

微课

系统思维训练

一个替人割草的男孩打电话给一位陈太太：

"您需不需要割草？"

陈太太回答说："不需要了，我已有了割草工。"

男孩又说："我会帮您拔掉花丛中的杂草。"

陈太太回答："我的割草工也做了。"

男孩又说："我会帮您把草与走道的四周割齐。"

陈太太说："我请的那人也已做了，谢谢你，我不需要新的割草工人。"

男孩便挂了电话。

此时，男孩的室友问他："你不是就在陈太太那儿割草打工吗？为什么还要打这电话？"

资料来源　李正堂.哲理故事三百篇［M］.呼和浩特：内蒙古人民出版社，2009.

想一想：

小男孩为什么要打这个电话？

知识准备

在情景导入案例中，小男孩成功就是由于把握了系统思维，充分认识到修剪花园并不是一种简单的劳动，更是需要配合割草、除杂草、修正四边等多种劳动的系统性劳动。因此，他想让雇主知道这个系统的劳动过程都是由自己主动独立完成的，进而充分说明自己的劳动做得很彻底。

项目二 营销思维训练 ········ 97

一、系统思维概述

系统思维就是在考虑解决某一问题时，不是把它当成一个孤立、分割的问题来处理，而是当成一个有机关联的系统来处理，将所面对的问题或事物作为一个整体、作为一个系统来加以思考分析，从而获得对事物整体的认识或找到解决问题的恰当办法。

二、系统思维的特征

1.整体性

系统思维方式的整体性是由客观事物的整体性所决定的，整体性是系统思维方式的基本特征，它存在于系统思维运动的始终，也体现在系统思维的成果之中。坚持系统思维方式的整体性，必须把研究对象作为系统来认识，即始终把研究对象放在系统之中加以考察和把握，还必须把整体作为认识的出发点和归宿。

2.结构性

系统思维方式的结构性，就是把系统科学的结构理论作为思维方式的指导，强调从系统的结构去认识系统的整体功能，并从中寻找系统最优结构，进而获得最佳系统功能。

3.立体性

系统思维方式是一种开放型的立体思维。它以纵横交错的现代科学知识为思维参照系，使思维对象处于纵横交错的交叉点上。在思维的具体过程中，系统思维方式把思维客体作为系统整体来思考，既注意进行纵向比较，又注意进行横向比较；既注意了解思维对象与其他客体的横向联系，又能认识思维对象的纵向发展，从而全面准确地把握思维对象的规律性。

4.动态性

系统的稳定是相对的。任何系统都有自己的生成、发展和灭亡的过程。因此，系统内部诸要素之间的联系及系统与外部环境之间的联系都不是静态的，都与时间密切相关，并会随时间不断地变化。这种变化主要表现在两个方面：一是系统内部诸要素的结构及分布位置不是固定不变的，而是随时间不断变化的；二是系统都具有开放的性质，总是与周围环境进行物质、能量、信息的交换活动。因此，系统处于稳定状态，并不是说系统没有什么变化，而是始终处于动态之中，处在不断演化之中。

5.综合性

综合是人的思维的一个方面，任何思维过程都包含着综合和综合的因素。任何系统整体都是这些或那些要素为特定目的而构成的综合体；任何系统整体的研究，都必须对它的成分、层次、结构、功能、内外联系方式的立体网络作全面的综合的考察，才能从多侧面、多因果、多功能、多效益上把握系统整体。

三、系统思维的具体作用

1.系统思维使人们更好地从整体上把握事物

系统思维要求人们有长远的眼光，从整体和大局出发，关注长远利益，而不是关注局部，看重眼前利益。

小案例

1945年，美国人威尔逊接手父亲留下的施乐公司后，高价聘请了德国发明家德索亚开发复印机。当时流行的湿式复印机必须使用化学液体和表面涂有感光药物的复印纸，而且复印出来的文件是湿漉漉的，需要很长时间才能将文件晾干，因此使用起来很不方便。通过逐步改进，1960年，施乐公司推出了施乐914型干式复印机，克服了湿式复印机的固有缺陷。

由于干式复印机是创新性产品，根本没有同类产品可以参照，因此社会公众对新产品的功能根本不了解，而且公司前期投入很大，已经没有足够资金做广告，于是大家在营销问题上犯了难。德索亚提出，考虑到每台复印机的生产成本是 2 400 美元，零售价可以定为 5 000 美元，并且提供3年的免费维修保养服务。威尔逊没有同意，他嫌这个价格太低了，认为复印机的售价应该定为29 500美元，而且不提供免费维修保养服务。

按照美国当时的法律规定，任何产品的定价如果超过成本10倍，将被禁止销售。德索亚沉不住气了，说这个价格实在是高得太离谱，根本没法通过联邦政府的反暴利审查，更不用说让客户接受了。威尔逊听到众人的抱怨后，狡黠地笑了一笑："我就是要政府下令禁售，到了那个时候，我就有办法了。"德索亚十分惊愕，但又想不到更好的办法，看到威尔逊胸有成竹的样子，只好勉强点头同意他的意见。

果然，29 500美元的售价一经公布，联邦政府便启动了价格干预机制，几轮调查过后，最终向公司下达了禁售令。与此同时，主流媒体也一片哗然，纷纷指责威尔逊这种不道德的商业行为，而介绍干式复印机功能的相关文章也连篇累牍地登了出来。就这样，全美国的人不光知道威尔逊在卖天价干式复印机，也知道了这种新产品将带来办公技术革命。

在一片口诛笔伐声中，人们却不经意地发现，威尔逊已经悄无声息地在美国各大城市开设门面，从事复印机的租赁业务了。尽管几乎所有的人都在骂威尔逊是个黑心的奸商，但又不得不佩服他的高明手段。更为关键的是，干式复印机专利只掌握在威尔逊公司手中，别人无法开发相同产品争抢市场份额。尽管租金仍然很高，但是相比之前29 500美元的高额售价，还是非常划算，客户们一边咒骂着威尔逊，一边排着长队竞相租赁复印机。

于是，威尔逊不仅没有投入一分钱广告费，还省却了售后服务的麻烦，在一片骂声中，美滋滋地赚取了数倍于销售复印机的租赁利润。仅1960年，施乐914型干式复印机营业额就高达3 300万美元。到了1966年，施乐营业额突破了5.3亿美元。

资料来源　李津. 生气不如争气［M］. 北京：海潮出版社，2009.

2. 系统思维可以更好地实现资源配置

从系统的角度思考，可以运用统筹的方式，对人力、物力、财力、时间进行统一调配，从而更好地实现资源优化配置。

小案例

传说宋真宗在位时，皇宫曾起火。一夜之间，大片的宫殿变成了废墟。为了修复这些宫殿，宋真宗派晋国公丁谓主持修缮工程。

当时，要完成这项重大的建筑工程，面临着三个大问题：第一，需要把大量的废墟垃圾清理掉；第二，要运来大批木材和石料；第三，要运来大量新土。不论是运走垃圾还是运来建筑材料和新土，都涉及大量的运输问题。如果安排不当，施工现场会杂乱无章，正常的交通和生活秩序都会受到严重影响。

丁谓研究了工程之后，制订了这样的施工方案：首先，从施工现场向外挖了若干条大深沟，把挖出来的土作为施工需要的新土备用，于是就解决了新土问题。然后，从城外把汴水引入所挖的大沟中，于是就可以利用木排及船只运送木材石料，解决了木材石料的运输问题。最后，等到材料运输任务完成之后，再把沟中的水排掉，把工地上的垃圾填入沟内，使沟重新变为平地。

简单归纳起来，就是这样一个过程：挖沟（取土）→引水入沟（水道运输）→填沟（处理垃圾）。按照这个施工方案，不仅节约了许多时间和经费，而且使工地秩序井然，城内的交通和生活秩序不受施工太大的影响，因而确实是个很科学的施工方案。

3.系统思维可以把握事物的本质和规律

具有系统思维的人往往会注意到互相关联的非单一的事情，从而可以敏锐地预见到事物整体的微妙变化和事物的本质和规律。

小案例

美国麻省理工学院系统动力学教授约翰·史德门曾预言说美国民航公司会倒闭，许多人听了都不相信，因为当时美国民航公司运营得很好。没过几年，美国民航公司果然倒闭了。原来，约翰·史德门对美国民航公司进行了系统观察，他发现，民航公司内部并没有完全"搭建"好，整体上缺乏一定的系统联系。在这样的情况下，民航公司发展得这么快，一定走不稳。因为这其中的关系是一环扣一环的，一步走错，就将全盘皆输。

技能拓展

拓展内容：如何培养自己的系统思维？

1.把握事物的整体性

正确认识和处理整体与部分的关系，只有学会从整体上把握事物，立足整体，统筹全局，才能选择最佳方案，实现最优目标。

议一议

经过不知多少个昼夜的辛劳，法国大艺术家罗丹终于完成了法国大文豪巴尔扎克的雕像。为了这件作品，罗丹访问了巴尔扎克的故乡，阅读了他的全部作品，搜集了他的大量照片，甚至找到了一个为巴尔扎克做过衣服的裁缝，向他了解巴尔扎克身体的精确尺寸。当罗丹刻完最后的一刀时，已是清晨4点钟了。面对那尊粗犷、勇敢而富有智慧的巴尔扎克的雕像，他心头充满了喜悦。

为了让别人分享自己的喜悦，他迫不及待地叫醒了自己的一个学生，然后目不转睛地盯着学生的反应。学生也被这座雕像所吸引。他的眼光渐渐地被吸引到巴尔扎克那双充满生命力的手上，他夸奖说："这是一双多么奇妙的手啊。"罗丹的笑容消失了。他叫起了另一个学生，他要再听一下别人对雕像的意见，学生凝视片刻，也被那双手所吸引，赞叹说："只有上帝才能创造这样的手，这是一双活着的手。"罗丹的脸色阴沉起来，他忙叫起第三个学生。这位学生也把目光投向了巴尔扎克的双手，他激动地说："那双手！那双手！单单是那双手就足以使您不朽了。"

又是夸奖这双手，罗丹像头被激怒的狮子，在房间里跑来跑去。过了一会儿，他从工作室里拿来一把斧子，对着雕像那双被别人连连夸奖的手砍去。只听"咔嚓"一声，巴尔扎克的雕像失去了一双精妙的手。

学生们感到莫名其妙，深深为这双美妙的手的消失而惋惜。罗丹却说："这双手太突出了。它们已经有了自己的生命，会引起观众特别的注意，它们已经不是这个雕像的了，所以我只好把它们砍去。要记住，任何一件艺术品，部分永远不能超过整体，整体总是比部分更重要。"

资料来源 丁大中. 凡事巧于方法［M］. 北京：中国致公出版社，2009.

请分析：罗丹把雕像的手砍掉的用意是什么？

在思考问题的过程中，要从始至终把整体放在第一位，同时考察事物的横向和纵向联系，而不是把一些个别因素放在整体的前面。

小案例

有一位年轻人，年纪轻轻就想大展宏图，他在热闹的街区租下了一家相当大的店铺，满怀希望地开始做起保险柜的买卖。

然而事与愿违，每天有成千上万的人从他的店前来来去去，店里形形色色的保险柜虽然排得整整齐齐，品种多样，但是很少有人进来买。店前川流不息的人群和店里冷冷清清的情形，形成了鲜明的对照。他黯然神伤，欲哭无泪。这样过了好几个月，生意仍然冷冷清清，连租金都快付不起了，一时他真不知如何是好。他费尽心思拼命思索，通宵不眠。几天后，他终于想出了一个打开困境的办法。

第二天，他匆忙前往警察局，借来正在被通缉中的重大罪犯的照片，把照片放大好几倍，然后贴在店铺的玻璃窗上，照片下面再附上一张说明。照片贴出后，来来去去的行人都被照片吸引，驻足观看。他的生意立即就有了很大的改变，门可罗雀的店铺突然变得门庭若市。就这样不费吹灰之力，保险柜头一个月卖出48台，第二个月卖出72台，以后每月都卖80台左右。

更为巧合的是，因为他所贴出的照片，警察顺利地缉拿到了案犯，因此这位年轻人荣幸地领到了警察局的表彰奖状。被警察局表彰后，报纸也报道了他，他毫不犹豫地把表彰奖状连同报纸贴在了店铺的玻璃窗上。这样锦上添花，他的生意更加红火。

资料来源 高目，文洁. 谁能把斧子卖给总统［M］. 深圳：海天出版社，2002.

请问：贴通缉犯的照片是如何影响到保险柜销售数量的？

2.重视事物的内在结构

任何系统都不是孤立存在的，都是由各个部分构成的。如果一个系统的内在结构合理，那么这个系统就比较稳定；而如果一个系统内在结构不合理，那么这个系统就会存在分解的风险。因此，要重视事物的内在结构，并充分、全面地考虑事物的内在结构是否合理。

有个砖瓦厂有一天到农民家里买泥土，农民爽快地答应了。砖瓦厂在这位农户的稻田里挖去了一尺深的泥土，给了他 1 000 块钱。农民想，反正都是种水稻，也不怕田地低洼。半年后，田地里一片丰收的景象，大片金黄的稻谷在风中摆动。可是这位农民稻田里的水稻长得又黄又矮小，比别人家的水稻要矮上一大截，产量很低，这让农户大为烦恼。

农民找来专家一问，原来是因为稻田表层的有机土被挖走，所以使得产量锐减。有人给这位农民算了一笔账：卖土一次赚 1 000 元，而夏季稻子的收成就要减少 300 多千克，损失 400 元。要想使这些土地恢复成原来的面貌，就要给土地施肥且需要连续五年以上，五年的损失又要 20 000 元以上。农民听完叫苦不迭，连忙说："我真不该贪小便宜，最后还是自己的损失最大。"

3.重视每个要素的重要作用

系统是由各个要素组成的，要想使一个系统发挥最大的作用，必须考虑到事物的每一个要素，让每一个要素都发挥出其最大的作用，如果忽略了系统中要素的重要作用，就会因小失大，导致最后的失败。

齐国的大将田忌很喜欢赛马，有一次，他和齐威王约定，要进行一场比赛。他们商量好，把各自的马分成上、中、下三等。比赛的时候，要上马对上马、中马对中马、下马对下马。由于齐威王每个等级的马都比田忌的马强一些，所以几次比赛田忌都失败了。

田忌觉得很扫兴，比赛还没有结束，就垂头丧气地离开赛马场。这时，田忌抬头一看，人群中有个人正是自己的好朋友孙膑。孙膑招呼田忌过来，拍着他的肩膀说："我刚才看了赛马，威王的马比你的马快不了多少呀！"孙膑还没有说完，田忌瞪了他一眼："想不到你也来挖苦我！"孙膑说："我不是挖苦你，我是说你再同他赛一次，我有办法准能让你赢了他。"田忌疑惑地看着孙膑："你是说另换一匹马来？"孙膑摇摇头说："连一匹马也不需要更换。"田忌毫无信心地说："那还不是照样得输！"孙膑胸有成竹地说："你就按照我的安排办事吧。"

齐威王屡战屡胜，正在洋洋得意地夸耀自己马匹的时候，看见田忌陪着孙膑迎面走来，便站起来讥讽地说："怎么，莫非你还不服气？"田忌说："当然不服气，咱们再赛一次！"说着，"哗啦"一声，把一大堆银钱倒在桌子上，作为他下的赌注。齐威王一看，心里暗暗在笑，于是吩咐手下，把前几次赢得的银钱全部抬来，另外又加了一千两黄金，也放在桌子上。齐威王轻蔑地说："那就开始吧！"

一声锣响，比赛开始了。孙膑先以下等马对齐威王的上等马，第一局田忌输了。齐威王站起来说："想不到赫赫有名的孙膑先生，竟然想出这样拙劣的对策。"孙膑不去理他。接着进行第二场比赛。孙膑拿上等马对齐威王的中等马，获胜了一局。齐威王有点慌乱了。第三局比赛，孙膑拿中等马对齐威王的下等马，又战胜了一局。这下，齐威王目瞪口呆了。比赛的结果是三局两胜，田忌赢了齐威王。

还是同样的马匹，由于调换一下比赛的出场顺序，就得到转败为胜的结果。

那么，田忌赢得赛马，最重要的原因是什么？

任务训练

一、选择题

1.去年暑假，小明有几天住在外婆家，这期间的天气是时晴时雨，具体来说：①上午或下午下雨的情况有7次；②凡是下午下雨的那天上午总是晴天；③有5个下午是晴天；④有6个上午是晴天。请问：小明在外婆家一共住了（　　　）天。

A.7　　　　　　B.8　　　　　　C.9　　　　　　D.11

2.傍晚，一家四口都待在屋子里面，其中一个人在做饭，一个人在看电视，一个人在整理房间，一个人在打电话。具体来说：①父亲没有在打电话，也没有在整理房间；②母亲没有在看电视，也没有在打电话；③儿子没有在打电话，也没有在整理房间；④如果父亲不在看电视，女儿也不在打电话。请问：一家四口的状态是（　　　）。

A.父亲在看电视；母亲在做饭；儿子在打电话；女儿在整理房间

B.父亲在做饭；母亲在整理房间；儿子在看电视；女儿在打电话

C.父亲在看电视；母亲在整理房间；儿子在做饭；女儿在打电话

D.父亲在做饭；母亲在整理房间；儿子在打电话；女儿在看电视

3.张先生、李先生和王先生是好朋友，三人中一人是工程师，一人是部门经理，另一人是艺术家。三个人中，艺术家是独生子女，他的工资最少；王先生是张先生妹妹的男朋友，他挣的钱比部门经理多。依据这些资料，可知三人的身份分别是（　　　）。

A.李先生是工程师，王先生是部门经理，张先生是艺术家

B.王先生是工程师，张先生是部门经理，李先生是艺术家

C.张先生是工程师，王先生是部门经理，李先生是艺术家

D.王先生是工程师，李先生是部门经理，张先生是艺术家

二、实训题

在近现代历史上，德国曾先后两次挑起世界大战，使欧洲各国饱受战乱之苦。尤其是法国，作为德国的西部邻国，在两次世界大战中与德国兵戎相见，并曾被希特勒统治的德国占领，遭受亡国之辱。因此，第二次世界大战结束后，法国的许多政治家都在考虑如何避免德国发动新的世界战争，切实保障法国和欧洲的和平。

在这种情况下，法国当时的外交部长罗贝尔·舒曼，开始谋划建立法德两国"煤钢联营"的方案。因为重整军备首先总是在煤、钢的增产中显露出迹象。如果将法德两国的煤钢行业联合起来经营，就能察觉到对方重整军备的初步迹象，便可及时采取相应的对策。同时，如果把法德两国的全部煤钢生产置于同一个机构管理之下，这样双方在生产上便结成了休戚相关的关系，有利于避免法德之间发生战争。于是，舒曼于1950年5月9日提出了"欧洲煤钢共同体"的方案。这就是著名的"舒曼计划"。

"舒曼计划"一经提出，迅速得到联邦德国的响应，并很快博得比利时、卢森堡、荷兰、意大利的支持。显然，这6个国家都从煤钢联营中看到对本国发展的好处。法国得以

按照自己的政治目的"套住了"联邦德国，并取得德国的炼焦煤和焦炭；联邦德国也借此同其他5国建立了伙伴关系，便于打进其他5国市场，有利于巩固和加强自己的国际地位；其他国家也可享受到共同体内的关税优惠。于是，1951年4月18日，这6个国家签订了建立欧洲煤钢联营的《巴黎条约》。

联营建立后，6国在经济上都受益良多，短短的几年时间，钢产量、钢的出口贸易额都有很大提高，采煤工业实现了现代化，煤炭、矿石有了可靠保证。1957年，这6个国家决定把煤钢联营推广到其他经济领域去，于是成立了"欧洲经济共同体"。后来，英国、丹麦、爱尔兰、希腊、西班牙、葡萄牙等国家纷纷加入了"欧洲经济共同体"。舒曼计划取得了巨大的成功。法德两国消除了战争的阴影，建立了比较牢固的伙伴关系，并且开创了欧洲联合的先河。

请结合案例背景分析：舒曼计划的高明之处在哪里？舒曼计划得以实现的基础是什么？

任务七　　创新思维训练

情景导入

微课

创新思维训练

　　清代有一位被称为"棋圣"的人，名叫范西屏。他的许多点子都特别怪异。有一年，他向朋友借了一头小毛驴去扬州探亲，当他长途跋涉来到了长江岸边的时候，船老大却不让他的小毛驴上船，因为这只渡船太小了，只能载人，根本不能载牲畜。驴是朋友的，也不能丢下啊，到时候朋友要起来可怎么交代啊？可是带上驴又不能坐船回家。于是他决定把驴寄养一下，可是身上带的钱只够回家的，哪有钱雇人养驴啊。想着想着，范西屏来到一家酒店，店老板正好与人下棋，于是范西屏想到了一个好主意。

资料来源　佚名. 棋圣范西屏，输棋又输驴？［EB/OL］.［2021-04-09］. https://ishare.ifeng.com/c/s/v002npo-_YOFAhhj4gTSo5eZlDGtRmC7tAghwtCFxScl--tkE.

想一想：

你能猜到范西屏的主意是什么吗？

知识准备

　　在实际的营销活动中，商家往往通过运用独特的创意，赢取利润。正如银座绅士西装店一方面掌握了顾客的消费心理，"打1折"为心理战术，让顾客以捡到便宜为荣；另一方面让顾客有足够的选择余地，让他们感到自主权在自己手中而非商家手中，变被动为主动，自然消费者就会愿意为此买单。

　　实际上，第一天前来的客人并不多，如果前来也只是看看，一会儿就走了。从第三天就开始一群一群地光临，第五天打6折时，客人就像洪水般涌来开始抢购，纷纷急于购买到自己喜爱的商品，就会引起抢购的连锁反应。以后就连日客人爆满，当然等不到打1折，商品就全部卖完了。因此，不断创新才是企业发展的动力，才能给企业赢取利润。

一、创新思维概述

创新思维，是当下最为提倡的思维方式，它是指主体在强烈的创新意识驱使下，通过综合运用各种思维方式对头脑中的知识、信息进行新的思维加工组合，形成新的思想、新观点、新理论等以新颖、独特的方法解决问题的过程。创新思维是思维的高级形态，是一切创新活动的源头。这种思维能力不仅能揭露客观事物的本质及其内部的联系，而且在此基础上能产生新颖、独特的具有社会积极意义的思维成果。

二、创新思维的作用

1.创造出新的事物

创新思维有非凡的作用与威力，它往往可以让一个人从一件不起眼的事件中得到启示，产生绝妙的创意，从而找到致富之路。

小案例

美国的海曼曾是一位卖不出画的画家。当他画素描时，经常为寻找橡皮而苦恼。因为贫穷，所以即便是对一块橡皮都很珍惜。橡皮虽小，但管大用。小小的橡皮既容易滚落，又容易夹在纸物中间，常常为找它而使人烦恼。当橡皮丢失时，画就画不成了。海曼想出了一个主意，就是设法在铅笔的尾部装上一块小橡皮。起初，是用线缠法将橡皮固定，后来决定用小软铁片将其固定。海曼的亲友维廉姆见此后，即建议海曼申请专利，结果该专利以55万美元卖给了铅笔公司，海曼获得了巨大回报。

资料来源　贾一凡. 走向成功［M］. 石家庄：河北人民出版社，2000.

2.突破思维定式从而解决问题

议一议

日本东京银座有个绅士西装店，这里就是首创"打1折"销售的商店，曾经轰动了东京。当时销售的商品是"日本GOOD"。具体的操作是这样的：先定出打折销售的时间，第一天打9折，第二天打8折，第三天、第四天打7折，第五天、第六天打6折，第七天、第八天打5折，第九天、第十天打4折，第十一天、第十二天打3折，第十三天、第十四天打2折，最后两天打1折。商家预测：由于是让人吃惊的销售策略，所以，前期的舆论宣传效果会很好。抱着猎奇的心态，顾客们将蜂拥而至。当然，顾客可以在打折销售期间随意选定购物的日子，如果你想要以最便宜的价钱购买，那么你在最后的那两天去买就行了，但是，你想买的东西不一定会留到最后那两天。

很多时候，我们遇到困难都会有一定的思维定式，如果按照思维定式可能问题无法解决，但是如果能摆脱思维定式，从其他角度看待问题，也许能发现新的解决问题的方式。

3.不断提高人们的认识能力

创新性思维在思路的选择上，或者在思考的技巧上，或者在思维的结论上，都具有独到之处，让人们产生新的见解、新的发现、新的突破，从而在一定范围内具有首创性、开拓性，从而提高了人们的认识能力。

小案例

乔利·贝朗13岁时在一个贵族家里当杂工，他包揽了所有的脏活累活。贵妇要乔利把一件礼服熨烫一下，他一不小心，碰翻了桌子上的煤油灯，那件昂贵的礼服上滴上了几大滴煤油。贵妇人听到了这个消息，气急败坏地跑过来吼道："这件衣服归你了，我要从你的工钱里把衣服钱扣出来，从今天起，你就准备白给我干一年活儿吧！"乔利很无奈，他把让自己倒大霉的衣服挂在床前，时时提醒自己干活时要谨慎。过了些日子，他突然发现那块被煤油浸过的地方不但没脏，反而把原来的污渍除去了。"你现在可以把这件衣服给夫人送回去，没准儿她能少扣你些工钱。"与他同屋的一个男孩提醒他。乔利摇摇头说："不必了，我还要拿它做实验呢。"就这样，经过反复的实验，他又在煤油里加入了其他一些化学原料，终于研制出了干洗剂。一年之后，乔利开了世界上第一家干洗店，生意好得一发而不可收，几年的时间，他就成了闻名全球的富翁。

资料来源　文睿. 成功的法则 [M]. 贵阳：贵州大学出版社，2013.

技能拓展

拓展内容：我们要从哪几个方面训练自己的创新思维？

1.多留意身边的一切

创新思维一般都是受到类似事物的启示，从而获得灵感。在日常生活中，多留意自然现象、日常用品等，可能会提供灵感，开启创造性的源泉，创造性地解决问题，锲而不舍地加以探究，进而会创造出新的财富。

小案例

1923年，美国皮革商巴察在出售了自己的食品冷冻法专利后，得到了3 000万美元。这笔财富的获得完全得益于他的钓鱼爱好。巴察经常去纽芬兰海岸，在结了冰的海上凿洞钓鱼。从海水中钓起的鱼放在冰上立即被冻得硬邦邦的。几天后食用这些冻鱼时，巴察发现只要鱼身上的冰不融化，鱼味就不变。根据这一发现，巴察着手试验将肉和蔬菜冰冻起来。他高兴地发现，只要把肉和蔬菜冻得像那些鱼一样，就能保持新鲜。经过反复试验，他进一步发现：冰冻的速度和方法不同，会影响食品冰冻后的味道和保鲜程度。经过几个月废寝忘食的摸索，巴察为他发明的食物冰冻法申请了专利。由于这是一种具有极大潜力和应用范围的新技术，所以找上门来的人很多。巴察待价而沽，最终，通用食品公司以3 000万美元的巨款把这项专利拿到了手。

资料来源　阮东平. 智胜的力量 [M]. 北京：企业管理出版社，2011.

2.发挥自己的发散思维

发散思维是从事物的多方面、多角度去思考，以求得用不同方式解决问题的一种展开性思维方式。多运用发散思维可以使人们从不同的角度思考问题，从而找到新颖的解决问题的方式。

议一议

（1）如何能把200把梳子卖给和尚？

（2）如何能把鞋卖给非洲不穿鞋的原始部落？

3.培养自己独立的思考意识和冒险精神

独立的思考意识和冒险精神往往有利于人们打破常规、突破思维定式。勇于尝试、勇于探索，这样才能创造出更多的新思路和新方法。

小案例

英国人安妮塔曾被列为世界十大富豪之一，她以开美容院起家，在全球已经发展了千余家连锁店。但令人奇怪的是，安妮塔的美容院却未花过一分钱广告费。

1971年，安妮塔筹集资金开了第一家美容院，营业了一段时间后，生意并不好，因为人们都不知道这家美容院的存在。要宣传这家美容院需要花费一大笔费用，安妮塔为了这家美容院几乎投入了自己所有的积蓄，并没有多余的资金来做宣传。

后来，安妮塔把美容院的外观涂成鲜艳的绿色，以吸引更多的顾客光顾。然而美容院改头换面没几天安妮塔便收到了一封投诉信。信中说："我是附近两家殡仪馆的委托律师，你的花哨小店严重影响了殡仪馆庄重肃穆的气氛，你必须改变这种外观，否则我就要控告你。"安妮塔看过后被弄得哭笑不得，她灵机一动，马上找来一家当地有名的报社的电话，她打过去说："我这里有个很好的消息，保证你能上头条。黑手党经营的殡仪馆恐吓一个手无寸铁的可怜女人——罗蒂克·安妮塔，一个只想开小店维持生计的女人。"第二天报社便发表了安妮塔的消息，而且还在醒目的地方，几乎人人都看得到。一些富有同情心的人看到安妮塔的"不幸遭遇"后，都主动来店里安慰。就这样，安妮塔的美容院出了名，那些殡仪馆的人受到了舆论的谴责，再也没找过安妮塔的麻烦。

安妮塔的美容院在英国越做越大，后来进军美国市场。美国许多广告商早已听闻安妮塔的大名，许多广告商都要给安妮塔的美容院免费做广告，其中还有一些著名的纽约广告商。可是这些广告商都被安妮塔拒绝了，这一消息又上了报纸，许多人看了报纸上的这一消息在想：安妮塔的美容院一定有什么特别之处，要不然一定不会阻止广告商免费宣传的。就这样，安妮塔凭借其独特的思维方式节省了一大笔广告费用，还赢得了一批忠诚的顾客。

资料来源 柴一兵. 天才的思维是这样炼成的［M］. 北京：北京工业大学出版社，2014.

试问：安妮塔最终是凭借着怎样的营销方式，迅速打开美容院的知名度的？

4.拥有广博的知识

任何事物的创新过程都是人们对原有知识、信息进行加工、重组、改造，从而产生新颖、独特形式的过程。人们对一些事物能做出快速、变通、与众不同的反应，都是建立在广泛的知识基础上的。尤其是一些看似平常的现象往往给我们带来很多创造灵感，能否及时捕捉到这些灵感，取决于对现有知识的加工、重组、迁移，从而获得有意义的启示。

小资料

15种培养创新意识的方法

（1）多了解一些名家发明创造的过程，从中学习如何灵活地运用知识来进行创新。

（2）破除对名人的神秘感和对权威的敬畏，克服自卑感。

（3）不要强制人们只接受一个模式，这不利于发散性思维。

（4）要能容忍不同观念的存在，容忍新旧观念的差异，互相之间有比较，才会有鉴别、取舍、有发展。

（5）应具有广泛的兴趣、爱好，这是创新的基础。

（6）增强对周围事物的敏感性，训练挑毛病、找缺陷的能力。

（7）消除埋怨情绪，鼓励积极进取的批判性和建设性的意见。

（8）表扬为追求科学真理不避险阻、不怕挫折的冒险精神。

（9）奖励各种新颖、独特的创造性行为和成果。

（10）经常做分析、演绎、综合、归纳、放大、缩小、联结、分类、颠倒、重组和反比等练习，把知识融会贯通。

（11）培养对创造性成果和创造性思维的识别能力。

（12）培养以事实为根据的客观性思维方法。

（13）培养开朗的态度，敢于表明见解。乐于接受真理，勇于摒弃错误。

（14）不要讥笑看起来似乎荒谬怪诞的观点，这种观点往往是创造性思考的导火线。

（15）鼓励大胆尝试，勇于实践，不怕失败，认真总结经验。

思政之窗

让青春在创新创造中闪光

青春，意味着无限可能，内含着创新创造伟力。在《新时代的中国青年》白皮书中有这样一组数据：北斗卫星团队核心人员平均年龄36岁，量子科学团队平均年龄35岁，中国天眼fast研发团队平均年龄仅30岁……一大批有志青年挑大梁、担重任，生动展现了新时代中国青年奋发进取的精神风貌。

青年是社会上最富活力、最具创造性的群体，理应走在创新创造前列。号召"让理想信念在创业奋斗中升华，让青春在创新创造中闪光"，要求"敢于做先锋，而不做过客、当看客"，强调"要用欣赏和赞许的眼光看待青年的创新创造，积极支持他们在人生中出彩"……党的十八大以来，习近平总书记在许多场合都勉励和支持青年"勇于创新创造"，为广大青年把握机遇、勇担使命指明了方向。当代青年是同新时代共同前进的一代，以聪明才智贡献国家，以开拓进取服务社会，这是成长成才的时代要求，也是强国有我的青春责任。

资料来源 人民日报评论部."让青春在创新创造中闪光"［EB/OL］.［2022-05-10］. https：//export.shobserver.com/baijiahao/html/483954.html.

 **任务训练**

一、选择题

1.桌子上有6个空酒杯排成一排，左边3个杯子装满了酒，右边3个杯子是空的。它们的排列顺序是"酒酒酒空空空"。现在要求只变动一个酒杯，而使杯子的排列成为"酒空酒空酒空"。具体做法是（　　）。

A.将左边起第二个酒杯里的酒倒入第四个空杯子里

B.将左边起第一个酒杯里的酒倒入第六个空杯子里

C.将左边起第三个酒杯里的酒倒入第六个空杯子里

D.将左边起第二个酒杯里的酒倒入第五个空杯子里

2.富翁的两个儿子各有一匹好马，他们常为夸耀自己的马而发生争吵，富翁便让他们进行一场赛马比赛。不过他提出的方法与众不同，不是赛快，而是赛慢，谁的马晚到目的地，谁就是优胜者。比赛开始后，两个儿子想尽一切办法，以最慢的速度前进，结果过了好久才走了几里路。两人都不耐烦了，但又不肯认输。那么，可以用（　　）办法让双方以最快的速度直奔目的地，从而让比赛尽快分出胜负。

A.让富翁重新制定比赛的规则　　　　B.对双方前进道路设置障碍

C.让他们把马换一下，再赛跑　　　　D.没有办法解决

3.英国一家图书馆搬迁，由于藏书量惊人，因此搬运的成本十分惊人，用（　　）办法能够降低搬运成本，并实现馆藏图书顺利搬迁。

A.将部分书籍丢弃

B.延长搬运的时间

C.无法解决

D.要求读者将从老图书馆借出的图书归还到新馆

二、实训题

清朝时期，北京城里有一家名叫"德茂"的当铺，店里有个叫刘小三的伙计，机智聪明，善于思考。一天早晨，有个中年人拿了一个打开的小匣子来当铺，店里王师傅一看，里面是一颗又大又圆又亮的珍珠，便同意典当一百两银子，当珠人拿了银子就走了。刘小三一看不对劲，让王师傅赶紧拿去鉴定真假，结果发现是假的，虽然当票上规定一个月后那人会拿一百五十两银子来赎回珍珠，可既然是假货，人家又如何再会来赎回？老板让王师傅赔钱，逼得王师傅竟想偷偷自杀。刘小三想了个办法，既让骗子取走了假珍珠，又使当铺拿回了赎银。

请问：刘小三可能采取的办法是什么？

任务八　　　　　　　　灵感思维训练

微课

📖 **情景导入**

鲁班是我国古代有名的工匠和发明家，相传木工用的锯，就是他发明的。有一回，鲁班领着大家建造一座宫殿，需要很多大木料，于是他让徒弟们上山

灵感思维训练

去砍树。当时还没有锯，砍树全靠斧子，一天砍不了几棵。鲁班很着急，就亲自上山去看。山很陡，鲁班抓住树根和杂草，一步一步往上爬。忽然，他的手指被一根小草划破了，流出血来。一根小草怎么会这样厉害？鲁班仔细一看，发现小草的叶子边上有许多小齿。他在手指上试了试，一拉就是一道口子。这可提醒了鲁班，他想：如果用铁打一把有齿的工具，在树上来回拉，不是比用斧子砍快得多吗？鲁班马上回去打了一把，拿到山上一试，果然又快又省力。鲁班就这样发明了锯。后来，人们不断改进，制造出了各种各样的锯。

想一想：

鲁班是如何受到启发的？

知识准备

【读一读】

到底什么是灵感？作家林徽因曾在诗歌《灵感》中给出这样的答案：

是你，是花，是梦，打这儿过，

此刻像风在摇动着我；

告诉日子重叠盘盘的山窝；

清泉潺潺流动转狂放的河；

孤僻林里闲开着鲜妍花，

细香常伴着圆月静天里挂；

且有神仙纷纭的浮出紫烟，

衫裙飘忽映影在山溪前；

给人的理想和理想上铺满香，叫人心和心合着唱；

直到灵魂舒展成条银河，

长长流在天上一千首歌！

作者用美妙的语言勾勒出理想梦境中美好画面，更告诉我们其实灵感来源于生活且又高于生活。

一、灵感思维概述

灵感，来自对信息的诱导、经验的积累、联想的升华等，在本质上是对事物之间关系的整体把握，是人们在思维过程中带有突发性的思维形式长期积累、艰苦探索的一种必然性和偶然性的统一。灵感不是神秘莫测或是心血来潮，它是人脑的机能，是人对客观事实的反映。人们借助灵感、凭借直觉启示可进行快速、顿悟性的思维。灵感思维不是一种简单的思维，而是将事物的逻辑性和非逻辑性相统一的理性思维整体过程。

二、灵感思维的特点

1.突发的模糊性

由于是没有在显意识领域单纯地遵循常规逻辑过程所形成，所以灵感直觉思维产生的程序、规则以及思维的要素与过程等都不是被自我意识能清晰地意识到的，而是模糊不清、"只可意会不可言传"的。

2.独创性

我们不知道灵感会在什么时候出现，也不知道它会在什么地方出现，一旦出现便是独一无二的，具有一定的独创性。

3.非自觉性

其他的思维活动，都是一种自觉的思维活动，灵感直觉思维的突出性，必然带来它的非自觉性。灵感的每次出现，都会给人一种出乎意料的感觉。

三、灵感思维的作用

1.利用灵感发现事物的本质

很多事物的本质都是在灵感思维的作用下催生出来的，通过思维过程中认识产生飞跃的心理现象，突发一种新的思路，构建新的观念和构思，从而发现事物的本质。

小案例

相传，古希腊城邦叙拉古的希洛王叫工匠做一项纯金王冠。金王冠做得极其精致，可是有人告发说，工匠在制作王冠时用银子偷换了金子。国王叫阿基米德想办法在不损害王冠的情况下测出王冠里是否掺了假。于是，阿基米德便冥思苦想，考虑如何解决这个难题。

有一天，他到澡堂去洗澡。当他躺进澡盆时，发现自己身体越往下沉，盆里溢出的水就越多，而他则感到身体越轻。他突然产生了灵感，阿基米德欣喜若狂地跳出了澡盆，甚至忘记了穿衣服就直奔王宫，边跑边喊："找到了，找到了！"

阿基米德找到了什么？他找到的不仅是鉴定金王冠是否掺假的方法，而且是重要的科学原理，即浸没水中的物体受到一个向上的浮力，浮力的大小等于它所排开的水的体积，据此计算出了王冠中金和银的含量。

因为重量相同的物体，密度大的体积就小。金的密度大于银，因而金块和银块同重时，金块的体积必然小于银块体积，如把同重的金块和银块放入水中，那么金块排出的水就比银块排出的水少，而王冠排出的水在这两者之间，这就证明了王冠不是纯金的。他又利用数学计算方法，确定了王冠中所掺银子的多少。

2.激发创意的火花

很多时候，我们在创意的过程中不知道从何处入手，其实只要在平时多积累生活的素材，就会帮助人们激发创意的火花。

小案例

路透，是美国某玻璃厂的一名普通工人，负责生产玻璃瓶。显然，如果他只满足于当一名按图纸、按程序制作玻璃瓶的工人，即使他每天24小时不吃不喝玩命地干，至死也不可能富起来。但他却成了亿万富翁，不是靠别的，而是靠他的创意。

1923年的一天，久别的女朋友来看他。这天她穿着流行的紧腿裙，美极了。这种裙子在膝部附近变窄了，强调了人体的线条美。约会归来后，路透突发奇想：为什么不将又笨又重的可口可乐瓶设计成这种紧腿裙的式样呢？

于是，他迅速按照裙子样式制作了一个瓶子的样品，然后作为图案设计进行了专利登记，并将此瓶子设计带到了可口可乐公司。公司看后大为赞赏，当即与路透签订了一份合同，答应每12打（1打12支）付给他5美分。这就是可口可乐饮料现在所用的瓶样，就这样，路透所得的金额据说有18亿美元之巨。

资料来源　徐畅，庞杰. 大学生基本素质训练教程［M］. 北京：清华大学出版社，2012.

3.有利于新发明的出现

在日常生活中，总会有各种各样的事情发生，有时候一些意外的事件会给人们带来灵感启发，从而导致一些新发明的出现。

小案例

桑拜恩是著名的瑞士化学家。他在发明烈性火药时没有实验场所，只好用自己家里的厨房，妻子为此强烈反对。一次，桑拜恩在妻子外出时偷偷在厨房做实验，正当他在炉子上加热硫酸和硝酸混合液的时候，听到妻子回来由远而近的脚步声，他赶紧把实验器皿收起来，情急之中，把一只装酸的玻璃坩埚打破了，酸液流了满地。

为了不让妻子发现，他顺手拿起妻子的棉布围裙，把炉子和地板上的酸迹擦净。后来，他用水洗了围裙，挂在炉子上烘干，只听"噗"的一声，围裙着火，烧得一干二净，却没有一丝烟雾。桑拜恩见此大受启发，脑子豁然开朗，于是发明了"火药棉"。

资料来源　何流. 创新能力自我训练［M］. 北京：中国言实出版社，2006.

技能拓展

拓展内容：如何在生活中培养自己的灵感思维呢？

1.保持愉快的心情

轻松愉快的精神状态是灵感的催化剂，平时多多培养兴趣，参与爱好的活动，有利于保持人们愉快的精神状态。

2.增加知识储备

知识和经验是捕捉灵感的重要工具，我们可通过实践获得直接的经验，也可通过学习等获得间接的知识，从而获得信息的诱导、经验的积累，一旦灵感出现便可迅速迸发出领悟和理解。

3.培养观察分析的能力

在创新思维的活动中，自始至终都离不开观察分析。观察是要有目的、有计划、有步骤、有选择地去观看和观察所要了解的事物。通过深入的观察，可以从平时的现象中发现不平常的东西，可以从表面上貌似无关的东西中发现相似点。观察的同时必须分析，才能引发灵感，形成创造性的认识。

4.启发联想

新认识是在已有认识的基础上发展而来的，现有信息和未知信息的连接是产生新认识的关键。因此，激发灵感需要在联想中受到启发，引发灵感，形成新的认识。

议一议

吉列剃须刀拥有百年的历史，在全球有上亿顾客使用该产品，是剃须刀行业的领军品牌。吉列剃须刀创始人坎普·吉列曾是一家公司的一名小推销员。

一天早上，吉列准备刮胡子上班，但不巧，由于剃须刀的刀片不好，使得吉列划破了脸。吉列很生气地想："剃须刀是男性必备的日常生活用品，我一定要研究出一种新型的剃须刀，能让大家用得方便。"就这样，吉列产生了研究新型剃须刀的念头。

于是吉列走访了很多男性用户，原来大家使用的剃须刀都存在着同样的通病：使用不方便、缺乏安全性、刀片不能运用自如等。可是在吉列的心中还有一个问题，那就是新型剃须刀该是什么样子的呢？吉列冥思苦想，还是想不出新型剃须刀的样子。

一天，吉列偶然路过一片农田，看见农民正在用镰刀收割麦子，这时吉列的脑海里闪过一个念头：为什么剃须刀的形状不能像镰刀那样，既简单又方便呢？

经过反复试验，吉列终于发明了现在市场上常见的剃须刀。

试问：吉列发明新型剃须刀，靠的是什么？

5.实践激发

实践是灵感产生的源泉，在实践中，既包括实践的激发又包括实践的升华，通过解决问题的迫切需要，积极思考问题，废寝忘食地钻研探索。

议一议

格德约是加拿大一家公司的一名小职员。一天，老板让格德约拿一份文件，可非常不巧的是，格德约在拿文件的时候不小心碰倒了一瓶墨水，墨水立刻洒满了文件。格德约心慌了，心想：这下可闯大祸了，文件上的文字一定看不清了。格德约手忙脚乱地拿起那份被墨水染了的文件，发现被墨水染到的字依然清晰可见。

格德约由悲转喜，他急忙拿着文件去复印，可是复印出来的文件上竟然出现了黑色的斑点，字迹也看不到了。格德约很苦恼，心想：怎样才能去掉黑斑呢？他思索着，突然间想到，前几天老板还苦恼于文件被盗印的事情，那能不能用这场意外的结果来防止文件被盗印呢？格德约立刻行动起来。

他苦心钻研，进行了上百次实验，终于有了成果。他研究出一种防盗复印纸。这种复印纸看起来和普通的纸没有什么不同，可以写字也可以打印。但是这种纸一旦放到复印机里，出来的文件就会一片漆黑。原来，这种纸吸去了复印机里的光，因而出来的文件是黑色的，并无字迹，从而起到了防止文件被盗印的作用。

后来，格德约自己开了一家专门生产这种防盗影印纸的公司，这种纸销量很好，为他带来了可观的收入。

资料来源　柴一兵.天才的思维是这样炼成的［M］.北京：北京工业大学出版社，2014.

试问：格德约成功的关键是什么？

6.激情冲动

积极的激情能够调动全身心的巨大潜力，创造性地解决问题。在激情冲动的情况下，可以增强注意力，丰富想象力，提高记忆力，加深理解力，从而使人产生一个强烈的、不可遏制的创造冲动，并且表现为自动地按照客观事物的规律行事。这种自觉性是建立在准备阶段，并经过反复探索的基础之上的。

7.判断推理

判断和推理有着密切的联系。这种联系表现为推理由判断组成，而判断的形成又依赖于推理。推理是从现有的判断中获得新判断的过程。因此，在实践中，对于新发现或新产生的物质的判断，也是引发灵感、形成创造性认识的过程。所以，判断推理也是引发灵感的一种方法。

议一议

19世纪20年代，英国决定在泰晤士河修建一条水下隧道，但松软多水的河底使施工极为困难。工程师布鲁尔散步时，无意中看到一只昆虫在其外壳的保护下使劲向橡树皮里钻。受此启发，他提出了新的施工方案：先把空心钢柱横着打进河底，以此作为"构盾"，在构盾的保护下开挖，边掘进边延伸。结果，隧道工程施工难题迎刃而解。一种新的施工方法——"构盾施工法"出现了。

资料来源　于连涛，刘伟. 创新与创业教育［M］. 北京：中国海洋大学出版社，2004.

试问：工程师布鲁尔解决水下隧道施工问题的关键是什么？

任务训练

一、选择题

1.一天早上，比尔·鲍尔曼正在吃妻子为他做的威化饼。吃着吃着，他被触动了，为什么不把这个威化饼的花样做成一种较好的跑鞋呢？他从餐桌旁站起来，拿起他妻子做威化饼的特制铁锅躲进他的办公室就开始琢磨起来。三天后，他制成第一双鞋样，这就是耐克鞋的雏形。由威化饼到耐克鞋，这一灵感的共同之处在于（　　）。

A.像威化饼的鞋底对脚有缓冲作用，与地面有较好的摩擦力

B.威化饼的形状与鞋底的形状

C.威化饼的味道与鞋底的味道

D.做威化饼的铁锅可用来进行鞋底加工

2.格拉茨大学药物学教授洛伊在一天夜里突发一个极好的设想，他马上拿过纸笔简单地记录下来。第二天早晨醒来时他却怎么也看不清自己所做的笔记。他在实验室里整整坐了一天，面对熟悉的仪器，总是回想不起那个设想，到晚上睡觉之时，仍然一无所得。但是到了夜间，他又一次从梦中醒来，还是同样的顿悟，他高兴极了，做了细致的记录后才回去睡觉。次日，他走进实验室，以生物史上少有的利落、简单、肯定的实验方法，证明了神经搏动的化学媒介作用。这个故事主要说明了（　　）。

A.科学家们应该嗜睡　　　　　　　B.灵感有时是从梦境中得到的

C.灵感是稍纵即逝的，需要及时捕捉　　D.灵感忽隐忽现，很难捉摸

3.1905年，塞缪尔·克拉姆宾博士放下正在研究的消灭家蝇工作，去看一场棒球赛。家蝇令人讨厌，但是人们似乎对它们所带来的疾病问题漠不关心。在第八局的后半局，比分相平，这时轮到本地球队击球。一些观众叫嚷："用劲打！用劲打！"另外一些观众则高呼："重拍！重拍！"突然间，克拉姆宾在他的大脑里把它们联系在起来：拍苍蝇！他甚至没有注意到比赛是如何结束的。苍蝇拍因此发明了！结合灵感思维，这个故事主要说明了（　　）。

A.多打棒球能消灭家蝇

B.苍蝇拍和打棒球有关系

C.苍蝇拍的发明过程

D.灵感思维来自于实践，实践是灵感产生的源泉

二、实训题

19世纪中叶，美国西部的加州出现了一股淘金热，吸引了无数的美国人去碰运气。17岁的青年亚默尔原是美国一个贫穷的农夫，一天，他在一张报纸上也看到了这则百字新闻——"加州发现了大金矿"。于是，亚默尔也被卷入了这股发财致富的热潮。

他虽然穷得买不起船票，但却不怕辛劳，跟着大篷车风餐露宿奔向加州。当亚默尔看到荒山野谷，气候燥热，水源奇缺时，顿时独具慧眼地发现，这里潜伏着一条利用价值极高的"暗"信息。他权衡利弊后，断然放弃了淘金……几年过后，亚默尔成了美国屈指可数的大富翁。

请问：亚默尔可能采取什么行动？

项目小结

营销思维，就是发现消费者未被满足的需求，寻找或创造产品或服务，从而满足顾客的需求，为消费者创造最大的价值的思维。

营销思维的核心是营销敏感性，即营销人员能不能将所发现的问题、所见到的现象，迅速转化为营销问题、营销现象，并加以营销处置。解决营销问题的关键点在于能否有敏感的营销思维，能将问题、现象转化为创造利润的机遇。只有科学地训练营销思维、合理运用营销思维，才能在营销工作中出奇制胜，取得成功。

项目测试

一、选择题

1.苏联火箭专家库佐寥夫为解决火箭上天的推力问题而苦恼万分，食不甘味，妻问其故后说："这有何难呢，像吃面包一样，一个不够再加一个，还不够，继续增加。"他一听，茅塞顿开，采用三节火箭捆绑在一起进行接力的办法，终于解决了火箭上天的推力难题。这个故事说明了（　　）。

A.灵感有时需要经过缜密的判断和推理

B.火箭专家的妻子更精通火箭的制造

C.激发灵感需要在联想中受到启发，引发灵感，形成新的认识

D.发射火箭与吃面包有必然的联系

2.美国宣传奇才哈利十五六岁时，在一家马戏团叫卖饮料。但是每次前来观看马戏表演的观众并不多，买饮料的人就更少了。面对这种现状，哈利向老板建议，赠送每位观众一包花生，自己则在场外加强宣传。哈利此举的真实目的是（　　　）。

　　A.观众喜欢花生后，自己今后可以在马戏团卖花生

　　B.帮助老板争取更多的观众，弥补自己在卖饮料方面的不足

　　C.观众吃完花生后口渴，可以促进饮料的销售

　　D.让老板通过赠花生，赢得观众对马戏团的好感

3.甲、乙、丙、丁四人上大学时住在一个宿舍，毕业10年后他们又约好回校相聚。老朋友相见，各自聊起自己的情况：只有三个人有自己的车；只有两个人有自己喜欢的工作；只有一个人有了自己的别墅；每个人至少具备一样条件；甲和乙对自己的工作条件感觉一样；乙和丙的车是同一牌子的；丙和丁只有一个人有车。如果有一个人是三种条件都具备，那这个人是（　　　）。

　　A.甲　　　　　　　　B.乙　　　　　　　　C.丙　　　　　　　　D.丁

4.有一家商行叫"行行行"，顾客却常将店名读错，于是，店主便贴了一张告示在门口，称："凡读对本商行名称的顾客，买一送二"。结果顾客蜂拥而至，生意越来越兴隆。在《现代汉语》词典里，"行"有四种读音：①读 xíng，如行路、行善、行云流水等；②读 háng，如银行、行业、行当、行情等；③读 hàng，如"果园里的树行子"等；④读 héng，如道行，喻指人们已经练就的技能本领。另外还有一种读音念 xìng，表明品质或举止行为，如德行等。这个读音现根据《普通话异读词第三次审音总表初稿》规定读 xíng 而不读 xìng，但在民间语言里还常读作 xìng，如"此人德行（xìng）真好"。请根据以上"行"的读音和意义，判断出该店名的正确读法是（　　　）。

　　A.xíng xíng xíng　　　　　　　　　B.xíng xìng háng

　　C.hàng xíng xìng　　　　　　　　　D.xíng héng háng

5.要从代号为 A、B、C、D、E、F 的6个侦查员中挑选若干人去破案，人选的配备要求必须注意下列各点：①A、B 两个人中至少去一个；②A、D 不能一起去；③A、E、F 三人中要派两人去；④B、C 两人都去或都不去；⑤C、D 两人中去一人；⑥若 D 不去，则 E 也不去。由此可知（　　　）。

　　A.挑选 A、B、F 三人去　　　　　　　B.挑选 A、B、C、F 四人去

　　C.挑选 B、C、E 三人去　　　　　　　D.挑选 B、C、D、E 四人去

6.一辆货车，过山洞时大型货物高出了1厘米。货车司机需要（　　　）才能让车顺利通过。

　　A.将货物搬下来一些丢弃

　　B.调头原路返回，将货物重新装好再返回通过

　　C.将货车的轮胎放出少量的气体

　　D.将汽车停在路边，静静等待其他货车通过时帮忙将货物运过山洞

7.在一次国际性的户外活动中，聚集了好几个国家的人。现在知道：所有的英国人都穿西装；所有的美国人都穿休闲服；没有既穿西装又穿休闲服的人；杰克穿休闲服。根据以上条件，下面说法一定正确的是（　　　）。

　　A.杰克是英国人　　B.杰克不是英国人　　C.杰克是美国人　　D.杰克不是美国人

8.婷婷买了一块新手表。她与家中挂钟的时间做了一个对照，发现新手表每天比挂钟慢3分钟。她又将挂钟与电视上的标准时间做了一个对照，刚好挂钟每天比电视快3分钟。于是，她认为新手表的时间是标准的。下面几个对婷婷判断的评价中，（　　　）是正确的。

　　A.由于新手表比挂钟慢3分钟，而挂钟又比标准时间快3分钟，所以婷婷的推断是正确的，她手表的时间是标准的

　　B.婷婷不应该拿她的手表与挂钟对照，而应该直接与电视上的标准时间对照。所以，婷婷的推断是错误的

　　C.婷婷的新手表比挂钟慢了3分钟，是不标准的3分钟，而挂钟比标准时间快3分钟，是标准的3分钟，这两个"3分钟"是不一样的，因此，婷婷的推断是错误的

　　D.无法判断婷婷的推断是否正确

9.印度有一家电影院，常有戴帽子的妇女去看电影，帽子会挡住后面观众的视线。如果你是经理，采取（　　　）会使女性观众自愿摘下帽子观影。

　　A.在电影院发个"场内禁止戴帽子"的通告

　　B.对于戴帽子观影的妇女进行处罚

　　C.影片放映前，在银幕上映出了一则通告："本院为了照顾衰老有病的女客，可允许她们照常戴帽子，在放映电影时不必摘下。"

　　D.对于戴帽子的妇女禁止入场观影

10.有一群人在聊天，一个人总喜欢吹牛，他说："我昨晚刚发明了一种液体，无论是什么东西，它都能溶解。这是世界上最好的溶剂，我明天就去申请专利，我就要发财了。"大家都感觉到很惊讶，虽然不信，但是也不知道如何反驳。这时一个小孩说了一句话，那个人立刻哑口无言，谎言不攻自破。请问孩子的那句话是（　　　）。

　　A."你是如何发明这种液体的?"　　　　B."你用什么装这种液体呢?"

　　C."请问能溶解钢铁吗?"　　　　D."你打算卖多少钱呢?"

11.有一个橘子，甲、乙两个人都想要，于是为了公平起见，两个人决定切开后一人一半。甲需要吃橘子瓤，把皮扔掉了；乙需要橘子皮入药，把橘子瓤扔掉了。结果，甲、乙分别得到的只是半个橘子瓤和半个橘子皮。如果（　　　），利益才能得到最大分配。

　　A.甲应该把整个橘子独自占有，这样可以吃到整个橘子

　　B.乙应该把整个橘子独自占有，这样可以得到整个橘子皮

　　C.甲、乙两人都不分这个橘子

　　D.甲、乙沟通后，甲吃掉整个橘子瓤，乙拿走整个橘子皮去入药

12.在英国的一个镇子上，有一位富有但孤单的老人准备出售他漂亮的房子，搬到疗养院去。消息传开后很多人都登门造访，提出的房价高达30万美元。其中有一个小伙子叫罗伊，他刚大学毕业没多久，没有多少收入，手里仅有3 000美元，但是他特别喜欢这个房子。罗伊通过和老人聊天发现了突破口，老人最牵挂的事就是不能在花园中散步了。于是，罗伊和老人说："如果您把房子卖给我，您仍能住在您的房子里而不必搬到疗养院去，您每天还可以在花园里散步，而我会像照顾自己爷爷那样照顾您，一切都像平常一样。"听了这话，老人与罗伊签下了合约，罗伊首付3 000美元，之后每月付500美元，老人还把整个屋子的古董家具作为礼物送给了罗伊。请问，罗伊能买到自己心仪房子的关键

是（　　）。

　　A.既能满足老人在花园散步的需要，又能满足自身分期付款买房子的需要

　　B.罗伊的运气很好，遇到了老人和心仪的房子

　　C.老人是一个慈善家，把古董家具都赠给了罗伊

　　D.老人和罗伊很投缘才谈拢这笔交易

　　13.一年中，相邻的（　　）都是31天。

　　A.7月、8月　　　　　　B.9月、10月　　　　　C.11月、12月　　　　　D.12月、1月

　　14.有一个富翁得了重病，已经无药可救，而唯一的独生子此刻又远在异乡。他知道自己死期将近，但又害怕贪婪的仆人侵占财产，便立下了一份令人不解的遗嘱："我的儿子仅可从财产中先选择一项，其余的皆送给我的仆人。"富翁死后，仆人便欢欢喜喜地拿着遗嘱去寻找主人的儿子。富翁的儿子如果想合情合理地得到父亲所有的财产，他应该（　　）。

　　A.将仆人遣散

　　B.将遗嘱顷刻吃掉

　　C.对仆人说："我决定选择一样，就是你。"

　　D.儿子无法得到父亲的财产

　　15.相传，著名书法家郑板桥未成名时，成天琢磨前辈书法大家的体势，总想写得与前辈大家一模一样。一天晚上睡觉，手指先在自己身上练字，朦胧之中手指写到妻子身上，妻子被惊醒，生气地说："我有我体，你有你体，你为何写我体。"他从妻子的话中马上得到启示：应该写自己的一体，不能一味学别人。在这个思路下，他刻苦用功，朝夕揣摩，终于成了自成一家的一代书法名家。这个故事说明了（　　）。

　　A.灵感思维具有突发的模糊性　　　　　　B.灵感思维具有独创性

　　C.灵感思维具有非自觉性　　　　　　　　D.灵感思维一定与别人的观点有直接关系

二、判断题

　　1.思维是一种复杂的心理现象，是人脑的一种机能。　　　　　　　　　　　　（　　）

　　2.人们的思维方式是与生俱来的，无法通过后天的训练来练习。　　　　　　（　　）

　　3.运用逆向思维能打破常规，克服思维障碍，从而更好地解决问题。　　　　（　　）

　　4.逻辑思维的特点是以具体的概念、判断和推理作为思维的基本形式。　　　（　　）

　　5.逻辑思维的培养只要基于实践分析即可，无须掌握太多资料和知识。　　　（　　）

　　6.逆向思维是指人们沿着事物的相反方向，用反向探求的方式对产品、课题或方案进行逆向思考。　　　　　　　　　　　　　　　　　　　　　　　　　　　　　　　（　　）

　　7.人们在解决遇到的问题时，采用逆向思维和正向思维的效果往往是一样的。
　　　　　　　　　　　　　　　　　　　　　　　　　　　　　　　　　　　　　（　　）

　　8.在思考的过程中只要从一个方面想到与之对立的另一方面，就是逆向思维。
　　　　　　　　　　　　　　　　　　　　　　　　　　　　　　　　　　　　　（　　）

　　9.共赢思维中总是需要有人妥协和让步。　　　　　　　　　　　　　　　　　（　　）

　　10.发散思维的特点是以多点为核心向外辐射。　　　　　　　　　　　　　　（　　）

　　11.从众心理不会影响发散思维的辐射。　　　　　　　　　　　　　　　　　（　　）

　　12.发散思维就是想出越多点子越好，只要数量，不要质量。　　　　　　　　（　　）

13.具备发散性思维的人考虑问题比较灵活，能从多角度和多层次寻求解决问题的方法。（　）

14.系统内部诸要素之间的联系及系统与外部环境之间的联系都是静态的，因此便于我们用系统思维解决问题。（　）

15.系统就看最终整体结果，至于系统中的个别要素可以忽略。（　）

16.创新思维的关键在于产生了新颖、独创、具有明显社会意义的思维成果。（　）

17.失败乃成功之母，只有勇于尝试才能不断创新。（　）

18.灵感的出现带有一定的模糊性，需要及时捕捉。（　）

19.灵感的萌发可以脱离实践，异想天开。（　）

20.由于灵感带有突发性，所以平时没有必要进行知识的积累。（　）

三、实训题

一个老人在高速行驶的火车上，不小心把刚买的新鞋从窗口掉了一只，周围的人倍感惋惜，不料老人立即把第二只鞋也从窗口扔了下去。这个举动更让人大吃一惊。

老人解释说："这一只鞋无论多么昂贵，对我而言已经没有用了，如果有谁能捡到一双鞋子，说不定他还能穿呢！"

请问老人这一举动运用了何种思维方式？

项目评价

本项目考核由职业能力和通用能力两部分构成，成绩分别根据学生在课堂教学、课堂讨论中的表现及课堂测试的完成情况给出，填入表2-1。

表2-1　　　　　　　　　　　　　　**项目考核评价表**

内容		评价		
学习目标	评价项目	分值	得分	评语
职业能力	思维品质训练	了解营销思维品质训练的重要性	5		
	逻辑思维训练	1.理解逻辑思维训练的作用	5		
		2.提升整合市场信息的能力	5		
	逆向思维训练	理解逆向思维训练的作用	5		
	共赢思维训练	为商家和客户打造多赢的利益	5		
	发散思维训练	1.理解发散思维训练的作用	5		
		2.为客户创造更多新的需求	5		
	系统思维训练	1.运用系统思维的自我训练方法	10		
		2.为企业创造长远恒久的利益	5		
	创新思维训练	1.理解创新思维训练的作用	5		
		2.运用创新思维开拓新的方法	10		
	灵感思维训练	运用灵感思维的自我训练方法	5		

内容		评价	
通用能力	组织能力	5	
	沟通能力	5	
	解决问题的能力	10	
	自我提高的能力	5	
	创新能力	5	
综合评价		100	

项目三　营销沟通训练

21世纪是一个社交化的社会，每一天我们都会与别人交流。沟通随时随地都伴随着我们，它是我们工作、生活的润滑剂。沟通是消除隔膜、达成共同愿景、朝着共同目标前进的桥梁和纽带。沟通更是学习、共享的过程，在交流中可以学习彼此的优点和技巧，提高个人修养，不断完善自我。

通过沟通可以拓展个人关系的网络，让他人自愿地提供更多的协助，发展互惠互利的合作关系；可以让交谈富有意义并且轻松愉快，使对方感受到你的尊重和理解，接受你的建议；可以避免人们无谓的争论，不伤害双方的感情，减少因误解所造成的压力，克服愤怒、恐惧、害羞等不良情绪，促进身体健康。

沟通如同黑暗中的一缕阳光，让一切有了生机和活力。多少亲人之间、朋友之间、同事之间、上下级之间的关系，因没有沟通或沟通不良而濒临破裂，因良好的沟通而冰释前嫌，世界上没有沟通不了的事。

学习目标

知识目标：

1.了解沟通的三要素，熟悉有效沟通的步骤。

2.掌握与上级沟通的基本态度，学会向上级请示汇报的技巧。

3.熟悉常用的网络沟通工具，掌握即时通讯工具、电子邮件、虚拟社区的使用技巧。

4.掌握各类商务信函的规范格式和写作要求。

能力目标：

1.能够灵活运用沟通技巧，与不同类型的客户进行有效交流。

2.能够灵活运用不同方式与风格迥异的领导沟通，建立良好的上下级人际关系。

3.能够运用接、打电话的具体礼仪技巧，独立完成客户的电话服务。

4.按照电子邮件的使用规范，正确发送、接收、回复客户的电子邮件。

5.能够根据实际需要，按照标准的格式要求，正确写作商务信函。

素养目标：培养同理心、深度理解与有效表达能力。

项目三　营销沟通训练

　　任务一　客户沟通训练

　　任务二　职场沟通训练

　　任务三　商务电话沟通训练

　　任务四　网络客服沟通训练

　　任务五　商务信函沟通训练

任务一　　　　客户沟通训练

情景导入

微课

客户沟通训练

　　明天一早，业务员杨帆要去和大客户王总商洽合作事宜，他非常苦恼，不禁唉声叹气。

　　王总是公司的大客户，喜欢自夸自赞，总是一副高傲、不可一世的样子，好像别人都比不上他，恨不得大家都把他捧上天！杨帆在与王总相处时，多数都是王总在夸夸其谈，杨帆也没办法把话题引到正题上来，只好听着，随声附和，特别难受。

　　经理察觉到了杨帆的沮丧，告诉杨帆："我们接触到的客户林林总总，性格各异。作为营销人员，必须要因人而异，找到合适的沟通方法，才能实现有效的沟通，赢得客户，获得订单。"

　　杨帆若有所思，经理接着说："王总这样的客户看似高不可攀，很难信服你，但只要我们沟通有礼，交流有道，为他着想，投其所好，就一定能让他高兴，继而喜欢你、信任你。他爱被人捧，你不妨就从尊称他的职务开始，还可以提及他最得意的往事。他的自尊心一旦得到满足，成交的可能性就大大提高了。"

　　想一想：

　　在我们身边，有没有像王总这样的人？你觉得与他们相处有没有什么技巧呢？

知识准备

　　沟通能力不是人生来就具备的，它可以在生活实践的基础上培养和训练出来。因此，作为营销人员，我们必须在工作中提高自己的沟通能力，学会以诚相待、以心相待，在相互理解、相互信任的基础上实现有效沟通。

　　真正的沟通是心与心的交流，不是花言巧语，而是靠实在的行动。如果把客户比作一面镜子，那么你对他微笑，他也将回报以微笑；你对他瞪目，他便会还以白眼。如果我们换位思考并理解客户，真正从内心去体谅和关心他们，他们便也能够体谅我们的难处。

一、沟通的三要素

1.一定要有明确的目标

营销人员与客户之间有明确的目标，才称之为沟通。如果大家坐到一起谈话，但没有目标，那就不是沟通，是什么呢？是聊天。

沟通就要有一个明确的目标，这是沟通最重要的前提。所以，我们在和客户沟通的时候，见面的第一句话最好说："这次我找您的目的是……"沟通时说的第一句话，要说出你想达到的目的，这是非常重要的，也是你的沟通技巧在行为上的一个表现。

2.争取达成共同的协议

沟通结束以后，一定要形成一个双方或多方共同承认的协议，只有形成了这个协议，才称得上完成了一次沟通。衡量一次沟通是否结束的标志，要看是否达成了一个协议。

在与客户的交谈中，大家对谈话内容的理解往往是不同的。这时，如果没有达成协议，那么不仅会造成工作效率低下，还会给双方增添很多矛盾。所以，在我们和客户沟通结束的时候，最好用这样的话来总结："非常感谢您，通过刚才的交流，我们现在达成了这样的协议，您看是这样的一个协议吗？"这是沟通技巧的一个非常重要的体现，就是在沟通结束的时候，一定要有人来做总结，这是一个非常好的沟通行为。

3.注重信息、思想和情感的交流

沟通的内容不仅仅是信息，还包括更加重要的思想和情感。那么，信息、思想和情感哪一个更容易沟通呢？当然是信息。例如，与客户预约几点见面？在哪里见面？交谈多长时间？

思想和情感是不太容易沟通的。在与客户沟通的过程中，很多障碍使思想和情感无法得到一个很好的沟通。事实上，在沟通过程中，传递更多的是彼此的思想，而信息的内容并不是主要的内容。

小提示

要想了解谈话对象真正的情感，你应该仔细观察他的脸部表情，因为，驾驭语言比控制面部表情容易多了。

——［英］查斯特·菲尔德

议一议

（1）日常沟通中，你如何清楚地说明谈话的目标？

（2）日常沟通中，你是否能与他人达成一致的协议？

（3）你认为在沟通过程中，信息、思想和情感哪一个更容易沟通？

二、实现有效沟通的步骤

营销人员与客户完成一次有效的沟通，大致分为六个步骤：

第一个步骤是事前准备，包括收集客户的信息、设计明确的目标、制订谈话的计划、准备必需的辅助工具（如画册、案例、数据）等。

第二个步骤是确认需求。通过有效提问、积极聆听，及时确认客户的需求，明确双方的目的是否一致。

第三个步骤是阐述观点，也就是如何发送你的信息，表达你的信息。

FAB法则

在表达观点的时候，有一个非常重要的法则——FAB。F是Feature，就是属性；A是Advantage，这里翻译成作用；B是Benefit，就是利益。在阐述观点的时候，按这样的顺序来说，对方能够听懂、能够接受。

以卖皮鞋为例，按照FAB顺序来表达和没有按FAB顺序来表达效果是不同的（如图3-1所示）。

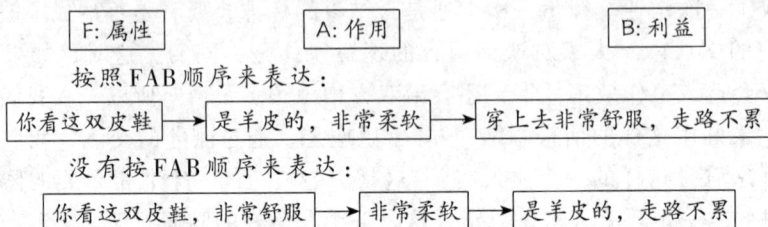

F: 属性	A: 作用	B: 利益

按照FAB顺序来表达：

你看这双皮鞋 → 是羊皮的，非常柔软 → 穿上去非常舒服，走路不累

没有按FAB顺序来表达：

你看这双皮鞋，非常舒服 → 非常柔软 → 是羊皮的，走路不累

图3-1 FAB法则的案例说明

第四个步骤是处理异议。沟通中有异议意味着很难达成协议，对方不同意你的观点或者你不同意对方的观点，这个时候应该重点处理。

第五个步骤是达成协议。沟通的结果就是最后达成了一个协议。请你一定要注意：是否完成了沟通，取决于最后是否达成了协议。

第六个步骤是共同实施。任何沟通的结果意味着一项工作的开始，那就是要共同按照协议去实施。如果达成了协议，却没有按照协议去实施，那么客户会觉得你不守信用，就会失去对你的信任。

❓ 议一议

对照有效沟通六个步骤，思考你缺少了哪些步骤。

三、营造良好的沟通环境

营销离不开沟通，沟通需要环境，而良好的环境可以促进沟通目标的实现。所以，营销人员在与客户沟通时，要在良好的氛围下运用有效的交流方式，与客户进行有效的沟通。

📢 小提示

沟通环境是指沟通时周围的环境和条件，既包括与个体间接联系的社会整体环境（政治制度、经济制度、政治舆论、道德风尚、群体结构），又包括与个体直接联系的区域环境（学习、工作、单位或家庭等）对个体施加的影响。

1.选择合适的沟通环境

沟通场所的大小要适宜。与客户进行沟通时，可以选择客户家中、客户办公室、营销人员所在公司的营业场所（如会议室、接待室）、第三方地点等。

沟通场所的周边要无噪声、无干扰。无论在何地，都要确保沟通环境适合进行交流，客户有足够的时间，并要确保不会有来自外界的干扰。如果沟通环境达不到以上条件，可以设法改变环境或者干脆先取消沟通。沟通场所对客户而言是很重要的，不能随便找个地方或不顾周围的环境，那样会让客户感觉太草率和不被重视。

比如，一位营销人员与客户约好在客户家中见面，等营销人员到客户家后发现，客户的小孩总是缠着客户，客户的注意力无法集中，使得沟通无法正常进行。

如果在见面之前，营销人员了解到了这一点，就可以邀请一位同事一起前往，届时由同事负责照看孩子、陪孩子玩耍，营销人员则可以与客户全神贯注地进行沟通交流了。

2.营造最佳的精神环境

营销人员在与客户沟通过程中要保持积极乐观的态度。实验证明，与积极乐观的人在一起，另一方的情绪会被感染，积极性也会被调动起来，并且容易产生好感。当双方的沟通渐入佳境，营销人员的推荐刚好符合客户的需求，客户对产品产生了兴趣时，就是最佳的精神环境，也往往容易促成签单。

特别是在与客户面对面时的一些细节，更应该体现服务意识，展现服务质量。与客户沟通交流时将细节做好、做到位，把服务用心地呈现给客户，会赢得客户的信赖。

比如，感觉客户说得口干，就赶紧递上一杯温度适宜的水；当客户打喷嚏时，立即递上纸巾；感觉客户需要记录或计算时，赶忙拿出纸和笔；发现客户表现出对某个产品的兴趣时，就及时展示出该产品的介绍材料等。

所以，本着为客户服务的原则，尽自己最大努力与客户进行沟通，只要沟通到位、服务到位，与客户达成合作是水到渠成的事。

四、选择恰当的沟通方式

1.语言的沟通

语言沟通和肢体语言沟通的不同之处是什么？

语言是人类特有的一种非常好的、有效的沟通方式。语言的沟通包括口头语言、书面语言、图像语言。

口头语言包括面对面的谈话、会议等。书面语言包括信函、广告和传真，还有现在用得较多的电子邮件等。图像语言包括图片或者图形、幻灯片和电影等。常用的语言沟通渠道见表3-1。

表3-1 语言的沟通渠道

口头语言	书面语言	图像语言
·一对一（面对面） ·小组会 ·讲话 ·电话（一对一/联网） ·无线电 ·视频会议	·书信 ·用户电报 ·发行量大的出版物 ·发行量小的出版物 ·传真 ·广告 ·计算机 ·报表 ·电子邮件	·幻灯片 ·电影 ·电视/录像 ·投影 ·照片、表格、曲线图等 ·与书面模式相关的媒介定量数据

2.肢体语言的沟通

肢体语言内容非常丰富，包括动作、表情、眼神。实际上，在声音里也包含着非常丰富的肢体语言。我们在说每一句话的时候，用什么样的音色去说，用怎样抑扬顿挫语调去说等，这些都是肢体语言的一部分。每一种肢体语言，都有一定的含义（见表3-2）。

表3-2   肢体语言的含义

肢体语言表述	行为含义
手势	柔和的手势表示友好、商量，强硬的手势则意味着："我是对的，你必须听我的"
脸部表情	微笑表示友善礼貌，皱眉表示怀疑和不满意
眼神	盯着看意味着不礼貌，但也可能表示感兴趣，寻求支持
姿态	双臂环抱表示防御，开会时独坐一隅意味着傲慢或不感兴趣
声音	演说时抑扬顿挫表明热情，突然停顿是为了制造悬念、吸引注意力

沟通过程包含信息的传递、情感的传递、思想的传递。其中语言擅长信息的传递，肢体语言更擅长人与人之间情感的传递和思想的传递。

议一议

如何有效运用语言和肢体语言这两种沟通方式？

技能拓展

拓展内容一：你能根据客户的不同类型选择有针对性的沟通技巧吗？

我们常说：见什么人要说什么话。作为营销人员，接触的客户形形色色，而每一个客户的表现又不一样。这就要求我们能够判断客户的类型，然后采用与之相对应的技巧与其沟通，以准确了解客户的需求，达到良好的沟通效果。

小提示

善于观察他人的沟通方式，并弹性地调整，以使自己与对方同步，迅速消除双方的冲突，建立良好的关系，进而赢得客户的信赖。

1.分析型客户的特征及沟通技巧

分析型客户的特征及沟通技巧见表3-3。

表3-3   分析型客户的特征及沟通技巧

特征	沟通技巧
1.严肃认真，逻辑性强	要一边说一边拿纸和笔做记录，像他一样认真，一丝不苟；简短的寒暄后，尽快切入主题
2.面部表情少，动作慢，有条不紊	不要急于让他作出决定，要给他足够的考虑时间
3.沉默寡言，语调单一，用词准确	用很多准确的专业术语；要多列举一些具体的数据，多做计划，使用图表
4.做事有计划、有步骤，注重细节	遵守时间；不要大意；对他许多细小的问题要耐心解答
5.喜欢有较大的个人空间	不要有太多的眼神交流和身体接触，注意身体不要太过前倾，应该略微后仰，给对方足够的个人空间

做一做

针对分析型客户，如何巧用沟通技巧，才能取得较好的沟通效果？以小组为单位进行分析。

2.支配型客户的特征及沟通技巧

支配型客户的特征及沟通技巧见表3-4。

表3-4　　　　　　　　　　　**支配型客户的特征及沟通技巧**

特征	沟通技巧
1.面部表情比较少，情感不外露	谈话中不要感情流露太多，要直奔结果，从结果的方向说，而不要从感情的方向去说
2.热情，有目光接触	一定要和对方有强烈的目光接触；交谈时，身体一定要略微前倾
3.说话快且有说服力	说话的时候声音要洪亮，充满信心，语速一定要比较快。如果你声音很小，对方会质疑；要讲究实际情况，有具体的依据和大量创新的思想
4.语言直接，有目的性	一定要非常直接，不要有太多的寒暄，直接说出你的来意，或者直接告诉对方你的目的，要节约时间
5.果断、独立、审慎，有能力，有作为	你的回答一定要非常准确；要在最短的时间里给对方一个非常准确的答案，而不是一种模棱两可的结果
6.计划性强，强调效率，喜欢指挥人	一定要有计划，并且最终要落到一个结果上，对方看重的是结果；提问时多采用一些封闭式的问题，对方会觉得效率非常高

议一议

支配型客户的行为特点是什么？你身边或者小组内有这种类型的朋友吗？如何巧用沟通技巧，赢得支配型客户的信赖？

3.表达型客户的特征及沟通技巧

表达型客户的特征及沟通技巧见表3-5。

表3-5　　　　　　　　　　　**表达型客户的特征及沟通技巧**

特征	沟通技巧
1.感情外露，直率热情，友好合群	当对方有所动作时，我们的眼神一定要看着并配合对方的动作；如果我们很死板，没有动作，那么对方的热情很快就会消失
2.抑扬顿挫的语调，有幽默感	声音一定要洪亮；语言要有说服力，容易令人信服
3.动作快速，手势夸张	交谈时要有一些动作和手势，在沟通中你也要学会伸出手，"你看，我这个方案怎么样？"对方会很好奇地看着你的手，仿佛手里就有一个完整的解决方案
4.做事非常果断、直接	说话要非常直接。要多从宏观的角度去说："你看这件事总体上怎么样""最后怎么样"
5.不注重细节	达成协议以后，最好与之进行一个书面的确认，防止忘记

以小组为单位，针对表达型客户探究如何巧用沟通技巧，才能取得较好的沟通效果。

4.和蔼型客户的特征及沟通技巧

和蔼型客户的特征及沟通技巧见表3-6。

表3-6 和蔼型客户的特征及沟通技巧

特征	沟通技巧
1.面部表情和蔼可亲，喜怒哀乐都会流露	一定要始终保持微笑的姿态。如果你突然不笑了，对方会想：为什么不笑了？是不是我哪句话说错了？会不会是我得罪他了？是不是以后对方就不来找我了？对方会想很多
2.说话慢条斯理	要多提问："您有什么意见和看法？"问后你会发现，对方能说出很多非常好的意见，如果你不问的话，他基本上不会主动去说
3.频繁的目光接触	一定要同对方有频繁的目光接触。每次接触的时间不用太长，但是频率要高。三五分钟，就与对方目光接触一次，不要盯着对方不放，要接触一下回避一下，沟通效果会非常好
4.声音轻柔，抑扬顿挫，喜欢使用鼓励性的语言	说话要比较慢，要注意抑扬顿挫，不要给对方压力，要鼓励对方，去征求对方的意见
5.与人为善、友好，愿意赞同	首先要建立好关系，对方看重的是双方良好的关系，不看重结果
6.办公室里有家人照片	当看到其家人照片时，千万不要视而不见，一定要对照片上的人物进行赞美

议一议

和蔼型客户的语言特点是什么？

拓展内容二：如何与客户面对面沟通？

1.巧用眼神

与客户面对面沟通时，应该注视对方的眼睛，而不是看着对方的肩膀或者额头。这样做能使对方感到被重视，也能防止对方走神，更重要的是有助于树立自己的可信度。在交谈中，如果你不注视对方的眼睛，会给对方一种不好的印象：你对他所说的话不感兴趣，甚至你根本不喜欢对方。

（1）与客户第一次见面时，不能长时间凝视对方。长时间凝视容易让对方有不自在、被威胁的感觉，是一种无礼的行为。

（2）与客户交谈时，不能不看对方。正确的眼神礼仪是：以两眼为上线，唇部为下顶点所形成的"倒三角形区"，连续注视对方的时间最好在3秒左右，这叫"社交注视"。

（3）标准注视时间是交谈时间的30%～60%。如果超过60%，表示彼此对对方的兴趣可能大于交谈的话题；低于30%，表明对谈话内容没有兴趣。

（4）眼睛转动幅度不能过快或过慢。眼睛转动稍快表示聪明、有活力，但如果太快则表示不诚实、不成熟，给人轻浮、不庄重的印象；眼睛转得太慢，则显得木讷。

（5）不能睐视、斜视、俯视、仰视、盯视、瞟视。"睐视"表示漠然、高傲、色睐眯；"斜视"表示轻蔑；"俯视"表示羞涩；"仰视"表示思索；"盯视"表示侮辱、挑衅；"瞟视"表示不专心、心虚。

做一做

两人为一组互相观察，练习运用眼神，给人平和、亲切的感觉。

2.巧用表情

在谈话过程中，我们的面部一直在发出各种各样的信号。面带微笑能使对方觉得自己和蔼可亲，真心的微笑能从本质上改变大脑的运作，使自己身心舒畅起来，并能促使双方进行良好的交流。

（1）嘴角向上，表示善意、礼貌、喜悦、真诚、善解人意，如图3-2所示。

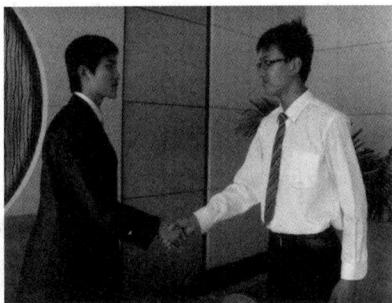

图3-2 嘴角上扬

（2）嘴角向下，表示痛苦、悲伤、无可奈何。

（3）嘴唇噘着，表示生气、不满意、不尊重对方。

（4）嘴唇紧绷，表示愤怒、对抗或者决心已定。

做一做

分小组练习运用不同的表情，分别给人真诚、痛苦、生气、愤怒的感觉。

3.巧用手势

恰当的手势能够让对方更进一步地明确理解自己所要表达的意思。使用张开的手势可以给对方一种积极肯定的强调，表明自己的坦率和热心，完全专注于眼前所说的事情（如图3-3所示）。

图3-3 恰当的手势

（1）双臂交叉，表示防御、缺乏安全感或者冷静旁观、优越至上。

（2）伸出食指，表示指明方向、训示或命令。

（3）用手指轻轻触摸脖子，表示持怀疑或不同意态度。

（4）把手放在脑袋后边，表示有意与别人辩论。

（5）轻轻抚摸，表示正在考虑作出决定。

（6）手指握成拳头，表明小心谨慎，情绪有些不佳。

（7）双手置于双腿上，掌心向上，手指交叉，表明希望别人理解，给予支持。

（8）用手拍拍前额，表示健忘，如果用力一拍，则是自我谴责，后悔不已。

 **做一做**

运用手势，给人真诚、希望被理解和支持的感觉。

4.巧用身体姿势

利用身体姿势有助于树立良好的形象，即使是容易被人忽视的肩膀，也能在无声中传达情感。

（1）坐着或站立时挺直腰板，会给人以威严之感。

（2）耷拉着双肩或跷着二郎腿，会使正式场合的庄严气氛荡然无存，但也可能使非正式场合更加轻松友善。

（3）不由自主地抖动双膝或移动双腿，会泄露内心的焦虑、担忧等不安情绪。

（4）肩部舒展，说明有决心和责任感。

（5）肩部耷拉，说明心情沉重，感到压抑。

（6）肩部收缩，说明内心火气较重。

（7）肩部耸起，说明处在惊恐之中。

（8）耸耸肩膀，双手一摊，表示无所谓，或无可奈何、没办法。

5.巧用距离

距离产生美，合适的距离能够为有效沟通创造良好的空间氛围（如图3-4所示）。离对方太近，给人一种入侵或威胁之感，会造成对方局促不安；离对方太远，给人一种漠视或冷淡之感，会让对方觉得你不在乎他，对他说的话不感兴趣。

图3-4 沟通的距离

经研究发现，从礼仪和健康的角度出发，两个人交谈的最佳距离应为1.5米左右，并与对方形成30度的夹角。这个距离和角度，既无疏远之感，又文明卫生。

6.巧用语调

低沉的声音庄重严肃，一般会让对方更加严肃认真地对待交谈。粗暴刺耳的声音给对方的印象是反应过头，行为失控。

适时改变重音能起到强调的效果。如果没有足够的强调重音，对方就拿不准哪些内容很重要；如果强调重音过多，又会使对方晕头转向、不知所云，非常倦怠。

7.巧用语速

急缓适度的语速能吸引对方的注意力，使对方容易接受信息。

（1）语速过快，对方就会无暇接受说话的内容。

（2）语速过慢，声音听起来就非常阴郁，没有活力，令人生厌。

（3）说话吞吞吐吐、犹豫不决，对方就会不由自主地变得十分担忧、坐立不安。

（4）自然的呼吸空间，能使人通畅地接受信息。

（5）建设性地使用停顿，能给对方片刻时间进行考虑，并在倾听下一则信息之前及时消化前一则信息。

拓展内容三：你了解与客户沟通时有哪些禁忌吗？

营销人员在与客户谈话的过程中，要注意管好自己的嘴，要知道什么话应该说，什么话不应该讲。

1.忌争辩

营销人员在与客户沟通时，时刻不要忘记自己的职业、身份是什么。要知道，与客户争辩解决不了任何问题，只会招致客户的反感。刻意地与客户发生激烈的争论，即使你占了上风，赢得了胜利，把客户驳得哑口无言、体无完肤、面红耳赤、无地自容，你快活了、高兴了，但你得到的是什么呢？是失去了客户、丢掉了生意。

2.忌质问

营销人员与客户沟通时，要理解并尊重客户的思想与观点，切不可采取质问的方式与客户谈话。用质问或者审讯的口气与客户谈话，是营销人员不懂礼貌的表现，是不尊重人的反映，是最伤害客户的感情和自尊心的。切记，如果你想赢得客户的青睐与赞赏，就必须避免质问。

3.忌命令

营销人员在与客户交谈时，应展露一点微笑，态度和蔼一点，说话轻声一点，语气柔和一点，要用征询、协商或者请教的口气与客户交流，切不可采取命令和指示的口吻与人交谈。永远记住一条——你不是客户的领导和上级，无权对客户指手画脚、下命令或下指示。

4.忌炫耀

当与客户沟通谈到自己时，要实事求是地介绍自己，稍加赞美即可，万万不可忘乎所以、得意忘形地自吹自擂、炫耀自己的出身、学识、财富、地位以及业绩和收入等，这样会人为地造成双方的隔阂和距离感。要知道人与人之间，脑袋与脑袋是最近的；而口袋与口袋却是最远的。需要记住，你的财富，是属于你个人的；你的地位，是属于你单位的，也是暂时的；而你的服务态度和服务质量，却属于你的客户，是永恒的。

5.忌说话直白

"打人不打脸，揭人不揭短"，我们在与客户沟通时，如果发现他在认识上有不妥的地方，也不要直截了当地指出，说他这也不是、那也不是。人们通常最怕在众人面前丢脸、难堪，所以要忌讳说话直白。康德曾经说过："对男人来讲，最大的侮辱莫过于说他愚蠢；对女人来说，最大的侮辱莫过于说她丑陋。"我们一定要顾及交谈的对象，做到言之有物、因人施语，要把握谈话的技巧、沟通的艺术，要委婉地进行忠告。

6.忌批评

我们在与客户沟通时，如果发现他身上有些缺点，也不要当面批评和教育他，更不要大声地指责他。批评与指责解决不了任何问题，只会招致对方的怨恨与反感。与人交谈要多用感谢词、赞美语，要掌握赞美的尺度和批评的分寸，要旁敲侧击，巧妙批评。

7.忌专业术语

在推销产品时，一定不要用专业术语。比如推销保险产品时，由于在每一个保险合同中，都有死亡或者是残疾的专业术语，中国的老百姓大多忌讳谈到这些字眼，如果你不加顾忌地与客户去讲，肯定招致对方的不快。

8.忌独白

与客户谈话时要鼓励对方讲话，通过他说的话，我们可以了解客户个人的基本情况。切忌营销人员一个人在唱独角戏，进行个人独白。

9.忌冷淡

与客户谈话，态度一定要热情，语言一定要真诚，言谈举止都要流露出真情实感，要热情奔放、情真意切、话贵情真。俗语道："感人心者，莫先乎情。"这种"情"是营销人员的真情实感，只有用自己的真情，才能换来对方的感情共鸣。在谈话中，冷淡必然带来冷场，冷场必定带来业务泡汤。

10.忌生硬

营销人员在与客户说话时，声音要洪亮，语言要优美，要抑扬顿挫、节奏鲜明，语速有快有慢，语调有高有低，语气有重有轻。要有声有色，有张有弛，声情并茂，生动活泼。切忌说话语调语速没有高低、快慢之分，没有节奏与停顿，生硬呆板，缺乏朝气与活力。

简言之，不知道所忌，就会造成失败；不知道所宜，就会造成停滞。我们在谈话中，要懂得以上"十忌"。

思政之窗

未来青年，乒乓外交故事仍在继续

场上是对手，场下是朋友。中美各12位学生昨天上午进行了两两配对友谊赛。

每打完一局，上海体育大学学生刘婉莹都会举起手，向自己的队友、弗吉尼亚大学学生冉婷竖起大拇指。冉婷训练时间并不算长，场上出现失误时心里便会有些愧疚，察觉到她情绪的刘婉莹便立刻鼓励，几声"没事"缓和了气氛、拉近了距离。

尽管这对组合早早被淘汰，但两个小姑娘却成了好友。两天前刚见面就加上了微信，一晚上都在聊乒乓球，她们还互相分享了各自的照片。"我还推荐她去尝尝外滩的粤菜，她跟我说了美国好吃的汉堡。"刘婉莹说，两人还起了个队名：超强。

击球声、欢笑声、掌声交织在球场。弗吉尼亚大学全球事务副教务长斯蒂芬·马尔感慨，乒乓球"不问出处"，成为连接人与人交往的标志性符号。早在两天前弗吉尼亚大学上海校友会举行的招待会上，正在常州过寒假的弗吉尼亚大学中国留学生马亦恺特地赶来上海，为他的大一室友、美国小伙阿卜杜拉·阿杰尔贾威助威。两人的友谊也源自乒乓球：入学前申请寝室，马亦恺在介绍里提到自己会打乒乓球，练了近10年乒乓球的阿杰尔贾威"一眼相中他"，开启了两人之间的友谊。

资料来源　占悦. 未来在青年，乒乓外交故事仍在继续［N］. 文汇报，2024-01-10（2）.

任务训练

一、选择题

1.下列选项中，不属于沟通三要素的是（　　　）。

A.优良的产品　　　　　　　　　　B.明确的目标

C.共同的协议　　　　　　　　　　D.沟通信息、思想和情感

2.通过有效提问、积极聆听，及时确认客户的需求，明确双方的目的是否一致。这是有效沟通六步骤中的（　　　）。

A.阐述观点　　　　B.确认需求　　　　C.事前准备　　　　D.共同实施

3.下列选项中，不属于语言的沟通渠道的是（　　　）。

A.口头语言　　　　B.书面语言　　　　C.肢体语言　　　　D.图像语言

4.（　　　）的客户，在沟通中一定要用很多的准确的专业术语，要多列举一些具体的数据，多做计划，使用图表。

A.表达型　　　　B.分配型　　　　C.和蔼型　　　　D.分析型

二、实训题

有这样一类客户，他好像没有意愿购买产品，却又纠缠你，不停地变换话题。你以为他可能有兴趣要买了，可是他又是一副趾高气扬、随意的样子。也许对身为营销人员的你来说是辛苦了些，但对对方而言，他可是深深地乐在其中，因为他充分享受这种饶舌的乐趣。

请问：作为营销人员，应该如何与这种类型的客户打交道？

任务二　　职场沟通训练

情景导入

微课

上下级沟通训练

实习生赵明宇经过三个月的试用期，终于被公司正式录用了。回顾这段时间的辛勤付出和快速成长，他百感交集。

深思熟虑之后，他主动找到部门的主管，真诚地请教说："王主管，我能从实习生转正，非常感谢您的帮助和提携，可是我一点儿经验也没有，您看我以后在工作上需要怎么跟你们配合？"王主管拍拍他的肩膀，感慨地说道："小伙子，有你这句话，难得啊！我一定好好带你！"

想一想：

你觉得赵明宇与主管的沟通怎么样？为什么要重视与领导的沟通？

知识准备

营销人员不仅要与客户打交道，还要在公司中和自己的上级、下属及其他同事进行有效沟通。但是在与同事沟通的时候，经常会出现一些问题。例如，跨部门沟通时，不同部门因为职能不同，看待同一个问题的角度也不同，容易出现冲突；在部门内部，每个人的立场不同，同样面临着一些冲突；部门或者个人之间因为工作安排不同，工作协调有时比较困难等。

沟通是人际交往中永恒的话题，特别在职场之中，沟通不好轻则影响工作进度，重则可能会造成一定损失甚至影响自己的事业。掌握有效的沟通秘诀，对高效完成工作和处理职场关系尤为重要。

【读一读】

（1）推心置腹的谈话就是心灵的展示。（温·卡维林《离别情》）

（2）将自己的热忱与经验融入谈话中，是打动人的简单方法，也是必然要件。如果你对自己的话不感兴趣，怎能期望他人感动？（卡耐基《卡耐基全集》）

一、与上级沟通的基本态度

1.坦诚而不虚伪

为人坦诚，反映了一个人的优良品质。下属在工作中不要对上级保密或隐瞒，要以开放而坦诚的态度与领导沟通，这样才能让领导觉得你可以信赖，才能赢得上级的肯定与支持。

2.尊重而不吹捧

作为下属一定要充分尊重自己的领导，在各方面维护领导的权威，支持领导的工作，为领导排忧解难。

3.请示汇报而不依赖

作为下属不能事事请示，遇事没有主见，大事小事都不能做主，这样会给领导留下"工作能力差"的印象。该请示汇报的必须请示汇报，但不要依赖、等待，还应在自己职权范围内创造性地开展工作。

4.主动而不越权

作为下属对待工作要积极主动、大胆负责，应以有利于维护领导的权威，维护团队内部的团结为前提，不能对领导阳奉阴违，也不要唯唯诺诺，领导说啥是啥，自己不承担责任。在某些工作上不能越权或越级上报。

5.自信而不自负

作为下属与领导沟通时，应表情自然，充满自信，用自信去感染上级，但切忌表现得过于自信。过度的自信就是自负，会给领导留下骄傲自满的印象。

二、与同事沟通的基本态度

1.尊重对方

尊重是一种修养、一种品格，一种对他人不卑不亢的平等相待，一种对他人人格与价值的充分肯定。"若要人敬己，先要己敬人"，尊重与被尊重体现在与同事的相互交往中。双方互相尊重，不仅可以使各种问题简单化，而且会使得双方身心愉悦。

（1）要善于站在对方的角度，感同身受，推己及人。

（2）要善于欣赏、接纳他人，不做贬损他人人格的事，由衷地欣赏和赞美别人的优点、长处，允许别人有超越自己的地方，对别人与自己不同的地方，不排斥、不藐视。

（3）对待他人的缺陷、缺点，能够做到不取笑、不歧视。

2.真诚微笑

真诚的微笑是一种令人感觉愉快的面部表情，反映自己心底坦荡、善良友好、待人真心实意，而非虚情假意，使人在与同事交往中自然放松，不知不觉地缩短了相互间的距离，为深入沟通与交往创造温馨和谐的气氛。

3.谦虚待人

在同事面前，适当的谦虚是一种美德，一个人只要摆出谦虚的姿态，自然会受到同事的欢迎。如果经常自吹自擂，其结果恰恰相反，就会让人产生反感，时间久了，同事就会对你敬而远之。因此，谦虚待人应该努力做到：

（1）凡事看得透，不骄不躁。

（2）凡事想得远，不狂妄不自大。

（3）凡事站得高，不自满不骄傲。

（4）凡事行得正，无所畏惧。

4.赞美欣赏

世界上最华丽的语言就是对他人的赞美，适度的赞美不但可以拉近人与人之间的距离，更能够打开一个人的心扉。

（1）能够发现同事身上的优点，并及时给予赞美、肯定。

（2）对同事身上的一些不足之处给予及时的鼓励。

（3）不要在背后议论同事。

（4）赞扬别人时也要掌握分寸，不要言过其实。否则，容易让人产生虚伪的感觉，让别人对你失去信任。

🔊 **小提示**

世界著名的哲学家詹姆士精辟地指出：人类本性中最深刻的渴望就是赞美。

5.善于倾听

善于倾听不仅是关爱理解，更是调和人际关系的润滑剂。在很多时候，我们更需要的往往不是口腹之欲，而是一方可以栖息心灵的芳草地。当同事的家庭、生活、工作出现麻烦而心情不愉快时，他向你倾诉，一定要认真倾听，把自己的情感融入其中，成为同事最真诚的倾听者，这样会加深同事之间的感情。

（1）要尽可能去适应他的风格，尽可能接收更全面、更准确的信息。

（2）倾听不仅仅要用耳朵听，还应该用眼睛看。眼睛看到的是他传递给你的更多的思想和情感。

（3）在倾听过程中，要站在对方的角度去理解问题，而不是去评论对方。

（4）看着对方，保持目光交流，并且适当地点头示意，鼓励对方，表现出有兴趣倾听。

6.理解宽容

在与同事的交往中，吃亏、被误解、受委屈的事总是不可避免。面对这些，最理智的选择就是学会理解与宽容。其实，宽容别人就是善待自己，将自己心中的愤怒化作和风细雨，神清气爽地度过每一天。宽容，它往往折射出一个人为人处世的经验、待人的艺术、良好的涵养。

（1）在发生误解和争执的时候，一定要换个角度，站在对方的立场上为对方着想。

（2）理解对方的处境，千万别情绪化而把对方的隐私抖出来。

（3）不要在背后议论和指桑骂槐，这样会在贬低对方的过程中破坏自己的形象。

（4）需要注意的是，宽容也是有限度的，超过了这个度，就是对同事的纵容和不负责。

7.求同存异

同事之间由于经历、立场等方面的差异，对同一个问题往往会产生不同的看法，引起一些争论，一不小心就容易伤和气。

（1）与同事发生分歧时，要努力寻找共同点，争取求大同存小异。

（2）实在不能取得一致意见时，不妨冷处理。可以表明："我不能接受你的观点，我保留我的意见。"这样既可让争论淡化，又不失自己的立场。

8.少争多让

有些人平时一团和气，然而遇到利益之争，就当"利"不让，甚至还在背后互相诋毁，说风凉话。这些做法既不利人也不利己。

（1）对待同事的升迁、成功、取得荣誉要保持一颗平常心。

（2）你帮助同事获得荣誉，他会感激你的功劳和大度，更重要的是增添了你的人格魅力。

（3）对一些非原则性的问题，切忌去拼个你输我赢，否则其结果只能是双方都受到伤害，有百害而无一利。

9.不说是非

与同事相处时，应竭力避免在背后说别人的长短与是非。特别是在大庭广众之下，如果你说别人的是非长短，有时言者无意，听者有心，不胫而走，往往会挫伤他人的自尊心。这些不负责任的言论，不但没有意义，还会伤害同事间的感情。

10.受恩不忘

在力所能及之处帮助了他人，不要总是记得自己帮了他什么忙，也不要总是挂在嘴边。而如果得到了别人的帮助则不要忘怀，要时刻记住他人的帮助之情，适度地表示感谢。这样，不但能增进同事间的友情，也表现了你受恩不忘的可贵品格。

 议一议

（1）在与同事的沟通中，如何做到尊重对方？

（2）谦虚待人、理解宽容、受恩不忘，在与同事的沟通中的重要作用是什么？

三、与下属沟通的基本态度

在工作中，与下属的沟通主要是让下属照你的意图完成指定的行为或工作，因此应该考虑下列两点：

1. 正确传达命令意图

你下达命令时，要正确地传达命令，不要经常变更命令。不要下一些自己都不知道缘由的命令；不要下一些过于抽象的命令，让下属无法掌握命令的目标；不要为了证明自己的权威而下命令。

2. 使下属积极接受命令

命令应该是上级让下属正确了解他的意图，并让下属容易接受及愿意去执行。下属惧于上级的职权，他必须要执行，但有意愿下的执行及没有意愿下的执行，其效果大不相同。有执行意愿的下属，会尽全力把工作做好；没执行意愿的下属，心里只想能应付过去就好。

 技能拓展

拓展内容一：你知道如何与不同类型的上级进行沟通吗？

1. 控制型的领导特征及沟通技巧（见表3-7）

表3-7　　　　　　　　　　控制型的领导特征及沟通技巧

特征	沟通技巧
1. 强硬的态度，要求下属立即服从	不要违抗领导下达的命令，尊重领导的权威，认真对待领导的命令
2. 充满竞争心态，旨在求胜	称赞时，也应该称赞领导的成就，而不是领导的个性或人品
3. 实际、果决	说话要简明扼要，干脆利索，不拖泥带水，不拐弯抹角
4. 对琐事不感兴趣	无关紧要的话少说，直截了当，开门见山

2. 互动型的领导特征及沟通技巧（见表3-8）

表3-8　　　　　　　　　　互动型的领导特征及沟通技巧

特征	沟通技巧
1. 善于交际，喜欢与他人互动交流	亲近领导，应该和蔼友善，要留意自己的肢体语言，因为领导对一举一动都会十分敏感
2. 喜欢享受别人对他们的赞美	要公开赞美，而且赞美一定要出自真心诚意，言之有物；虚情假意的赞美会被领导认为是阿谀奉承
3. 凡事喜欢参与	当面沟通最有效，有问题甚至对领导有意见一定要面对面开诚布公地提出，不要在私下里表达不满

3.实事求是型的领导特征及沟通技巧（见表3-9）

表3-9 实事求是型的领导特征及沟通技巧

特征	沟通技巧
1.讲究逻辑而不喜欢感情用事	直截了当的方式，对领导提出的问题也最好直接作答
2.为人处世自有一套标准	按照领导的行事标准处理问题，不要随意改变
3.喜欢弄清楚事情的来龙去脉	在进行工作汇报时，多就一些关键性的细节加以说明
4.理性思考而缺乏想象力	省掉话家常的时间，直接谈领导感兴趣而且是实质性的内容

议一议

判断一下各门课程的授课老师分别是何种风格的人，如何才能与他们更好地沟通？

拓展内容二：如何向上级请示、汇报？

1.仔细聆听领导的命令

一项工作在确定了大致的方向和目标之后，领导通常会指定专人来负责该项工作。

（1）认真记录。领导明确指示由你去完成工作，作为下属必须明白领导的意图和工作的重点，所以在领导布置工作时，最便捷、有效的应对方式就是边听边记。

（2）复述确认。在领导下达命令之后，立即将自己的记录进行整理，简明扼要地向领导复述一遍，看是否有遗漏或者自己没有领会清楚的地方，并请领导加以确认。

小资料

5W2H法

认真聆听上级下达的任务时，建议采用"5W2H"的方法来快速记录工作要点，见表3-10。

表3-10 5W2H法

	Who	What	When	Where	Why
5W	谁来做	做什么	什么时间	什么地点	为什么
2H	How	How much			
	怎么样去做	需要多少工作量			

比如，领导要求你完成一项关于ABC公司的团体保险计划，你应该根据自己的记录向领导复述并得到领导的确认。

你可以说："总经理，我对这项工作的认识是这样的，为了增强我们公司在团体寿险市场的竞争力（Why），您希望我们团险部门（Who）不遗余力（How）地于本周五之前（When）在ABC公司总部（Where）与其签订关于员工福利保险的合同（What），请您确认一下是否还有遗漏。"

如果领导对你关于目标的理解点头认可了，那么你就可以着手进入下一个环节。

做一做

假设你是营销部门的工作人员，受到营销总监的委托，针对本周的促销活动做出计划，以小组为单位集思广益，使用"5W2H"法快速准确地记录一项工作的任务要点。

2.与领导探讨目标的可行性

领导在下达了任务之后，往往会关注下属对该问题的解决方案，他希望下属能够对该问题有一个大致的思路，以便在宏观上把握工作的进展。

（1）作为下属，在接到任务之后，应该积极开动脑筋，对即将负责的工作有一个初步的认识，告诉领导你的初步解决方案。

（2）对可能在工作中出现的困难要有充分的认识，对在自己能力范围之外的困难，应提请领导协调别的部门加以解决。

比如，上例中关于争取ABC公司的员工福利保险合同这个目标，你应该快速反应出行动的步骤和其中的困难。

3.拟订详细的工作计划

在明确工作目标并和领导就该工作的可行性进行讨论之后，你应该尽快拟订一份工作计划，交予领导审批。

（1）详细阐述你的行动方案与步骤。

（2）工作时间进度要给出明确的时间表。

4.在工作进行中随时向领导汇报

现在，你已经按照计划开展工作了。那么，你应该留意自己的工作进度是否和计划书一致，无论是工期提前还是延迟，你都应该及时向领导汇报。

（1）让领导知道你现在在干什么。

（2）取得了什么成效。

（3）及时听取领导的意见和建议。

议一议

如何做到向上级总结汇报时要点突出、层次清楚？

5.在工作完成后及时总结汇报

经过你和部门同事的共同努力，你们终于完成了这项工作，获得了ABC公司的团险保单，当大家都在兴高采烈地庆祝成功时，作为部门主管的你仍不应该松懈。

（1）及时将此次工作进行总结汇报。

（2）总结成功的经验和其中的不足之处。

（3）不要忘记在总结报告中提及领导的正确指导和下属的辛勤工作。

至此，一项工作的请示与汇报才算基本结束。

你的请示与汇报工作是否做到了尽善尽美?

拓展内容三:如何说服上级?

领导的指示自然要认真执行。那么,怎样说服领导,让领导理解自己的主张,同意自己的看法呢?

1.选择适当的时机

刚上班时,领导会因事情多而繁忙;到快下班时,领导又会疲倦心烦。显然,这都不是提议的好时机。总之,记住一点,当领导心情不太好时,无论多么好的建议,他都难以悉心静听。

小提示

最佳建议时机

向领导提出建议的最佳时机应该是领导时间充分、心情舒畅的时候,推荐两个时间段:

(1)上午10时左右。此时领导可能刚刚处理完清晨的业务,有一种如释重负的感觉,同时其正在进行本日的工作安排,你适时地以委婉方式提出你的意见,会比较容易引起领导的思考和重视。

(2)午休结束后的半个小时里。此时领导经过短暂的休息,可能会有更好的体力和精力,比较容易听取别人的建议。

2.灵活运用事实数据

作为下属,在提出建议或者推广新提案时,不能夸夸其谈、言之无物、主观臆断。要用数据和事实说话,这样更容易被领导接受和认可。

(1)无论是改进建议,还是新提案,都要明确阐述其利与弊。

(2)要收集和整理好有关数据和资料。

(3)用事实和数据做成书面材料,借助视觉力量,说服力强。

3.预测质疑,事先备案

领导对你的方案提出疑问,如果你事先毫无准备,吞吞吐吐,前言不搭后语,自相矛盾,当然不能说服领导。不仅如此,还会给领导留下逻辑性差、思维不够缜密的印象。因此,应事先设想领导会提什么问题,自己该如何回答。

4.简明扼要,重点突出

在说服领导时,要简明扼要、言简意赅、重点突出地说出自己最想解决和领导最关心的问题,不要东拉西扯,分散领导的注意力。因为领导的时间难以把握,很可能下一秒就有电话打进或有重要事情而打断你们的谈话。

5.面带微笑,充满自信

沟通时,一个人的语言和肢体语言所传达的信息各占50%。作为下属,如果对自己所提的建议或提案充满信心,那么,在面对领导时应该是表情自然、大方自信的。所以,要学会用你自信的微笑去感染领导，征服领导。

6.尊重领导的决定

最后要注意一点，无论你的建议多么完美，你也只是站在自己的角度来考虑问题。而领导要统管全局，因此，你应该在阐述完自己的意见之后礼貌地告辞，给领导一段思考和决策的时间。即使领导不愿采纳你的建议，你也应该感谢领导的倾听，同时让领导感觉到你对工作的积极性和主动性。

拓展内容四：如何与不同性格的同事沟通？

与同事沟通的目的是更好地完成自己的工作，所以，有必要把同事的性格进行分类，确定自己在和他们沟通时采取什么样的策略，才能使大家形成一种默契。

1.脾气暴躁型

这种人往往有一颗简单的心，他们眼里容不得沙子，却经常被事情的表面现象蒙蔽。对这样的同事，我们要有包容、理解的心，相信他们并没有恶意。当他冲你发火的时候，不要急于解释，最好的办法是等他火气消一消，然后再细细道来，用"润物细无声"的办法使他认识到自己的错误，继而赢得他的信任。

总之，千万不要在当时和他较真，如果这样处理，只能火上浇油。

2.傲慢无礼型

这种人一般以自我为中心，自高自大，常摆出一副盛气凌人、唯我独尊的架势，缺乏自知之明。对这样的同事，我们可以尽量减少与他相处的时间。在和他相处的时间里，尽量充分地表达自己的意见，不给他表现傲慢的机会。同时，交谈言简意赅，尽量用短句子来清楚地说明你的用意和要求，给对方一个干脆利落的印象，也使他难以施展傲气，即使想摆架子也摆不了。

3.沉默寡言型

这种人一般性格内向，不善交际与言辞，但并不表示他没话说。和他共处，你需要把谈话节奏放慢，并仔细观察他的言行举止，寻找他感兴趣的问题和比较关心的事情进行交流。一旦谈到他擅长或感兴趣的事情，他马上就会"解冻"，滔滔不绝地向你倾诉起来。

4.争强好胜型

这种人狂妄自大，喜欢炫耀，非常看不惯比自己强的同事，总想在公开场合压你一头，向大家证明他比你强。对这种同事，你可以保持适度的谦让，也可以置之不理，让时间和业绩证明究竟谁强谁弱。在适当的时机也可以挫其锐气，让他知道，山外有山、人外有人，不要不知天高地厚。

5.工于心计型

这种人习惯将自己的想法和看法装在心里，在和别人交流的时候，他更多的是作为一个倾听者站在那里。他希望通过你的述说，找出你的特长和弱点，从而把竞争的主动权牢牢握在手里。和这种人交往，你一定要有所防范，不要让他完全掌握你的全部秘密和底细，更不要被他所利用，从而陷入他的圈套。

6.口蜜腹剑型

这种人"明是一盆火，暗是一把刀"。碰到这样的同事，最好的应对方式是敬而远之，能避就避，能躲就躲。如果这种人打算亲近你，你应该找一个理由想办法避开，尽量不要和他一起做事，实在分不开，不妨每天记下工作日记，为日后应对做好准备。

7.尖酸刻薄型

这种人和别人争执时往往挖人隐私不留余地，冷嘲热讽无所不用，让对方自尊心受损、颜面尽失。对这种同事，要和他保持距离，不要惹他，吃一点小亏，听到一两句闲话，也应装作没听见，不恼不怒，由他而去。

8.固执己见型

这种人一般观念陈腐，思想老化，但又坚决抵制外来建议和意见，刚愎自用，自以为是。对待这种人，仅靠你三寸不烂之舌是难以说服他的。你不妨单刀直入，把他工作和生活中某些错误的做法一一列举出来，再结合眼下需要解决的问题，提醒他将会产生什么严重后果。这样一来，他即使当面抗拒你，内心也会开始动摇，怀疑起自己决定的正确性。这时你趁机摆出自己的观点，动之以情，晓之以理，那么他接受的可能性就大多了。

做一做

将身边的人按照以上类型进行分类，并以小组为单位，列举出适合的沟通技巧。

拓展内容五：如何与下属沟通？

1.下达命令的技巧

（1）态度和善，用词礼貌。为了改善和下属的关系，使他们感到自己更受尊重，你不妨使用一些礼貌的用语。例如，"小张，请你进来一下""小李，麻烦你把文件送去复印一下"。要记住，一位受人尊敬的领导，首先应该是一位懂得尊重别人的领导。

（2）让下属明白这项工作的重要性。下达命令之后，告诉下属这项工作的重要性，激发下属的成就感，让他觉得"我的领导很信任我，把这样重要的工作交给了我，我一定要努力才不负众望"。

（3）给下属更大的自主权。一旦决定让下属负责某一项工作，就应该尽可能地给他更大的自主权，让他可以根据工作的性质和要求，更好地发挥个人的创造力。

（4）共同探讨状况、提出对策。即使命令已经下达，下属也已经明白了他的工作重点所在，我们也已经相应地进行了授权，但是切不可就此不再过问事情的进展。尤其是当下属遇到问题和困难时，我们应该和下属一起共同分析问题，探讨状况，尽快提出一个解决方案。

（5）让下属提出疑问。可询问下属有什么问题及意见。例如："小王，关于这个投标方案，你还有什么意见和建议吗？"你可以采纳下属好的意见，并称赞他。例如，"关于这一点，你的意见很好，就照你的意见去做吧！"

2.赞美下属的技巧

赞美下属作为一种沟通技巧，也不是随意说几句恭维话就可以奏效的。事实上，赞扬下属也有一些技巧。

（1）赞扬的态度要真诚。赞美下属必须真诚，你必须确认你赞美的人的确有此优点，并且要有充分的理由去赞美他。

（2）赞扬的内容要具体。赞扬要依据具体的事实评价，除了泛泛的用语如"你很棒""你表现得很好""你不错"之外，最好要加上对具体事实的评价。

（3）注意赞美的场合。在众人面前赞扬下属，对被赞扬的员工而言，受到的鼓励是最大的，这是一个赞扬下属的好方式。因此，公开赞扬的内容最好是能被大家认同及公正评价的事项。

（4）适当运用间接赞美的技巧。一般来说，背后的赞美都能传达到本人，这除了能起到赞美的激励作用外，更能让被赞美者感到你对他的赞美是诚挚的，因而更能加强赞美的效果。

3.批评下属的技巧

（1）以真诚的赞美做开头。俗话说：尺有所短，寸有所长。一个人犯了错误，并不等于他一无是处，所以在批评下属时，如果只提他的短处而不提他的长处，他就会感到心理上不平衡，感到委屈。

（2）要尊重客观事实。批评他人通常是比较严肃的事情，所以在批评的时候一定要客观具体，应该就事论事。要记住，我们批评他人，并不是批评对方本人，而是批评他的错误行为，千万不要把对下属的批评从其错误行为扩大到下属本人身上。

（3）指责时不要伤害下属的自尊心与自信心。不同的人由于经历、知识、性格等自身素质的不同，接受批评的能力和方式也会有很大的区别。在沟通中，我们应该根据不同的人采取不同的批评技巧。但是这些技巧有一个核心，就是不损对方的面子，不伤对方的自尊心。

（4）友好地结束批评。正面地批评下属，不应该以"今后不许再犯"这样的话作为警告，而应该对对方表示鼓励，提出充满感情的希望，比如说"我想你会做得更好"或者"我相信你"，并报以微笑。让下属把这次见面的回忆当成你对他的鼓励而不是一次意外的打击，这样会帮他打消顾虑，增强改正错误、做好工作的信心。

（5）选择适当的场所。不要当着众人面指责，批评时最好选在单独的场合。独立的办公室、安静的会议室、午餐后的休息室，或者楼下的咖啡厅都是不错的选择。

每个人都会犯错，你要有宽广的胸襟，本着爱护下属的心态，包容下属的过失。当需要指责时，不要犹豫，正确、适时的指责，对下属、对部门都具有正面的作用。

任务训练

一、选择题

1.在批评下属时，要选择适当的场所，最好选择单独场合。下列选项中，不适合的是（　　）。

A.公共走廊　　　　　　　　　　B.独立的办公室

C.安静的会议室　　　　　　　　D.午餐后的休息室

2.（　　）的同事，他和别人争执时往往挖人隐私不留余地，同时冷嘲热讽无所不用，让对方自尊心受损，颜面尽失。

A.工于心计型　　　　　　　　　B.尖酸刻薄型

C.固执己见型　　　　　　　　　D.傲慢无礼型

3.同事之间由于经历、立场等方面的差异，对同一个问题往往会产生不同的看法，引起一些争论，一不小心就容易伤和气。这时我们应该（　　）。

A.不说是非 B.受恩不忘
C.求同存异 D.赞美欣赏

4.向（　　）风格的领导汇报工作时，要多就一些关键性的细节加以说明。

A.温柔型 B.控制型
C.互动型 D.实事求是型

二、实训题

公司领导大都有节后走访下属办公室的习惯。春节过后上班的第一天，赵经理来到他分管的部门，正巧遇到部门召开人员碰头会。在大家眼里，赵经理是一位很有能力、值得尊重的领导。赵经理跟大家寒暄落座后，年轻的小钱为了表达对经理的关爱之情，抢先说道："赵经理，您一个假期肯定没有休息好，您看您都瘦啦！您要注意休息啊！"但是赵经理并不买他的账，朝他摇摇手，道："你什么眼神？春节期间我不但没瘦，反而还胖了七八斤呢！"赵经理这么一说，全体人员都笑了，小钱被羞得满脸通红，无地自容。

请想一想在工作之初、转正之初、提升之初，应该怎样与领导及同事沟通呢？

任务三　　商务电话沟通训练

微课
电话沟通训练

情景导入

刘欣悦刚刚中专毕业，目前在公司做前台接待工作。除了到访客户的接待工作，她还负责客户的电话问询和预约受理工作。她听说，前任小李刚刚被辞退，这是为什么呢？

据大家反映，小李的工作状态是这样的：电话响了好久，小李才拿起话筒；经常嚼着口香糖接听电话；一边和同事说笑一边接听电话；需要记录数据时，总是到处乱翻，寻找纸和笔；抓起话筒却不知从何说起，语无伦次；使用"超级简略语"，例如"我是小李"，可是部门里有好几位姓李的同事；挂完电话才发现还有问题没有说；接到找别人的电话，态度冷淡地说句"不在！"就粗暴地挂断。

而刘欣悦是怎么做的呢？当电话响起两声，她立即拿起电话，以甜美的声音问道："您好！这里是××公司，很高兴为您服务，请问您需要什么帮助？"刘欣悦回答客户的问题，自始至终都面带微笑，声音清晰悦耳，根据客户交代的事情，从容自如地做记录；待客户挂断电话后，才双手握住话筒，将话机轻轻放下。

想一想：

对照电话沟通的表现，请你回忆一下自己通常是如何进行电话沟通的？

知识准备

在快节奏的现代社会中，电话已经成为人们最重要的联络工具。虽然见不到对方的面容、服饰、姿态，完全用声音和语言与对方进行沟通，不过，通过电话我们大致可以猜出对方是个什么样的人。有效使用电话，发挥它应有的作用，是我们交际成功的重要保证。企业员工能否用好电话，对企业的形象、声誉有着深远的影响。

电话作为现代较为便捷的通信工具，无论是在日常生活中、还是工作中都有着极为广泛的应用。打电话看起来容易，其实大有讲究。

不良的通话方式，会使顾客产生不满情绪，导致对员工个人的投诉，甚至影响企业的口碑，致使顾客忠诚度下降，间接降低企业的经济收益。因此，在工作中需要特别注重电话礼仪。在工作电话中给对方留下的印象，会使人将你的表现自然地与企业的形象联系起来。

怎样接听电话才能令对方感到心里愉快，使对话能顺利展开，给企业留下较好的印象呢？详尽、明确的电话礼仪，有助于我们具体把握电话交流的各个细节。

一、固定电话的沟通

1.接听电话

通常情况下，接听电话的程序如图3-5所示。

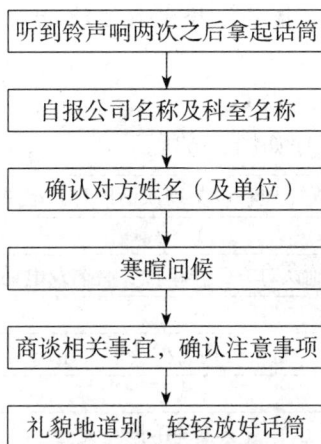

```
┌─────────────────────────┐
│  听到铃声响两次之后拿起话筒  │
└─────────────────────────┘
            ↓
┌─────────────────────────┐
│    自报公司名称及科室名称    │
└─────────────────────────┘
            ↓
┌─────────────────────────┐
│    确认对方姓名（及单位）    │
└─────────────────────────┘
            ↓
┌─────────────────────────┐
│        寒暄问候          │
└─────────────────────────┘
            ↓
┌─────────────────────────┐
│  商谈相关事宜，确认注意事项  │
└─────────────────────────┘
            ↓
┌─────────────────────────┐
│   礼貌地道别，轻轻放好话筒   │
└─────────────────────────┘
```

图3-5 接听电话的程序

接听电话包括通话前的准备、接听电话、结束通话三个部分。

（1）通话准备工作。

① 专心接听电话。让对方感觉到你在分心处理一些与电话无关的事情是不礼貌的。

② 及时接听电话。铃响三声之前接听，四声后就应道歉："对不起，让您久等了。"尽快接听电话会给对方留下好印象，让对方觉得自己被看重。

③ 左手握稳电话听筒。如果电话滑落，发出刺耳的声音，会令对方无法接受。

④ 情绪饱满，面带微笑接听电话。面部表情会影响声音，要以"对方看着"的心态接听电话。

（2）接听电话的沟通技巧。

① 礼貌地问候。"您好，这里是××公司。"清晰而礼貌的语调显示出说话人的职业风度和亲切的性格。

② 与听筒保持距离。嘴巴和话筒保持3厘米左右的距离；耳朵贴近话筒，仔细倾听对方的讲话。保持与话筒的距离，既卫生又优雅。

③ 讲究语言艺术。语言礼貌而谦恭，语调平稳而柔和，音量适中，发音标准，吐字准确。注意语言艺术，可以迅速准确地完成通话，节约双方的时间。

④ 接听电话的姿势。标准的接听电话的姿势是：上身挺直，面带微笑，左手拿话筒，

右手拿笔。

⑤ 做好电话留言记录。对方讲完之后要重复一遍，验证自己的记录是否正确无误。

⑥ 让客户等待时应给予说明并道歉。每过20秒留意一下对方是否愿意等下去。

（3）结束通话。

① 掌握结束通话的时间。一般由拨打电话的一方或身份高者先挂断电话，因为其具有优先权。

② 礼貌地道别。用积极的态度礼貌地结束通话，同时感谢对方，这会让对方心生敬意和喜爱。

做一做

两人为一组，模拟真实通话情景，检查自己接听电话的不足之处，并加以完善和改进。

2.拨打电话

通常情况下，拨打电话的程序如图3-6所示。

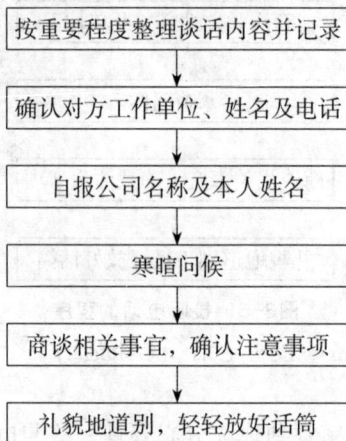

```
按重要程度整理谈话内容并记录
        ↓
确认对方工作单位、姓名及电话
        ↓
 自报公司名称及本人姓名
        ↓
      寒暄问候
        ↓
商谈相关事宜，确认注意事项
        ↓
礼貌地道别，轻轻放好话筒
```

图3-6 拨打电话的程序

拨打电话包括通话准备工作、拨打电话、结束通话三个部分。

（1）通话准备工作。

① 提前想好谈话的要点。避免出现遗漏、沟通障碍、表述不清或有歧义。

② 选择适当的通话时间。避开通话的高峰时间、业务繁忙时间、私人时间、节日、生理厌倦时间。

③ 查清号码，以便准确拨号。

（2）拨打电话。

① 语言亲切有礼貌。先说"您好"，接下来自报家门，可以报本人所在的单位、全名和职务。在通话的过程中，尊重通话对象，待人以礼，表现出文明大度。

② 通话语言清楚明了。交代事情礼貌、完整，以达到通电话的目的。

③ 做好记录，避免遗漏事情。

④ 掌握时间。一般应将通话时间控制在3分钟以内，过长的通话会耽误对方时间。

⑤ 专心。不要一边拨打电话一边做其他事。

（3）结束通话。

① 跟对方道一声"再见"。礼貌地结束通话会给对方留下良好的印象。

② 由拨电话者先挂断。挂断电话应轻放，以示礼貌。

 做一做

两人为一组，模拟真实通话情景，检查自己拨打电话的不足之处，并加以完善和改进。

3. 电话沟通的常用语

（1）您好！这里是×××公司×××部（室），请问您找哪位？

（2）我就是，请问您是哪一位？

（3）很抱歉让您久等了。

（4）请问您有什么事？（有什么能帮您？）

（5）对不起，这类业务请您向×××部（室）咨询，号码是……。（×××不是这个电话号码，他（她）的电话号码是……）

（6）×××不在，我可以替您转告吗？

（请您稍后再来电话好吗？）

（7）您拨错号码了，我是×××公司×××部（室）。

（8）请问您现在有时间吗？

（9）您现在接电话方便吗？

（10）您好！请问您是×××单位吗？

（11）我是×××公司×××部（室）×××，请问怎样称呼您？

（12）麻烦您帮我找一下×××好吗？

（13）如果我有什么问题，再给您打电话，可以吗？

（14）对不起，我打错电话了。

（15）对不起，这个问题……请留下您的联系电话，我们会尽快给您答复，好吗？

（16）您放心，我会尽力办好这件事。

（17）不用谢，这是我们应该做的。

（18）谢谢您打电话来。

 做一做

两人为一组，练习电话沟通，做到熟练使用常用电话用语。

二、移动电话（手机）的沟通

1. 放置到位

在公共场合，手机不使用时，不要放在手里或是挂在上衣口袋外。放手机的常规位置有：一是随身携带的公文包里，这种位置最正规；二是上衣的内袋里。有时可以将手机暂放在不起眼的地方，如手边、背后、手袋里，但不要放在桌子上，特别是不要对着面前的

客户。

2.遵守公德

不要在餐桌、剧场、图书馆、婚礼和葬礼等场合接打电话，如果非得回话，可以暂时回避或采用静音的方式发送短信。在会议中以及与别人洽谈的时候，最好把手机关掉，起码也要调到震动状态。这样既显示出对别人的尊重，又不会打断发言者的思路。在会场上铃声不断，好像业务很忙，使大家的目光都转向你，则显得缺少修养。在公交车上大声地接打电话也是有失礼仪的。

3.保证畅通

使用手机，主要的目的是保证自己与外界的联络畅通无阻。有他人来电，一般应及时接听。如果正在忙其他事情或不方便接听，应在5分钟之内回拨过去。拨打他人的手机之后，亦应保持耐心，一般应当等候对方1分钟左右。如未接通，不宜马上再同其他人联络，以防电话占线。不及时回复他人电话，拨打别人手机后转而接打其他人的电话，都会被视作不礼貌的行为。

因故暂时不方便使用手机时，可在语音信箱留言，说明具体原因，告知自己的其他联系方式。有时，还可采用呼叫转移的方式与外界保持联系。

4.注意通话情境

给对方打手机时，尤其当知道对方是身居要职的忙人时，首先要想到，这个时间他方便接听吗？在给对方打手机时，注意从听筒里的声音来辨别对方所处的环境。如果很静，应想到对方在开会，有时大的会场能感到一种空旷的回声，当听到噪声时对方就很可能在室外，开车时的隆隆声也是可以听出来的。有了初步的辨别，对能否顺利通话就有了准备。但不论在什么情况下，是否通话还是由对方来定为好，所以"现在通话方便吗？"通常是拨打手机问候之后的第一句问话。其实，在没有事先约定和不熟悉对方的前提下，我们很难知道对方什么时候方便接听电话。所以，在有其他联络方式时，还是尽量不打对方手机为好。

5.重视私密

一般而言，手机的号码不宜随便告之于人。因此，不应当随便打探他人的手机号码，更不应当不负责任地将别人的手机号码转告他人。

出于自我保护和防盗等多方面的考虑，通常不宜随意将本人的手机借给他人使用，或是前往不正规的维修点进行检修。同样，随意借用别人的手机也是不适当的。

6.注意安全

使用手机时，相关的安全事项不可马虎大意。

按照常规，在驾驶车辆时，不宜使用手机通话，因为它极有可能导致交通事故。乘坐飞机时，必须自觉关闭手机，因为手机发出的电子信号会干扰飞机的导航系统。在加油站或在医院里，不宜使用手机通话，否则有可能酿成火灾或影响医疗仪器设备的正常使用。此外，在一切标有禁用手机提示的地方，均须遵守规定。

三、短信的沟通

1.注意时间和场合

在需要保持安静的公共场所，或在与人交流时，应将短信接收提示音调至静音或震动状态。不要在别人能注视到你的时候查看短信；一边和别人说话，一边收发手机短信是对别人的不尊重；上班时间不能不停地发短信；发短信时间别太晚，否则会打扰对方休息。

2.记得署名

手机短信其实类似于我们日常的书信，只是载体不同，因此手机短信的开头首先要输入对方的称呼，短信的结尾要有署名，以便于接收人识别是谁发送的短信。

3.注意短信的内容

手机短信体现了发信者的文化素养、社会涵养，也体现了双方之间的关系，短信内容要针对发送对象选择合适的措辞，比如对朋友、恋人、领导、长辈等不同关系的人在措辞的亲密程度、尊敬的程度及短信内容等方面是有很大区别的。编发短信用语要规范准确、表意清晰。不编发有违法或不健康内容的短信，不随意转发不确定的消息。

4.回短信要及时

收到领导、老师、长辈的短信一定要在第一时间回复，以示尊重。发短信送祝福是加深双方感情的重要途径，发送此类短信不要群发（特别是你认为重要的人），一定要输入对方名字或称谓，以示对收信方的尊重。对方在短信中看到自己的名字或对自己单独的称呼时，会知道你这条短信是单独给他发送的，会很重视这份祝福。

5.注意保护隐私

一些不希望别人看到的短信，最好及时删除或者加密，如一些开玩笑的短信，或者语气比较暧昧、亲昵的短信，或者个人隐私的短信、图片等。

6.不要轻信陌生人的短信

手机短信内容不管是在商业方面还是个人隐私方面都有很大的价值，很多骗子通过群发短信的方式肆无忌惮地进行诈骗，获取不义之财。因此，当我们收到陌生人的短信时，一定要多问几个为什么，谨防上当受骗。

（1）在任何时间、任何地点，对任何人都不要同时说出自己的身份证号码、银行卡号、银行卡密码。

（2）当不能辨别短信的真假时，要在第一时间拨打来自正规渠道的查询电话核实。

（3）不要用手机回拨电话，最好找固定电话打回去。

（4）对一些根本无法鉴别的陌生短信，最好的做法是不要管它。

（5）如果已经上当，请立即报案。

（6）不相信、不贪婪、不回信，这是对付诈骗短信的绝招。

🎯 **技能拓展**

拓展内容一：你知道这些电话沟通的小技巧吗？

为了提高通话效果、正确表达思想，接听、拨打电话的技巧有：

1.电话旁应准备记事本和笔

📖 **小资料**

即使是人们用心去记住的事，经过9个小时，遗忘率也会高达70%，日常琐事遗忘得更快。

试回忆本周前4天晚饭的情形，大概很多人都想不起来了吧？所以不可太相信自己的记忆，重要事项可采取做记录的措施予以弥补。若在电话机旁放置好记事本和笔，当他人打来电话时，就可立刻记录主要事项。如不预先备妥纸笔，到时候措手不及，不仅耽误时间，而且会搞得自己狼狈不堪。

2.先整理电话内容，后拨打电话

给别人拨打电话时，如果想到什么就讲什么，往往会丢三落四，可能忘却了主要事项还毫无觉察，等对方挂断了电话才想起来。因此，应事先把想讲的事逐条逐项地整理并记录下来，然后再拨打电话，边讲边看记录，随时检查是否有遗漏。另外，还要尽可能在3分钟之内结束通话。如果在3分钟之内能结束的通话用了5分钟甚至10分钟，那么就有可能措辞不当，未抓住重点。

3.态度友好

有人认为，电波只是传播声音，拨打电话时完全可以不注意姿势、表情，这种看法是错误的。通话双方是否诚实、恳切，都包含于说话声音中。若声调不准就不易听清楚，甚至还会听错，因此，讲话时必须抬头挺胸，伸直脊背。"言为心声"，态度的好坏，都会表现在语言之中。如果道歉时不低下头，歉意便不能伴随语言传达给对方。同理，表情亦包含在声音中。拨打电话时表情麻木，其声音也冷冰冰的。因此，拨打电话时也应微笑着讲话。

小资料

女性在对着镜子说话时，会很自然地微笑，微笑时的声音更加悦耳、亲切。根据这一原理，在一些大公司的总机或者前台，管理者有意在接线员的桌上放置一面镜子，以促使她们在接听电话的时候自然地微笑，然后通过语言把这一友好的信息传递出去。

4.注意自己的语速和语调

急性子的人听慢话，会觉得断断续续，有气无力，颇为难受；慢性子的人听快语，会感到焦躁心烦；高龄的长者听快言快语，难以充分理解其意。因此，讲话速度并无定论，应视对方情况，灵活掌握语速，随机应变。

拨打电话时，适当地提高声调显得富有朝气、明快清脆。人们在看不到对方的情况下，大多凭第一听觉形成初步印象。因此，讲话时有意识地提高声调，会格外悦耳优美，就像乐谱中5（嗦）的音域。

5.不要使用简略语、专用语

"行销三科"简称"三科"这种企业内部习惯用语，外行人往往无法理解。同样，专用语也仅限于行业内使用，普通顾客不一定知道。有的人不以为意，洋洋得意地乱用简称、术语，给对方留下了不友善的印象。有的人认为外来语高雅、体面，往往自作聪明地乱用一通。可是意义不明的外来语，并不能正确表达自己的思想，不但毫无意义，有时甚至会引发误会，这无疑是自找麻烦。

6.养成复述的习惯

为了防止听错电话内容，一定要当场复述，特别是同音不同义的词语及日期、时间、电话号码等数字内容，务必养成听后立刻复述、予以确认的良好习惯。文字不同，一看便知，但读音相同或极其相近的词语，通电话时则常常容易搞错。因此，对容易混淆、难以分辨的词语要加倍注意，放慢速度，逐字清晰地发音，如1和7、11和17等。为了避免发生音同字不同或义不同的错误，听到与数字有关的内容后，请务必马上复述，予以确认。当说到日期时，不妨加上星期几，以保证准确无误。

拓展内容二：如何应对通话过程中的突发情况？

1.听不清对方话语时的应对技巧

当对方讲话听不清楚时，进行反问并不失礼，但必须方法得当。如果惊奇地反问："咦？"或怀疑地回答："哦？"对方定会觉得无端地招人怀疑、不被信任，从而影响其心情，连带对你印象不佳。但如果客客气气地反问："对不起，刚才没有听清楚，请再说一遍好吗？"对方一定会耐心地重复一遍，丝毫不会责怪。

2.接到打错了的电话时的应对技巧

接到打错了的电话时，冷冰冰地说"打错了"是特别不礼貌的行为。如果自己知道对方所找公司的电话号码，不妨告诉他，也许对方正是本公司潜在的顾客；即使不是，你热情友好地处理打错的电话，也可使对方对公司抱有初步好感，说不定就会成为本公司的客户，甚至成为公司的忠诚支持者。

3.遇到自己不知道的事时的应对技巧

有时候，对方在电话中一个劲儿地谈自己不知道的事，而且像竹筒倒豆子一样，没完没了。碰到这种情况，一些职员常常会感到很恐慌，虽然一心企盼着有人能尽快来接电话，将自己救出困境，但往往迷失在对方喋喋不休的陈述中，好长时间都不知对方到底找谁，待电话讲到最后才醒悟过来："关于××事呀，很抱歉，我不清楚，负责人才知道，请稍等，我让他来接电话。"碰到这种情况，应尽快理清头绪，了解对方真实意图，避免被动。

4.接到领导亲友的电话时的应对技巧

领导对部下的评价常常会受到其亲友的影响。打到公司来的电话，并不限于工作关系。如领导及前辈的亲朋好友，打来与工作无直接关系的电话。他们对接电话的你的印象，会在很大程度上左右领导对你的评价。

例如，当接到领导夫人找领导的电话时，由于你忙着赶制文件，时间十分紧迫，根本顾不上寒暄问候，而是直接将电话转给领导就完了。也许领导夫人会跟领导反映说："刚才接电话的人，不懂礼貌，真差劲。"这可能会影响领导对你的印象。可见，领导及前辈的亲朋好友对下属职员的一言一行非常敏感，期望值很高，请切记时刻严格要求自己。

5.接到顾客的索赔电话时的应对技巧

索赔的客户也许会牢骚满腹，甚至暴跳如雷，如果作为被索赔方的你缺少理智，像对方一样感情用事，以唇枪舌剑回击客户，不但于事无补，反而会使矛盾升级。正确的做法是，处之泰然，洗耳恭听，让客户诉说不满，并耐心等待客户心平气和。其间切勿说"但是""话虽如此，不过……"之类的话进行申辩，应一边肯定客户话中的合理成分，一边认真琢磨对方发火的缘由，找到正确的解决方法，用肺腑之言感动顾客，从而化干戈为玉帛，取得客户谅解。

面对客户提出的索赔事宜，自己无权解决时，应将索赔内容准确及时地告诉负责人，请他出面处理。闻听索赔事宜，绝不是件愉快的事，而要求索赔的一方，心情同样不舒畅。也许要求索赔的客户还会在电话中说出过激难听的话，但即使这样，到最后道别时，你仍应加上一句："谢谢您打电话来，我们今后一定加倍注意，那样的事绝不会再发生。"这样，不仅能稳定对方情绪，还能让其对公司产生好感。

正所谓：精诚所至，金石为开。对待索赔客户一定要诚恳，用一颗诚挚的心感动客户、化解矛盾，使之从这次处理得当、令人满意的索赔活动中理解与支持本公司，甚至成为公司产品的支持者。你也能通过对索赔事件的处理，了解公司的不足之处，并以此为突破口进行改进。当经过各方不懈努力，最终排除障碍、解决问题，甚至使产品质量更上一层楼，使企业走向繁荣昌盛时，谁又能说索赔不是一件好事呢？

做一做

两人一组，结合实际练习接到客户的投诉电话时的处理方式。

拓展内容三：你掌握这些电话沟通的注意事项吗？

1.通话适可而止

拨通客户电话后，如果没有人接听，要及时放下电话，或许你的客户正在接听另外一个电话，或者客户现在不方便接听，如果你的电话铃声固执地响个不停，只会让客户反感。

与客户第一次联络不要太过亲密和随意，时间不要太长，一般只是问候一下，告诉对方你是谁就足够了。一定不要在第一次的电话里让客户感觉到你在推销。如果你想约对方见面，最好在第二次的电话里再提。可以先礼貌地询问对方什么时间有空，如果方便的话，是否可以约喝下午茶（或其他洽谈的项目）。

电话联络是第一次与客户沟通的最好办法，既可以使客户感到营销人员真真切切的存在，又可以避免因客户拒绝沟通产生的尴尬。

2.表述要清晰

在电话里，自我介绍或表述一定要简短清晰，突出主要问题，让对方在最短的时间内很轻松地理解你的话。有效的客户大都日理万机、惜时如金，他对外部事物是有选择性的，而且这种选择常常通过他的直觉在极短的时间判断出来。如果你拖泥带水、表述不清，就会给对方造成思维混乱的感觉，进而产生排斥心理，会给进一步的沟通带来障碍。

在拿起电话拨号前，养成简单整理一下思维的习惯，说什么，怎样说，要做到心中有数。

3.心态要从容

在与客户第一次通话时，要有充分的心理准备，要从与客户交朋友的角度出发，保持心态平和，从积极和消极两个方面考虑到其可能出现的反应。这种良好的心态会从你的语言、语调中表露出来，虽未谋面，对方也感到你的自信和坦然，从而留下好的印象。

4.选择好通话时间

（1）因公通电话，不要选择下班之后的时间；因私通电话，则尽量不要占用对方的上班时间。

（2）若非特殊情况，不要在节假日、用餐时间和休息时间给对方拨打电话。如半夜或清晨被电话吵醒，很容易引起对方的反感。

（3）拨打国际电话，首先要考虑对方国家的时间。

5.控制好通话时长

（1）在正常情况下，一次拨打电话的时间最好不要超过3分钟，这在国际上被称为"拨打电话的3分钟原则"。它要求拨打电话的人有很强的时间观念，抓住主题，言简意赅，在很短的时间内表达清楚自己的意思，切忌长时间占用电话，以免影响他人正常使用。

（2）如果谈话内容较多，应该先问对方有没有时间，是否方便长时间与你进行谈话；如果对方没有时间，可以另约时间。

 **议一议**

（1）在什么时间拨打电话比较适合？拨打电话的时长控制在多少为宜？

（2）在接听电话过程中应该树立一种什么样的心态？

 **任务训练**

一、选择题

1.在正常情况下，一次拨打电话的时间最好不要超过（　　　）。

A.3分钟　　　　　　B.5分钟　　　　　　C.10分钟　　　　　　D.15分钟

2.当拨打电话时，下列选项中最得体的开头语是（　　　）。

A."您好，请问王军在吗？"　　　　　　B."喂，请问王军在吗？"

C."喂，王军在吗？"　　　　　　D."我找王军。"

3.当拨打电话要找的人不在时，你会说（　　　）。

A."我待会儿再打吧，再见！"

B."给您添麻烦了，待会儿我再来，谢谢！"

C."怎么会不在！"

D."他明明说等我电话的。"

4.如果你接到打给同事的电话，你会说（　　　）。

A."对不起，他不在，待会儿再打吧！"

B."对不起，你找错人了！"

C."对不起，他不在，有什么事让我转告吗？"

D."你打错电话了！"

二、实训题

一家国内IT企业进行笔记本电脑的促销活动，营销人员打电话给一个潜在客户。

营销人员："先生，您好，这里是某某公司个人终端服务中心，我们在搞一个调研活动，您有时间吗？我们可以问您两个问题吗？"

客户："你就是在促销笔记本电脑吧？不是搞调研吧？"

营销人员："其实，也是，但是……"

请问：作为营销人员，此次电话沟通的主要目标是什么？当客户出现异议时，营销人员应该怎么办？

任务四　　网络客服沟通训练

情景导入

王佳和孙露是同一家网店的客服人员，每天都要接到很多顾客的在线咨询。王佳觉得时间有限，不能和每一个顾客聊得太多，所以她总是用最简短的话回复顾客的问题，下单的顾客并不多。

顾客：你好，请问这件毛衣有黄色的吗？

客服王佳：没有。

顾客：那请问价格可以便宜点儿吗？

客服王佳：这是最低价格，不能便宜。

但孙露却不这么做，她觉得既然网络沟通不能与顾客面对面交流，那就要通过亲切的话语体现出自己真诚的服务态度，所以她喜欢用流行的网络用语、表情来回复。

顾客：你好，请问这件毛衣有黄色的吗？

客服孙露：亲，很抱歉，这件衣服只有白色的。

顾客：那请问价格可以便宜点儿吗？

客服孙露：亲，不好意思哦，小店薄利销售，这已经是最低价了呦！

想一想：

营销人员如何使用网络通信工具与顾客进行沟通？在沟通中需要注意哪些问题呢？

知识准备

在网店经营过程中，客服人员是必不可少的重要角色。这是因为在电商领域的各个岗位中，网店客服是唯一一个能够跟客户直接沟通的岗位，这种沟通带有情感，会给客户带来不同的沟通体验。

一、常用的网络通信工具

在电子商务时代，要求营销人员与时俱进，能够利用网络工具为客户提供个性化、多元化、高效快捷的客户服务。

1.即时通信类

即时通信（Instant Messaging，IM），是一种终端服务，允许两人或多人使用网络，即时进行文字信息、语音与视频交流。当前，常见的个人即时通信工具有 MSN Messenger、QQ、微信等。

即时通信工具按装载对象分为企业即时通信和网站即时通信，按使用用途又可分为手机即时通信和电脑即时通信。

在电子商务环境下，商务即时通信主要功用是为了实现寻找客户资源或便于商务联系，以低成本实现商务交流或工作交流。常用的有以企业平台网的阿里旺旺、MSN Messenger、AnyChat、阳光互联 Lync 等。

2.电子邮件类

电子邮件（Electronic Mail，E-mail），又称电子信箱、电子函件。电子邮件是指用电子手段传送信件、单据、资料等信息的通信方法。

通过网络的电子邮件系统，用户可以用非常低廉的价格和非常快速的方式与世界上任何一个角落的网络用户联系，邮件内容可以是文字、图像、声音等形式。

作为一种快捷的沟通方式，电子邮件已经成为企业进行客户服务的主要工具。客户可直接向企业发送电子邮件，不受任何时间限制。企业通过电子邮件直接回复客户的问题，具有较强的针对性，方便企业和客户之间的沟通联系。

3.网络社区类

网络社区是指包括论坛/BBS、贴吧、公告栏、个人知识发布、群组讨论、个人空间、无线增值服务等形式在内的网上交流空间，同一主题的网络社区集中了具有共同兴趣的访问者。

从社会学的角度看，网络社区是由网民在电子网络空间进行频繁的社会互动形成的、具有文化认同的共同体及其活动场所。与现实社区一样，它包含一定的场所、一定的人群、相应的组织、社区成员参与和一些相同的兴趣、文化等特质。而最重要的一点是它与现实社区一样，提供各种交流信息的手段，如讨论、通信、聊天等，使社区居民得以互动。

4.网络传真类

网络传真，又称电子传真。它通过互联网技术、通信技术、软件技术实现了从计算机到传统传真机的无缝衔接，实现了让计算机无纸化收发传真和传真的有序归档、管理，帮助用户实现无纸化办公和移动办公，提高工作效率。

在众多通信工具中，传真方便且直观，是现代工作和生活中无法取代的重要通信工具之一。随着信息技术产业的蓬勃发展，网络传真服务应运而生。它既保留了传统传真的优点，又拓展了电子邮件的应用范围，真正实现了以科学技术为导向，增加和获取最大利益附加值。

5.网络电话类

网络电话，又称VoIP。它是通过互联网直接拨打对方的固定电话和手机，包括国内长途和国际长途，而其资费是传统电话费用的10%～20%。

由于是通过互联网传送语音通话，网络电话被认为是对传统电话业务的一项颠覆性替代业务。据了解，根据国际上公认的分类方式，VoIP有四种实现方式：Phone（电话）-Phone、Phone-PC（电脑）、PC-Phone和PC-PC。

6.常见问题解答类

常见问题解答（Frequently Asked Questions，FAQ）是企业、网站、组织或者页面功能等设计者提供在线帮助的主要手段，是电子商务客户服务的一种重要方式，主要为客户提供产品和服务等方面问题的解答。FAQ通过事先设计好的一些常见问答，发布在网页上为用户提供咨询服务。

一个设计完善的FAQ系统，应该至少可以回答用户80%的问题，而且问题和解答要尽量短小精准。这样既能够引发随意浏览者的兴趣，也能够帮助有目的的客户迅速找到所需信息，大大减轻客服人员的工作压力，节省客户服务成本，提高客户满意度。

议一议

常用的网络交易平台的各类工具都有哪些？

二、网络沟通的利与弊

1.网络沟通的优势

（1）效率高，能与多方同时进行沟通。

（2）考虑问题全面，有足够时间来运用语言和分析语言的含义。

（3）使工作便利化，大大降低沟通成本。

（4）通过邮件、手机、聊天工具，能快速进行沟通。

（5）能够满足一些人的沟通愿望，可以畅所欲言。

（6）跨平台，容易集成。

2.网络沟通的劣势

（1）容易推卸责任，事后有可能不认可其所言。

（2）建立信任较难，除非特别熟知的人，否则都存有疑心、猜测。

（3）相互了解较困难，语言表达和文字表达往往不完全一致，文字表达可能更有策略性，容易掺杂伪装的一面。

（4）需要通过多次、反复的合作，才可能慢慢建立信任关系。

（5）诚实程度不好掌握，顾忌的事情较多。

三、网络沟通的原则

1.记住别人的存在

千万要记住和你打交道的是一个活生生的人，当面不宜说的话，在网上也不要说。

2.网上网下行为一致

网上的道德和法律规范与现实生活是相通的，如果以为在网络中就可以降低道德标准，那就错了。

3.入乡随俗

不同的地区、不同的营销对象都有不同的交流规则，所以在不同的场合，交流的方式和语气应该是有区别的。

4.尊重别人的时间和带宽

不要以自我为中心，充分考虑别人在浏览信息时需要的时间和带宽资源，这也是对客户的尊重。

5.给别人留个好印象

因为网络的匿名性质，你的一言一语都将成为别人对你的判断依据，注意自己的言行将有助于树立良好的网络形象。

6.分享你的知识

这不但可以增强自己在客户心目中的好感，还有助于提高客户对你所营销商品的兴趣，有效激起客户的购买欲望。

7.心平气和地争论

在网络交流中争论是正常的，要以理服人，不要进行人身攻击。

8.尊重他人隐私

企业应该充分尊重客户的个人隐私，不随意泄露客户个人信息，这不仅是在保障客户的利益，也是在保持自己的良好形象。

9.不要滥用权力

相对而言，营销过程中企业掌握着更多的信息，处于主动地位，企业应本着为客户服务的宗旨，不滥用权力。

10.宽容

面对客户所犯的错误，企业应该保持宽容的态度。

技能拓展

拓展内容一：你知道这些网络沟通的礼仪吗？

1.即时通信软件的使用礼仪

（1）不要随便请求别人加你为好友，除非有正当理由。

（2）在别人状态为"忙碌➖""请勿打扰🚫"的时候，不要打扰。如果是正式的谈话，不要用"忙吗?""在吗?""打扰一下"等语句开始一段对话，而是把对话的重点压缩在一句话中。

（3）如果谈工作，尽量把要说的话压缩在10句以内。

（4）不要随意给别人发送链接，尤其是不加说明的链接。随意发送链接是一种很粗鲁的行为，属于强制推送内容给对方，而且容易让别人电脑感染上病毒。

2.虚拟社区的访问礼仪

（1）尊重别人的劳动。不要随意转载，不得否定对方知识层次。不要自诩高人一筹，不得使用侮辱性质的词句。

（2）不要做鉴定师和价值判断人。不要断章取义，不要留下一句"楼主火星""鉴定完毕"等鉴定师语言，不要抓住对方一句话借题发挥，要认真阅读后再发言。

拓展内容二：如何写一封内容准确、完整的电子邮件？

1.关于主题

主题是接收者了解邮件内容的窗口，因此要提纲挈领，使用有意义的主题，这样可以让收件人迅速了解邮件内容，并判断其重要性。

（1）标题一定不要空白，这是最失礼的。

（2）标题要简短，不宜冗长。

（3）标题要能体现正文的内容和重要性，切忌使用含糊不清的标题，如 "王先生收""有个问题"等。

（4）一封信尽可能只针对一个主题，以便日后对邮件进行整理，不要在一封信内谈及多件事情。

（5）可适当使用大写字母或特殊字符（如""、*、!、#等）来突出标题，引起收件人注意，但应适度，特别是不要随便用"紧急"之类的字眼。

（6）回复对方邮件时，可以根据回复内容的需要更改标题。

2.关于称呼与问候

（1）恰当地称呼收件人，拿捏准尺度。恰当地称呼收件人，既显得礼貌，也明确提醒该收件人，此邮件是面向他的，要求其给出必要的回应。

如果对方有职务，应按职务尊称对方，如"××经理"；如果不清楚职务，则应按通常的"××先生""××女士"称呼，但要把性别先搞清楚。

不熟悉的人不宜直接称呼其英文名，对级别高于自己的人也不宜称呼其英文名。

（2）开头和结尾最好有问候语。俗话说得好，"礼多人不怪"。礼貌一些，总是好的，即便邮件中有些地方不妥，对方也能平静地看待。所以，要在开头写上"您好"，在结尾写上"祝您顺利"之类的问候语和祝福语。

✎ 做一做

与小组同学合作总结，使用电子邮件进行沟通时，常用的问候语有哪些？

3.邮件正文

（1）正文要简明扼要，行文通顺。如果涉及内容确实很多，正文应只摘要介绍，然后单独写个文件作为附件，进行详细描述。

正文行文应通顺，多用简单词汇和短句，准确清晰地表达，不要出现晦涩难懂的语句，不要让收件人点击滚动条才能看完你的邮件。

（2）注意陈述语气。根据收件人与自己的熟悉程度、等级关系、邮件是对内还是对外性质的不同，选择恰当的语气进行陈述，以免引起对方不悦。

尊重对方，"请""谢谢"之类的语句要经常出现。

由于电子邮件可轻易地转给他人，因此对别人意见的评论必须谨慎而客观。

（3）正文多用"1234"之类的列表，这样显得清晰、明确。如果事情复杂，最好分段落进行清晰明确的说明，没有人愿意仔细阅读层次不清的长篇大论。

（4）一次邮件交代完整信息。最好在一次邮件中把相关信息全部说清楚、说准确，不要过两分钟之后再发一封什么"补充"或者"更正"之类的邮件，这会让人很反感。

（5）尽可能避免拼写错误和错别字，注意使用拼写检查。这是对别人的尊重，也是自己态度的体现。如果是英文邮件，最好把拼写检查功能打开；如果是中文邮件，注意拼音输入法带给你的同音别字。在邮件发送之前，务必自己仔细阅读一遍，检查行文是否通顺，拼写是否有错误。

（6）合理提示重要信息。不要动不动就用大写字母、粗体斜体、颜色字体、加大字号等手段对一些信息进行提示。合理的提示是必要的，但过多的提示则会让人抓不住重点，影响阅读。

（7）合理利用图片、表格等形式来辅助阐述。很多带有技术介绍或讨论性质的邮件，单纯以文字形式很难描述清楚，如果配合图表加以阐述，收件人一定会表扬你的体贴。

（8）慎用表情字符及符号。在商务信函里面乱用表情字符及符号会显得不正式，所以不要动不动就使用表情字符及符号。除非你确实需要强调一定的轻松气氛，否则应慎用。

4.附件

（1）如果邮件带有附件，应在正文里面提示收件人查看附件。

（2）附件文件应按有意义的名字命名，不要使用难以理解、难以看懂的文件名。

（3）正文中应对附件内容做简要说明，特别是带有多个附件时更应如此。

（4）附件数目不宜超过4个，数目较多时应打包压缩成一个文件。

（5）如果附件是特殊格式文件，应在正文中说明打开方式，以免影响使用。需要注意的是，尽量使用通用格式，免得接收人为了阅读你的邮件而安装专门的软件。

（6）如果附件过大，应分割成几个小文件分别发送。

5.语言的选择和文字编码

（1）只在必要的时候才使用英文邮件。英文邮件只是交流的工具，而不是用来炫耀英文水平的。如果收件人中有外籍人士，应该使用英文邮件交流；如果收件人是其他国家和地区的华人，也应采用英文交流。由于存在中文编码的问题，你的中文邮件在其他地区可能显示为乱码，因此选择恰当的文字编码很重要。

（2）尊重对方的习惯，不主动发起英文邮件。如果对方与你的邮件往来采用中文，请不要自作聪明地发送英文邮件给他；如果对方发英文邮件给你，也不要用中文回复。

（3）一些信息量丰富或重要的邮件，建议使用中文。因为你不了解对方的英语水平，就不能确定自己的英文表达水平与对方的英文理解水平是否是一致的，所以滥用英文会影响邮件所涉及问题的解决。

（4）选择便于阅读的字体和字号。中文字体最好选择宋体或新宋体，英文字体最好选择Verdana字体或Arial字体；字号建议用五号或10磅字。这是经研究证明最适合在线阅读的字体和字号。不要用稀奇古怪的字体或斜体；最好不用背景信纸，特别是公务邮件。

6.结尾签名

每封邮件在结尾处都应签名，这样对方可以清楚地知道发件人信息。

（1）签名信息不宜过多。电子邮件消息末尾加上签名档是必要的。签名档可包括姓名、职务、公司、电话、传真、地址等信息，但信息不宜行数过多，一般不超过4行。

引用一个短语作为你的签名的一部分是可行的，比如你的座右铭或公司的宣传口号，但是要分清收件人对象与场合，切记一定要得体。

（2）不要只用一个签名档。对内、对私、对熟悉的客户等群体的邮件往来，签名档应该进行简化，过于正式的签名档会让对方觉得你有意疏远。你可以设置多个签名档，灵活调用。

（3）签名档文字应选择与正文文字匹配的中文简体、繁体或英文，以免出现乱码。字号一般应比正文字号小一些。

做一做

请为自己设计3个能突出个性的签名档，并在小组内进行互相点评。

7.回复技巧

（1）及时回复。收到他人的重要电子邮件后，及时回复对方是对他人的尊重。理想的回复时间是 2 小时内，特别是一些紧急、重要的邮件。

对每一封邮件都立即处理是很占用时间的，对一些优先级低的邮件，可集中在特定时间处理，但一般不要超过 24 小时。

如果事情复杂，你无法确切回复，那至少应该及时地回复说："收到了，我们正在处理，一旦有结果就会及时回复……"不要让对方苦苦等待。如果你正在出差或休假，应该设定自动回复功能，提示发件人，以免影响工作。

（2）进行针对性回复。回件答复问题的时候，最好把相关的问题抄到回件中。这种必要的阐述，可以让对方一次性理解，避免再反复交流，浪费资源。

（3）回复不得少于 10 个字。对方给你发来一大段邮件，你却只回复"是的""对""谢谢""已知道"等字眼，这是非常不礼貌的。

（4）不要就同一问题多次回复讨论。如果收发双方就同一问题的交流回复超过三次，这只能说明交流不畅，说不清楚。此时，应采用电话沟通等其他方式进行交流。

（5）要区分"单独回复"和"回复全体"。如果只需要单独一个人知道的事，单独回复给他一个人就行了。如果你对发件人提出的要求作出结论响应，应该"回复全体"，让大家都知道。因为"回复全体"影响面很大，所以要三思而行。如果你对发件人提出的问题不清楚，或有不同的意见，应该与发件人单独沟通，等你们讨论好了再告诉大家。不要向上司频繁发送没有确定结果的邮件。

议一议

在使用"回复全体"的时候，需要注意哪些事项？如果使用不当，会造成什么不良后果？

（6）主动控制邮件的来往。为避免无谓的回复，浪费资源，可在文中指定部分收件人给出回复，或在文末添上以下语句："全部办妥""无须行动""仅供参考，无须回复"。

8.正确使用发送（To）、抄送（CC）和密送（BCC）

（1）发送（To）的人是要受理这封邮件所涉及的主要问题的，理应对电子邮件予以回复响应。

（2）抄送（CC）的人则只是需要知道这回事，没有义务对邮件予以响应，如果抄送的人有建议，可以回电子邮件。

（3）密送（BCC），即电子邮件不仅发送给收信人，还发送给其他人，而收信人是不知道的。密送一般用在非常规场合。

（4）发送、抄送中的各收件人的排列应遵循一定的规则，比如按部门排列、按职位等级排列等。适当的排列规则有助于提升你的形象。

（5）只给需要信息的人发送邮件，不要占用他人的资源。

（6）转发邮件要突出信息。在你转发消息之前，首先确保所有收件人需要此消息。除此之外，转发敏感或者机密信息要小心谨慎，不要把内部消息转发给外部人员或者未经授权的接收人。

任务训练

一、选择题

1.下列选项中,不属于常用的即时通信工具有( )。

A.189邮箱 　　　　B.腾讯QQ 　　　　C.陌陌 　　　　D.微信

2.( )是指由网民在电子网络空间进行频繁的社会互动形成的具有文化认同的共同体及其活动场所。

A.网络社区 　　　B.网络传真 　　　C.网络电话 　　　D.电子邮件

3.网络电话,英文简写是 ( ),是通过互联网直接拨打对方的固定电话和手机,包括国内长途和国际长途,而资费是传统电话费用的10% ~ 20%。

A.EFAX 　　　　B.IM 　　　　C.BBS 　　　　D.VoIP

4.发送电子邮件时,附件最好使用( )格式,而且在正文中应当包含附件的简要介绍。

A.PPT 　　　　B.Word 　　　　C.PDF 　　　　D.TXT

二、实训题

使用QQ聊天时,大家经常会带一些语气助词,比如"哈哈""嘿嘿""呵呵""HO-HO""晕"等。不知你有没有想过,QQ另一端的人看了这些词汇后,会有什么感觉?这些词汇会不会给对方带来不愉快的心理体验或是暗示?

关于这个问题,有人专门做过两次网络调查,一次为单选调查,另一次为多选调查,调查主题为"当你的网友说下面哪个词时,你最想抽他"。调查结果显示,在单选调查中有64%的人选择了"呵呵",在多选调查中有40%的人选择了"呵呵"。"呵呵"这个词高票当选,也就是说当你对你的QQ好友不停地说"呵呵"时,对方会不高兴的。在调查中,有一位女网友总结得非常精辟,她说:" '嘿嘿'太玩笑,'哈哈'太随意,'嘻嘻'太幼稚,'呵呵'太敷衍。"

请大家想一下,在使用即时通信工具进行沟通时,应该如何使用语气助词和表情符号?

任务五 　　　　**商务信函沟通训练**

微课

书信沟通训练

情景导入

某公司采购部经理王心羽一行5人参加了某轻工产品博览会。博览会上商品琳琅满目,王心羽一行货比三家,精心挑选,带回了一些样品和图册。经公司研究讨论,决定选择三家制衣厂作为意向合作伙伴。于是,王心羽起草了一封商务信函,内容如下:

××制衣厂销售部:

××月××日,我们参加了轻工产品博览会,贵厂生产的××牌羽绒服给我们留下了深刻印象。我公司市场、技术等方面的人员对我们带回的样品进行了研究，一致认为××牌羽绒服用料考究、样式新颖、做工精细，将来会有很好的销路。

为此，我们竭诚希望与贵方建立直接供销关系，可否由贵方直接向我公司批发供货，或由我方为贵方代销。如贵方有意，我方将派员前往洽谈，有关事宜，待贵方答复后再进行商议。期盼回复。

××××销售公司

××××年××月××日

想一想：

商务信函如何写作？在写作过程中，有什么格式要求和其他特殊要求？

知识准备

商务信函属于商务礼仪文书范畴，是指工商企业在商贸活动中，为沟通信息、往来业务和处理问题而使用的商务书信。

【读一读】

书牍是用以交流思想、表情达意的重要工具，在中华大地上有着悠久的历史和文化渊源。

"书"，最早是作为动词使用，表示写的意思，后来才作为名词使用。书牍别称"尺牍"，又曰"尺素"。秦汉以后，"书"逐渐演变为一般的书信。我国古代脍炙人口的书信名篇不胜枚举，如司马迁的《报任安书》，王安石的《答司马谏议书》，白居易的《与元九书》等。现在，文言尺牍在社会交际中已经被白话书信所取代，但是它的历史地位和其中的优良传统仍然是我们应该继承和发扬的。

小资料

美国管理学家克莱姆和史尼德指出，管理者将他们大部分时间花在有关沟通活动的事务上，其中59%的时间花在了"听"和"说"上，19%的时间花在了"读"上，而22%的时间则花在了"写"上。

一、商务信函的作用

商务信函的主要作用是在商务活动中建立经贸关系、传递商务信息、联系商务事宜、沟通和洽商产销、询问和答复问题、处理具体交易事项。它包括联系函、推销函、订购函、确认函、索赔函等多种。

二、商务信函的特点

1.商务性

商务信函从内容到形式都充满了强烈的商务色彩，它以洽谈生意为内容，以达成交易、做成生意为最终目的，在写作时常常使用一些商业术语，具有突出的专业性。

2.时效性

商务信函的内容多是目前需要解决的实际问题或需要及时处理的各种具体事务，写作和处理商务信函不能有任何拖延，当前市场行情瞬息万变，贻误时机就会失去效用，给企事业单位造成经济损失。

3.单一性

商务信函都是直接或间接地为达到某种经济目的或解决某个问题而制发的，它的行文对象一般只有一个，内容较为精练，一事一文，语言明确，不宜长篇大论。

4.规范性

在长期的实践中，商务信函已逐步形成了自己独有的规范体式，开头如何称呼，中间如何陈述，结尾如何收束，都有一定的要求。

三、商务信函的格式

商务信函一般由三部分组成：信头、正文、信尾。

1.信头

信头即信函的开头，由发信人名称及地址、标题、函号、称谓、收信人地址和单位等组成。

（1）发信人名称及地址。发信人名称及地址一般写明发信人名称及详细地址，还包括电话号码、电报挂号、专用电码、电传、传真、网址等商务联系信息。

（2）标题。与普通信件不同，商务信函一般可以有标题。标题位置在信文首页上方，居中书写，其内容是标明事由。事由要求概括出函件的主旨、中心，使收信人通过标题就可以大致了解信函的主要内容。

常见的商务信函标题有以下两种形式：

第一种，由事由加文种名称"函"构成，如"关于要求承付打印机货款的函""推销函""订购函""索赔函"等。

第二种，先写"事由"二字，加冒号提示，然后直接标写该信函的内容，如"事由：机动车索赔"。

（3）函号。函号即编号，分为对方编号和己方编号。在外贸业务信函的信头上注明编号，可保证信函便于管理和查阅。函号位置一般出现在标题右下方或信头的左上方。

常见的函号有两种形式：

第一种，仿效行政公文发文字号的格式，采用"××函〔××××〕××号"或"××××函第××号"的形式。

第二种，采用直接编号的形式，如"第××号"。

（4）称谓。称谓是对收信人或收信单位的称呼，一般写受文者的尊称，这是商务信函必需的一项。其位置一般在标题或函号的左下方，单独占行，顶格书写，后面用冒号。

有以下两种称谓：

第一种，泛指尊称。"尊敬的"后加称谓，如"尊敬的先生""尊敬的女士"等。尊称中可以使用职务，如"尊敬的办公室主任""尊敬的财务部部长""尊敬的销售部经理"等。

第二种，具体称谓。具体指名道姓的尊称，在姓名后面加称谓语。这类称谓一般用于写信人与收信人彼此认识或者非常熟悉的情况。因为这种称谓能够体现发信人与收信人之间的感情与密切关系。称谓可用泛称中的"先生""女士"等，也可以使用职务，如"尊敬的办公室石主任""尊敬的财务部张部长""尊敬的销售部王经理"等。

（5）收信人地址、单位。要写明收信人企业单位名称及详细地址。

2.正文

正文是商务信函的主体,叙述商务往来联系的实质问题。正文写作要求内容单纯,一文一事,文字简明,事实有据,行文礼貌。

(1) 问候语。问候语也即应酬语或客气语。开头的问候语是商务信函必不可少的,即发信人向收信人打招呼的礼貌问候语。一般用一两句尊敬的客气话表示,如"您好""近来生意可好"等。

如果是初次联系,可使用"久仰大名,未亲雅教"等词语;如果是回函,可使用"惠书敬悉,不胜感激"等词语表示感谢来函。

(2) 主体。主体是商务信函正文的核心内容,是发信人要说明的事项。不同的商务信函的内容是不同的。

主体一般包括以下两方面内容:

① 说明发函缘由。直截了当、简明扼要地说明发函的目的、根据、原因等内容。复函则要引述对方来函要点,以示复函的针对性。

② 说明发函事项。主体表达信函的中心内容,一般是根据发函缘由详细地陈述具体事项,或是针对所要商洽的问题或联系事项,阐明自己的意见。

主体写作要求是:语气要平和,问题要明确,事实要清楚,表达要明白。如商洽函的正文主体包括商洽缘由、商洽内容、意愿要求三部分;询问函的正文主体包括询问缘由、询问事项两部分;答复函的正文主体包括答复缘由、答复内容两部分;商品报价函的正文主体包括产品的价格、结算方式、发货期、产品规格、可供数量、产品包装、运输方式等。

如果正文主体内容简单,逻辑上可采用篇、段合一式结构,如果正文主体内容较多,逻辑上可采用分段式结构。

(3) 结尾语。正文结束以后,一般用精练的语言加以简单概括,并提出本函的有关要求,强调发函的目的。如请求函的结尾语是"拜托之事,承望协助解决为盼",希望回函的结尾语是"不吝赐函,静候佳音"等。结尾语视发信人与收信人的关系以及信函的内容而定,要求恰当得体。

3.信尾

信尾包括四部分内容。

(1) 祝颂语。所有的商务信函都要写明祝颂语。祝颂语分为祝者自身的请候语和收信人的安好语两部分:

① 请候语,在正文结束后空两格书写,常用的请候语有"敬祝""顺颂""恭祝"等。

② 安好语,一定另起一行顶格书写,以表示对对方的尊重。常用的安好语有"商祺""金安""生意兴隆"等。

(2) 签署。签署即发信人的署名或签名、用印。商务信函的署名可根据企业的要求或发信人的意见而定。有的企业署名要求单位名称加盖印章的方式;有的企业要求发信人直接签名,以示对信函的内容负责。个人签名一定要由发信人亲手签署。

(3) 日期。日期一般是发信的具体时间。商务信函因为涉及商务业务往来,务必写明发信日期。

日期一般采用以下两种形式：

① 阿拉伯数字形式，即在信函下方用阿拉伯数字写明发信日期，如2021年8月18日。

② 国际标准简写法形式，即在信函下用阿拉伯数字标记年、月、日，在一位数的月、日前加"0"，如2021年08月18日。

无论何种写法，日期务必写全，以便存档备查。如2021年08月08日，不能写成"21年8月8日"。

（4）附件。附件是随函附发的有关材料，如报价单、发票、确认书、单据等。如果需要标注附件，在信函的下方可以标注附件。如果附件是两个以上的，要分别标注附件1、附件2等。

议一议

阅读以下商务信函，并说明商务信函的构成要素。

关于玉石小动物、钻石及宝石串珠寄样报价的函

第××号

××蓝宝石饰品商厦：

贵商厦××月××日询玉石小动物、钻石及宝石串珠价及要求寄样的函已收悉，现答复如下：

一、玉石小动物因用材、样式、规格不同，品种繁多，价格自20元至400元不等。此类商品逐件报价有困难，贵商厦如有意订购，请告之具体品种或用材、样式、规格范围，我公司另有函报价。

二、贵商厦求寄钻石样品问题，在目前供货数量有限的情况下，我们对客户订货均采取看样成交方式，恕难按贵方要求寄出实样。我公司竭诚欢迎贵商厦来人看样订货。

三、随函附寄宝石串珠样照两张，报价单一份，供贵商厦选购。

专此函达，候复。

附：1.宝石串珠样照
2.宝石串珠报价单

××贸易公司

××××年××月××日

四、商务信函的条款规范

（1）字迹端正清晰，易于辨认。不写错别字，不写错句。单字不成行，单行不成页。

（2）一页纸上至少有1/3是话语长度跨两行以上的，不宜满页尽是长度不跨行的短句。

（3）礼仪性的贺信、唁函、邀请书等不宜太长，但不能少于100字，书写时亦应注意在整页纸上合理布局，不能一页大纸上就两行小字，这在样式上既不美观，又显得缺乏诚意。

（4）不可用红墨水、红圆珠笔或铅笔书写。

（5）与境外华语地区通信，要兼顾当地汉语书信的表达习惯。

（6）信笺折叠应是文字面朝外，收件人称呼朝外。信笺折叠宜简单地横竖对折，不宜折成燕子状、花瓣状，这种折叠法不宜用于工作信件，会影响工作信件的严肃性。

（7）信封使用要按国家邮政总局的有关规定，不可随意印制或改制。信封书写也应按我国邮局规定的规范行事。收件人姓名后可用"钧启、公启、安启、亲启"等，倘为明信片，则应用"收"字，明信片的寄件人后也不能写"缄"而应写"寄"。

（8）邮资要付足，不要寄欠资信，以免因退回补足邮资而造成时间上的延误，邮票贴法要规范，勿与地址太近，以免盖邮戳时将门牌号码遮住，造成投递麻烦。邮资总付的信件，要与邮局相关部门妥善交接。航空信的标签要明显。

议一议

你知道书写商务信函时，对用笔有什么要求吗？

技能拓展

拓展内容一：你会写联络函吗？

联络函，又称保持接触函，是平时用于培育客户关系、与客户保持联络的一种专用信函。使用联络函的目的，不仅意在证明自己的存在，还为了与客户保持接触，并借此培养对方对自己的好感，加深对方对自己的印象。一般而言，应当定期向客户寄发联络函。

写作联络函的注意要点如下：

（1）寻找适当的去信理由。这样一来，就不会让对方觉得不可思议。例如，祝贺节日、生日，寄送简报，都是不错的理由。

（2）扼要介绍自己的状况。向对方通报自己及所在单位的发展变化，可以使对方对自己及所在单位加深了解。

（3）表达对对方的关注。在介绍自己的状况之前，可以先向对方表达自己诚挚的关心。例如，可告知自己对对方成就的了解，或为此祝贺对方等。

（4）表示合作的意图。在联络函中，不妨大致介绍一下自己想与对方进行进一步交往、合作的意图。

（5）灵活掌握友善的分寸。联络函并非直奔主题的业务函，因此其篇幅宜短，语气友善，主题应放在联络上。

联络函样本如图3-7所示。

尊敬的客户：

　　您好！

　　感谢贵司在以往的合作中对我司产品及服务的信赖与支持。由于××和××的原材料价格出现下降，我司将从××××年××月××日起下调××和××产品价格。其他产品保持原有价格，如需要我司产品价格表，我们的销售团队随时可以提供给您。

　　由此给您带来的不便，敬请您谅解！谢谢！

　　顺颂商祺！

　　××有限公司（盖章）

　　××××年××月××日

图3-7　联络函样本

信封的写法规范

1. 在信封的左上角六个方格里填写收信人的邮政编码。

2. 在信封的第一行左起填写收信人的地址。字迹要工整，地名要详细。书写地名时要由省、市、县，一直写到区、街和门牌号码。如果是给农村地区写信，还要写上乡名和村名。

3. 在信封的第二行中间填写收信人的姓名全称。可以在名字后面空两个字的距离写"同志收"或"先生（女士）收"等。因为信封是给投递员看的，所以此处应避免写称谓。常见的错误写法如"老王收""小杨收""董事长收""×××伯父收""××爷爷收"等。

4. 在信封的第三行左起填写寄信人的地址和姓名。

5. 在信封的右下角填写寄信人的邮政编码。信件万一出现投递困难的情况，邮局可以凭借这些信息，迅速地把信退还给寄信人。

6. 信封正面距右边55毫米至160毫米、距底边20毫米以下的区域是条码打印区，不要在这个区域里写字或署名，以免影响投递。

7. 信封上的字不能用铅笔写，以防模糊不清，更不能用红笔写，这是不礼貌的行为。

8. 托人转交的信，在信封上要写"面交""烦交"等字样，在信封第三行的后半行上，写"×××托"或"×××拜托"就可以了。

拓展内容二：你会写通知函吗？

通知函，又称通告，是在一定范围内公布应当遵守或周知的事项时使用的公文。通告不同于公告，它主要用于有关单位开展业务工作需要。

写作通知函的注意要点如下：

（1）标题。常用的标题有"关于××的通告""××关于××的通告""××的通告"，或直接用"通告"二字，如遇特别紧急情况，可在通告前加上"紧急"二字。

（2）缘由。主要阐述发布通告的背景、根据、目的、意义等。通告常用的特定承启句式是"为……，特通告如下"或者"根据……，决定……，特此通告"，引出通告的事项。

（3）通告事项。通告事项是通告全文的核心部分，包括周知事项和执行要求。撰写这部分内容，首先要做到条理分明、层次清晰。如果内容较多，可采用分条列项的方法；如果内容比较单一，也可采用贯通式方法。其次要做到明确具体，需清楚说明受文对象应执行的事项，以便于理解和执行。

（4）结语。用"特此通告"或"本通告自发布之日起实施"表达。

通知函的样本如图3-8所示。

尊敬的客户：

由于公司发展需要，"××市标致塑料有限公司"名称从××××年××月××日起变更登记为"××市标智塑料有限公司"，届时原公司"××市标致塑料有限公司"的所有业务由"××市标智塑料有限公司"继续经营，原公司签订的合同继续有效。

即日起，公司所有对内及对外文件、资料、开具的发票、账号、税号等全部使用新公司名称。公司更名后，业务主体和法律关系不变，原签订的合同继续有效，原有的业务关系和服务承诺保持不变。

因公司名称变更给您带来的不便，我们深表歉意！衷心感谢您一贯的支持和关怀，我们将一如既往地和您保持愉快的合作关系，并希望继续得到您的关心和支持！

特此通告！

××市标智塑料有限公司

××××年××月××日

图3-8　通知函样本

小资料

常用称谓

称谓也称"起首语"，是对收信人的称呼。称呼要在信纸第一行顶格写起，后加冒号，冒号后不再写字。

（1）给长辈的信。若是近亲，就只写称谓，不写名字，如"爸""妈""哥""嫂"等；亲戚关系的，就写关系的称谓，如"姨妈""姑妈"等；对非近亲的长辈，可在称谓前加名或姓，如"赵阿姨""黄叔叔"等。

（2）给平辈的信。给配偶或恋人写信，可直接用对方名字、爱称加修饰语或直接用修饰语，如"丽""敏华""亲爱的"等；给同学、同乡、同事、朋友的信，可直接用名字、昵称或加上"同学""同志"，如"瑞生同学""老纪""小邹""三毛"等。

（3）给晚辈的信。一般直接写名字，如"乐毅""君平""阿明"等；也可在名字后加上辈分称谓，如"李花侄女"等；亦可直接用称谓作称呼，如"孙女""儿子"等。

（4）给师长的信。通常只写其姓或其名，再加"老师"或师傅二字，如"段老师""周师傅""宏海老师"等。对十分熟悉的师长，也可单称"老师""师傅"。假如连名带姓，在信首直称"孙松平老师""王达夫师傅"，就显得不大自然且欠恭敬。对学有专长、德高望重的师长，往往在姓后加"老"字，以示尊重，如"戴老""周老"，亦可在姓名后加"先生"二字。为郑重起见，也有以职称等相称的，如"董教授""陈大夫""佟工程师"等。

（5）给一个单位或几个人的信，又不指定姓名的，可写"同志们""诸位先生""×××等同志"等。给机关团体的信，可直接写机关团体名称，如"××委员会""××公司"。致机关团体领导人的信，可直接用姓名，加上"同志""先生"或职务作称呼，亦可直接在机关团体称呼之后加上"领导同志""负责同志""总经理""厂长"等。

如果信是同时写给两个人的，两个称呼应上下并排在一起，也可一前一后，尊长者在前。

上述五种场合，有时还可按特殊对象，视情况加上"尊敬的""敬爱的""亲爱的"等形容词，以表示敬重或亲密之情。当然，这要用得适宜，如对好友称"尊敬的"，反而显得见外，对无特殊关系的异性贸然称呼"亲爱的"，那就有失体统了。

拓展内容三：你会写确认函吗？

确认函是指专为确认某事而向交往对象所寄送的信函。在公务交往中，确认函是最为常用的信函之一。因为确认函旨在对某种事实、某种意向进行确定，所以它在写作上具有更高的规范性要求。

写作确认函的注意要点：

（1）明确应予确认的有关事项。此项内容是确认函的关键内容所在，故应反复核对，确保不发生任何差错。

（2）逐一列出相应的附加条件。凡对所确认的事项附加各项具体条件的，在确认函里应向收信者予以明确。

（3）陈述己方对此的基本立场。在确认函中，确认方应再次承诺自己遵守约定，绝不随意对此反复，或是临场变卦。

（4）要求收信方对此予以确认。在一般情况下，确认方均会在确认函中要求对方对此进行确认。具体的方式，可以是另行致函，也可以是在此信上签署意见。

（5）在信函末尾正式署名。正规的确认函，均需有关人员或相关单位的负责人在其末尾亲笔签署自己的姓名。有时，往往需要联合署名，或由单位法定代表人亲自署名。必要时，还应加盖本单位公章。

确认函的样本如图3-9所示。

关于××（申报直销企业名称）服务网点的确认函

商务部：

一、××（申报直销企业名称）拟在我省（自治区/直辖市）从事直销业务，业务范围涉及YY、ZZ……（县/市地区名称），并已向上述县/市上报了服务网点方案。

二、××（申报直销企业名称）上报的服务网点方案已分别经上述县（市）商务主管部门认可，并出具了认可函。

三、××（申报直销企业名称）在我省（自治区/直辖市）拟从事直销业务区域的服务网点方案符合《直销管理条例》第十条第二款规定的条件。

四、本确认函已得到我省（自治区/直辖市）商务（厅/委/局）主管领导的审定。

××省级商务主管部门（盖章）
××××年××月××日

图3-9　确认函样本

拓展内容四：你会写贺信吗？

贺信（电），又称祝贺信（电），是对单位、集体或个人的胜利、成功、庆典、会议、寿辰等喜庆之事表示庆贺、祝愿一类书信的总称。贺信具有祝贺、表彰、教育等作用。

1.贺信的类型

（1）上级单位或个人对下级单位或个人所发的贺信。上级行政部门、公司领导对下级单位或所属的企业职工、群众在节日时可以发送贺信，也可以在下级单位或个人取得了巨大成绩时发送贺信。一般来说，贺信在表示祝贺的同时，还要提出希望和要求。

（2）同级单位之间发出的贺信。为了加强不同单位之间的交往和合作，增强了解，互相学习，同级单位之间往往在节日到来之时，或对方在某一方面有了较大的进展和取得成绩时，发出贺信，既表示祝贺，又给予鼓励。

（3）下级单位、职工给领导机关的贺信。这种贺信除了表示祝贺之外，还表达下级单位或个人对完成某项任务的决心。

（4）给著名人物的贺信。行政机关、企事业单位、社会团体和领导人在本单位或社会上著名或重要的人（如科学家、艺术家、领导人）寿辰时发出的贺信。这种贺信一般表示发信人的真诚祝愿、美好祝福。

2.贺信的写作要点

写贺信时的要点如下：

（1）结合当前的形势状况，说明对方取得成绩的大背景，或者某个重要会议召开的历史条件。

（2）概括说明对方都在哪些方面取得了成绩，分析其成功的主观、客观原因。贺寿的贺信，要概括说明对方的贡献和其高贵品质。这是贺信的中心部分，一定要说清楚祝贺的原因。

（3）表示热烈的祝贺，要写出自己祝贺的心情，由衷地表达自己真诚的慰问和祝福。同时，要写些鼓励的话，提出希望和共同理想。

（4）贺信是加强彼此联系、增强双方交流的重要手段，所以贺信要感情饱满充沛，表达出贺者的心愿。

（5）贺信内容要真实，评价成绩要恰如其分，表达决心要切实可行，不可空喊口号。

贺信样本如图3-10所示。

贺　信

××百货企业集团有限公司：

在第二届全国商业服务业优秀店长选拔大赛中，贵公司×××店长获得百货组第一名的好成绩，并荣获"优秀店长"称号。谨向你们表示热烈的祝贺！

第二届全国商业服务业优秀店长选拔大赛是由中国商业联合会、中国财贸轻纺烟草工会联合主办的全国性竞赛活动。此次大赛精英云集、竞争激烈，既有来自山西、安徽等传统商业大省的选手，也有来自上海、宁波等现代商业发达地区的店长。

在为期2天的比赛中，×××店长精心准备、不畏强手、沉着应战，在各环节的比赛中，均有突出的表现，最终获得百货组总成绩第一名的优异成绩。

×××店长以自己的实力与自信，向来自全国各地的商业行业代表、商业企业代表展示了××百货企业集团乃至全省商业企业的风采。她的获奖，既是贵公司的光荣，也是我省商业服务业的骄傲。

最后，祝贵公司兴旺发达，为我省商业服务业发展作出新的、更大的贡献。

××省商业联合会秘书处
××××年××月××日

图3-10　贺信样本

📖 小资料

汉语之美，经典书信常用语欣赏（一）

1.开头语

接获手书，快慰莫名。

得书之喜，恍若见面。

喜接来函，欣慰无量。

久不通问，至以为念。

捧读惠书，至为欣慰。

久未闻消息，唯愿一切安好！

2.问候语

春雨霖霖，思绪绵绵，近况如何？

当此春风送暖之际，料想身心均健！

春日融融，可曾乘兴驾游？

近来寒暑不常，万望好自为之！

3.邀约语

何日来此，愿得晤谈为幸。

若蒙光临寒舍，当不胜荣幸之至！

祈望一会，共叙友情。

4.思念语

久疏通问，渴望殊深。

分手多日，别来无恙？

离情别怀，不尽依依！

鸿雁传书，千里咫尺。

相距尚远，不能聚首。

别来良久，甚以为怀。

握别以来，深感寂寞。

何时得获见面机缘，不胜祈望之至！

5.请教语

小生才疏学浅，资质愚钝，倘蒙见教，没齿不忘！

上述种种，尊意以为可否，请告知。

倘承不吝赐教，我之幸也。

拓展内容五：你会写感谢函吗？

感谢函是指专为感谢某人或某单位而写作的信函。一般而言，收到礼品、出席宴会、得到关照之后，均应寄出专门的感谢函。

写作感谢函的要点如下：

（1）内容简练。一封感谢函，往往不需长篇大论，只要表达清楚自己的感谢之意即可。

（2）面面俱到。很多时候，在感谢函中应当致谢的对象不止一人，一定要向所有应予感谢者一一致谢，千万不要有所遗漏。

（3）尽量手写。为了表达自己的真心实意，感谢函要尽量亲自动笔撰写，而不要打印。在任何时候，一封当事人的亲笔信，都会使人产生亲切感。

（4）尽早寄达。在一般情况下，感谢函时效性很强。它最好是在有关事件发生后24小时之内寄出，并应尽量使之早日寄达。

感谢函的样本如图3-11所示。

感谢函

×××局×所长、×科长：

首先，感谢贵局两位领导在百忙之中于××××年××月××日莅临我公司（××食品有限公司）进行指导。

在不断提高我国食品行业质量安全的大潮中，位于×××局监管辖区的我公司也不断改进和提高食品安全。在此过程中荣幸地迎来了贵局监管所的×所长和×科长的现场指导，并就我公司软硬件部分分别给予建议。

现场指导对我公司在下一步生产和卫生等方面的工作提升起到巨大作用，使我公司获益良多，更让我公司感觉到贵局不但执法严谨，平时对我等企业的帮助和扶持也费心劳累。特写此函表示衷心感谢！

祝各位领导身体健康！工作顺利！万事如意！

××食品有限公司

××××年××月××日

图3-11 感谢函样本

小资料

公职位称谓

公职位，即在社会（包括国家机关，企事业单位及社会团体等）中的职务、职称、地位，如主席、总理、部长、局长、校长、主任、经理、董事、会长、秘书长、理事等。

如果收信人有两种以上的职务（或职衔），甚至同时身兼数职，这就需要选择一个适当的称呼。选择的原则是视书信内容与收信人的哪个职位关系密切。例如，收信人从前是寄信人的老师，现在当了局长，而寄信人的书信重点是叙师生情谊，那么这封信的称谓就应以表示师生关系为宜。

在此需要说明的是，中国人的社交礼仪十分重视师生、同学、同乡等早年的情谊，民间习俗无论对方职位、境遇有何变迁，均以早年交情为重点。例如，上例中的收信人虽然现在是局长，但因为曾经有过师生关系，写信人哪怕是公事，选用"老师"作为公职称谓的习俗依然十分恰当。

拓展内容六：你会写推荐函吗？

推荐函，是指专为向其他单位推荐某位人士而使用的信函。在求职应聘时，一封有力度的推荐函，往往有助于使被推荐者脱颖而出。

写作推荐函的要点如下：

（1）介绍被推荐人。在推荐函的开始部分，写作者应简述一下自己的情况，并对自己与被推荐者之间的关系略加说明。

（2）评价被推荐者。这部分是推荐函的主要内容，应当全面而客观地介绍被推荐者的基本情况，尤其是其能力、阅历、特长与业绩。与此同时，还应对被推荐者作出自己的评价。

（3）感谢收信人。在推荐函中，不应忽略对收信者的问候与感谢。这一部分绝对不可缺少。

（4）附有背景材料。为了便于用人单位及其负责人对被推荐者有进一步的深入了解，在推荐函之后一般还应附有被推荐者的简历、证书等个人背景材料。

推荐函样本如图3-12所示。

推荐函

尊敬的××公司领导：

　　您好！

　　我谨作为×××先生在YY集团工作四年间的直接领导写此推荐函。

　　今天的×××与四年前的他相比，已经发生了非常显著的变化。作为一位独立负责一个分厂所有行政事务的管理者来讲，这些变化亦是他个人在管理与领导能力上日趋成熟的真实体现。

　　这四年来，他为公司作出了很大贡献，如完善分厂具体行政管理制度、全面提升行政服务品质、连续三年获得集团优异奖等，在此我不作赘述，因为这些只能代表他的过去。我将把我对他的了解作出适当评价，以期您能对他有更全面、更深入的认识。

　　他是一位乐于沟通且善于沟通的管理人员。尽管曾经在工作中因为沟通不足导致工作失误，但他能够直面自己的不足，且主动改善沟通方式，加强与服务部同事、与生产部管理层的沟通，从而改变并形成了一种较为民主的分厂行政事务决策模式。

　　这种改变产生了巨大的黏合力，把生产与行政紧密结合起来，以行政来支持生产，并在生产促进中发挥更大的作用。

　　作为×××先生曾经的领导、共勉的朋友，希望您看了这封推荐函后，加以考虑×××，他肯定是一棵好苗子，会成为未来的栋梁！

推荐人：×××
××××年××月××日

图3-12　推荐函样本

📖 小资料

汉语之美，经典书信常用语欣赏（二）

1.钦佩语

喜接教诲，真解蒙也！

顷读手书，如闻金玉良言！

谨蒙诲语，拜服之至！

2.祝贺语

谨寄数语，聊表祝贺。

由衷快慰，遥祝前程似锦，再祝宏图大展！

欣闻你抱喜在身，由衷祝福早生麟儿！

3.致谢语

来示读悉，十分感谢。

厚情盛意，非言语所能鸣谢！

承示忠言，感谢之至！

4.致歉语

手笔敬悉，甚感盛意，迟复为歉！

音问久疏，实深歉疚！

所询之事，目前尚难答复。

关于……之事，一时无以奉闻，歉甚！

托付之事，未能尽如人意，尚请多多包涵！

疏失之处，请少垂宽恕之情。

前事有负雅意，十分抱歉，尚希恕之。

前事有逆尊意，不胜惭愧，万望海涵！

拓展内容七：你会写拒绝函吗？

拒绝函，是指为拒绝外人或外单位的某项请求而使用的信函。在所有的公务信函里，拒绝函大概算是最难写作的一种。它的难以把握之处在于，既要拒绝对方，又要保证不会因此而损害双方关系。

写作拒绝函的要点如下：

（1）当机立断。使用拒绝函，一般非常讲究时效。若无特殊原因，应该当机立断，尽早拒绝对方。一拖再拖，往往会令对方产生其他想法。

（2）具体说明。在拒绝函里，应当对拒绝的具体事项予以明确。不要一概而论、含糊不清、模棱两可，那样搞不好就会耽误事情。

（3）阐明原因。对拒绝对方的具体原因，要认真地进行说明，以使对方心服口服，不会为此而影响双方的关系。

（4）表达歉意。必要的话，在拒绝函里应向被拒绝者表达己方的歉意。此外，还应恳请对方今后继续与自己保持联络。

拒绝函样本如图3-13所示。

拒不履约索赔书

××公司：

关于合约的××号沙滩鞋600箱，按规定应于××××年××月××日前装运。将要到期时我方曾先后两次发函催促，未见办理。考虑你方一时困难，而且一向履约情况较好，我方才同意推迟装运时间，但不能超过两星期。

函中还一再提请你方注意，沙滩鞋的销售是受季节影响的，推迟太长时间，对你方不利，但至今你方仍置之不理，我们对此深表遗憾。

货物积压仓库，已给我公司带来了很大的损失。为此我方不得不撤销合约，并按合约规定向你方提出赔偿仓租××元，保险费××元，共计××元。

特此函达，希予办理。

××鞋帽公司

××××年××月××日

图3-13　拒绝函样本

📖 **小资料**

汉语之美，经典书信常用语欣赏（三）

1.婉辞语

托付之事，因不便应命，祈获谅解。

能力所及，仅此而已，无法奉命，尚希原谅。

托付之事，实非绵力所能及。

盛意心领，然非不为也，实不能耳。

前信所言，实爱莫能助，容日后再行设法，请谅。

我情况不明，亦无主张，请自行酌定为盼。

所言之事，问题非小，一时殊难决定。

2.催促语

立盼速复。

请速示之。

万望从速赐复为要。

如蒙速复，不胜感激！尊意如何，请即示之。

3.结束语

敬候回谕。

临书仓促，不尽欲言。

情长纸短，不尽依依。

日来事忙，恕不多谈。

草率书此，祈恕不恭。

匆此草就，不成文理。

拓展内容八：你会写公函吗？

公函是公务文书的主要文体之一，主要用于社会组织在各种公务活动中与其他社会组织的沟通和联络，处理的是内容比较严肃、正式的事务，一般用社会组织的专用信笺打印，撰写时也要求具有较为规整的公文格式，从而显得郑重和正规。

写作公函的要点：

（1）要有标题。一般情况下用"公函"两字即可。在特定情况下，需写明是关于某一事项的"致函"或"复函"。

（2）顶格书写致函单位的全称。如公函发送对象为该单位某一负责人，一般应先写上单位全称，再换行顶格书写该负责人姓名和职务。

（3）正文必须写明所联系（或交涉）事务的内容（包括有关背景情况）。通常是一函一事，内容尽可能单一，切忌烦琐。

（4）行文应该规范，文字力求简洁，语气则应不卑不亢，并根据内容和对象选择恰当的措辞。

（5）公函的结尾，一般应写上"此致敬礼"或"即颂近祺"之类的礼貌用语，并署名发函的社会组织（或代表这一组织的个人）的全称和发函时间，加盖公章（或亲笔署名）。

当然，要能撰写出较为规范的公函，仅把握一般写作要点还不够，还应根据不同的致函对象和函件的具体内容灵活应用。

公函样本如图3-14所示。

公 函

上海市人民政府对外经济贸易委员会：

　　兹有××公司全球董事会主席×××偕夫人及随行人员一行四人，定于××××年××月××日从北京抵达上海进行私人访问，并拟于××月××日离沪赴香港。××公司是世界500强企业中名列前36位的跨国企业集团，×××主席现为上海市市长顾问会议成员。

　　此次访沪期间，他将会见市政府主要领导人，商议××公司进一步扩大在沪投资和发展事宜。为使×××主席一行抵沪和离沪时感到舒适、方便，受××（中国）有限公司方面委托，特申请办理×××主席一行的机场贵宾接待事宜。敬请审核，并予以批准。

　　此致

敬礼

××公共关系有限公司（盖章）

××××年××月××日

　　附件：

1.×××主席简历及随行人员名单

2.×××主席一行抵沪、离沪航班号及时间

3.××（中国）有限公司委托书

图3-14　公函样本

拓展内容九：你会写介绍信吗？

　　介绍信作为一种专用书信，主要用于社会组织在派出人员去其他单位和部门联系工作、商办事务、参加会议和参观学习时证明该派出人员身份，并说明所接洽的事务。它具有介绍、证明的双重作用。

　　写作介绍信的要点如下：

　　（1）标题注明"介绍信"字样。

　　（2）顶格书写所派出人员前往单位的全称。

　　（3）写明所派出人员的姓名、职务、性别。在某些特定情况下，还需注明所派出人员的年龄和政治面貌。另外，如派出人员不止一人时，应注明派出人数。

　　（4）写明派出人员所要联系的事宜，并表明希望或要求，但文字必须非常简要，不必另加说明性词语。

　　（5）介绍信的结尾，一般亦应写上"此致敬礼"之类的礼貌用语，并署上签发介绍信的社会组织的全称和发函时间（有时还需要注明该介绍信的有效日期），加盖公章。

　　介绍信样本如图3-15所示。

　　目前，不少社会组织中经常使用一种印刷体介绍信，即事先按一定格式将介绍信印制好，需用时填上相关内容并加盖公章即可。这种格式化的介绍信，如用于一些简单事务的联系倒也不失方便，但从公共关系工作的特殊要求来说，在许多情况下，最好还是采用专门撰写并用社会组织专用信笺打印的介绍信——既表示对对方的尊重，又显得较为郑重。

介绍信

NO.002356

××公司：

　　兹有我单位×××同志前往贵处，全权处理我公司皮革、皮具等原材料采购的相关事宜，请予接洽为盼！

　　此致

敬礼

××单位（公章）

（有效期_____天）　　　　　　　××××年××月××日

图3-15　介绍信样本

📖 小资料

汉语之美，经典结尾问安常用语欣赏（四）

1.即请财安。财：聚财。

2.顺颂筹安。颂：祝愿。筹：筹办，筹款。

3.即颂财祺。颂：祝愿。财：聚财。祺：吉祥。

4.敬颂筹绥。颂：祝愿。筹：筹款，筹集。绥：安好。

5.敬请公安。公：公事。

6.顺颂公绥。顺：恭顺。颂：祝愿。公：公事。绥：安好。

7.谨祝康安。康：健康。安：平安。

8.谨祝荣寿。谨：恭敬，郑重。荣：高，长。

9.恭请示安。恭：恭敬，恭顺。请：敬语。示：给人去信的敬称。

10.顺叩崇祺。顺：恭顺。叩：以头叩地。崇：高。祺：吉祥。

拓展内容十：你会写邀请函吗？

邀请函是商务礼仪活动主办方为了郑重邀请其合作伙伴（投资人、材料供应方、营销渠道商、运输服务合作者、政府部门负责人、新闻媒体朋友等）参加其举行的礼仪活动而制发的书面函件。

邀请函体现了活动主办方的礼仪愿望、友好盛情，反映了商务活动中的人际社交关系，并且具有社会公关及礼仪功能，能起到凭证作用，所以要写得简明得体、礼貌庄重、准确文雅。

企业可根据商务礼仪活动的目的自行撰写具有企业文化特色的邀请函。一般来说，商务礼仪活动邀请函的文本内容包括两部分：邀请函的主体内容和邀请函回执。

写作邀请函的要点如下：

（1）"邀请函"三字是完整的文种名称，与公文中的"函"是两种不同的文种，因此不宜拆开写成"关于邀请出席××活动的函"。

（2）被邀请者的姓名应写全，不应写绰号或别名。在两个姓名之间应该写上"暨"或"和"，不用顿号或逗号。网上或报刊上公开发布的邀请函，由于对象不确定，可省略称呼，或以"敬启者"统称。

（3）严格遵守写作格式，称谓、邀请事由、具体内容、活动时间、活动地点、相关事宜、联系方式、落款等是必不可少的部分，不要遗漏信息。

（4）邀请事项务必周详，这样不仅会使邀请对象可以有备而来，也会使举办活动的个人或单位减少一些意想不到的麻烦。

（5）邀请函须提前发送，使受邀方有足够的时间对各种事务进行统筹安排。

邀请函样本如图3-16所示。

××××公司年终客户答谢会邀请函

尊敬的×××先生/女士：

过往的一年，我们用心搭建平台，您是我们关注和支持的财富主角。

新年即将来临，我们倾情打造公司客户大家庭的快乐相聚。为了感谢您一年来对××××公司的大力支持，我们特于××××年××月××日××时在×××大酒店一楼××厅举办客户答谢会，届时将有精彩的节目和丰厚的奖品等待着您，期待您的光临！

让我们同叙友谊，共话未来，迎接来年更多的财富、更多的快乐！

××××公司

××××年××月××日

图3-16　邀请函样本

任务训练

一、选择题

1.下列选项中，不属于商务信函的特点的是（　　　）。

A.统一性　　　　　　　　　　　　B.商务性

C.时效性　　　　　　　　　　　　D.规范性

2.关于发信日期的写法，下列选项中错误的是（　　　）。

A.二零二一年四月十八日　　　　　B.21年4月18日

C.2021年04月18日　　　　　　　D.2021年4月18日

3.（　　　）是指专为确认某事而向交往对象所寄送的信函。

A.联络函　　　　　　　　　　　　B.通知函

C.确认函　　　　　　　　　　　　D.邀请函

4.信封上的收信人的写法，下列选项中正确的是（　　　）。

A.老王收　　　　　　　　　　　　B.小杨收

C.王董事长收　　　　　　　　　　D.王杨先生收

二、实训题

光明装潢材料厂曾于2020年1月与先锋钢铁厂签订了一份购买钢材的合同，光明装潢材料厂预付了20%的货款计16万元。后来因对方发来的钢材不符合质量要求，经过多次的交涉，最后双方在2020年5月15日协商达成协议，由钢铁厂在一个月内退回货款，并将钢材自行运走，就此终结合同。但事后先锋钢铁厂仍未将货款退还。光明装潢材料厂曾于2020年6月15日以"光明〔2020〕4号函"催讨，未得回音。7月15日该厂再次发函催讨。

请你代光明装潢材料厂写作此函。

项目小结

"沟"即是渠道，"通"即是贯通，"沟通"是人际交流过程和结果的代名词。"沟通"是一种手段，且不可或缺，因为它是人际交流的重要工具，只有沟通，才会使人进一步相互靠近。"沟通"是一种现象，是人际交流过程的一种表现。

良好的沟通让企业之间的商务关系更加顺畅，也能够使职场中人与人的情感和信任得以升华。这种沟通既包括面向企业内部员工、客户及合作伙伴进行信息的传达，也包括跟踪、分析通信反馈和行为信息。多样化的沟通方式能够使信息传播更加及时、准确、高效。

项目测试

一、选择题

1.（　　）的客户，当营销人员在他的办公室桌子上看到其家人照片时，一定要对照片上的人物进行赞赏。

A.表达型　　　　　B.分配型　　　　　C.和蔼型　　　　　D.分析型

2.与（　　）的领导沟通时，不要违抗他们下达的命令，尊重他们的权威，认真对待他们的命令。

A.温柔型　　　　　　　　　　　B.控制型

C.互动型　　　　　　　　　　　D.实事求是型

3.当某人为某事不厌其烦地打电话纠缠时，你会说（　　）。

A."不要再纠缠了，这样不会有好结果的！"

B."别再为此事打电话来了，我们会处理的！"

C."以后别再为此事打电话来了，有消息会及时通知你的。"

D."改天再打吧！"

4.（　　）是要受理这封邮件所涉及的主要问题的，理应对电子邮件予以回复响应。

A.密送（BCC）的人　　　　　　B.发送（To）的人

C.抄送（CC）的人　　　　　　　D.以上全部

5.礼仪活动邀请具有社会公关及礼仪功能，能起到（　　）作用，所以要写得简明得体、礼貌庄重、准确文雅。

A.道歉　　　　　　　　　　　B.推荐

C.装饰　　　　　　　　　　　D.凭证

二、判断题

1.沟通场所的大小要适宜。与客户进行沟通时，可以在客户家中、客户办公室、营销人员所在公司的营业场所（如会议室、接待间）、第三方地点等。　　　　　（　　）

2.从礼仪和健康的角度出发，两个人交谈的最佳距离应为0.5米左右，并与对方形成

45度的夹角。 （　　）

　　3.离对方太近，给人一种入侵或威胁之感，会造成对方局促不安，本能后移。（　　）

　　4.伸出食指表示防御，缺乏安全感或者表示冷静旁观、优越至上。 （　　）

　　5.嘴唇噘着表示愤怒、对抗或者是决心已定。 （　　）

　　6.不良的通话方式会使顾客产生不满情绪，导致对员工个人的投诉，甚至影响企业的口碑，致使顾客忠诚度下降，间接降低企业的经济收益。 （　　）

　　7.谈话过程中，营销人员使用简称、术语、英语能给客户友善、专业、体面、高雅的感觉。 （　　）

　　8.为了避免发生音同字不同或义不同的错误，听到与数字有关的内容后，请务必马上复述，予以确认。当说到日期时，不妨加上星期几，以保证准确无误。 （　　）

　　9.电话联络是第一次与客户沟通的最好办法，既可以使客户感到营销人员真真切切的存在，又可以避免客户拒绝沟通产生的尴尬。 （　　）

　　10.因公通电话，不要选择下班之后的时间；因私通电话，则尽量不要占用对方的上班时间。 （　　）

　　11.通过电子邮件系统，用户可以用非常低廉的价格和非常快速的方式与世界上任何一个角落的网络用户联系，邮件内容可以是文字、图像、声音等形式。 （　　）

　　12.即时通信工具按装载对象分为企业即时通信和网站即时通信，按使用用途又可分为手机即时通信和电脑即时通信。 （　　）

　　13.网络沟通的优势之一：容易推卸责任，事后不认可所言。 （　　）

　　14.使用电子邮件时，视具体情况可以发送无主题和无意义主题的电子邮件。（　　）

　　15.网络沟通的原则之一就是网上网下行为一致。因为网上的道德和法律规范与现实生活是相通的，如果以为在网络中就可以降低道德标准，那就错了。 （　　）

　　16.商务信函都是直接或间接地为达到某种经济目的或解决某个问题而制发的，它的行文对象一般有多个，可以一事多文。 （　　）

　　17.标题位置在信文首页上方，居中书写，其内容是标明事由。 （　　）

　　18.书信字迹要端正清晰，易于辨认。不写错别字，不写错句。单字不成行，单行不成页。 （　　）

　　19.信封的左上角六个方格里填写寄信人的邮政编码。 （　　）

　　20.推荐函，是指专为向其他单位推荐某位人士而使用的信函。在求职应聘时，一封有力度的推荐函，往往有助于被推荐者脱颖而出。 （　　）

　　21.向领导提出建议的最佳时机是上午10时左右和下午3时左右。 （　　）

　　22."若要人敬己，先要己敬人"，尊重与被尊重体现在与同事的相互交往中。
（　　）

　　23.在下达命令时，应考虑下列两点：准确传达命令意图，如何使下属积极接受命令。
（　　）

　　24.私下赞扬下属，对被赞扬的员工而言，受到的鼓励是最大的。 （　　）

　　25.固执己见型的同事一般以自我为中心，自高自大，常摆出一副盛气凌人、唯我独尊的架势，缺乏自知之明。 （　　）

项目评价

本项目考核由职业能力和通用能力两部分构成，成绩分别根据学生在课堂教学、课堂讨论中的表现及课堂测试的完成情况给出，填入表3-11。

表3-11   **项目考核评价表**

内容			评价		
学习目标		评价项目	分值	得分	评语
职业能力	客户沟通训练	1.正确理解沟通的三要素	5		
		2.掌握有效沟通的步骤	5		
		3.提升与不同类型客户的沟通技巧	10		
	职场沟通训练	1.准确把握与上下级沟通的原则	5		
		2.提升与不同类型上下级的沟通技巧	10		
职业能力	商务电话沟通训练	1.提升接听商务电话的沟通技巧	10		
		2.提升拨打商务电话的沟通技巧	10		
	网络客服沟通训练	1.了解各类网络沟通的常用工具	5		
		2.规范使用电子邮件	5		
	商务信函沟通训练	正确写作各类常用的商务信函	10		
通用能力	组织能力		5		
	沟通能力		5		
	解决问题的能力		5		
	自我提高的能力		5		
	创新能力		5		
综合评价			100		

项目四 营销口才训练

好的口才不仅能够充分展示一名销售人员的个人魅力，同时还能够给自己的客户带来愉悦。一名出色的销售人员，应该是一个懂得如何将语言艺术融入商品销售中的人；一名成功的销售人员，要不断地培养自己的语言魅力，也只有具备了独特的语言魅力，才能够很好地打开与客户沟通的大门，才能顺利完成销售，让自己获得职业幸福感和成就感。

本项目主要介绍口才基本功训练、社交口才训练、谈判口才训练、推销口才训练、演讲口才训练的相关知识，希望通过相关训练能够帮助营销人员更好地开展营销活动。

学习目标

知识目标：

1.了解口才对营销人员的重要性。

2.掌握社交口才、谈判口才、推销口才、演讲口才、直播口才的基本技巧。

能力目标：

1.能够通过训练做到在公众面前发言不紧张。

2.能够通过训练做到在公众面前演讲，把自己想要表达的内容表达清楚。

3.能够面对镜头从容进行直播。

4.能够进行基本的推销介绍和简单的谈判行为。

素养目标：

1.具备良好的谈吐素养，养成充满激情的营销职业态度和勇于面对挫折的职业精神。

2.养成善于发现他人优点、欣赏他人、用语言赞美他人的品性。

项目四　营销口才训练

- 🧑 任务一　口才基本功训练
- 📱 任务二　社交口才训练
- ❤ 任务三　谈判口才训练
- 💼 任务四　推销口才训练
- 🎤 任务五　演讲口才训练

任务一　　　　　口才基本功训练

微课

口才基本功训练

📖 情景导入

　　王铁程是某中专市场营销专业的学生，在校学习两年后，成为尚德科技有限公司的一名电话销售实习生。初出茅庐的他具有雄心壮志，一心想要通过自己的努力来证明自己，实现自我价值。"喂，您好，我是尚德科技的销售员小王……"几天下来，他打了无数次电话，但几乎没有一位顾客愿意听他把话讲完，就无情地把他的电话挂掉。几天下来，无数次的碰壁，给了他莫大的挫败感，这让他怀疑自己的口才和能力……

　　想一想：

　　如果你是小王，你该如何设计自己的开场白，又该如何组织自己的语言？你认为口才对于销售工作有着怎样的重要性？

👨‍🏫 知识准备

　　"我们既要绿水青山，也要金山银山""让广大农民都过上幸福美满的好日子，一个都不能少，一户都不能落""当官就不要发财，发财就不要当官"……党的十八大以来，习近平总书记在出席会议、考察参观、出访等不同场合多次发表重要讲话，很多精彩的话语在国内外广泛流传，成为金句。这些"习式金句"的背后，凝聚着以习近平同志为核心的党中央治国理政思想的精髓，也让我们学习了大国领袖的优秀口才。

　　口才具有怎样的重要性？卡耐基在《语言的突破》一书中进行了精彩的比喻：许多人在战场上如同一头雄狮，在搏击场上是一位强手，但到了交际场合，温顺得像一只猫，一言不发，原因在于他们笨拙的口才。如果他们有挥洒自如的口才，就会成为交际场上的高手，轻松自如地与人交往。口才是一个人智慧的反映，是影响一个人事业成功、人际和谐、生活幸福、精神愉快的重要素质之一。

西方世界已把"舌头、金钱、原子弹"列为三大武器。这是因为，科技的发展已经使我们的地球变小了，不仅面对面的交流更加频繁了，而且网络、电视、广播、电话等现代设备也对人的口语表达能力提出了更高的要求，如果没有一定的口语表达能力，人们已无法适应这种信息社会的生活。口才与生活的各个方面息息相关，小到与亲人、朋友、同学、同事的日常沟通，大到事关个人事业成败和国家兴衰的会晤、谈判等，良好的口才都是成功的关键。

随着短视频直播越来越受欢迎，从事主播的人日益增多，各行各业的人都加入直播带货这一领域。但大多数人不是网红，无法获得平台的流量支持。作为普通主播要想带好货，就必须有好的口才。

一、口才的重要性

1.增强你的个人魅力

一个口才极好的人，能使其充满信心，由内而外的自信使他散发独特的个人魅力，像磁场一样吸引听众。口才代表着一个人的学识和修养。

小案例

在中国企业家群落中，说到最有魅力的企业家，任正非毫无疑问会成为其中的代表。他深谙国情，善做哲学总结，极具煽动力。他的商业辞典中几乎都是战争术语，任正非对内的训话中，常常可以找到这样的句子："不要把客户关系当成买卖关系。要做诚实的商人，要把优惠和好处让给客户，要关心客户最关心的问题，真正赢得人心——得人心者得天下！"字里行间充满了激情、鼓舞、号令和诱惑。任正非卓越的口才正是华为员工愿意用全部青春和热情投入工作的原因之一。

2.改善你的人际关系

口才是一门语言的艺术，是用口语表达思想感情的一种巧妙的形式。懂得语言艺术的人，懂得相处之道的人，不会勉强别人与自己有相同的观点，而是巧妙地引导他人认同自己的想法。那些善于用口语准确、贴切、生动地表达自己思想感情的人，办事往往圆满；反之，不懂得语言艺术的人，最后自己也会陷入困境。西方有位哲人说过："世间有一种能力可以使人很快完成伟业，并获得世人的认识，那就是讲话令人喜悦的能力。"

小案例

在北方某宾馆的一间客房里，旅客A悠闲地躺在床上看电视。这时旅客B在服务员的引导下也来到了房间，只见他稍拭风尘，便从行李箱中拿出了茶具，沏了一杯茶，然后面带微笑地打量起旅客A："请问您是几时来的？"（试探）"这家宾馆的服务质量如何？"（进一步交谈）在听完对方回答后，B继续问："听口音，您不是北方人？"（询问并自然随意交谈）"河北白沟人！"B兴奋复述道。"白沟可是个好地方，上初中时我就喜欢作家孙犁在小说中描写的白洋淀。去年我去了一趟，那白洋淀的风光果然名不虚传，可惜只待了半天，还有很多地方没去！"B继续说，并察言观色（寻找共同点）。听了B的这些话，A马上来了兴趣，并主动地向B介绍家乡白洋淀的风光、特产与人文环境。短短的交谈使A和B奇迹般地成了朋友，并互赠名片，共进晚餐（实现顺利交往）。后来，B又通过A很快谈成了一笔箱包生意。

3.增加你的收入

口才可以代表一个人的力量，可以显示一个人的价值。商场的商品有物价，明星出场有身价，著名的政治家、科学家、企业家、文学家还有"口价"。

英国前首相撒切尔夫人参加商界小型座谈会8次，共获得报酬100万美元，几乎与她任首相11年的总收入相等。美国前总统里根离任之后，许多演讲公司争相聘用他赴全国各地巡回演讲，每小时"口价"最低也有6万美元，相当于每分钟1000美元。把这形象地比喻为"出口成金""口到财来"并非夸张。

4.增加你成功的机遇

有了才干没有口才，也许能获得成功，但既有才干又有口才的人成功的概率一定会高出许多，因为许多机遇的把握都需要通过口才来赢得。

小案例

关注中央电视台《今日说法》栏目的人应该对撒贝宁并不陌生。可以说，撒贝宁的成功，是从这个节目"说"出来的。他从小就特别喜欢演讲，曾荣获武汉市小学生演讲比赛一等奖和中学生演讲大赛一等奖。高中毕业时，被学校保送到北京大学读书。在北大期间，又因他的口才，被教师推荐主持北大百年校庆的文艺晚会，后来又被推荐到中央电视台《今日说法》栏目担任主持人，他还获得了全国主持人大赛特等奖。

二、培养口才的基本原则

1.消除自卑，树立自信

在各种口语交流的社交场合，人与人的表现不太一样，有的人口若悬河，有的人结结巴巴，有的人侃侃而谈，有的人唯唯诺诺。这其中的原因很多，而心理却是一个最重要的因素。"面子"是一个虚无缥缈而又人人重视的东西，俗话说"人要脸，树要皮"，害怕在众人面前出丑"要面子"心理使得很多人不愿说话，宁愿做个"忠实"的听众。

谦虚谨慎是中国人的传统美德之一，但自谦不等于自卑。自谦是有自知之明，充分认识自身优点、长处、短处，虚心向别人学习，并有信心迎头赶上；自卑却是甘拜下风，甘居下游，自认为天生愚笨，永远不可能成为某个方面的人才。想在口才方面有所建树，就要消除自卑和胆怯，树立自信心。

2.通俗易懂，朴素自然

说话的第一原则是使听众听懂，如果听众无法明白你在说什么，那么说得再动听也没有用。真正会说话的人，不管碰到如何深奥、如何艰难的话题，都能表达成浅显易懂的话语，将意思毫无遗漏地传递给对方，可惜有不少人无视这个基本的原则，说话时总是喜欢使用深奥的字眼，并以此为傲，更有甚者认为不使用深奥难懂的字眼，将会被认为"没文化"。

3.准确通顺，言简意赅

说话应该言简意赅，准确地表达说话人的意思，尽量避免啰唆。说话冗长有时是因为说话者想表达很多意思，而又没有条理；有时又因为开场白太长，渐渐脱离了本意；有时是潜意识里总想把自己的经验强卖给对方，无形中话就变得冗长不堪。

要使话语精炼，主要是语言的净化和纯化。离题万里的废话、无的放矢的空话、言不由衷的假话、重复啰唆的多余话都不要，同时要保持语言的含蓄，做到"言有尽而意无穷"。

4.朗朗上口，声情并茂

所有使用有声语言的场合，都离不开语气。若想成为一个说话富有感染力的人，就一定要熟练掌握驾驭语气的能力，要善于运用合适的语气和节奏来表达复杂的内容和不同的思想感情。

技能拓展

拓展内容：口才的基本功都包括哪些内容？你知道好口才是如何练出来的吗？

1.进行知识积累训练

"厚积薄发，一鸣惊人"，这是对很多雄辩大师的评价。对于个人来说，他之所以走在社会、时代的前列是与他的知识积累分不开的。我们积累足够的知识、总结人生的经验，想要进一步前行时，会凭借已打好的坚实基础去做。这就是厚积与薄发的关系。今天所走的每一步，都为你日后的一鸣惊人做铺垫。要想使自己的语言具有艺术魅力，光靠技巧是不够的，一味地追求技巧而忽略自身的素质培养只能是舍本逐末。因此，在学习语言技巧的同时，还应全面提高自身的学识修养。

（1）知识的积累从积累素材开始。

① 多读书多看报。读书看报是一种很平常的事情，很多人都能做到。我们要认认真真地将读书看报纳入自己的生活日程，作为生活中的一项需要，持之以恒地坚持下去，并将学到的知识加以深化和运用。读书看报很重要，记笔记也很重要。对文章中有意义的章节、素材等尽量记下来，要消化吸收，使其成为自己的知识去应用。华罗庚指出："人做了书的奴隶，便把活人带死了。把书作为人的工具，则书本上的知识便活了，有生命力了。"

② 积累警句、谚语。在看书或在听别人演讲、谈话时，随时都可以听到表现人类智慧的警句、谚语。把这些话积累记录下来，久而久之，你谈话的题材、资料就会越来越多，口才就会越来越好，达到出口成章的境界。

③ 积累谈话素材。除了读书看报，还可以通过电视、网络等渠道了解各种新闻信息，知晓天下事，这些都可能成为你与他人沟通交流的内容。

小案例

2022年6月，董宇辉的一场直播火爆全网。在直播中，他习惯性地拿起小黑板，随时写下重点，用中英双语卖水蜜桃，在卖大米的时候他形容"大概在一万年前，新月湿地，就是现在的两河流域和埃及，幼发拉底、底格里斯这里，人类驯化了小麦。"在卖玉米时他回忆起童年："夜风袭来树叶沙沙作响，天空偶尔飞来两只不知名的鸟，你一个人手里拿着筷子戳着玉米棒子在啃。"

董宇辉以他优秀的口才，火爆全网。

直播间观看人数从最初的几十人，到10万人同时在线，20天涨粉近2000万。他所代表的是很多正在努力拼搏或身处逆境中的年轻人，从讲台到直播间，他开启了知识型带货的风格，试图在喧嚣中带来平静。他的诚恳与坚持打动了无数人，也正如新东方的那句校训：在绝望中寻找希望。而这一切都源于他厚积薄发的优秀口才。

（2）掌握学习的诀窍。学习的方法多种多样，形式也各不相同。每个人都有自己的学习方法，这需要在长期的学习实践中去探索发现。

诺贝尔经济学奖获得者、美国的西蒙教授曾提出这样一个见解："对于一个有一定基础的人来说，他只要肯下功夫，在6个月内就可以掌握任何一门学问。"西蒙立论所依据的心理实验研究成果表明：一个人1~1.5分钟可以记忆一个信息，心理学将这样一个信息称为"块"，估计每一门学问所包含的信息量大约是5万块。如果1分钟能记忆1"块"，那么记忆5万块大约需要1000小时，以每星期学习40小时计算，要掌握一门学问大约需要6个月。学习的诀窍在于坚持，就像烧一壶开水，如果断断续续地烧，万斤柴也烧不开，如果连续烧，10斤柴就够用了。

2.进行语言表达训练

美国企业家麦克马说："你在哈佛商学院里是无法学到营销技术的。"我国一些企业家也认为："工程师不一定能当好营销员。"一个具备较高职业素质的营销员，总是能在不同的情况下实现营销商品的目的。营销员高效率的营销活动得益于多方面的修养，而其中最应注重的就是口才方面的修养。没有一定的语言表达能力、缺少语言技巧，是很难成为一名优秀的营销人员的。因而，成功的营销员都特别注重提高自己的口语表达能力，努力完善自己的口才。

（1）语言表达基础训练。语言表达基础训练最好从朗诵开始，朗读要以普通话为标准音。朗诵是富于表现力的艺术语言，要求字正腔圆、语句熟练、表情达意。朗读的锻炼是由生活语言过渡到艺术语言的桥梁。经常朗诵的人，吐字发音准确有力，声音更加响亮优美，语调会更加富有感情，口语能力一定会明显提高。有的人说话声音不好、口齿不清、语调平淡，只要经过朗诵训练，这些毛病就能逐渐得到改正。

（2）语言表达情景训练。营销人员在进行营销活动时，非常重要的一点就是，能够顺利地将营销进行下去，营造良好的洽谈气氛、和谐的洽谈环境，说话符合情境，理解对方的意思。

做一做

1.每日进行晨读，可选择晨读的内容有：国学、英语、美文、新闻等。

2.语言表达实践训练。

（1）串词成句训练。将100个左右的词逐个做成小卡片，装进一个大信封或小盒子里搅乱。请学生从中抽出3张，要求学生拿到卡片后，10秒钟之内，说出包含这3个词的一句或几句话。例如，这3个词分别是：倒闭、快乐、明天。

（2）成语接龙训练。将学生分为对抗的两个小组进行比赛，请甲组第一位学生先说一个成语，如"德高望重"，第二位接"众望所归"，第三位接"归心似箭"，以此类推。要求头一个成语的"尾"和下一个成语的"头"相接，定能收到较好的效果。

（3）如果成语接龙相对有困难，可以组织学生玩词语接龙游戏，提高学生的参与度以及增强学生的自信心。

3.情景训练：请阅读以下材料，谈谈艾森豪威尔的真实意思是什么。

在一次新闻界的宴会上，美国总统艾森豪威尔应大家的请求站起来说话。他说："大家都知道我不是一个擅长言辞的人。小时候我曾经去拜访过一个农夫，我问这个农夫：'你的母牛是不是纯种的？'他说不知道。我又问：'这头牛每个星期可以挤出多少牛奶呢？'他也说不知道。最后，他被问烦了，就说：'你问的我都不知道，反正这头牛很老实，只要有新闻，一定都给大家。'"

3.进行记忆能力训练

营销人员需要通过平常的学习和记忆，积累一定的素材，方能在营销活动中做到"有话可说"，所以记忆能力成为营销人员日常训练的一个主要内容。

口才的运用往往是即兴的，其准备时间短的只有几秒钟，最多也不过一两分钟。"想得快"就是对思维敏捷性、条理性的严峻考验。日常生活中多数人都是"边想边讲""边讲边想"，是一种动态思维。究竟该怎样"想"才能"想得快"呢？这就需要充分发挥联想力。联想力是人类思维的精华，但参与到某个话题中或当演讲者拿到题目后，可就地取材，恰当地利用当时当地的某些情景及其他有关联的人和事，充分发挥联想力。

做一做

1．"记得快"训练。

（1）记忆数字训练。展示写满数字的挂图，10秒钟后收起挂图，回忆数字。

（2）记忆故事。一位同学或教师讲一件事，请其他同学再复述给大家听。

2．"想得快"训练。

教师列举种种场景、情景及有关的人和事，同时提出相应的即兴演讲题目，让学生做练习，并进行评析。

（1）某个天气炎热的中午，室外日照非常强烈，室内开着空调，你和朋友正在讨论我国的汽车尾气排放标准。

（2）演讲比赛会场，观众席上座无虚席。由于比赛时间已久，人们均露出疲倦状。主持人席上有奖品、奖状。演讲的题目是《当不幸降临的时候》。

3．"记得牢"训练。

（1）正确合理地安排复习时间。首先要及时复习。识记后最初遗忘得较快，以后逐渐减慢。针对这一规律，识记后应及早复习。其次是间时复习，即在复习中间有休息，间时复习比不间时复习的效果好。

（2）复习中尝试回忆。在复习过程中，用全部时间复习，不如只用部分时间复习，而用另一部分时间去尝试进行回忆，这样的记忆效果会好很多，同时可以随时检验记忆的成果，可以不断地激励自己坚持下去。

（3）整体复习与部分复习。对于不太长的材料，整体复习比部分复习效果好。若材料很长，那么部分复习又比整体复习效果好。

（4）运用多种记忆方法进行记忆。运用多种多样的记忆形式提高记忆效果，如将新旧材料加以比对来记忆；将看、读、写、听结合起来记忆；将要记忆的材料加以系统组织，自己编写提纲等，都有助于提高记忆效果。

4.进行心理素质训练

（1）挫折训练。在电话营销行业有一个说法，叫"剩者为王"，意思就是在电话营销的行业里，淘汰的人很多，并不是所有的从业者都能坚持到底，因为很多人在面对顾客无情的拒绝后，挫败感、屈辱感会使他们选择放弃，但是能够坚持下来的，总会是最后的赢家。因此，对营销人员进行抗压训练、挫折训练是至关重要的。

（2）韧性心理的培养。韧性是指个体面对生活逆境以及其他生活压力的良好适应能力。对于一名优秀的营销人员来说，其韧性表现为不怕失败，不怕打击和挫折，敢于和善于从口语交际失败中一次次崛起，从挫折中一次次挺着腰杆走上讲台，有意识地在顺境、逆境、胜利、失败等各种环境中经受锻炼和考验，以此来培养自己坚强的韧性。

（3）自控能力的培养。自控力的获得，既不能靠父母的遗传，也不是短期速成的，而需要长期的磨炼和涵养。

① 头脑冷静。在遇到不愿听或被责备的情况下，要对恐慌情绪加以抑制，通过冷静分析，找到真正的原因。头脑不冷静，就发现不了问题，场面就会失控。所以，口语交际中不论出现什么情况，首先需要的是沉稳、冷静。只有冷静，才会有适当的自控。

② 意志坚定。在口语活动中常常会由于主客观因素的影响而产生情绪波动，这时就应该立即调整自己，集中自己的注意力，坚定自己的意志，排除不良情绪的干扰，以保持良好的心境。

③ 把握规律。培养和训练自控力的关键是要掌握口才与演讲的规律，丰富演讲实践，深谙演讲技巧，提高演讲水平。卡耐基说过："演讲绝不是上帝给予少数人的特殊功能。"只要坚持不懈地实践，掌握口才与演讲的规律，就一定能提高自己的自控力，从而在各种错综复杂的口语交际场合应对自如，达到"游刃有余"的境界。

做一做

1.在一个比较开阔的地方，教师将同学们分成8人一组，组内的每一个人轮流担任受挫折者——受训者。剩下的同学围成一个圈，受训者蒙住双眼，站在圈中，圈开始移动，确保受训者不知道同学们的方位（如图4-1所示）。接下来由任意一个同学去推搡受训者，每次请受训者记下心理感受，并和其他同学交流。

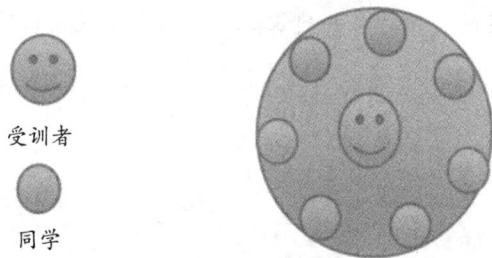

受训者

同学

图4-1 挫折训练

2.请读以下内容，看看是否能清晰、准确、流畅地读完。

例一：

牛郎恋刘娘，牛郎牛年恋刘娘。刘娘念牛郎，刘娘连连念牛郎。

牛郎恋刘娘，刘娘念牛郎。郎恋娘来娘念郎，念娘恋娘念郎恋郎。念恋娘郎！

例二：

七巷一个漆匠，西巷一个锡匠。

七巷漆匠用了西巷锡匠的锡，

西巷锡匠拿了七巷漆匠的漆，

七巷漆匠气西巷锡匠拿了漆，

西巷锡匠讥七巷漆匠用了锡。

 小资料

名人语录

1.美是到处都有的，对于我们的眼睛，不是缺少美，而是缺少发现。——罗丹

2.生命的意义在于活得充实，而不在于活得长久。——马丁·路德·金

3.世界上再没有比得到真理更困难的了。——厄尔文

4.踩着别人脚步走路的人，永远不会留下自己的脚印。——爱因斯坦

5.人的理性粉碎了迷信，而人的感情也将摧毁利己主义。——海涅

6.人生就像弈棋，一步失误，全盘皆输。——弗洛伊德

7.读书是在别人思想的帮助下，建立起自己的思想。——鲁巴金

8.实话可能令人伤心，但胜过谎言。——瓦·阿扎耶夫

9.没有伟大的愿望，就没有伟大的天才。——巴尔扎克

10.我这个人走得很慢，但是我从不后退。——亚伯拉罕·林肯

 **思政之窗**

在我国，为推动国家通用语言文字的规范化、标准化及其健康发展，使国家通用语言文字在社会生活中更好地发挥作用，促进各民族、各地区经济文化交流，2000年10月31日第九届全国人民代表大会常务委员会第十八次会议通过了《中华人民共和国国家通用语言文字法》，并于2001年1月1日起施行。该法确立了普通话和规范汉字的"国家通用语言文字"的法定地位，有利于维护国家主权和民族尊严，有利于国家统一和民族团结，有

利于社会主义物质文明建设和精神文明建设。该法对国家通用语言文字的使用、管理和监督等方面做出了规定。

 **任务训练**

一、选择题

1.好的口才可以给我们带来诸多方便，不包括以下的（　　　）。

A.增加你的个人魅力　　　　　　　　B.强化你的人际关系

C.增加你的人脉　　　　　　　　　　D.增加你的学识

2.增加知识的积累能够从多方面训练，不包括以下的（　　　）。

A.多读书，多看报　　　　　　　　　B.多做题，多练习

C.积累警句、谚语　　　　　　　　　D.积累谈话素材

3.加强心理素质训练有很多方法，不包括以下的（　　　）。

A.挫折训练　　　　　　　　　　　　B.韧性心理的培养

C.不断地练习　　　　　　　　　　　D.自控能力的培养

二、实训题

1.收集世界500强企业的相关资料，对世界500强企业的相关信息进行记忆训练，并在课前进行演讲。

2.收集"利益、合作、沟通、信息、双赢"等营销话题，进行演讲。

3.试着在操场上进行演讲，去其他班级进行演讲，题目自拟，以增强自己的自信心。

4.以小组为单位，到闹市搞活动，做宣传，进行公益主题的演讲。

5.利用课余时间，听听《樊登读书会》节目。

6.课下观看"东方甄选"等直播带货，学习并模仿直播风格。

任务二　　社交口才训练

微课

 **情景导入**

社交口才训练

　　　　尹月是某职业学校市场营销专业的学生，通过学校的推荐，得到了一份婚纱影楼市场调研员的工作，第一天的工作就是在广场发放调查问卷。虽然尹月在校期间成绩非常优秀，但是主动上前与人交流这件事却难倒了她。

"不好意思，打扰了。"

女孩停止了和男友的窃窃私语，转头看着尹月："什么事儿?"

"不好意思，我要做个问卷调查，请问你有时间吗?"

女孩看了尹月手中的问卷说："题目似乎不少，我可没有时间全部答完。"

"那……那不好意思，打扰您了。"尹月挠挠头，很不好意思地走开了。

在她身后，女孩低声对男友说："她怎么比我还害羞呢?"

一天下来，尹月手中的问卷几乎没有发出去多少，收回来的答卷也不是很令人满意。

为此，尹月很苦恼，她的同事大部分都能完成任务，且收回的答卷也很有参考价值，她到底该怎么办呢？

想一想：

如果你是尹月，你该如何组织自己的语言去进行调研？你需要做哪些努力，才能让被调查者配合你的工作？

知识准备

《伊索寓言》里有一则故事，说的是在伊索做奴仆的时候，一天，主人要宴请当时的一些哲学家，吩咐伊索做最好的菜招待贵宾。伊索收集来各种动物的舌头，准备了一席舌头宴。开席时，主人和宾客都大惑不解，伊索说："舌头能言善辩，对尊贵的哲学家来说，这难道不是最好的菜肴吗？"客人们都笑着点头称是。主人又吩咐他："我明天要再办一次宴会，菜要最坏的。"到了第二天，宴席上的菜仍是舌头。主人大发雷霆，伊索却幽默地说："难道不是祸从口出吗？舌头是最好的东西，也是最坏的东西啊！"

从这则小故事可以看出：营销人员在社交场合应管好自己的嘴，使言语得体、谈吐有度，从而获得更多的友谊和信任；反之，也许会"祸从口出"。

社交中受人欢迎、具有魅力的营销人员，一定是掌握社交口才技巧的营销人员。一个掌握了社交口才技巧的营销人员定能在社交场合如鱼得水、游刃有余。一般来说，营销人员的社交口才应遵循"适人、适位、适时、适量、适度、有礼节、有学识"七个原则。

一、社交口才的原则

1.适人

所谓适人，就是根据不同的谈话对象，采用不同的谈话方式。根据对方的性别、年龄、性格、民族、阅历、职业、地位而选择相应话题。如果完全不考虑这些因素，交谈就难以引起对方的共鸣，甚至出现对立的情况。在交谈中遇到彼此有不同的兴趣爱好，有不同的关注话题等情况时，营销人员应本着求同存异的原则，选择大家都感兴趣的话题作为谈话内容，使各方在交谈过程中均能热情参与。

2.适位

适位是指说话的人要根据自己的身份，确定自己站在哪个角度，说些什么，怎么说。有一些营销人员，总将自己放在主要的位置上，自始至终一个人唱主角，喋喋不休地推销自己。曾有人说过，漫无边际地喋喋不休无疑是在打自己付费的长途电话。这样不但不能表现自己的口才，反而令人反感。营销人员在社交活动中，一定要摆正自己的位置。

3.适时

说在该说时，止在该止时，这才叫适时。有的营销人员在社交场合上该说时不说，见面时不及时问候，分手时不及时告别，失礼时不及时道歉，对请教不及时回答，对求助不及时答复，在热闹喜庆的气氛中唠叨不休，发表宏论，在长辈家里乐不可支地详谈"马路新闻"。可以设想一下，假如你在社交中遇见了上面这种人，你会对他产生什么样的印象呢？

4.适量

捷克讽刺作家哈谢克的名著《好兵帅克》里有一个克劳斯上校，此人以说话啰唆闻名，他有一段"精彩"的讲话：

"诸位，我刚才提到那里有一个窗户，你们知道窗户是个什么东西，对吗？一条夹在两道沟之间的路叫公路。对了，诸位，那么你们知道什么叫沟吗？沟就是一批工人所挖的一种凹而不长的坑，对，那就叫沟，沟就是用铁锹挖成的。你知道铁锹是什么吗？铁做的工具，诸位，不错吧，你们都知道吗？"

克劳斯上校的这番话，虽然是作家加工过的，但生活中、社交场合上啰唆的也不乏其人。因此说话适量也是社交口才的基本原则之一。

5.适度

社交口才的适度，主要是指根据不同对象把握言谈的深浅度。首先，根据不同场合把握言谈的得体度，根据自己的身份把握言谈的分寸度。其次，体态语也要恰到好处，否则将有可能失去许多客户。

6.有礼节

营销人员在社交场合，要恰当地使用表示尊重的敬语，如"您好""请教""请问""请指点"等，要恰当使用表示谦恭的谦语，如"多谢您提醒""您的话使我茅塞顿开""给您添麻烦了"等。在对方答话离题太远时，还要用委婉语控制话题："请允许我打断一下……"，"这些事很有意思，今后我还想请教，不过我仍希望再谈谈开头的问题……"自然地将话题引过来。交谈时不要板起面孔，"笑容是你的财产"，微笑着交谈，使你看上去是一位素质较高的营销人员，会使人乐于与你交流。

7.有学识

营销人员所选择的交谈内容，往往被视为个人品牌、志趣、教养和阅历的集中体现，应当自觉地选择高尚、文明、优雅的谈话内容，而不是谈论庸俗低级的内容。交谈的话题应当是自己或者对方所熟知甚至擅长的。选择自己擅长的话题，就会在交谈中驾轻就熟、得心应手，令对方感到你谈吐不俗，对你刮目相看。选择对方所擅长的话题，择机可以给对方发挥长处的机会，调动其交谈的积极性，也可以借机向对方表达自己的谦恭之意。应当注意的是，无论选择自己擅长的话题，还是选择对方擅长的话题，都不应当涉及另一方一无所知的内容，否则会使对方感到尴尬难堪，或令自己贻笑大方。

二、社交口才的语言技巧

1.幽默的语言技巧

著名的爱尔兰剧作家萧伯纳在评价幽默的作用时，曾高度赞扬道："没有幽默感的语言是篇公文，没有幽默感的人是尊雕像，没有幽默感的家庭是间旅店，而没有幽默感的社会是不可想象的。"美国329家大公司的行政主管人员，参加了一项幽默意见调查。结果表明：97%的企业主管相信，幽默在企业界中具有相当的价值；60%的企业主管相信，幽默感决定着人的事业成功的程度。调查证实，参加过幽默训练的中层主管中，在9个月内生产量提高了15%，且病假次数减少了一半。通过测验证明，沉闷乏味的人和具有幽默感的人在以下几个方面存在着差异。

（1）经多次心理实验证实，幽默感测试成绩较高的人，往往智商测验成绩也较高；缺少幽默感的人其测试成绩平平，有的甚至明显缺乏应变能力。

（2）具有幽默感的人，在日常生活中都有比较好的人缘，可在短期内缩短人际交往的距离，赢得对方的好感和信赖；缺乏幽默感的人，会在一定程度上影响交往，也会使自己在别人心目中的形象大打折扣。

（3）在工作中善于运用幽默技巧的人，总能保持一个良好的心态。据统计，那些在工作中取得成就的人，并非都是最勤奋的人，而是善于理解他人和颇有幽默感的人。

（4）幽默能使人在困难面前表现得更为乐观、豁达。所以，拥有幽默感的人即使面对困难，也会轻松自如，利用幽默可消除工作上带来的紧张和焦虑；缺乏幽默感的人，只能默默承受痛苦，甚至难以解脱，这无疑增加了心理负担。

（5）幽默的另一个奇特之处，便是毫不留情地反驳他人的攻击，捍卫自己的尊严。

2.营造氛围

幽默的语言可以创造融洽的氛围，使我们内心的紧张和重压得以缓解，化为轻松的一笑。幽默让人发笑，给人以舒适轻松之感，在笑声中包含了一个人的机智和高超的语言技巧。

3.摆脱困境

一个人要面对各种社交场合，与各类人员打交道，幽默的语言能使严肃紧张的气氛顿时变得轻松活泼，能使表达者的思想观点易于被对方接受，还能使人从容地摆脱困境和尴尬。钱锺书曾经采用了幽默的语言，有礼有节地摆脱了外国女士的"纠缠"。

小案例

中国现代文学大师钱锺书是个自甘寂寞的人。闭门谢客，最怕被人宣传，尤其不愿在报刊、电视中露面。他的《围城》再版以后，又拍成了电视剧，在国内外引起轰动。不少新闻记者相约采访他，均被钱老执意谢绝了。一天，一位英国女士好不容易打通了钱老家的电话，他优雅地对英国女士说："假如你看了《围城》，就好比吃了一个鸡蛋，觉得不错，何必要认识那个下蛋的母鸡呢？"该女士终于被说服了。

4.激发能力

心胸开阔、为人豁达、心情愉快，是有幽默感的人所具有的共同特征，在这种心理状态下，能激发出自己的创造力。幽默感反映了一个人的内在自由，没有这种自由，不可能进行创造，潜能也就得不到充分激发。所以，一个有幽默感的人，一定是一个能够充分发挥自己潜能的人。

小案例

明代文士陈全，误入禁宫，被宦官拿住。陈全恳求："公公饶恕！"这位宦官平素就听说过陈全的大名，便说："听说你能写会说，很有才学，如果你能说出一个字来把我逗笑，我就放你。"于是陈全脱口而出："屁！"宦官板着脸道："这算什么？"陈全说："放也由公公，不放也由公公。"宦官听了笑得前仰后合，于是释放了陈全。陈全在危急时刻用幽默保住了自己性命。

技能拓展

拓展内容：营销人员在社交活动中应该如何赞美对方？

1.了解幽默的基本技巧

（1）自嘲法。幽默一直被视为聪明的人才能驾驭的语言艺术，而自嘲又被称为幽默的最高境界。能自嘲者是智者中的智者、高手中的高手，因为是要拿自身的失误、不足甚至生理缺陷来"开涮"，对丑处、羞处、不予遮掩、躲避，反而将它放大剖析，然后巧妙地引申发挥、自圆其说，博得一笑。没有豁达调侃的胸怀和心态，自以为是、斤斤计较、尖酸刻薄的人，是无法做到的。自嘲不是自我侮辱，不是出自己的丑，自嘲要把握分寸，力求个性化、形象化。适时适度地自嘲，是一种良好的修养，是充满魅力的交际技巧的表现。

小案例

美国总统林肯也是一位颇具幽默感的人物。一次，一位老太太对林肯说："你是我见过的最丑的一个人。"林肯听后却只是笑着抱歉答道："请多包涵，我也是身不由己。"如此幽默的回答，体现出了林肯的豁达和自信。他敢于面对现实，敢于拿自己开玩笑，体现了人格魅力。

（2）将错就错法。一般来说，在社交场合说错了话或者做错了事，应当老实承认并认真改正。但是，在某些特定的场合，照此办理，又会使自己陷入极为难堪的境地或者造成无法弥补的重大损失时，则不妨考虑将错就错、出奇制胜，从而摆脱窘境。

（3）张冠李戴法。一个学校进行考试，教师在监考时对学生说："今天的考试，要求同学们'包产到户'，不要走'共同富裕'的道路。"这位教师的话引起了同学们的会心一笑，知道教师说的是不允许作弊，要自己答自己的卷子，但该教师的话妙就妙在没有直言考场纪律，而是用两个农村改革中的专业词语"包产到户"代替"自己答自己的卷子"，"共同富裕"代替"相互帮助"。由于"包产到户"和"共同富裕"的巧妙借喻与考场上紧张严肃的气氛格格不入，形成强烈的反差，所以产生了幽默感。这种不直接表述某种事物，或不直说某事某人的名称，而用其他相关的词语、名称来取代的幽默方法，称为"张冠李戴"法。

（4）比喻法。比喻是幽默艺术中常用的修辞法之一，幽默所采用的比喻手法和一般修辞意义上的比喻，在审美要求方面是截然不同的。一般的比喻以贴切、神似、协调为原则，但幽默则反其道而行，刻意追求由反差过大或因对比荒谬所造成的不协调。

（5）夸张法。有人说，要想幽默，最常用的手法就是夸张手法。夸大其词的语言修饰手法常被人称为语言华丽的"添加剂"，常常使人忍俊不禁。

小案例

在某年央视春晚中，赵本山与宋丹丹表演小品《说事儿》，其中有这么一段。

白云："你就说他吧，还给人唱歌，你说就这嗓子能唱吗？那天呢，就上俺们那儿敬老院给人唱歌，总共底下坐着7个老头，他一嗓子喊出来，昏了6个。"

小崔："那不还有一个嘛。"

白云："还有一个是院长，拉着我的手就不松开，那家伙使劲地摇啊：'大姐啊，大哥这一嗓子来得太突然了，受不了哇，快让大哥回家吧，人家唱歌要钱，他唱歌要命啊！'"

（6）谐音法。中国的文字非常有意思，特别是同音不同字的互换，往往会产生很强烈的幽默效果。

🎤 **小案例**

余光中是诗人，但他却没时间读诗，什么原因呢？他说："到目前忙着写诗、译诗、编诗、教诗、论诗，五马分尸之余，几乎毫无时间读诗，甚至无时间读书了。"

"尸"和"诗"谐音，表明诗人的时间全被诗"瓜分"了。看似漫不经心的戏言，实则巧夺天工，诗人的幽默得益于其深厚的语言功底。

其实，在我们的生活当中，随时随地可听到这样的幽默：有人把整天关在家里坐着上网的人称为"作家"；有人想逃避喝酒，不到两杯酒大喊"我已婚（昏），不要逼我"……只要你注意收集，你会发现谐音的幽默随处可见。

（7）偷换论题法。谌容是当代著名的女作家，她在一次访美演讲时，台下的一位美国朋友问道："听说您至今还不是中共党员，请问您对中国共产党的私人感情如何？"谌容从容地说："你的情报很准确，我确实不是中国共产党党员。但是，我的丈夫是个老共产党员，而我们共同生活了几十年，尚未有离婚迹象，由此可知我同中国共产党感情有多深！"谌容用偷换论题的方式巧妙地回答"对中国共产党的私人感情"问题，不仅机智得体，而且圆满缜密，使对方无可挑剔，由此可见冷幽默的奥妙之处。

（8）大智若愚法。大智若愚的幽默方式，看上去天真憨傻，实则蕴含了大智慧。通常只有才思敏捷、能言善辩、对生活具有深刻的体验和对事物有较强的观察力，具有一定的文化素质和语言表达能力的人，才能达到"假憨真聪明"的幽默境界。

（9）巧妙转移法。巧妙转移是幽默的常用形式。如果你遇到了难以回答的问题或者想带给别人一种"言有尽而意无穷"的愉快感受，那就试着让巧妙转移的幽默来帮忙吧！

✏️ **做一做**

阅读一些语言幽默的书籍，并观看一些幽默类的语言节目，理解其中的幽默技巧，掌握幽默的方法，并试着在生活中和与同学们的交谈中运用这些方法。

2.掌握赞美的语言技巧

哲学家詹姆士精辟地指出："人类本质中最殷切的要求是渴望被肯定。"赞美是最直接的肯定。无论是口才好的营销员，还是各行各业的佼佼者，都善于使用"赞美"这个最有效的语言艺术。如果一个营销员不会很得体地赞美客户，那他肯定没有过口才这一关。

尽管每个人都喜欢听赞美的话，但并非任何赞美都能使对方高兴。能引起对方好感的只能是那些基于事实并发自内心的赞美。相反，若无根无据、虚情假意地赞美别人，不仅会让人感到莫名其妙，更会令对方觉得你油嘴滑舌、狡诈虚伪。营销人员在赞美对方时，让对方产生了这样的感觉，反而有碍营销的正常进行，所以赞美也要掌握分寸。

（1）诚心。言辞会反映一个人的心理，因而有口无心或轻率的说话态度，很容易被对方识破而使其产生不快的感觉。非洲有句格言：宁愿听痛苦的实话，不听甜蜜的谎言！英国专门研究社会关系的卡利斯博士曾说过，大多数人选择朋友都是以对方是否出于真诚而决定的，赞美他人也是如此。如果你的赞美不是出于真心，对方就不会接受这种赞美，甚至怀疑你的意图。虽然每个人都喜欢听赞美的话，但并非任何赞美都能使对方高兴。

小案例

王小二是一位推销员，很会说话。一次推销保健品，去见一位40岁左右的女顾客，一心想说好话的他，一见面就夸这位女顾客非常漂亮。爱美之心人皆有之，顾客非常欢喜，王小二更是眉飞色舞："凭您的眼光老公一定不是大款就是当官的，您可真有福气呀！"这时女顾客突然一愣，但没有说什么，只是淡淡一笑。王小二接着说："看您的身材，简直太美了，就像没生过孩子一样！"女顾客却说了一句："对不起，我还没有男朋友呢！"弄得王小二无地自容。

（2）有针对性。人的素质有高低之分，年龄有长幼之别。因人而异、突出个性、有特点的赞美比一般化的赞美能收到更好的效果。老年人总希望别人不忘记他"想当年"的业绩与雄风，同他们交谈时，可多称赞他们引以为自豪的过去；对年轻人不妨语气稍微夸张地赞扬他的创造才能和开拓精神，并举出几点实例证明他的确能够前程似锦；对于经商的人，可称赞他头脑灵活，生财有道；对于有地位的干部，可称赞他为国为民，清正廉洁；对于知识分子，可称赞他知识渊博、淡泊宁静……当然这一切要依据事实，切不可虚夸。

（3）具体。具体化的赞美能够深入人心，与对方内心深处的期望相吻合，能够促进你和对方的良好交流。有时泛泛地赞美别人引来的不是感激而是别人的不满。

小案例

罗总和自己的夫人带着一位翻译同一位外商洽谈生意。外商见到罗总的夫人后，便夸赞道："你的夫人真是太漂亮了！"罗总客气地说道："哪里哪里。"翻译心想："怎么翻译'哪里哪里'呢？"最后，他翻译成："Where, Where?"外商一听，心想："说你夫人漂亮就是漂亮呗，还非要问具体漂亮在哪里？"于是，笑着回答："你的夫人眼睛漂亮，身材好，气质好……"说完，大家哈哈大笑起来，商业洽谈在愉快的氛围中开始了。

这虽然是一则笑谈，但是却给我们以启发：当你赞美别人时，一定要在心里问自己一个"Where"（漂亮在哪里，好在哪里，我佩服他哪里……），然后回答这个"Where"，你的赞美一定会因具体化而触动对方，甚至产生神奇的效果。具体化赞美能满足对方的期许，要知道，当你夸一个人"真棒""真漂亮"时，他内心深处立刻会有一种心理期待，想听听下文，以求证实。

（4）及时赞美。赞美之所以能对人的行为产生深刻影响，是因为它满足了人的自尊心的需要。及时的赞美更能发挥这种作用，同时也表现出你是个心胸开阔的人，让你身边的人体会到你的善意和涵养，慢慢地，你的"好人缘"发生作用，不久你会体会到朋友遍天下的成就感。

小案例

玫琳凯化妆品公司跳槽的业务员屡次失败后，对自己丧失了信心，老总及时找到他，说："听你前任老板说，你是个很有闯劲的小伙子，他那次电话里还说不想放你走呢！"事后，奇迹出现了，小伙子冷静分析市场，拿出了解决方案，终于大获成功。

（5）背后赞美。这就是所谓的"辗转相传"赞美，从第三者转述而来的赞美，最令人感动。转述的赞美虽然是间接式的，却是双倍的赞美，比当面直接的赞美效果更大。因为当面赞美，很可能是客套话，而背后的赞美常是真心话，真正懂得赞美的人，深知转述的威力，所以较少当面赞美别人，而是较多在背后赞美别人。

德国的铁血宰相俾斯麦，为了拉拢一个敌视他的下属，便有计划地对别人赞扬这个下属，他知道那些人听了之后，一定会把他所说的话传给那个下属。事实证明，结果正如其所愿。

做一做

（1）如果你在生活中喜欢哪位老师或者同学，请不要吝惜自己的赞美语言，试通过自己的赞美，让对方感受到自信和快乐。

（2）阅读《世界上最伟大的推销员》《输赢》《超级营销口才》《一语值千金》《孟非的说话之道》等书籍，学会其中的一些赞美语言和营销中的赞美语言。

任务训练

一、选择题

1.赞美的语言技巧，不包括以下的（　　　）。

A.背后赞美　　　　　　　　　B.找亮点

C.过量赞美　　　　　　　　　D.具体赞美

2.幽默的语言技巧，不包括以下的（　　　）。

A.偷换论题法　　　　　　　　B.大智若愚法

C.将错就错法　　　　　　　　D.挖苦找乐法

3.社交口才的基本原则不包括（　　　）。

A.适量　　　　　　　　　　　B.适度

C.有礼节　　　　　　　　　　D.先贬后褒

二、实训题

1.学会赞美

实训目的：让学生学会赞美技巧，养成赞美别人的习惯。

地点：教室。

训练内容：

（1）找出本班的优点。

（2）找出同桌的优点。

（3）找出班主任的优点。

（4）找出本学期各任课老师的优点。

（5）找出父母最值得赞美的地方。

（6）给大家讲讲自己最尊敬的人。

2.学会幽默

实训目的：让学生掌握一定的幽默技巧。

地点：教室。

训练内容：

（1）每人给大家讲一个笑话。

（2）同学们互相之间进行点评。

（3）老师对学生的表达作出评价。

任务三　　谈判口才训练

微课

谈判口才训练

情景导入

刘佳欣是某职业学校市场营销专业的在校学生，暑假期间，经过学校介绍，她获取了一份在大商场工作的机会，负责"博洋宝贝"这个品牌的儿童家纺导购。下面是她的一次导购经历。

刘佳欣：女士，你好，你觉得我们博洋宝贝怎么样？

顾客：这个产品质量不错，但我感觉与我家儿童房的风格不是很匹配，而且我家宝贝不是很喜欢这个图案。

刘佳欣：我们的产品质量是行业内公认的，所以您应该考虑。

顾客：还是感觉不合适。

刘佳欣：女士，您也知道这个产品非常好，而且如果您现在购买还可以享受七折优惠。

顾客：你就是五折我也没有办法啊，我家宝贝不喜欢，我买了是给她用的，我总不能强制她用吧，算了吧！

刘佳欣：您现在不买，会错失一个绝好的机会。

顾客：我还是看看别家的产品吧。

想一想：

如果你是刘佳欣，你该如何组织自己的导购语言？如何让顾客感觉到你不是在急于推销自己的产品，而是在为顾客着想？

【读一读】

言无常信，行无常贞，惟利所在，无所不倾，若是则可谓小人矣。（《荀子·不苟篇》）

【释义】说话没有定准，行事没有原则；只要有利益之处，就拼命钻营。如果是这样的人，就是人们所说的小人了。

我们看这样一个案例：

两位外地人在阳朔街头向同一位画家买画。

第一个外地人问："这幅画多少钱？"画家说："50元。"说完后发现这个人没什么反应，心里想：这个价钱他应该能够承受。于是接着说："50元是黑白的，如果你要彩色的要80元。"这个人还是没有什么反应，他又说："如果你连框都买回去是100元。"结果这个人把彩色画连带框一同买了回去，以100元成交。

第二个外地人问价时，画家也说50元。

这个外地人立刻大声喊道："隔壁才卖40元，你怎么卖50元？画得又不比人家好！"

画家一看，立刻改口说："这样，50元是黑白的，您这样说，50元卖给您彩色的。"

外地人继续抱怨："我刚刚问的就是彩色的，谁问你黑白的？"结果他用50元既买了彩色画，又带走了相框。

同样的商品、同样的卖者，由于不同的应对策略，结果却相差这么大！你是否也想成为这样的谈判者？当然，要成为谈判专家，不是一件容易的事。不过要成为谈判专家的第一件事，是先学习有关的谈判理论知识和前人总结出来的谈判技巧。

商务谈判是买卖双方为实现某种商品或劳务的交易，就多种交易条件进行的协商活动。商务谈判是现代社会经济交往的起点，已经在经济业务中显示了强大的魔力，在未来的经济交往和对外经济业务活动中，对于促进商务贸易的成功将起决定性的作用。

一、商务谈判的原则

1.知己知彼

"知己知彼，百战不殆"的道理众所周知。谈判前，了解对方可能采取的策略及谈判对手的个性特征，对谈判的圆满完成将有莫大好处。如果谈判对手喜欢打球，不妨在会谈前的寒暄中有意提及，将对方的戒备敌意先行缓和，若有时间，更可邀约一起运动，以培养宽松的谈判气氛。在这时，球场就是另一张谈判桌，有助于谈判达成。

2.互惠互利

商务谈判是所有销售工作中不可或缺的关键一环，很多人能将销售工作做得很好，提到谈判却如鲠在喉。谈判既是矛，也是盾。进，可攻击对手；退，可保护自己。使自己的利益最大化是每一个谈判者的最终目标，但每个谈判者都应该牢记：每次谈判都有潜在的共同利益，只有围绕着共同利益，才可以使谈判顺利进行下去。

　　柯达全球副总裁、大中华区副主席叶莺，是柯达与国内感光业整合的关键人物，她出色的谈判技巧促成了柯达公司与中国政府的全方位合作，最后缔造了一个"柯达模式"，被视为跨国公司与中国政府合作的典范。在回忆这段往事的时候，叶莺说："当时内地感光行业的效益很低，多家感光厂商虽然在政府的安排下要与柯达合作，但如何达成共识，的确存在很大的困难。谈判不能忘记自己的原则，但又不能一厢情愿，只顾自己的利益。谈判成功在于大家的共同点，就好像两个圆形叠在一起，中间便有一个交集，双方务求将互惠互利的交集尽量放大。再根据这个共同点，作为与另一个厂商谈判的基础，这样一个个去谈，最后便能找到一个各方都愿意接受的点。"

　　叶莺的体会充分展示了谈判互惠互利的原则。另外，要说服客户，关键在于能够考虑到对方的利益点，为了双方的利益而提出自己的意见。一旦自己的观点得到了客户的认可，那么，这次谈判就成功了一半。因为，谈判的最终目的是达成协议、取得共赢，而不是争输赢。

　　3. 平等协商

　　谈判各方在地位上应平等一致、互相尊重，不允许仗势压人、恶语相向。谈判各方在谈判中应通过协商求得双赢，而不是通过强制或欺骗来达成一致。

　　请看以下对话：

　　正值荔枝上市之际，一家果品公司的采购人员与果园老板洽谈。

　　"多少元一斤？"

　　"6元。"

　　"5元行吗？"

　　"少一分也不行。"

　　"再商量商量嘛。"

　　"没什么好商量的。"

　　"不卖拉倒！死了张屠夫，未必就吃混毛猪！"

　　4. 适当让步

　　任何一次商务谈判，都没有绝对的胜利者和绝对的失败者。相反，相关各方通过谈判，多多少少总会获得或维护自身的利益。也就是说，大家在某种程度上通过彼此妥协、互相让步来达成双方都可以接受的结果。在商务谈判中，为了达成协议，让步是必要的。但是，让步不是轻率的行动，必须慎重处理。成功的让步策略可以起到以局部小利益的牺牲来换取整体利益的作用，甚至在有些时候可以达到"四两拨千斤"的效果。

　　5. 就事论事

　　商务谈判过程中的一个重要原则是"就事论事"。无论双方为了维护各自的利益争论多么激烈，也不管讨价还价多么苛刻，但在态度上始终应以礼相待，绝对不能话不投机就恶言相向，甚至进行人身攻击。"买卖不成仁义在"，要从长远的角度考虑问题。

　　6. 突出优势

　　对对方立场、观点都有初步认知后，再将自己在此次谈判事项中所占的优劣势和对方的优劣势进行严密周详的列举，尤其要将己方优势，不管大小新旧，全盘列出，以作为谈判人员的谈判筹码。而己方劣势，当然也要注意，以免仓促迎敌，被对方攻得体无完肤。

7.集中主题

谈判会令人变得不知所措，客户经常会因为没能取得丝毫进展而沮丧。这时候，关键就在于保持头脑冷静，注意客户的言语及神态，并且耐心等到其平静时，总结谈判所取得的进展。例如，把话题重新引到你所期望的主题中来，可说："我们已经在这些问题上谈了三个小时了，现在，我建议重新回到付款条款上来，看看是否能达成一项公平合理的解决方案。"

8.团队作战

商务谈判也像乒乓球比赛一样，不仅有单打、双打，还有混合双打。凡是重要的商务谈判，往往都是"团体赛"。商务谈判的团体赛除了个人技术水平的发挥，更重要的是配合默契的团体技术。常言说"家有千口，主事一人"，在一个谈判团体中，一定要有一个核心，所有的参与者都要为这个核心服务，一旦核心出现语误或漏洞，配角要能为其打圆场。在商务谈判的团体赛中，只有各种角色的默契配合，才能演出有声有色的精彩剧目。

谈判是"谈"出来的，主要是运用口语来表达自己的观点、意见和意向，所以，谈判成败在很大程度上取决于谈判者的谈判口才。

二、商务谈判的特点

谈判是一种双向行为。一提起谈判，人们往往就会想到，两个人或是两个团体在谈判桌上时而慷慨陈词、据理力争，时而就某个问题争论得面红耳赤，有时也会出现相互对视、默默无言的僵局。其实，谈判不一定非得如此正规，它是生活中到处都有、随时可以见到的一种行为，只要存在双方或多方利益不能达成一致的情况，就存在谈判。

1.目的性强

谈判双方均有各自的需求、愿望或利益目标，是目的性很强的活动。谈判具有特定的目的性，即为了满足双方各自的需要。

2.随机应变

战场状况瞬息万变，谈判桌上需随机应变。虽说诸葛亮神机妙算，但人算不如天算，总有考虑欠周、失算之处。谈判时，如果对手突发神来之笔，超出己方假设的状况，己方人员一定要会随机应变、见招拆招。实在无法招架，手忙脚乱时，先施缓兵之计，再图谋对策。

3.沉着冷静

古语云："病急乱投医。"在谈判中牢记"戒骄戒躁"，尤其在剑拔弩张、言辞激烈之际，更要沉着冷静。因为，谈判中常会出现打持久战的情况，如进行四五个小时，连上厕所的时间都没有。所以，谈判前要将"耐心"带足，准备充分。请看下面这位印度画家的"耐心"有多充足。

小案例

一位美国商人看中了印度画商带来的三幅画，标价均为2 500美元。美国商人不愿出此价钱，双方各执己见，谈判陷入僵局。终于，那位印度画商被惹火了，怒气冲冲地跑出去，当着美国人的面把其中一幅画烧掉了。美国商人看到这么好的画被烧掉，十分心疼，赶忙问印度画商剩下的两幅画愿意卖多少钱，回答还是2 500美元，美国商人思来想去，拒绝了这个报价。这位印度画商心一横，又烧掉了其中一幅。美国人只好乞求他千万别再烧掉最后那幅画。当美国人再次询问这位印度画商愿以多少价钱出售时，印度画商说："最后这幅画只能是三幅画的总价钱。"最终，这位印度画商手中的最后一幅画以7 500美元的价格拍板成交。

在这个故事里，印度画商之所以敢烧掉两幅画，是因为他确信，美国商人是真心喜欢这些画的。当然，在这次成功的谈判中，依靠的不仅是耐心，更重要的是谋略。"谈判"是一个复杂的心理斗智过程，需要谈判者具有深厚的知识积累、良好的语言表达、得体的肢体动作，只有不断地总结经验，方能使自己的谈判水平日趋成熟。

议一议

（1）进行谈判的基本原则是什么？

（2）商务谈判有哪些特点呢？

技能拓展

拓展内容一：如何进行谈判口才技巧训练？

1.语言技巧训练

在商务谈判中，双方的接触、沟通与合作都是通过语言表达来实现的。说话的方式不同，对方接受的信息就会有所差异，反应也会不同。也就是说，虽然人人都会说话，但说话的效果却取决于表达的方式。德国诗人海涅曾说过：语言之力，大到可以从坟墓里唤醒死人，可以把生者活埋，把侏儒变成巨无霸，把巨无霸彻底打垮。这就是说，语言表达是有技巧的。虽然商务谈判的成功离不开语言的表达，但是没有哪一种特定的语言表达技巧适合所有的谈判内容。就谈判而言，语言表达需要注意以下五点：

（1）内容要真实、客观。谈判者的每一句话、所列举的每一个数字，都将代表企业的观点，所以在商务谈判陈述前，一定要对所需陈述的内容进行仔细斟酌。叙述要本着客观真实的态度，不要夸大事实真相，同时也不要掩盖实情。万一被对方发现事实真相被掩饰或修饰，哪怕是一点点破绽，也会大大降低自己企业的信誉，从而削弱本方的谈判实力。

（2）结构要严谨、紧凑。商务谈判中的叙述不同于日常生活中的闲聊，切忌语无伦次、东拉西扯、没有主次、结构混乱，让人听后不知所云。高明的谈判者边叙述边察言观色，尽量使叙述完整而不拖拉、简洁而又清晰。

（3）用词要准确、生动。谈判中要尽量使用通俗、易懂的语言进行叙述，少用专业语言，以简洁的惯用语言解释、表达。不要谈与主题无关的事，否则会显得没有诚意，所说内容要与资料相符合。在叙述中，要特别注意数字的表达，如价值、价格、兑换率等词语。

（4）态度要谦和、诚恳。因为谈判的最终目的是双方达成一定的协议，所以，在叙述时要表现出极大的诚意。

（5）巧用沉默。沉默本身就代表着一种陈述，这会使对方不得不借着回答你的问题，或者借着提出新建议来打破这种沉默。

2.倾听技巧训练

"谈"是任务，而"听"则是一种能力，甚至可以说是一种天分。"会听"是任何一个谈判人员都必须具备的条件。日本松下电器公司创始人松下幸之助把自己的全部营销秘诀归结为："细心倾听，集思广益。"美国谈判学家卡洛斯也说："如果你想给对方一个丝毫无损的让步，这很容易做到，你只要注意倾听他说话就成了。倾听是一个最省钱的让步。"在谈判中，我们尽量鼓励对方多说，并提出问题请对方回答，使对方多谈他们的情况，以达到尽量了解对方的目的。总的来说，倾听在谈判中具有重要的意义。

（1）聚精会神地倾听。精神集中地听，是倾听艺术最基本、最重要的问题。心理学家统计证明，一般人说话的速度为每分钟120~180个字，而听话及思维的速度则大约要比说话的速度快4倍。因此，往往是说话者还没说完，听者就大致理解了。这样一来，听者常常由于精力的富余而"开小差"。

在倾听时注视讲话者，主动与讲话者进行目光接触，并作出相应的表情，可以鼓励讲话者。如微微一笑、赞同地点点头或否定地摇摇头、不解地皱皱眉头等，这些动作可以帮助讲话者集中精力，达到良好的沟通效果。

（2）边听边记笔记。对于信息量较大且较为重要的活动，商务谈判人员一定要动笔做记录，不可过于相信自己的记忆力。在谈判过程中，人的大脑在高速运转，接受和处理大量的信息，加上谈判现场的气氛很紧张，只靠记忆是办不到的。实践证明，即使记忆力再好，也只能记住一个大概内容，有的则忘得干干净净。为了弥补这一不足，应该在听讲时及时做记录。做记录的好处在于：一方面，可以帮助自己回忆和记忆，有助于在对方发言完毕之后，就某些问题向对方提出质询，同时，还可以帮助自己做充分的分析，理解对方讲话的确切含义与精神实质；另一方面，通过做记录，给讲话者的印象是重视其讲话的内容，当停笔抬头望望讲话者时，对其又是一种鼓励。

（3）有取舍地倾听。在专心倾听的基础上，为了达到良好的倾听效果，可以采取鉴别的方法来倾听对方发言。通常情况下，人们说话时边说边想，想到哪儿说到哪儿，有时表达一个意思要绕着弯子讲许多内容，从表面听，根本谈不上什么重点突出。因此，倾听者就需要在用心倾听的基础上，鉴别传递过来的信息，去粗取精、去伪存真，这样才可抓住重点，收到良好的沟通效果。

（4）心胸开阔地倾听。先入为主地倾听，往往会扭曲说话者的本意，忽视或拒绝与自己意愿不符的意见，这种做法实为不利。因为这种倾听者不是从谈话者的立场出发来分析对方的讲话，而是按照自己的主观判断来听取对方的谈话。其结果往往是听到的信息失真地反映到自己的大脑中，导致本方接收信息不准确、判断失误，从而造成行为选择上的失误，所以必须克服先入为主的倾听做法，要将讲话者的意思听全、听透。

（5）安静地倾听。谈判过程中，抢话的现象经常发生。抢话不仅会打乱别人的思路，也会耽误自己倾听对方的全部讲话内容。因为在抢话的同时，大脑的思维已经转移到如何抢话上去了。这里所指的抢话，是急于纠正别人说的错误，或用自己的观点取代别人的观点，是一种不尊重他人的行为。因此，抢话往往会阻塞双方思路和感情交流的渠道，对创造良好的谈判气氛非常不利，对良好的沟通更是不利。

3.提问技巧训练

在商务谈判中，精妙的提问不仅能获取所需的信息，还能促进双方的沟通。在谈判中，宜多询问，少陈述。"陈述"会制造问题，"询问"则会制造答复。询问不是批评，而是请教，对方一般乐于倾听。

在谈判中，问话可以引导对方思路方向，引起对方注意，从而控制谈判的方向。在谈判中，为什么有人总是感觉被动？原因通常是：他总是在说，而他的对手总是在问。弄得自己疲于应付，狼狈不堪。谈判就像医生问诊一样，而诊断的最好方式就是有策略地提问。

为了达到良好的提问效果，需要掌握以下几个方面的技巧：

（1）预先准备好问题。最好使对方不能迅速想出对策，以期收到意想不到的效果。同时，预先有所准备也可以预防对方反问。

（2）循序渐进地提问。在谈判的准备阶段，有经验的谈判人员往往会先提出一些看上去很一般，并且比较容易回答的问题，而这个问题恰恰是随后所提出的比较重要的问题的前奏。这时，如果对方思想比较松懈，突然面对之后所提出的较为重要的问题时，往往会措手不及，从而收到出其不意之效。对方很可能在回答无关紧要的问题时暴露其思想，这时再让对方回答重要问题，对方只好按照原来的思路回答，或许这个答案正是我们所需要的。

（3）倾听后有针对性地提问。在对方发言时，如果大脑中闪现出疑问，千万不要终止倾听对方谈话而急于提出问题，这时可先将问题记录下来，等对方讲完后，利用合适的时机再提出问题。

（4）提问要适度，达到目的即可，不要咄咄逼人。如果对方的答案不够完善，甚至回避不答，这时不要强迫地问，而是要有耐心和毅力等待时机的到来，这样做可表示对对方的尊重。因为双方谈判绝不等于法庭上的审问，需要双方心平气和地提出问题和回答问题，以达到谈判的目的。

（5）提出问题后应保持沉默，耐心地等待对方作出回答。提问之后，注意停顿，保持沉默，把压力抛给客户，直到客户说出自己的想法。切记，提问之后，不要先开口或自问自答。管理学家认为，谁能灵活安排时间谁就有优势。如果谈判时对方赶时间，你的耐心能对他们产生巨大的影响。

（6）适当时刻明知故问。这种方法是将一个已经发生，并且自己也知道答案的问题提出来，以此验证对方的诚实程度，同时也给对方一个暗示，你对整个交易是比较了解的。这样可以帮助谈判人员进行下一步的合作决策。

4.应答技巧训练

谈判中既然有提问，就必须有应答，两者是紧密联系的。提问得不好，不利于谈判的进行；应答得不当，则会使自己陷入被动的局面。

谈判中的应答，是一个解释、阐述自己观点的过程，你的应答是向对方的一种承诺，所以，应答时不能口无遮拦、信口开河，切记掌握好分寸。

（1）不要彻底地回答。不要彻底地回答，是指应答时将问话的范围缩小，或只回答问题的某一部分。因为谈判中有些问题不值得回答，有些问题只回答一部分就足够了，如全部回答，则不利于己方。

（2）不要立即回答。对于一些问话，不一定要马上回答。特别是对一些可能会暴露己方意图、目的的话题，更要慎重。

（3）不要明确回答。谈判中的应答技巧，不在于回答对方的对与错，而在于应该说什么、不应该说什么以及如何说，这样才能产生最佳效果。

（4）逃避地回答。有时对方提出的某个问题，己方很难正面回答，但又不能拒绝回答。这时谈判高手往往会采用避正答偏的方法来应答。

🎙️ **小案例**

一位西方记者曾不怀好意地问周恩来总理："请问，中国人民银行有多少资金？"

周总理深知对方在讥笑中国的贫穷，如果实话实说，自然会使对方的计谋得逞，于是答道："中国人民银行货币资金嘛，有十八元八角八分。"

中国人民银行20世纪70年代以前发行面额为十元、五元、二元、一元、五角、二角、一角、五分、二分、一分的10种主辅人民币，合计为十八元八角八分。周总理巧妙地避开了对方的话锋，使对方无机可乘。

（5）对于不明白的问题不要回答。苏联外长葛罗米柯是精通谈判之道的高手，在对手准备了无可辩驳的理由时，或者无法在理论上与对手一争高低时，或者不具备摆脱对方的条件时，他的看家本领是不说明任何理由，光说一个"不"字。美国国务卿万斯就领教过葛罗米柯的"不"战术。1979年，他在同葛罗米柯谈判时，出于好奇在谈判中记录了葛罗米柯说"不"的次数，一次谈判下来竟然有12次之多。葛罗米柯之所以历经四位领导人的更迭而不倒，先后同九位美国总统谈判而不败，这种不说明理由的"不"战术，是他众多法宝中的重要法宝之一。

尽管我们有备而来，但谈判中仍会遇到许多问题，如果勉强答复，可能会使谈判陷入被动，因此谈判人员可坦率地告诉对方不能回答或暂不回答。

✏️ **做一做**

（1）说说你选择目前这个学校和专业的想法，其他同学倾听，并进行提问。

（2）讲讲你个人的特殊经历，其他同学倾听，并进行提问。

（3）讲讲宿舍里发生的趣事，其他同学倾听，并进行提问。

（4）讲讲你的家乡的风土人情，其他同学倾听，并进行提问。

（5）讲讲你未来的理想和规划，其他同学认真倾听，并进行提问。

（6）讲讲你所喜欢的明星以及电视剧，说出理由，其他同学可以反驳。

（7）讲讲父母的优点、老师的优点，班级干部的优点。

拓展内容二：你了解外商的谈判风格吗？

学会与不同文化背景及个性的外国人谈判，是谈判人员的必修课。随着经济全球化的到来，许多企业纷纷将眼光投向了海外，贸易往来也因此越来越频繁。不同的国家、不同的民族因有其独特的文化背景与文化特性，在为人处世上便会形成一种风格，谈判也是如此。通过对各国谈判风格的学习，可以使谈判人员避其锋芒、攻其弱点，处于不败的境地。

1.美国人的谈判风格

（1）自信、自尊心强。美国人对自己的国家深感自豪，对自己的民族有强烈的自尊感与荣誉感，这种心理在他们的贸易活动中充分表现出来。美国人的自信还表现在他们坚持公平合理的原则上，他们认为双方进行贸易，双方都要有利可图。在这一原则下，他们会提出一个"合理"的方案，并认为是十分公平合理的，在双方的洽谈中充满自信，语言明确肯定。如果双方出现分歧，他们往往会怀疑对方的分析、计算，而坚持自己的看法。美国人的自信，还表现在对本国产品的品质优越、技术先进性的称赞上。他们认为，如果你有十分能力，就要表现出十分来，千万不要遮掩、谦虚，否则很可能被看作无能。

（2）时间观念强。美国生活节奏比较快，这使得美国人特别重视、珍惜时间，注重生活的效率，加之他们个性外向、坦率，因此一般谈判的特点是开门见山，报价及提出的具体条件也比较客观，水分较少。所以，在商务谈判中，美国人常抱怨其他国家的谈判对手拖延、缺乏工作效率，而这些国家的人也埋怨美国人缺少耐心。

（3）法律观念强。据有关资料披露，平均每450名美国人就有一名律师，这与美国人解决矛盾纠纷习惯于诉诸法律有直接的关系。他们这种法律观念在商业交易中也表现得十分明显，因此，他们特别看重合同，主张多谈细节、少谈原则，合同通常会非常详细和冗长，而且特别重视合同违约的赔偿条款。

（4）实效性强。美国人做生意时更多考虑的是能带来的实际利益，而不是生意人之间的私人交情，所以亚洲国家和拉美国家的人都有这种感觉：美国人谈生意就是直接谈生意，不注意在洽谈中培养双方的友谊情感，而且还力图将生意和友情清楚地分开，所以显得比较生硬。一位美国专家认为：美国人感到，到中国谈生意像是到朋友家做客，而不像做生意；同中国人谈判，是"客人"与"主人"的谈判。

2.英国人的谈判风格

（1）重视礼仪。英国商人举止高雅，谈吐文明，重视社会公德，有礼让精神，行动按部就班。在商务活动中，英国商人招待客人时间往往比较长，但不轻易与对方建立个人关系。英国商人的约会确定后必须按时赴约。

（2）注意逻辑。英国人注意逻辑，自己所想的事，他们会合乎逻辑地表达出来。对于错误的东西，也要运用逻辑推理来说明。

（3）缺点明显。英国商人在商务活动中有明显的缺点，主要表现为：一是谈判带有外交色彩，缺乏节奏感；二是出口商品不遵守交货时间，易造成谈判的被动；三是在商务活动中，不善于从事日常的业务访问。

3.法国人的谈判风格

法国商人性格开朗、健谈。在谈判开始时，喜欢谈些趣事，创造宽松的氛围。法国商人的国家意识和民族自豪感很强，因此，谈判时常要求对方用法语作为谈判语言。法国商人珍惜人际关系，但和他们建立友好关系却很难。在变成朋友前，法国商人不会同别人做大生意；建立友好关系后，他们会遵守互惠互利、平等的原则。法国商人对价格要求严格，条件苛刻。他们集中精力磋商主要条款，对细节不太重视。在谈判方式上，他们偏爱横向式的谈判，为协议勾画轮廓后，再达成原则协议。为使谈判成功，法国商人喜欢在谈判中搞些"协议书"之类的文件，以记载在谈判中达成的协议内容。法国商人有个缺点：时间意识对人严、对己松，就是在交往中常迟到，而且总能找到理由加以解释。但如果外国人在商业交往中因故迟到，却不能得到他们的原谅。

4.俄罗斯人的谈判风格

俄罗斯商人喜欢喝酒、抽烟、跳舞。跳舞是俄罗斯民族的传统，一般每个周末都举行舞会。俄罗斯人注重仪表，爱打扮，每逢有较大的节日庆典或谈判活动等，衣服一定要熨平，胡子要刮净。在公共场合比较注意举止，从不将手插在口袋里或袖筒里，天热时也不轻易脱下外衣。俄罗斯人做事断断续续，大大增加了谈判的困难，他们绝不会让自己的工作节奏适应外商的时间表。

做一做

（1）两组同学，互相扮演美国人和英国人，设计情景进行谈判训练。
（2）两组同学，互相扮演法国人和俄罗斯人，设计情景进行谈判训练。

小资料

商务谈判中，以耐心、耐性和韧性拖垮对手的谈判意志，从而达到己方预期谈判目标的方法是——软磨硬泡。

谈判高手必知的"四说"：说什么、什么时候说、对谁说、怎么说。每个环节都要把握好尺度与分寸。

思政之窗

人类只有一个地球，人类也只有一个共同的未来。无论是应对眼下的危机，还是共创美好的未来，人类都需要同舟共济、团结合作。实践一再证明，任何以邻为壑的做法，任何单打独斗的思路，任何孤芳自赏的傲慢，最终都必然归于失败！让我们携起手来，让多边主义火炬照亮人类前行之路，向着构建人类命运共同体不断迈进！

资料来源 习近平. 让多边主义的火炬照亮人类前行之路——在世界经济论坛"达沃斯议程"对话会上的特别致辞［EB/OL］.［2024-01-02］. https://www.gov.cn/gongbao/content/2021/content_5585225.htm.

任务训练

一、选择题

1.商务谈判的实质是（　　）。

A.协调双方利益　　　　　　　　　　B.满足各自需求
C.维护己方利益　　　　　　　　　　D.达到一方目的

2.商务谈判的特点是（　　　）。

A.目的性强　　　　　　　　　　B.随机应变

C.一定是双方　　　　　　　　　D.需要沉着冷静

3.商务谈判的核心是（　　　）。

A.气氛　　　　　　　　　　　　B.语言

C.内容　　　　　　　　　　　　D.利益

二、实训题

1.实训目的：训练学生养成认真倾听的习惯。

地点：教室。

训练内容：

（1）选取1~2名学生朗读一段文章或新闻，然后同学们就文章的内容进行提问。

（2）任意抽选学生给大家朗诵熟悉的诗词，故意出错，然后让其他学生找错。

2.实训目的：让学生进一步掌握提问和应答的语言技巧。

地点：教室。

训练内容：

（1）学生先进行策划：如果要在校园内开家小店，你想经营什么？如何经营？

（2）学生到讲台讲解自己的开店方案，其他学生就方案本身进行提问，方案设计者对提问进行一一解答。

3.实训目的：让学生进一步阐述理由的语言技巧。

地点：教室。

训练内容：一个公司在招聘业务主管时，为应聘者准备的问题都是一样的。最后，200名应聘者中只有1人被录用了。请你也试一试，看看自己能否有机会被录用。

在一个风雨交加的晚上，你开着一辆车经过一个车站，发现有3个人正在等公共汽车：一个是快要死的老人，很可怜；一个是医生，他曾救过你的命，是大恩人，你做梦都想报答他；一个女人/男人，她/他是那种你做梦都想娶/嫁的人，也许错过就永远没有机会了。但你的车只能坐一个人，你会如何选择？请解释一下你的理由。

形式：全体参与。

时间：30分钟。

目的：培养听、说、辩的能力。

背景：一架私人飞机坠落在荒岛上，只有6人存活，这时逃生的工具只有一个仅能容纳一人的橡皮气球吊篮，没有水和食物。

游戏内容：请同学分别扮演以下6个角色，陈述自己是"最值得逃生的人"的理由。

（1）孕妇：怀孕8个月。

（2）孩子：12岁。

（3）发明家：正在研究新能源汽车。

（4）宇航员：即将远征火星，寻找适合人类居住的新星球。

（5）医学家：正在研究艾滋病的治疗方案，并已取得突破性的进展。

（6）教授：正在进行生态可持续发展的研究，并已取得突破性的进展。

情景导入

微课

推销口才训练

曲东东从某中职学校市场营销专业毕业后，经学校推荐，进入一家保险公司做业务员，在学校期间，曲东东同学品学兼优，各方面都得到了很好的锻炼。因此，刚进入公司时，他比别人更早地适应了工作环境，更早地融入保险推销工作中。下面是他的一次推销经历。

"您好，我是康安保险公司的曲东东。"

"你们公司的推销员昨天才来过，我最讨厌保险推销了，所以他昨天已经被我拒绝了。"

"是吗？不过，我总是比昨天那位更加英俊潇洒一些吧！"曲东东跟对方开了一个小小的玩笑，一脸正经地说。

"什么？昨天那位仁兄啊！长得高高的，哈哈哈，比你好看多了！"

"矮个儿没有坏人，再说辣椒是越小越辣啊，俗话说：'人越矮，俏姑娘越爱嘛。'这句话可不是我发明的啊！"

"哈哈！你这人真有意思。"

不管怎样，曲东东终于把顾客给逗乐了，然后自己跟着笑。当两个人开怀大笑的时候，陌生感就消失了，彼此的心在某种程度上也得到了沟通。

想一想：

如果你是曲东东，你该如何组织自己的语言？作为一位推销员，又该把握哪些推销的基本原则呢？你又该如何促成自己销售呢？

知识准备

【读一读】

言无有善恶也，苟有得乎吾心而言也，则其辞不索而获。（苏洵《嘉祐集·太玄论》）

【释义】语言没有绝对的善恶，如果不夹杂情绪，映照内心的初衷和美好，则不用要求对方，不必装饰自己，双方也就都如沐春风了。

一、推销用语使用的基本原则

1.推销用语要以诚信为本

中国是礼仪之邦，诚信待人是一种美德。诚信为本，也是现代企业坚守的原则，在推销活动的语言运用中也是如此。推销开始阶段，顾客都持消极和防卫态度，这样的心理和态度让顾客在感情上和推销员保持着一定的距离，并采取回避、拒绝的行为。在这种情况下，要求推销人员表现出诚意，通过有亲和力的语言和得体的举止让顾客消除距离感，减轻防卫的心理压力。

2.推销讲解要耐心细致

俗话说："嫌货人才是买货人。"任何一名顾客在选购商品的时候，很少会没有任何意见就说"好,我买了!"不提意见的顾客反而是没有购买欲望的顾客。有的推销人员在顾客说"不"的时候没有心理准备,不知道如何解释,尤其是在遇到有些顾客恶意刁难的时候,一些推销人员非但不能抓住成交机会,反而与客户争辩、反驳,这是极端不冷静的行为。

3.推销讲解要从顾客角度出发

消费者在购买商品使用价值的同时,也十分注重其带来的附加价值。一名出色的推销人员要清楚地知道什么是顾客最需要的东西。商品除了满足顾客基本的需求外,还有其他的附加功能,而且很多情况下顾客更注重商品的附加功能。因此推销人员在推销过程中必须注重商品利益对顾客的吸引。

做一做

(1)同学之间互相练习,模拟向对方推销产品,试着把握推销用语的分寸。

(2)以小组为单位,利用假日的时间,小规模地在批发市场购买一些生活用品,试着推销出去,并撰写推销实践报告。

(3)观看相关直播带货,模仿并学习直播推销语言。

二、推销过程应遵循的基本原则

1.满足顾客需要原则

推销是买与卖的联系过程。从推销人员的角度来讲,是以商品换取货币,是卖的过程;从顾客的角度来讲,是以货币换取商品,是买的过程。在传统的推销观念支配下,推销人员仅仅看到以商品换取货币的过程,片面强调推销技巧的重要性,一心想把商品卖出去,而忽视顾客以货币换取商品的过程,缺乏对顾客购买的研究,不知顾客为何购买。

2.遵循推销道德原则

推销人员应该以推销行业道德来规范自己的推销行为。推销道德是社会职业道德中的重要组成部分,是推销人员在推销活动中调整双方关系的行为准则。推销职业道德体现在以下三个方面:

(1)服务顾客,方便顾客。推销人员的职责不仅是把商品销售出去,获得利润,而且要给予顾客利益,满足顾客多方面需要,提供各种推销服务。在推销过程中,如果发现自己推销的商品不能满足顾客需要,应该停止推销,更不能强求顾客购买。在推销中发现顾客的困难,应该设法帮助解决,提供良好的服务,尽量给顾客创造方便。服务顾客、方便顾客是推销职业道德的核心内容,一心为了自己的推销,置顾客的利益于不顾,从根本上违背了推销职业道德。

(2)买卖公平,诚信无欺。买卖公平要求推销人员要正确处理国家、企业和顾客利益。在涉及三者利益关系时,推销人员不能不讲企业和自身利益,也不能损害顾客利益,更要顾及国家利益。公平交易、各得其所、照章纳税、各有所得,这才符合推销职业道德规范要求,任何一方利益受到损害都是违反道德要求的。

(3)文明推销,礼貌待客。推销人员在推销活动中,态度要热情,说话要和气,举止要文雅,服务要周到。无论成交与否,无论地位高低,无论儿童老人,都要一视同仁。这才符合推销职业道德规范要求。相反，态度冷淡、说话生硬、举止粗鲁、服务不周则是与推销职业道德背道而驰的。有些推销人员，对大量购买的客户服务周到、热情十足，而对少量购买者或没有达成交易的顾客则冷漠相对，甚至挖苦讽刺，这种虚伪的做法也是违背推销职业道德的。

3.企业经济效益的原则

企业是营利性组织，所有经营管理活动必须以提高经济效益为中心。推销作为企业营销的一种手段，必须把提高企业经济效益当作一项原则。推销与营销中其他促销形式相比，要支付较高的费用，其中包括推销人员工资、培训费、交通费、住宿费以及业务费等。有关资料显示，国外许多大公司的推销费用支出，往往是商业费用中最大的一项，占销售额的8%~15%，而广告费不过占销售额的1%~3%。我国推销费用支出虽然目前还低于这个比例，但随着商品销售困难的加大，推销费用在销售额中所占的比重正在不断提高。

4.推销方法适当原则

人类各种有目的的活动都要讲究达到目的的方法。推销是具有明确目的的活动，不是被动地适应顾客的需要，而要积极主动地探索有效的方法，去寻找顾客，接近顾客，发掘顾客的需要，说服顾客购买，达到成交的目的。这些活动都需要讲究方法的运用，方法运用是否得当，决定了推销能否成功。

技能拓展

拓展内容一：推销人员如何接近顾客？

推销能否取得成功，关键在于顾客能否解读推销员的推销风格和为人。大多数顾客在与推销员见面的短短几秒钟的时间内就能对其作出评价，而这也是决定推销人员能否顺利推销并取得成功的关键。有经验的推销人员在与客户首次见面时，会想尽办法给客户留下真诚、专业、可信赖的印象。

1.获得面谈的机会

如果顾客能够答应与推销人员面谈，那么说明顾客对你是比较信任的，对你所推销的产品是比较感兴趣的。我们可以借鉴以下的语言技巧去获得面谈的机会。

第一种情况：

顾客：我没有时间听你的讲解。

推销人员：我非常理解，我也觉得您的时间不够用。不过我只需要2分钟……

第二种情况：

顾客：我现在没空。

推销人员：是的，你们这个行业的人都很忙，但越忙越需要好身体、好心情，我这次是专门针对您的这个问题给您送解药来了。我现在正好在您的公司附近，我把资料送给您就走，行吗？

第三种情况：

顾客：我没兴趣。

推销人员：我完全理解，对一个谈不上相信或者手上没有什么资料的项目，如果我是您也不可能立刻产生兴趣，有疑虑、有问题是十分正常的，让我为您解说一下吧，星期几合适呢？

第四种情况：

顾客：我没兴趣参加！

推销人员：我非常理解，刘教授，要您对不晓得有什么好处的东西感兴趣实在是强人所难。正因为如此，我才想向您亲自报告或说明。星期三或者星期四过来看您，行吗？

第五种情况：

顾客：我没有钱！

推销人员：我了解。要什么有什么的人毕竟不多，正因为如此，我们现在需要选择一种方法，用最少的资金创造最大的利润，这不是对未来最好的保障吗？在这方面，我愿意贡献一己之力，可不可以下星期三或者周末来拜访您呢？

第六种情况：

顾客：你把资料发到我邮箱就行了。

推销人员：罗总，我们的资料都是精心设计的纲要和草案，必须配合专业人员来说明，而且要针对每一位客户进行量体裁衣，所以最好是当面讲解，您看明天上午还是下午去拜访您比较好呢？

第七种情况：

顾客：我们明年的预算没定。

推销人员：预算没定没关系，了解多家供货商的产品情况，可以进行全方位对比，我本周都在本市，您看哪天我去拜访您比较合适？

2.接近客户的步骤

（1）微笑。微笑是人际关系中最佳的润滑剂，它表达了友善、亲切、礼貌以及关怀。美国最大的连锁企业沃尔玛公司的创始人沃尔顿生前用一句话概括了他成为亿万富翁的秘诀：低买低卖，微笑攻势！推销员在客户面前要真诚友好地微笑，这样可以缩短双方的距离，使客户有一种亲切感，减少抗拒心理。

（2）注视。推销员要用眼睛正视客户，用眼神传递正直、诚恳、自信、热情等，绝不能眼睛朝下或左顾右盼，使客户感到推销员心不在焉或不诚实、不热情。但要注意，注视并不是凝视，否则无法正常交谈。

（3）问候。简单的一句问候语是打开话题的最好题材。推销员应该根据不同的人、不同的时间、不同的环境来选择问候的方式。

"刘总，很高兴见到您！"

"刘总，您好！终于有机会见到您本人了，您看起来比电视上还神采奕奕。"

"刘总，您好！听说您儿子考上清华了，恭喜恭喜！"

"刘总，您好！你们公司的新产品我已使用，太棒了！"

（4）握手。握手是社会交往中常见的礼节，在见面、告别等很多场合都需要使用。握手时的位置、用力的轻重、时间的长短以及是否用目光注视等，都可以反映出一个人的修养和态度。

（5）准确地称呼对方。当推销人员见到客户时，要准确地称呼对方，这样更能赢得客户的好感。

（6）自我介绍。在握手时很自然地互道姓名，自我介绍，说明来意，同时也可递上自己的名片，让对方记住自己的姓名。自我介绍的第一句话不能太长。

（7）准备话题。推销人员要迅速提出寒暄的话题，营造比较融洽、轻松的会谈氛围，寒暄的内容五花八门，此时寒暄的重点是迎合客户的兴趣爱好，让客户进入角色，使对方对你产生好感。寒暄的目的是营造气氛，让客户接受你，只要目的达到了，其他的工作也就好开展了。话题可以选对方的爱好、对方的工作、时事问题，也可以选影视及体育运动、近期热门话题等。

3.接近顾客的几种方法

推销人员与准顾客交谈之前，有一个接近顾客的过程。好的开场是推销人员成功的一半，推销高手常用以下几种接近顾客的方法：

（1）赞美接近法。每个人都喜欢听好话，客户也不例外。因此，赞美就成为接近顾客的好方法。赞美准顾客必须要找出别人可能忽略的特点，而让准顾客知道你的话是真诚的。

（2）求教接近法。这是利用向准顾客请教问题的机会来接近对方的方法。一般的人都有向别人显示自己才学的愿望，推销人员通过给顾客提供这样的机会来接近对方，在引发对方的话题和兴趣之后，再提出推销宣传，往往会收到较好的效果。

（3）利益接近法。急功近利是现代社会公认的通病，迅速地告诉客户推销会给他带来哪些重大利益，是引起客户注意、达到接近目的的一个好办法。

（4）问题接近法。推销人员直接提出问题，利用所提的问题来引起顾客的注意和兴趣。例如，"张厂长，您认为影响贵厂产品质量的主要因素是什么？"产品质量自然是厂长最关心的问题之一，推销人员这么一问，无疑将会引导对方逐步进入面谈。在运用这一技巧时应注意，推销人员所提的问题，应是对方最关心的问题，提问必须明确具体，不可言语不清楚、模棱两可，否则很难引起顾客的注意。

（5）提供信息法。推销人员向顾客提供一些对顾客有帮助的信息，如市场行情、新技术、新产品知识等，会引起顾客的注意。这就要求推销员能站在顾客的立场上，为顾客着想，尽量阅读报刊，掌握市场动态，充实自己的知识，把自己训练成这一行业的专家。顾客或许对推销人员应付了事，可是对专家则是非常尊重的。例如，对顾客说："我在某某刊物上看到一项新的技术发明，觉得对贵厂很有用。"推销人员为顾客提供了信息，关心了顾客的利益，必能获得顾客的尊重与好感。

（6）提及他人法。告诉顾客，是第三者要你来找他的。这是一种迂回战术，因为每个人都有"不看僧面看佛面"的心理，所以，大多数人对熟人介绍来的推销人员都很客气。

"何先生，王静的好友张安平先生要我来找您，他认为您可能对我们的印刷机械感兴趣，因为这些产品为他的公司带来很多好处与便利。"

"唐经理，您好！您以前的班主任介绍我过来找您，他告诉我您是一位值得深交的朋友。"

拓展内容二：你会处理顾客的异议吗？

在推销活动中，任何一笔交易的达成都不是一帆风顺的，顾客肯定会提出这样或那样的意见。顾客提出的反对意见可以说是推销过程的障碍。正确对待并妥善处理顾客所提出的有关异议，清除障碍，这是推销人员必须具备的一项技能。

1.反驳处理法

反驳处理法也称直接否定法，是推销人员根据有关事实和理由来直接否定顾客异议而进行针锋相对、直接驳斥的一种处理法。

在推销过程中，推销人员应该尽可能保持与顾客之间已经形成的良好洽谈气氛，尽量避免与顾客发生对立。但是，当洽谈中发生了这样的情况——顾客提出毫无根据的事实来破坏企业形象或贬低产品，或顾客根本不想购买产品而故意刁难，或顾客提出的异议明显不成立时，推销员可以直接否定顾客的异议。

顾客："你们企业的售后服务风气不好，电话报修都姗姗来迟！"

推销员："我相信您所说的一定是个案，有这种情况发生，我们感到非常遗憾，我们企业的经营理念就是服务第一。企业在全省各地的技术服务部门都设有电话服务中心，随时联络在外服务的技术人员，希望能以最快的速度为顾客服务，以实现电话报修后2小时内一定到现场修复的承诺。"

2.但是处理法

但是处理法也称间接法，是指根据有关的事实与理由来间接否定顾客异议的一种方法。这种方法并不是直接与顾客辩驳，而是先肯定对方的某些长处或表示同情，使顾客心理有一种暂时的平衡，然后用类似"但是"的转折词把话锋一转，再对顾客一一进行反驳。对于顾客的不同意见，如果推销人员直接反驳，会引起顾客的不快，所以，推销人员可以先肯定顾客的意见，然后再从其他角度向顾客解释。

一位家具推销员向顾客推销木制家具，顾客提出："我对木制家具没有兴趣，它们很容易变形。"这位推销员马上解释道："您说得完全正确，如果与钢制品相比，木制家具的确容易发生扭曲变形现象。但是，我们制作家具的木板经过特殊处理，它的扭曲变形系数只有精密仪器才能测出。"这样一来，既给顾客留住了"面子"，也以幽默的方式消除了顾客的疑虑。

但是处理法首先承认顾客异议有道理的一面，然后从另一方面进行否定。它首先维护了顾客的自尊，似乎赞成顾客的说法，然后再婉转否定，使顾客更容易接受劝说。

3.利用处理法

利用处理法又叫转化法，即推销人员把顾客异议中正确的观点作为自己的观点，来说服顾客排除障碍的方法，顾客提出的异议有正确的，也有错误的，还有自相矛盾的。利用处理法是针对顾客自身观点的矛盾，以其内在的错误，否定其表面的正确，把顾客异议变成劝说顾客购买的理由。

某位推销保健品的推销员刚走进陈老板的办公室，陈老板就不耐烦地说："我工作了一天非常累了，我不想再见任何人。"该推销员马上接住陈老板所说的"累"说："陈老板，我就是专门给你送来解除疲劳方子的。"接下来，这位推销员就继续介绍解除疲劳的方法。

4.补偿处理法

补偿处理法也称平衡处理法，是指推销人员利用顾客异议以外的优点或利益来补偿或抵消顾客异议的一种处理法，即用异议以外的其他有利因素抵消顾客的异议。

在一次车展中，一位促销员向顾客介绍一款新型车。

顾客提出服务异议："这车看起来不够大气！"

促销员说："但它非常省油。"

顾客："颜色也不是我最喜欢的。"

促销员："但这是今年最流行的环保色。"

顾客："价格也不够优惠。"

促销员："但与相同款式相比其性价比是最高的。"

5.询问处理法

询问处理法也叫提问处理法、追问处理法，是指推销人员通过对顾客异议进行询问来处理顾客异议的一种方法。在实际推销活动中，顾客异议具有不确定性，令推销人员很难分析、判断异议的性质与真实原因，而询问为排除推销障碍创造了条件。

顾客："我想我还是回家考虑一下。"

推销员："您能告诉我您需要考虑哪方面的问题吗？是我们的服务吗？"

顾客："不是，不是。"

推销员："那是我们产品的质量？"

顾客："也不是。"

推销员："对结算方式有顾虑？"

顾客："啊，说实话，就是这个问题。"

拓展内容三：如何促使顾客成交？

所谓成交，是顾客接受推销人员的推销建议和推销过程，最终购买推销商品的行为过程。促使顾客成交是整个推销过程中最重要的一环。这犹如踢足球，经历了抢球、传球、盘带，好不容易将球带到对方的门前，可是，就差那临门一脚，踢不进去！所有的努力都白费了。因此，成功地运用推销技巧，解除客户的犹豫和顾虑，抓住当前时机促成交易，是推销过程中的关键环节。通常有以下几种诱导成交法：

1.请求成交法

请求成交法又称直接成交法或"快刀斩乱麻法"，是推销人员对客户主动提出成交要求，直接要求客户购买推销产品的一种方法。

"该说的我都说了，您应该同意购买了吧？"

"您得帮帮老同学，我给您的价格是全国最低价。"

2.假定成交法

假定成交法，是指推销人员在假定客户已经接受推销建议、同意购买的基础上，通过提出具体的成交问题，直接要求客户购买推销产品的一种方法。

"黄总，既然您很满意，那么就这样定了，我明天给您送货。"

"刘姨，这是今年最流行的款式，您要哪件？"

3.选择成交法

选择成交法就是直接向客户提出若干种购买的方案，并要求客户选择一种购买方案。选择成交法的特点，就是不直接向客户提出易遭拒绝的问题，而是让客户在买多与买少、买这与买那之间选择，不论客户如何选择，结果都是成交。如"先生，您是喝蓝带啤酒还是喝青岛啤酒？""我们是周二见面还是周三见面？"此种"二选一"的交谈技巧，只要准客户选中一个，就是你帮他拿主意，他下决心购买了。

4.想象成交法

想象成交法，是引导顾客通过推销人员语言上的暗示，将选购的推销品在脑海中进行想象，设想使用这样的商品后带来的物质和精神上的享受。

"我们银行最近和世界著名的××银行共同推出了一个新的基金。这个基金规模很小，回报率较高。"

"可是我们从来没有买过，也不知道有什么好处。"

"您可以设想一下，如果您现在有一笔小的投资，过几年或者10年后，您的那笔资金的收益足以支付您孩子的教育费用，您说呢？"

5.举证成交法

有些客户选购商品的时候小心翼翼，不太轻易相信推销人员的描述，遇到这种情况，可以列举大量的事实令客户信服。

例如，夏天到了，空调销售异常火爆，一些推销人员通常会这样给顾客介绍："我们是全国销量第一的产品，经常出现断货现象，购买我们产品的顾客络绎不绝，质量上你应该放心！"顾客不屑一顾地说："你说是第一就是第一吗？我们消费者并不知道！"遇到这种情况，推销人员可以不慌不忙地将权威统计数据，以及知名报纸上的报道展示给顾客，打消其顾虑。

6.对比处理法

如果你的产品有价格优势，那么你就可以自信地利用对比方法，告诉顾客你的产品与同类产品相比是非常优惠了。

"您可以到其他商场看看，同样的产品，它们的价格是多少。"

"我们现在是店庆，两天后又会恢复原价格，您如果将我们的产品与同样的品牌对比，就知道我们产品的价位是比较低的。"

7.穷追成交法

这种成交方法需要牢牢抓住客户所说的话，促使洽谈成功。

例如，如果客户说："你这里的产品还不错，价格也实惠，但是我们希望购买一辆经济实惠、款式时尚、安全性能高的小排量轿车，好像你这里没有这样的产品。"这时，你可以说："那好，假如我推荐另一款满足您需求的产品，并且价格同样实惠，您会考虑购买吗？"

8.无可奈何法

在你费尽口舌，使出浑身解数都无效，眼看这笔生意做不成的时候，不妨试试无可奈何法。

"黄主任，虽然我知道我们的产品绝对适合您，可我能力太差，嘴太笨，无法说服您，我认输了！不过，在我告辞之前，耽误您几分钟时间，请您指出我的不足，让我有机会改正，好吗？"

像这种谦卑请教的话语，不但很容易满足对方的虚荣心，而且会消除彼此之间的对抗情绪。这时，你们仿佛已不是推销的关系，他会一边指点你，一边鼓励你，为了给你打气，可能会给你一张意料之外的订单。

做一做

（1）电话推销用语训练。

（2）语音、语速训练。找一篇演讲稿或喜欢的文章，进行朗读，语速逐渐加快，一次比一次快，最后达到最快的效果。

小资料

营销妙语

——19世纪的营销是想出来的，20世纪的营销是做出来的，21世纪的营销是"玩"出来的。

——不论你卖什么产品，要让产品清晰地传达给你的潜在顾客，只要你能帮助他得到他想要的，你就能得到你想要的一切。

——营销人员必须使客户的兴趣演变为强烈的购买欲望。营销人员必须满腔热情，精神振奋，并用这种情绪去感染对方。

任务训练

一、选择题

1."服务顾客，方便顾客"是遵循推销的（　　　）。

A.满足顾客需求原则　　　　　　　　B.道德原则

C.企业经济效益原则　　　　　　　　D.推销方法适当原则

2.接近顾客的步骤有（　　　）。

A.微笑　　　　　　　　　　　　　　B.注视

C.问候　　　　　　　　　　　　　　D.不断讲话

3.接近顾客的方法有（　　　）。

A.赞美接近法　　　　　　　　　　　B.生搬硬套法

C.求教接近法　　　　　　　　　　　D.问题接近法

二、实训题

实训目的：检验推销用语是否使用得当。

地点：教室。

训练内容：老师既是评委，又是顾客，老师扮演的角色是老师，学生扮演的角色是向学校老师推销多功能学生平板电脑的推销人员。本实训主要检验推销人员推销用语是否使用得当。

微课

演讲口才训练

情景导入

　　成千上万的苹果公司的员工、分析人士、投资人聚集在旧金山的 Moscone 中心，等待乔布斯的演讲，介绍这款适用于 Windows 用户的音乐服务——苹果电脑的音乐播放器 iPod。这款播放器是当时最热卖的电子产品。电子产品爱好者以每分钟 2 台的速度疯狂抢购 iPod。乔布斯知道，iPod 应该是他当时那次演讲的一个"噱头"。

　　他这样开始了演讲："我们今天在这里将要谈论音乐，现在让我们开始吧。我首先要谈的东西就是这款 iPod 播放器。iPod 是令人惊奇的东西，我们这款第三代 iPod 播放器的厚度相当于放下两张 CD 盘的盘盒，而且第三代 iPod 有一个连接器，保证你可以轻松地将 iPod 和苹果系统的电脑实现同步化。以前我们把一千首歌曲放在你的口袋里，现在可以将超过一万首歌曲放在你的口袋里，这是一款令你惊异的电子产品。现在，我们向全世界宣布，这款播放器被赋予了更多新的特点，更加符合你的心意。"

　　乔布斯总共花了两分零六秒的时间，让听众对苹果公司最热销的产品产生了极强的兴趣。事实上，乔布斯总是用听众希望听到的信息作为他演讲的开头，以达到让听众渴望了解这款产品、购买这款产品的目的。

　　第二天，各大报纸竞相报道，说乔布斯完成了一次"难以置信"的表演。事实上，他做到了一般人很难达到的水平。通过一次令人难以置信的表演，瞬间抓住听众的心，这就是乔布斯演讲的魅力。

资料来源　葆卿. 超级营销口才——一语值千金［M］. 北京：印刷工业出版社，2011.

　　想一想：

　　（1）乔布斯的演讲有什么特点？

　　（2）营销人员如何让自己的演讲有魅力、有吸引力，能让顾客有购买冲动？

知识准备

【读一读】

　　赠人以言，重于金石珠玉；劝人以言，美于黼黻文章；听人以言，乐于钟鼓琴瑟。（《荀子·非相篇》）

　　【释义】君子赠人善言，觉得比赠送金石珠玉还要贵重；把规劝的箴言写给人看，觉得比辞藻华丽的文章还要好；把善言讲给人听，觉得比让人听乐器演奏还要快乐。

　　演讲就是演讲者在特定的环境中，借助有声语言和态势语言的艺术手段，针对社会的现实和未来，面对广大听众促使其行动的一种现实社会实践活动。演讲必须具备以下四个条件：演讲者（主体）、听众（客体）、沟通二者的媒介（信息），以及时间和环境。离开其中任何一个条件都不能构成演讲。演讲的传达手段包括有声语言、态势语言和主题形象。

　　有声语言是演讲活动最主要的表达手段，是传递信息的主要载体，由语言和声音两种要素构成,以流动的声音承载着思想和感情,直接诉诸听众的听觉器官。演讲者在演讲时要吐字清楚、准确,声音清亮、圆润、甜美,语气、语调、声音、节奏富于变化。

态势语言就是演讲者的姿态、动作手势和表情。它用变化着的形体动作来辅助和补充有声语言,承载着思想和感情,直接作用于听众的视觉器官,产生效应。对态势语言的要求是准确、鲜明、自然、协调,富有表现力和说服力。

主题形象是指演讲者的体型、容貌、衣冠、发型、举止神态等。主题形象的美与丑,好与差直接影响着演讲者思想感情的表达。通常要求演讲者在符合演讲思想感情的前提下,注重服饰朴素得体,举止、神态、风度的潇洒优雅,给听众一个秀美、端庄的外部形象。

演讲就是运用这些物质的和非物质的手段,促成了一个综合、统一完整的传达系统。在这个综合的传达系统中,缺少任何一个因素也不能构成演讲活动。必须指出,演讲如果只有"讲"而没有"演"(包括主题形象),只作用于听众的听觉器官而没有作用于视觉器官,就会缺少感人、动人的主体形象及表演活动(即缺少实体感),就如同坐在收音机旁听广播。如果只有"演"而没有"讲",只作用于听众的视觉器官而没有作用于听觉器官,就犹如在聋哑学校看聋哑人的手势一样,令人费解。所以,"讲"与"演"二者缺一不可,只有二者和谐、有机地统一在一起,才能构成完整的演讲传达手段。

一、演讲的特征和类型

1.演讲的特征

(1)演讲应具有工具性。演讲是一门科学,更是一种工具——人们交流思想的工具。不管何种类型的演讲,总是为某种目的而做,演讲是达成此目的的工具。

(2)演讲应具有现实性。演讲是演讲者通过对社会现实的判断和评价,直接向广大听众陈述自己的主张和看法的现实活动。

(3)演讲具有艺术性。演讲不仅是现实活动的一门艺术,而且是一门综合性很强的艺术,具有统一的整体感和协调感。

(4)演讲应具有鼓励性。没有鼓励性,就不能称为演讲。任何一种演讲都要让听众心有所动或有所感而有所为,政治演讲和学术性演讲都必须具有强烈的鼓励性。

2.演讲的类型

了解和掌握演讲的不同类型,有助于全面、深刻地从整体上认识演讲的本质特征,对人们具体地组织和参加演讲活动有一定的指导意义。

(1)按表达形式划分,演讲可分为命题演讲、即兴演讲和论辩演讲。

①命题演讲。它是根据事先拟定的题目或范围做好准备所进行的演讲。这种主题鲜明、针对性强、内容稳定、结构完整的演讲形式,又分为全命题演讲和半命题演讲。

全命题演讲是指由别人拟定演讲题目的演讲。题目一般由演讲组织部门来确定。这种演讲的优点是针对性强,主题集中、鲜明。例如,某学校组织以"职业生涯规划"为主题的演讲活动,为了让演讲者各有侧重,拟定了《如何打造个人核心竞争力》《目标与时间管理》《人际沟通与交往》等几个题目,让不同年级的同学各自组织材料,准备演讲。

半命题演讲是指演讲者根据演讲活动组织单位限定的范围,自己半命题进行的演讲,目前在我国举办的演讲比赛中较为常见。例如,为了迎接建党100周年的到来,各地纷纷举办以建党100周年为主题的演讲比赛活动,这就是采用了半命题的方式,只限定了主题范围，具体演讲题目则由参赛者自拟。

②即兴演讲。它是演讲者事先无准备，由于受某些因素（如场面、情境、事物、人物）的触动而临时兴起发表的演讲，如婚礼祝词、欢迎致辞、聚会演讲等。这是一种有感而发、篇幅短小的演讲形式，要求演讲者紧扣主题、抓住由头、迅速组合、言简意赅。随着人们交往的日益频繁，即兴演讲成了人们在工作和生活中使用频率最高和最受欢迎的演讲形式。

③论辩演讲。论辩演讲是指由两方或两方以上的人们因对某个问题产生不同意见而展开的面对面的语言交锋。其目的是坚持真理、批驳错误、明辨是非，包括日常论辩演讲、专题论辩演讲、赛场论辩演讲三种类型。这种针锋相对、短兵相接的演讲形式，受到人们特别是青年人的热烈欢迎。论辩演讲比命题演讲、即兴演讲更难些，要求演讲者必须具备严密的逻辑性和较强的应变能力。

（2）按内容划分，演讲可分为政治演讲、军事演讲、生活演讲和学术演讲。

① 政治演讲。政治演讲是指为了一定的政治目的，出于某种政治动机，就某个政治问题或与政治有关的问题而发表的演讲。它包括外交演讲、军事演讲、政府工作报告、政治宣传等。政治演讲是一种高度严肃的演讲，必须深思熟虑、旗帜鲜明，有充分的理由和严密的论证，才会具有可靠性和鼓动性，这就要求演讲者不仅要有深刻的思想、一定的政策水平和政治远见，而且要有高度的责任感。

② 军事演讲。军事演讲是指部队领导者就军事形势、战略战术、部队建设、战前动员、战地动员、战后总结所做的演讲。其目的是激发官兵的斗志、振作官兵的精神，对提高部队士气、增强战斗力、决定战争胜负有着重要意义。军事演讲的特点主要是激励性和针对性。一位优秀的军事家的演讲，常使官兵斗志昂扬，使敌人不寒而栗。自古以来，那些威震四海、战功赫赫的著名军事家，大多是通过军事演讲来激励千军万马奋勇杀敌的。

③ 生活演讲。生活演讲是指演讲者就社会生活中存在的各种问题、风俗、现象而做的演讲，它表明了演讲者对这些问题的看法、见解和观点。这种演讲涵盖的内容更加广泛，如亲情、友谊、迎送、答谢等。

④ 学术演讲。学术演讲是指演讲者就某些系统、专门的知识和学问而进行的演讲，一般包括专题讲座、学术报告、学术发言、学术评论。它必须具有内容的科学性、论证的严密性和语言的准确性三大特点。学术演讲是人们传授知识、交流学术成果的最好手段，是适应当今时代科学发展的一种新的学术传播方式。

二、演讲前的准备

演讲不是一次随心所欲的交谈，而是一种比较正式的社会沟通活动。演讲的内容要言之有物，言之有序，言之有情；演讲者面对几个人、几十个人、上百个人或成千上万人能侃侃而谈，表情达意；演讲的目的是明是非、传递信息，要能鼓舞人、教育人。因此，任何一位成功的演讲者都十分重视演讲前的准备工作，可以说，演讲前准备得越充分，那么演讲成功的希望就越大。

🎤 小案例

2007年6月，比尔·盖茨从哈佛大学辍学30年后，终于获得母校哈佛大学授予的大学学士学位及荣誉博士学位。在毕业典礼上，盖茨发表了深情的演讲，与校友无私分享了他30年创业的宝贵经历，作为一个改变了世界，也永远改变了许多人的生活方式和思维方式的企业家，盖茨的演讲充满了激情和感召力。而他准备这次演讲的过程本身，也同样带给我们许多启迪。

2006年12月，比尔·盖茨开始着手为半年后的哈佛大学演讲做准备，他首先制定了一个时间表，对演讲稿的写作过程进行了规划，从收集内容、筛选主题、形成初稿，到修改、定稿直至演讲之前的排练都进行了细致的准备。这长达6个月的精心准备，充分体现了一个成功者所必须具备的热情、执着、专注和努力的宝贵品质。

从比尔·盖茨准备这次演讲的过程中，我们可以得到很多有益的启示。演讲稿的写作不只是一个知识和技巧的问题，更多的是态度、热情、执着、专注和努力，是做好任何一件事情所必需的。

1.演讲稿标题的拟定

演讲稿的标题鲜明地表现了演讲内容。拟定一个好的标题并非一件容易的事，需要长期锤炼、反复琢磨，久而久之就会找到规律。应该注意的是：

（1）标题要有积极性。选择那些光明、美好、有建设性的标题，使听众一听就有无限希望。如"创业是就业之门"这样的标题，就可以鼓舞听众充满信心地走创业之路。

（2）标题要有适应性。要适应听众，适应自己的身份，适应演讲的时间和地点。

（3）标题要有新奇性。只有"新"和"奇"，才能像磁石一样吸引听众。

（4）标题要有情感色彩。演讲者的演讲总是充满强烈的情感色彩，并把这种强烈的情感注入题目中，才能打动听众。

（5）标题要有生动性。演讲标题生动活泼，能给人以一种亲切感、愉悦感。

2.演讲开场白的设计

任何形式的演讲，开头总是关键。演讲的开头，也叫开场白，在演讲的过程中处于显要的地位，具有重要的作用。文章开头最难写，同样道理，演讲开场白也不容易把握，要想三言两语抓住听众的心，并非易事。如果在演讲的开始听众对你的话就不感兴趣，注意力一旦被分散了，那后面再精彩的言论也将黯然失色。演讲开场白的设计有多种方法，举例如下：

（1）开门见山，亮出主旨。这种开头是一开讲就进入正题，直接指出演讲的中心。比如下面的开场白就不失为一个好的典范：

"竞争上岗是我们公司干部人事制度改革的重大举措。我表示坚决拥护，并且要珍惜机遇，积极参与、迎接挑战。成功也许不重要，或者说这个结果不如过程重要，我能勇敢地站出来，接受领导、群众的选择和考验就是我人生的一次重大胜利。"

这位竞岗者的开头以制度改革为切入点，以过程和结果的取舍来说明自己的出发点和动机，让听众比较容易理解，能够以平和的心态予以接受。

（2）介绍情况，说明事由。这种开头可以迅速缩短与听众的距离。例如，以下是一位经济学家在吉林大学演讲的开场白：

"首先我要向各位同学致歉。为什么呢？因为我迟到了十几分钟。各位知道为什么迟到吗？因为我从来都没想到吉林大学这么大，一走就走错门了。我想走错门没有关系啦，北门和南门有什么差别呢，走路5分钟就到了。没想到开车都15分钟，太远了！所以这方面还要请吉大同学多加谅解本人的愚笨。来到这么大的大学，看到这么多人，这么多年轻同学，我心里面格外紧张。我常常在外面演讲，我在任何场面演讲，从来不会紧张，但是来到大学演讲我是最重视的，也是会有一些紧张的。因为你每一位同学都是我们国家的未来希望，我们每个人在大学演讲的话题，我相信都会给各位未来人生造成极大影响。因此，我极为盼望又极为紧张。"

这个开头对迟到的原因给出一定的解释和说明，为进一步向听众展开论题做了铺垫，使听众更为关注接下来的演讲内容。

（3）奇言妙语，引人入境。"年轻人思想中封建迷信的东西不多，洋迷信倒是不少"，中国科学院院士、我国著名的流体力学专家周恒，曾在国家图书馆学术报告厅内做演讲时的一席话，逗乐了台下200多名听众。

听众对平庸普通的论调都不屑一顾。倘若发人之所未发，用别人意想不到的见解引出话题，会立即震撼听众，使他们迫不及待地听下去，造成"此言一出，举座俱惊"的效果，以此达到吸引听众的目的。

（4）自嘲调侃，幽默轻松。自嘲是向自我开炮，用在开场白里，目的是用诙谐的语言来介绍自我，吸引听众，无形间缩短了与听众的距离。

（5）触景生情，巧妙过渡。请看下面小案例：

小案例

1945年5月4日，云南大学、中法大学等校的大学生，在云南大学的操场上举行纪念"五四"大会。会议开始不久，突降暴雨，一些学生离开会场避雨去了，会场秩序大乱。这时，闻一多迎着暴雨站在台上高呼："热血的青年们过来！继承'五四'精神的热血青年站起来！怕雨吗？我来讲个故事：今天是天洗兵！武王伐纣那天，陈师牧野的时候，军队正要出发，天下大雨，于是领头人说：'此天洗兵'，把蒙在甲胄上的灰尘洗干净，好上战场攻打敌人。今天，我们集合起来纪念'五四'运动，天下雨了，这也是天洗兵，不怯懦的人上来，走近来！勇敢的人走拢来！"闻一多这段开场白，成功地借用了"景（雨）"和"情（下雨）"引发出武王伐纣的故事，以及"天洗兵"的壮志豪情，进而号召青年们继承"五四"光荣传统，经受暴雨的洗礼，做一个坚强的民主革命战士。

资料来源　沈春娥. 演讲与沟通［M］. 成都：西南交通大学出版社，2019.

这段开场白既切景、切情，又切合大会的宗旨，颇具鼓动力、号召力。由此看来，演讲的开场白要想取得好效果，要善于借"兴"而发，"兴味"十足，才能精彩纷呈。

议一议

（1）什么样的演讲才称得上是好的演讲？

（2）演讲前都需要做哪些准备？

（3）演讲又该如何设计开场白？

技能拓展

拓展内容一：你知道如何组织演讲内容吗？

演讲的魅力在于演讲的内容与外在力的统一。演讲的外在力是指演讲者的技巧与风度；内在力是指演讲内容的轰动性。针对演讲内容的鼓动性特点，在主体部分的内容设置上，一定要做到以下几点：

1.以事感人

一次演讲，特别是叙事性演讲，要感动听众，离不开感人的事迹，即使是说理性演讲，也必须有感人的事例作为论据。演讲中若没有具体感人的事例，没有充实的内容，思想就会失去依托，说理也会流于空泛。

在列举事实材料时，事例既要有概括性，又要有具体性。由于受演讲时间限制，不可能一一道来，解决的办法是对事例进行概括。对事例进行概括的主要目的是增加演讲稿的容量和听众的信息接收量。

2.以理服人

不同于一般的议论说"理"——目的是使听众有所信，演讲中的"理"，不仅要使听众有所信，也应是演讲内容中思想与精神的闪光。从形式上说，一般议论说理主要是运用概念、判断、推理，而演讲中的"理"，不仅要靠运用概念、判断、推理来定性，还要靠高度凝练的哲理性语言来阐述。所以，演讲中议论说理要站得高、看得远，议论要紧扣事例的内在主题，并且必须是事例主题的揭示和升华，而不能是离开所叙述的基本事实随意加上的任何看法。

3.以情动人

由于演讲内容具有鼓动性特点，故要求主体内容要以强烈的感情来打动听众。特别是抒情性演讲，其感情色彩更加强烈。

4.以势夺人

演讲的主体内容要具有鼓动性的特点，除了要做到"以事感人、以理服人、以情动人"之外，还要做到"以势夺人"。"势"指气势，所谓以势夺人，就是指演讲的主体内容要表现出一种强烈的气势，一种如同万马奔腾、排山倒海、雷霆万钧之势。这种气势，是运用语言、声音、手势营造出宏大、壮观、强劲的氛围，表现出一种强烈的感情、坚定的意志、磅礴的气势，使听众受到感染，直至采取行动。

5.以美娱人

演讲不仅有教育、启发作用，还有美感作用。科学是通过逻辑思维使人认识抽象的真理，艺术则通过形象思维使人认识真理。演讲艺术不仅能通过形象使人认识真理，而且让人们情绪激动，产生美的感受。演讲艺术的这种特殊作用，就是美感作用。

做一做

（1）阅读一些优秀演讲稿，找出它们的开头、主体内容用的是什么方法。

（2）通过网络查阅温家宝总理在英国剑桥大学的演讲《用发展的眼光看中国》，分析其开头、主体内容采用什么样的方法。

拓展内容二：你掌握演讲结尾的艺术吗？

演讲的结尾没有固定的格式，是主体内容发展的必然结果。言简意赅、余音绕梁的结尾，能够使听众精神振奋，并促使听众不断地思考和回味；而松散拖沓、枯燥无味的结尾，则只能使听众感到厌倦，并很快被遗忘。怎样才能给听众留下深刻的印象呢？美国作家约翰·沃尔夫说："演讲最好在听众兴趣达到高潮时果断收尾，未尽时戛然而止。"这是演讲结尾最有效的方法。在演讲处于高潮的时候，听众大脑皮层高度兴奋，注意力和情绪由此而达到最佳状态，在这种状态下突然结束演讲，保留在听众大脑中的最后印象就特别深刻。

1.幽默式结尾

在所有的结尾方式中，幽默最能被听众接受。演讲者如果能在结尾中充分、灵活地运用这种手法，将会起到画龙点睛的作用。除了某些较为庄重的演讲场合外，利用幽默结束演讲可为演讲增添欢声笑语。幽默式结尾要做到自然、真实，演讲者以幽默的动作或语言符号来表现演讲的内容和自己的个性，绝不要矫揉造作、装腔作势，否则只会引起听众反感。

2.感召式结尾

一次好的演讲结尾既然是"豹尾"，就绝不能草率收兵、苍白无力，更不能索然无味、不耐咀嚼。

小案例

肯尼迪是美国历史上最年轻的一位总统，1961年1月2日，他在华盛顿发表了著名的就职演讲，被认为是美国最精彩的总统演讲之一。演讲是这样结尾的：

我的美国同胞们，不要问国家能为你们做些什么，而要问你们能为国家做些什么。全世界的公民们，不要问美国将为你们做什么，问一问我们能为人类的共同自由做什么。

最后，不论你是美利坚公民还是世界其他公民，请将我们要求你们的有关力量与牺牲的高标准拿来要求我们。

我们唯一可靠的报酬是问心无愧，我们行为的最后裁判者是历史，让我们向前领导我们所挚爱的土地，祈求上帝的保佑和扶携。但我们知道，在这个世界上，上帝的任务肯定就是我们自己所应肩负的任务。

肯尼迪的这个结尾，与他的演讲风格保持一致，文体流畅，感情奔放而有节制，字斟句酌，内涵深刻而丰富，极具感染力。当演讲者向广大民众提出完成历史使命的要求时，他精辟地概括为"不要问国家能为你们做些什么，而要问你们能为国家做些什么"，"不要问美国将为你们做什么，问一问我们能为人类的共同自由做什么"。历史与现实衔接时，他真诚地唤起民众信念、力量与献身精神，像磁石般紧紧地抓住了听众的心，具有极大的魅力，尤其是两个"不要问"和"问一问"，可谓闪光的名言，反响强烈，影响很大。

3.赞美式结尾

俗话说，"扎筐编篓，全在收口""好头不如好尾"。赞美，本身就充满了情感和力量，最容易打动听众的心弦，引起共鸣。热情诚挚的赞美，又如和煦的春风，使冰雪消融，使人感觉温暖，心花怒放。

4.表决心式结尾

我们来看一看马化腾在腾讯QQ2005正式版发布会上的演讲结尾：

各位来宾！

即时通信在过去的发展造就了腾讯的成长和进步，未来腾讯也将继续依托即时通信的平台，不断加强自身竞争力的建设和对用户需求的满足能力，促进在线生活产业模式的形成。

在QQ成长的七年中，很多用户朋友对QQ给予了关爱和帮助，也对QQ的发展提出了很多十分有价值的建议，我们也将继续以此为动力和鞭策，和用户朋友一起让我们共同的小企鹅快乐成长！

衷心希望我们今天发布的QQ2005正式版能带给大家全新的感受和体验，再一次感谢大家的光临！

这个结尾，既有感谢，也有展望，更有表决心，真诚的语言让人感动，演讲的效果也就达到了。

做一做

（1）每一位同学准备3分钟的以"绿色营销"为主题的演讲，锻炼演讲能力。

（2）每一位同学准备一份简历，准备1分钟的自我介绍，在同学面前进行演讲。

（3）为了达到真正演讲的效果，同学们以小组为单位到操场上进行演讲，演讲主题自定，内容自定。

小提示

人才是宝，口才是金。是人才未必有口才，而有口才肯定是人才。拥有口才，就拥有了成功。讲台上的口若悬河，辩论赛上的独领风骚，应聘会上的随机应变，交际场上的运筹帷幄，无不体现着口才的决胜作用。在我们的学习和生活中，应该高度重视口才的作用，精心培养并不断完善自己的演讲口才技能，使自己具有能言善辩的本领。

思政之窗

讲故事，是国际传播的最佳方式。要讲好中国特色社会主义的故事，讲好中国梦的故事，讲好中国人的故事，讲好中华优秀文化的故事，讲好中国和平发展的故事。讲故事就是讲事实、讲形象、讲情感、讲道理，讲事实才能说服人，讲形象才能打动人，讲情感才能感染人，讲道理才能影响人。要组织各种精彩、精炼的故事载体，把中国道路、中国理论、中国制度、中国精神、中国力量寓于其中，使人想听爱听，听有所思，听有所得。

资料来源　摘自习近平主席2016年2月19日在党的新闻舆论工作座谈会上的讲话。

一、选择题

1.演讲的传达手段包括（　　　　）。

A.有声语言　　　　　　　　　　　　B.动态语言

C.主题形象　　　　　　　　　　　　D.以上都是

2.按照表达形式，演讲的类型不包括（　　　　）。

A.命题演讲　　　　　　　　　　　　B.即兴演讲

C.政治演讲　　　　　　　　　　　　D.论辩演讲

3.演讲开场白的设计，不包括（　　　　）。

A.开门见山，亮出主旨　　　　　　　B.奇言妙语，引人入境

C.讲述故事，引出主题　　　　　　　D.以情引人，以事引人

二、实训题

1.在每张纸上各写下一个题目，例如"竞争""合作""双赢""沟通""团队精神""信息就是财富"等，然后由学生随意抽取，课下进行准备，下次上课中进行演讲，演讲结束后由学生和教师共同为其打分。

2.故事接龙。以小组为单位，规定时间为2分钟。先由第一小组第一个人以他看到或想到的情景来讲述一个故事，规定时间一到，下一组的一位同学接着上一小组同学的内容继续讲，这样一直把故事传下去，最后一个同学负责收尾，给故事一个结局。

3.模拟业务洽谈。将同学们分为两组，一组代表洗衣机公司，另一组代表大型超市，两组同学就圣诞节和新年促销活动，为洗衣机的销售定价进行谈判。

4.模拟进行直播。在衣服、化妆品、零食中选取一类，以小组为单位，先撰写直播脚本，然后进行模拟直播。

项目小结

营销口才是一门语言的艺术，是用口语表达来激起消费者的购买欲望，实现销售目的的一种巧妙的形式。营销口才是营销人员最为重要的一项技能，它包括社交口才、推销口才、谈判口才和演讲口才。营销口才需要通过日积月累，按照基本的营销口才技巧来进行训练才能达到理想效果，才能实现在营销工作中有针对性、有目的性地表达，并达到激发消费者消费欲望的效果。

项目测试

一、选择题

1.自嘲法属于以下社交口才技巧中的（　　　　）。

A.赞美语言技巧　　　　　　　　　　B.幽默语言技巧

C.自我批评语言技巧　　　　　　　　D.叙述型语言技巧

2.社交口才的语言技巧不包括下列中的（　　　　）。

A.幽默的语言技巧   B.营造氛围

C.激发能力   D.叙述故事

3.英国人的谈判风格不包括下列中的（   ）。

A.自信，自尊心强   B.重视礼仪

C.注重逻辑   D.对谈判准备不充分

4."赵部长，既然您很满意，那么就这样定了，我明天给您送货。""王阿姨，这是今年最流行的款式，您要哪件?"这是采用了（   ）。

A.无可奈何法   B.对比处理法

C.假设成交法   D.想象成交法

5.反驳处理法也称（   ），是业务人员根据有关事实和理由来直接否定顾客异议而进行针锋相对、直接驳斥的一种处理法。

A.直接否定法   B.但是处理法

C.无可奈何法   D.对比处理法

6.演讲内容上的设置不包括（   ）方法。

A.以事引人   B.以理服人

C.以情动人   D.感召服人

7.在所有的结尾方式中，（   ）最能被听众接受。

A.赞美结尾   B.幽默结尾

C.感召结尾   D.表决心结尾

8.例如："你们对这个促销方案怎么看，同意吗?"这时，如果马上回答同意，时机尚未成熟，你可以说："我们正在考虑、推敲，关于付款的方式只讲两点，我看是否再加上……"或"我觉得其中的广告构想不错，关于其他的部分，需要细看后再给你们答复。"

以上案例运用的是（   ）回答方法。

A.不要立即回答   B.逃避性的回答

C.不要明确的回答   D.不要彻底性的回答

9.社交口才的语言技巧不包括下列中的（   ）。

A.幽默的语言技巧   B.营造氛围

C.激发能力   D.叙述故事

二、判断题

1.口才是一门语言的艺术，是用口语表达思想感情的一种巧妙的形式。   （   ）

2.说话的第一原则是使听众听懂，如果听众无法明白你在说什么，那么说得再动听也没有用。   （   ）

3.说话为了让人能听懂，一定要多说几遍，不断地说，重复地说。   （   ）

4.语言表达基础训练最好从朗诵开始，朗读要以普通话为标准音。   （   ）

5.在电话营销行业有一个说法，叫"剩者为王"，这句话的意思就是赢了的人就是优秀的。   （   ）

6.小明是个14岁的男孩，妈妈带他到朋友家做客。一进门，阿姨大声说："小明真乖，长得真好看，你看他的小脸，白里透着红，像个小姑娘一样。"小明听了阿姨的话，

心里却充满了不爽。阿姨赞美的话很恰当。（　　）

7. 娜娜身高1.4米，平日里她最怕别人说她矮。一天，同事开心地和她聊天，说："娜娜，你比小朋友高多了。"娜娜听了勉强一笑。同事的幽默不合适。（　　）

8. 一所学校进行考试，教师在监考时对学生说："今天的考试，要求同学们'包产到户'，不要走'共同富裕'的道路。"这句话采用了幽默技巧中的"比喻法"。（　　）

9. 根据对方的性别、年龄、性格、民族、阅历、职业、地位而选择话题。这是利用社交口才原则中的"适人"原则。（　　）

10. 我国台湾地区著名学者林道安说："一个人不会说话，那是因为他不知道对方需要听什么样的话；假如你能像一个侦察兵一样看透对方的心理活动，你就知道说话的力量有多么巨大了!"这说明在社交原则中要遵循适量原则。（　　）

11. 法国人谈判时的时间观念强。（　　）

12. 英国人属于热情开朗、活力四射型的。（　　）

13. 谈判中对于一些问题，知道了就要立即回答。（　　）

14. 在谈判中，要有取舍地倾听，并不是所有的内容都需要牢记。（　　）

15. 商务谈判中最重要的是认真倾听。（　　）

16. 提及他人属于一种接近顾客的方法。（　　）

17. 自我介绍，介绍越多越好。（　　）

18. 在推销过程中遭到顾客拒绝，就说明顾客没有诚意，应该及时选择下一位顾客。（　　）

19. 推销讲解应该详细耐心。（　　）

20. 在推销的过程中示弱，有时候也是接近顾客的方法。（　　）

21. "教育事业的发展，渗透了你们老一辈教育工作者的汗水和心血，离不开你们的辛勤探索和奉献。学校的一砖一瓦都铭刻着你们献身职业的功劳，学校的一草一木都浸润着你们孜孜求索的深情。这里是我们共同工作、耕耘的园地，你们既是我们的同事，又是我们的长辈，更是我们的老师。在你们身上，我们学到了'为伊消得人憔悴，衣带渐宽终不悔'的敬业精神，学到了真诚担当、互相尊重的待人哲理，学到了治学严谨、一丝不苟的良好作风。感谢你们多年来对我们的关心、鼓励和帮助，感谢你们为学校发展作出的突出贡献。在这里，再一次向各位尊敬的长辈敬贺节日快乐，祝各位离退休老前辈身体健康，愿你们青松不老，古枫吐艳，晚菊傲霜，漫步人生夕阳红!"这个结尾属于感召式的结尾。（　　）

22. 演讲一定得富有激情。（　　）

23. 演讲按照形式可分为三种，即命题演讲、半命题演讲和即兴演讲。（　　）

24. 演讲按内容可分为四种，即政治演讲、军事演讲、生活演讲、学术演讲。（　　）

25. 任何形式的演讲，开头总是关键。演讲的开头，也叫开场白，在演讲的过程中处于显要的地位，具有重要的作用。（　　）

项目评价

本项目考核由职业能力和通用能力两部分构成，成绩分别根据学生在课堂教学、课堂讨论中的表现及课堂测试的完成情况给出，填入表4-1。

表4-1 **项目考核评价表**

内容		评价		
学习目标	评价项目	分值	得分	评语
职业能力	口才基本功训练	了解口才的基本功都有哪些内容	5		
	社交口才训练	1.知道社交口才的基本原则	10		
		2.能够简单运用社交语言技巧	5		
	谈判口才训练	1.了解商务谈判的原则和特点	10		
		2.能够简单运用商务谈判的方法	5		
		3.知道各个国家的谈判风格	10		
	推销口才训练	1.知道推销的基本原则	5		
		2.能够运用推销口才技巧	10		
	演讲口才训练	1.知道演讲的分类和特征以及演讲前的准备	10		
		2.知道演讲内容的设置方法和结尾的设置方法	5		
通用能力	组织能力		5		
	沟通能力		5		
	解决问题的能力		5		
	自我提高的能力		5		
	创新能力		5		
综合评价			100		

项目五 营销心理训练

作为营销人员，我们在工作中不仅实现自我，为国家、社会、个人创造价值，也在为企业、客户创造价值，共同营造美好生活，获得物质和心灵的满足。财富的增益、职场的成功必然有助于获得成就感，进而增强美好生活的获得感、幸福感、安全感。营销是与人打交道的工作，营销人员在工作中能否得心应手，顺利沟通和交流，应对职场中各种突如其来的情况，自身的心理素质和健康状况起到关键的作用。企业都可能会有突发事件，每个客户都有不同的背景，也有不同的性格、处世方法，营销人员在工作中，能够以自己良好的个性感染、说服、打动客户，并且在受到打击和挫折时，依然自信、乐观，保持平静的心态，不断调整自己，改进工作方法，使自己能够迎难而上，都离不开良好的心理素质和心理健康。

人的心理是在人类长期的社会实践中形成和发展起来的。我们每个人的心理也是在个体所处的客观环境中，通过社会实践、社会交往不断发展和成熟起来的。良好的心理素质是可以后天锻炼和培养的，急性子的人不但可以做好市场开发，一样可以做好市场的维护；反之，慢性子的人也一样可以做好上述工作。环境适应能力可以在平日的训练和工作实践中培养。从现在开始，在日常行为中积极培养职业兴趣，把自己锻炼成一个勇于面对困难、自信自强、敢于接受挑战、团结协作、善于学习的人，才能在未来的营销工作中沉得住气，才能在改变中求发展，耐得住寂寞、顶得住压力，坦然面对焦虑和困难。我们坚信，具备了良好的心理素质，你一定会成为一个具有领导潜质和市场控制能力的优秀营销人员，为自己和他人创造获得感、幸福感和安全感，以自己的"小我"成就国家和民族的"大我"。

学习目标

知识目标：

1.了解自己的个性特点，树立职业目标，培养营销人员的职业个性特征。

2.了解团队协作的重要性，学会与合作者建立信任、友好的关系。

3.掌握一定的态度迁移、环境适应的方法。

4.掌握压力管理、情绪管理的策略。

能力目标：

1.能够悦纳自我、完善自我、自信自强。

2.具备适应未来职业发展需要的自我心理调节能力。

3.具有良好的压力管理、情绪管理和环境适应能力。

素养目标：

1.培养学生人民当家作主的主人翁意识，乐于融入社会工作，勇于担当社会责任。

2.正确认识和处理社会发展、职业成功与个人成长的关系，积极自我探索和提升。

项目结构

```
项目五  营销心理训练
    ├─ 🧑 任务一  职业个性训练
    ├─ 🔲 任务二  团队合作训练
    ├─ ❤ 任务三  建立信任训练
    ├─ 🔑 任务四  学习迁移训练
    ├─ ▼ 任务五  环境适应训练
    └─ $ 任务六  压力管理训练
```

任务一　职业个性训练

微课

职业个性训练

情景导入

　　张铭，18岁就走出大山，到外面打工，供哥哥读大学。刚走出大山时，渴望职业成功的他向成功人士请教：如何在未来像你一样富有？对方答：要努力工作！于是，这个刚步入职场的小伙子暗下决心，一定要努力工作，像他们一样做一个职场上的强者。

　　后来，他从事了推销工作。可想而知，他开始时碰到了许多困难与挑战，努力奋斗了两个多月，竟然业绩为零。这时他的朋友和家人都劝他放弃这个工作，原因是他的性格和能力不适合做推销员。就在他要选择放弃的时候，经理告诉他："成功不靠学历、不靠年龄、不靠家庭背景，而是靠你的意志和决心。凡事你下定决心，就一定能做到第一！"这话重新点燃了他的自信和对成功的渴望。

　　张铭到职业指导机构测试了自己的职业个性，进一步了解自己的个性与职业的匹配问题，并认真地进行了自我分析，找准了自己的潜能优势和不足。在以后的两个月里，他有意识地培养自己的优良个性，积极地投身到工作中。

　　经过一段时间的努力工作，张铭的同事们都发现他变得更积极、更快乐、更自信了，而且他的行动力也大大增强了。他每天用75%的时间开发客户，用25%的时间去服务客户，工作效率提升了几倍。到了第三个月，张铭凭借出色的业绩成为集团的销售总冠军。由于他的改变带动了公司的其他同事，他所在的分公司成为全集团成长最快的团队。

　　想一想：

　　你觉得张铭成功的因素有哪些？请尝试列举一下。

知识准备

【读一读】

　　党的二十大报告提出：青年强，则国家强。当代中国青年生逢其时，施展才干的舞台无比广阔，实现梦想的前景无比光明。全党要把青年工作作为战略性工作来抓，用党的科学理论武装青年，用党的初心使命感召青年，做青年朋友的知心人、青年工作的热心人、青年群众的引路人。广大青年要坚定不移听党话、跟党走，怀抱梦想又脚踏实地，敢想敢为又善作善成，立志做有理想、敢担当、能吃苦、肯奋斗的新时代好青年，让青春在全面建设社会主义现代化国家的火热实践中绽放绚丽之花。

　　人的一生，最难了解的不是别人，而是我们自己。要在职场上得心应手、取得成功，除了努力之外，更需要了解自己、悦纳自己、完善自己，适应职业需要，因此，自我分析尤其重要。成功心理学的最新研究成果认为：在外部条件给定的前提下，一个人能否成功，关键在于能否准确识别并全力发挥其天生优势——天赋（特长）和性格。只要你识别并完善自身的天赋和职业性格，配以必要的知识和技能，持续地使用它们并坚持下去，就有望成功。

　　自我分析，核心是要找准自己的潜能优势和不足，知道自己具备怎样的特质，也就是说搞清自己是个"直木"，还是一个"弯木"。直木宜作檩，可盖房建大厦；弯木宜作犁，可耕地种庄稼。应人尽其才、物尽其用。当然，人不是物，人能够在不断学习和成长过程中培养新的能力、新的特质，所以，当从事的职业与我们的个性出现不匹配时，发现和培养潜能优势和职业个性是一个必不可少的过程。只有不断地挖掘自身潜能、调整职业性格，才能在职场上顺风顺水。

小资料

职业兴趣

　　良好而稳定的职业兴趣，使人在从事各种实践活动时具有高度的自觉性、积极性和主动性，就会投入更多的感情、时间和精力，可以发挥全部才能的80%~90%，进一步增强职业幸福感、获得感和安全感。因此，在选择长期、稳定的职业时，不仅需要知道自己有能力从事什么样的工作，更重要的是需要知道自己对哪类工作感兴趣。从事自己感兴趣的工作，才会百折不挠地克服各种困难，愉快地工作。只有将能力和兴趣结合起来，才更有可能规划好职业生涯并取得成功。

有的学生对什么都感兴趣，但没有形成自我特色；有的学生兴趣面太窄，不能形成优势。作为未来的营销人员，或许你对营销从来就没有产生过兴趣（很多时候我们并不能幸运地实现"兴趣＝工作"），但是既然我们已经投身到这个专业的学习中来，就要求我们在作职业准备时，对自己的兴趣有一个客观的分析，重新培养和调整自己的兴趣爱好，这一点很重要。

一个人职业认知能力的发展与其对职业知识的掌握存在密切关系，而一个人职业认知水平的高低又与其职业兴趣的形成关系密切。一个人对其所喜欢的职业认知越全面，他对该职业就越感兴趣；一个人对其所喜欢的职业认知越深刻，他对该职业的兴趣就越大。同样，人们对某个职业兴趣十足，就会更加全面和深刻地认知这一职业。所以，培养和形成对营销工作的兴趣和职业认知，并通过专业学习和社会实践活动，深入地了解这个职业，喜欢上这一职业，从而提高自己对职业的兴趣，对未来的营销人员是尤为重要的。

一、关注并发挥自身优势

对许多成功者的研究让我们发现了一个共同点，那就是他们都把自己的优势发挥到极致。每个人都有优势和劣势，成功者是这样，失败者也是如此。但是对待优势和劣势的态度却决定了他们的区别：成功者总能寻找到自己的优势，弥补自己的不足，并且能找到一个合适的目标来持续发展它。这让他们快乐自信，路越走越宽，也从工作中感受到成功的喜悦和幸福。

因此，一个人只有充分地了解自身优势，才能在职业选择中扬长避短，找准自己人生发展的位置和方向。有句话说得好："宝剑锋利，可是补鞋还是剪子好使；丝绸漂亮，可是擦脸还不如一块粗布；豹子虽然厉害，可是捉起老鼠来还不如病猫。"人才既不是全才，也不是超人，即使是人才，也并非事事都行，只有不断地取长补短、完善自我，才能在自己的领域纵横驰骋、叱咤风云。

二、培养营销职业性格

1.性格要与职业匹配

性格是人的态度和行为方面较稳定的心理特征，是个性或人格的重要组成部分。性格与职业匹配，才会在工作中得心应手。

一个典型外向性格的人，在营销工作中会得心应手；一个典型内向性格的人，见人就脸红，说话就紧张，营销工作就难有好业绩。所以，工作中要充分地进行自我分析，认识自己的性格，并考虑性格与职业的匹配。

在外部条件已确定的前提下，一个人能否成功，关键在于能否准确识别并全力发挥其性格优势与天赋，塑造适合职业需要的职业性格，持续地锻炼并使用它们，坚持下去，才有可能获得成功。

2.职业性格的形成

人的性格是相对稳定的，同时又是可塑的，可以在后天生活、学习和工作环境的影响下调适和完善。人们在长期特定的职业活动中所形成的与职业相联系的比较稳定的心理特征就是职业性格。

每个人都有自己的性格，每种性格都有其擅长的职业，在选择职业工作时要尽可能选择与自己性格相吻合的职业，但是在许多客观条件不允许的情况下，我们从事了与性格不相吻合的职业时，也不要灰心和气馁，因为职业活动也会使人改变原有的性格特征，并形成一些适应职业要求的新的职业性格特征。

小案例

　　小文原来在财会班是一位内向、腼腆、少言寡语的女生，可是在毕业几年后的同学聚会上，大家惊奇地发现，她的性格与以前相比变化很大。如今的她干练、泼辣，做事雷厉风行，语言表达能力很强。原来，因就业困难，她改行从事了营销工作，为了胜任这份工作，她有意识地培养自己适应职业需要的性格。如今，她已经成长为一名营销经理，工作表现出色。

　　"人的性格因知识和习惯的改变而改变。"性格的形成与人的主观努力密切相关。"习惯成自然，自然成性格，性格即命运。"这句话说明了性格之于人的重要性，也说明了性格与习惯之间的关系。人的行为有90%是由于习惯，习惯是后天形成的，也是可以改变的，只要有决心，再难改的习惯都可以改变。因此，人的性格可以改变，当一个人努力改变自己习惯和性格的时候，他的命运也就悄悄地改变了。

　　全面了解和正确对待性格特质，正视自己性格中的弱点，坚定信心，通过广泛的社会实践活动，扩大人际交往范围，加强专业认识，是塑造良好的营销职业性格的重要途径。

　　3.营销人员的职业性格要素

　　营销人员要想获得人生和事业的成功，就必须具备与其匹配的性格特征。对于营销人员来说，哪些性格要素是最基础、最重要的呢？

　　（1）独立。现代社会是一个具有高淘汰率的社会，每一个社会成员都必须靠自己的实力去奋斗，而营销工作更是一种竞争激烈、富有挑战性的工作。因此，独立性格是营销成功的保证和精神力量。

　　（2）热情。营销人员要有热情，待人接物更要保持饱满的情绪。热情会给人亲切、自然的感受，从而拉近与客户的感情距离，共同创造良好的交流思想、情感的环境。但热情要适度，过分的热情会使人感到虚情假意而有所戒备，无形中就会筑起一道心理上的防线。

　　（3）开朗。开朗的性格表现为坦率、爽直。具有这种性格的营销人员能积极主动地与他人交往，并能提高交易成功的可能性。

　　（4）温和。性格温和的营销人员乐意与别人商量，能接受顾客的意见，使顾客感到亲切，便于建立良好的关系。但是，温和不能过分，过分则令人乏味，受人轻视，不利于交际。

　　（5）坚毅。与其他工作相比，营销活动具有更大的挑战性，因此营销人员必须具备坚毅的性格。只有意志坚定，百折不挠，才能愈挫愈勇、敢于挑战，才能最终获得营销活动的成功。

　　（6）耐性。营销人员是连接企业产品与顾客的桥梁，不免会遇到公众的投诉，被投诉者当成"出气筒"。这时营销人员就需要有耐性，用一言一行和切身行动逐步化解矛盾。同时，营销人员在日常工作中也要有耐性，既要做一个耐心的倾听者，对别人的讲话表示感兴趣，又要做一个耐心的说服者，使别人愉快地接受你的想法。

　　（7）宽容。营销人员在营销过程中，要允许不同观点的存在，如果顾客贬低产品，要允许别人与你观点不同，做有气度的人，这会增加你成功的可能性。

（8）合群。营销人员在工作中必须乐于融入集体和客户中，具有协作和乐群的品质，才会取得工作上的成功。

（9）大方。因为业务需要，营销人员常会参加多种社交活动，这对营销工作的成败有很大影响，所以一定要讲究姿态和风度，做到举止落落大方，稳重而端庄。不要缩手缩脚、扭扭捏捏、慌里慌张，也不要漫不经心或咄咄逼人。如此，才能使人感到和你合作是可以放心的。

（10）幽默感。营销人员言谈风趣、幽默，能够使人觉得因你而快乐，并能从你身上得到启发和鼓励。

🛡️ 思政之窗

经历190次失败，屠呦呦为世界打开一扇窗

本报斯德哥尔摩10月5日电 瑞典卡罗琳医学院5日宣布，将2015年诺贝尔生理学或医学奖授予中国药学家屠呦呦以及爱尔兰科学家威廉·坎贝尔和日本科学家大村智，表彰他们在寄生虫疾病治疗研究方面取得的成就。

屠呦呦的获奖理由是"有关疟疾新疗法的发现"。这是中国科学家因为在中国本土进行的科学研究而首次获诺贝尔科学奖，是中国医学界迄今为止获得的最高奖项，也是中医药成果获得的最高奖项……

20世纪六七十年代，在极为艰苦的科研条件下，屠呦呦团队与中国其他机构合作，经过艰苦卓绝的努力并从《肘后备急方》等中医药古典文献中获取灵感，先驱性地发现了青蒿素，开创了疟疾治疗新方法，全球数亿人因这种"中国神药"而受益。

屠呦呦带领团队研究抗疟药时，从整理历代医籍开始，四处走访老中医，做了2 000多张资料卡片，经过对200多种中药的380多个提取物的细致筛选，在第191次低沸点实验中发现了抗疟效果为100%的青蒿提取物，打开了成功之门。屠呦呦说："虽然当时科研条件极为艰苦，但这是国家交给的任务，有一种使命感，一定要做成。"

正如王安石在《游褒禅山记》中写道："拥火以入，入之愈深，其进愈难，而其见愈奇。"成功没有捷径，愈是艰难愈考验一个人的优秀职业性格。屠呦呦带领课题组凭借着强烈的责任感和工作热情以及顽强坚韧的性格攻克了人类医药史上的难关。

资料来源 刘仲华，商璐. 屠呦呦 打开一扇崭新的窗户［N］. 人民日报，2015-10-06（1）.

三、强化营销职业能力

1.职业能力对职业的影响

如果说职业兴趣决定一个人的择业方向，以及在该方面所乐于付出努力的程度，那么职业能力能说明一个人在既定的职业方面能否胜任，也能说明一个人在该职业中取得成功的可能性。

职业成功，要特别注意能力与职业的匹配。注意发现你的能力，更重要的是培养相应的职业能力。

职业能力是指从事职业活动所需要的运用专业知识和技能的能力，它可以通过后天培养获得。

一定的职业能力是胜任某种职业岗位的必要条件。没有能力或能力低下，就难以胜任工作岗位。个体的职业能力越强，能力越全面，就越能促进自身在职业活动中的创造力的发挥，就越能取得较好的工作绩效和业绩，越能给自己带来职业成就感。例如，对于推销员而言，随着工作的熟练和经验的积累，创新能力不断提高，会创造出越来越高的销售业绩。

我们所处的新时代，机遇与挑战并存，更需要营销人员具备过硬的职业能力和素养，才能够成为这个时代的弄潮儿。

2.对营销人员综合能力的要求

（1）观察能力。观察能力是指与人交谈时，对谈话对象口头语言信号、身体信号、思考方式等的观察和准确判断，并对后续谈话内容与方式及时修正和改善。营销过程是一个巧妙的自我推销过程，在这个过程中，应采取主动态度与客户沟通，具有敏锐的职业观察力，以判断下一步应采取的行动与措施。

（2）语言运用能力。语言要诚恳，突出重点和要点，表达要恰当，用语要委婉，语调要柔和，措辞通俗易懂。不夸大其词，说话要留有余地。

（3）社交能力。社交能力包括与人交往使人感到愉快的能力、处理异议的能力以及控制交往氛围的能力等。优秀的营销人员能充分掌控客户，凭丰富的经验快速判断客户的类型，并及时调整销售策略，始终让客户在自己设定的轨道上运行。客户从进门起就像进入一个大包围圈，无形之中被你牵着走，最终帮他做了明智的选择，既让他体会到你的服务，又不让他拖泥带水，解决问题干脆利落，无后顾之忧。

（4）良好品质。从公司的角度看，营销人员应具备的品质包括：①积极的工作态度、饱满的工作热情、良好的人际关系。②善于协作、热情可靠、有独立工作能力。③具有创造性，热爱本职工作，不断提高业务技巧，充分了解业务知识，掌握客户需求，达成业绩目标。④服从上级的领导，虚心向有经验的人学习，虚心接受批评，忠实于公司，以客户为中心。从客户的角度看，营销人员应具备的品质包括：①外表整洁，有礼貌、耐心、亲切、热情、友好。②乐于助人，能提供快捷的服务，传达正确而准确的信息，有丰富的专业知识，能提出建设性的意见，关心客户的利益，急顾客之所急，帮助客户作出正确的选择。③耐心倾听客户的意见和要求，记住客户的相关资料。

（5）灵活机敏。在营销过程中，机遇和变数无所不在，营销人员面对复杂的情况，应该能够随机应变，善于发现有用的信息，迅速作出反应。

四、自我潜能优势分析的内容

自我潜能优势分析的内容主要包括四个方面：

（1）生理自我：相貌、身材、年龄、穿着打扮、健康水平等。

（2）心理自我：自己的性格、兴趣、能力、气质、意志等个性特点。

（3）理性自我：自己的思维方式、思维方法、道德水准、情商以及自己对职业的价值取向等。

（4）社会自我：自己在社会上所扮演的角色，在社会中的责任、权利、义务、名誉，他人对自己的态度以及自己对他人的看法，知识水准和职业能力等。

这四个方面涉及的因素很多，重点应分析自己的性格、兴趣、能力以及情商。能力分为一般能力和特殊能力。一般能力通常是指人的智商，不作为分析的重点，因为一般人的智商都够用了。特殊能力是指一个人的特长，特长应作为重点加以分析。

📖 小资料

5W分析法和SWOT分析法

自我潜能优势分析方法较多，5W分析法、SWOT分析法是常见的两种有效方法。

1.5W分析法

（1）Who am I?（我是谁？）面对自己，真实地写出每一个想到的答案，并按重要性排序，比如自己的专业、家庭情况、年龄、性别、性格、动手能力、思考能力等。

（2）What will I do?（我想做什么？）可以从小时候回忆，将自己喜欢做的事情写下来。

（3）What can I do?（我能做什么？）可以把自己有能力做的，还有通过潜能开发能够做的事写下来。

（4）What does the situational allow me to do?（环境支持或允许我做什么？）将自己所处的家庭、单位、学校、社会关系等各种环境因素考虑进去。

（5）What is the plan of my career and life?（我的职业与生活规划是什么？）

2.SWOT分析法

SWOT是"优势、劣势、机遇、威胁"四个英文单词的首字母的组合。

优势（Strength）：学了什么、做过什么、最成功的是什么、忍耐力如何。

劣势（Weakness）：性格弱点、经验或经历中欠缺什么、最失败的是什么。

机遇（Opportunity）：现在的就业形势、各种职业发展空间、社会最急需的职业。

威胁（Threat）：专业过时、同学竞争、薪酬过低。

🎯 技能拓展

由于职业能力是多种能力的综合，因此，我们可以把职业能力分为通用能力、专业能力和综合能力。

拓展内容一：你了解自己的通用能力状况吗？

虽然每个岗位都需要有特定的能力，但在职场中，几乎所有的岗位上都有一些通用的能力要求，具体包括：

1.语言能力

语言能力是指对词及其含义的理解和使用能力，对词、句子、段落、篇章的理解能力，以及善于清楚而正确地表达自己的观点和向别人介绍信息的能力。

2.数理能力

数理能力是指迅速而准确地运算，在快速准确地进行计算的同时能进行推理、解决应用问题的能力。

3.空间判断能力

空间判断能力是指对立体图形以及平面图形与立体图形之间关系的理解能力，包括能看懂几何图形，对立体图形的三个面的理解力，识别物体在空间运动中的联系，解决几问题。

4.察觉细节能力

察觉细节能力是指对物体或图形的有关细节具有正确的知觉能力，对图形的明暗、线的宽度和长度进行视觉的区别和比较，看出其细微的差异。

5.书写能力

书写能力是指对词、印刷品、账目、表格等的细微部分具有正确知觉的能力，以及善于发现错字和正确地校对数字的能力。

6.运动协调能力

运动协调能力是指眼、手、脚、身体迅速准确和协调地作出精确的动作和运动反应，手能跟随着眼所看到的东西迅速行动，进行正确控制的能力。

7.动手的能力

动手的能力是指手、手指、手腕能迅速而准确地活动和操作小的物体。在拿取、放置、调换、翻转物体时手能作出精巧动作和腕的自由运动能力。

8.社会交往能力

社会交往能力是指善于进行人与人之间的相互交往、相互联系、相互帮助、相互作用和影响，从而协同工作或建立良好的人际关系。

9.组织管理能力

组织管理能力是指擅长于组织和安排各种活动，以及协调人际关系的能力。

做一做

你能否大致给你的通用能力排个位次？

（　　）语言能力　　　　　　（　　）数理能力

（　　）空间判断能力　　　　（　　）察觉细节能力

（　　）书写能力　　　　　　（　　）运动协调能力

（　　）动手的能力　　　　　（　　）社会交往能力

（　　）组织管理能力

拓展内容二：你了解自己的专业能力吗？

专业能力主要是指从事某一职业的专业技能。技能是可以后天培养的，尤其是处于学习时期的中职学生，更要努力学习，提高技能，适应未来职业的需要。

做一做

自我分析：请在你拥有或日后能够拥有的营销技能前打"√"。

（　　）产品销售技巧

（　　）制订营销方案

（　　）营销服务礼仪能力

（　　）产品信息技术应用能力

（　　）企业文化的解读与理解能力

（　　　）服务心理的把握与待客技巧能力

（　　　）产品服务与管理能力

（　　　）客户的组织管理能力

（　　　）市场推广能力

拓展内容三：你了解自己的职业综合能力吗？

这里主要介绍国际上职业综合能力培养中普遍注重的"关键能力"，主要包括以下四个方面：

1.跨职业的专业能力

一是运用数学和测量方法的能力；二是计算机应用能力；三是运用外语解决技术问题和进行交流的能力。

2.方法能力

一是具备信息收集和筛选能力；二是掌握制订工作计划、独立决策和实施的能力；三是具备准确的自我评价能力和接受他人评价的承受力，并能够从成败经历中有效地吸取经验教训。

3.社会能力

社会能力主要是指一个人的团队协作、人际交往和沟通的能力。在工作中能够协同他人共同完成工作，对他人公正宽容，具有准确裁定事物的判断力和自律能力等，这是岗位胜任和在工作中开拓进取的重要条件。

4.个人能力

随着中国经济体制改革的深入和法治建设的不断健全完善，人的社会责任心和诚信将越来越被重视，假冒伪劣将越来越无藏身之地，一个人的职业道德会越来越受到全社会的尊重和赞赏，爱岗敬业、工作负责、注重细节的职业人格，会得到全社会的肯定和推崇。

拓展内容四：现代职业能力包括哪些内容？

现代职业能力不仅仅是传统意义上的职业能力，还包括人在职业活动中处理事务的智、情、意各个方面的能力。加强现代职业能力的培养，凸显职业教育的特色，是实现职业教育培养目标的指导思想。

1.心理承受能力

随着现代社会生活节奏的加快，每个人承受的压力会越来越大，为了适应社会发展的需要，从业者应该具有自我调控、承受挫折、适应环境的能力。

2.人际交往与合作能力

人际交往与合作能力也就是团结协作和社会活动的能力。能够很好地与他人进行沟通、交流，善于与他人交往，协调人与人之间的关系，并能与他人合作完成某项工作，具有很强的团队精神。

3.解决实际问题的能力

解决实际问题的能力也就是分析问题和解决问题的能力。面对生活和工作中遇到的各种问题和困难，要能够沉着冷静地思考和分析，提出解决问题的办法或方案，付诸实施，正确地进行处理。

4.应用信息技术的能力

应用信息技术的能力也就是收集处理信息的能力。能够在日新月异不断变化的信息社会中，利用现代信息技术，收集、分析、应用和处理各种信息，把它们应用到实际工作中。

5.自学与创新能力

自学与创新能力也就是获取新知识的能力。现代社会是一个竞争日益激烈的社会，为了能适应现代社会的需要，必须具备自学与创新能力。

6.语言文字表达能力

语言文字表达能力是社会要求的从业者多种能力的重要组成部分。不但如此，语言文字表达能力就其作用而言，是其他能力能否正常实现、充分展示的基础。此能力主要包括口头语言表达能力、书面语言表达能力和肢体语言表达能力等。

做一做

1.按照表5-1的内容，进行自我分析或访问你的父母、老师及亲朋好友，并把你认为"行"和"不行"的能力记录下来。

表5-1   营销职业综合能力分析表

跨职业的专业能力	我"行"的是：
	我"不行"的是：
方法能力	我"行"的是：
	我"不行"的是：
社会能力	我"行"的是：
	我"不行"的是：
个人能力	我"行"的是：
	我"不行"的是：

2.按照表5-2的内容进行自我分析或访问你的父母、老师及亲朋好友，并把认为你"行"和"不行"的能力记录下来。

表5-2   现代职业能力分析表

心理承受能力	我"行"的是：
	我"不行"的是：
人际交往与合作能力	我"行"的是：
	我"不行"的是：
解决实际问题的能力	我"行"的是：
	我"不行"的是：
应用信息技术的能力	我"行"的是：
	我"不行"的是：
自学与创新能力	我"行"的是：
	我"不行"的是：
语言文字表达能力	我"行"的是：
	我"不行"的是：

 做一做

分析自己的性格类型

每个人都有与众不同的性格特点，性格与职业的最佳匹配能促进我们对营销工作的兴趣和业绩，成为更有效的工作者。

外向型性格的人大多开朗、活泼，为人处世灵活多变，感情外露，独立性强，处事果断，心理活动倾向于外部。但这种人往往做事马虎、松散，有始无终、容易急躁。

内向型的人稳妥、严谨，遵规守信，专心致志，情感不易外露，心理活动倾向于内部。但这种人常常墨守成规，反应迟钝，优柔寡断，为人较孤僻。

在自我性格评价时，应该意识到每种性格都各有利弊。在学习和工作中扬长避短，改造自己的性格，才会取得职业生涯的成功。

1.性格类型心理测试

指导语：性格是表现在人的心理状态、行为上的稳定的心理特征，是人的个性中的核心。性格在不同个体身上表现出明显的差异性。下述量表大致按照人的五种性格类型设置了50道测试题。每一题都有3种选择答案，即"是"为（A）、"似是而非"为（B）、"否"为（C）。可按题意，从自己态度和行为出发，选择答案，相应以A、B、C的形式记在每一题前的括号内，以便评分。

测试题：

（　）（1）大庭广众面前不好意思。

（　）（2）对人一见如故。

（　）（3）愿意一个人独处。

（　）（4）好表现自己。

（　）（5）与陌生人难打交道。

（　）（6）开会时喜欢坐在被人注意的地方。

（　）（7）遇到不愉快的事情，能抑制感情，不露声色。

（　）（8）在众人面前能爽快地回答问题。

（　）（9）不喜欢社交活动。

（　）（10）愿意经常和朋友在一起。

（　）（11）自己的想法不轻易告诉别人。

（　）（12）只要认为是好东西立即就买。

（　）（13）爱刨根问底。

（　）（14）容易接受别人的意见。

（　）（15）凡事很有主见。

（　）（16）喜欢高谈阔论。

（　）（17）会议休息时喜欢一个人独坐，不愿意同别人聊天。

（　）（18）决定问题爽快。

（　）（19）遇到难题非弄懂不可。

（　）（20）常常未等别人把话讲完，就觉得自己已经懂了。

（　　）（21）注意别人对自己的看法。

（　　）（22）不太注意外表。

（　　）（23）发现异常现象容易想入非非。

（　　）（24）即使有亏心事也很快遗忘。

（　　）（25）总是把家里收拾得干干净净。

（　　）（26）自己放的东西常常不知在哪里。

（　　）（27）做事很细心。

（　　）（28）对别人的请求乐于帮助。

（　　）（29）十分注意自己的信用。

（　　）（30）热情来得快，消退得也快。

（　　）（31）信奉"不干则已，干则必成"的信念。

（　　）（32）做事情更注意速度而不是质量。

（　　）（33）一本书可以安静看几遍。

（　　）（34）不习惯长时间读书。

（　　）（35）办事大多有计划。

（　　）（36）兴趣广泛而多变。

（　　）（37）学习时不易受外界干扰。

（　　）（38）开会时喜欢同人交头接耳。

（　　）（39）工作笔记大多整洁、干净。

（　　）（40）答应别人的事情会经常忘记。

（　　）（41）一旦对别人有看法不易改变。

（　　）（42）容易和别人交朋友。

（　　）（43）不喜欢体育运动。

（　　）（44）对电视节目中的比赛尤其感兴趣。

（　　）（45）买东西前总要比较估量一番。

（　　）（46）不惧怕从来没有做过的事情。

（　　）（47）遇有不快的事情可能生气很长时间。

（　　）（48）自己做错了事，勇于承认和改正。

（　　）（49）常常担心自己会遇到挫败。

（　　）（50）容易原谅别人。

评分原则：

凡单数题，A为0分、B为1分、C为2分；凡双数题，A为2分、B为1分、C为0分。得分在90分以上，为典型外向型性格；71～90分，为稍微外向型性格；51～70分，为外向、内向混合型性格；31～50分，为稍微内向型性格；30分以下，为典型内向型性格。

2.人格倾向测试

人格倾向量表：

请仔细阅读下面各种类型的人格倾向描述，看看你的个性与哪个比较接近，也就是下面哪个描述比较符合你自己，在1～10之间评分。"1"代表完全不符合，"10"代表非常符合，然后也进行一个排序，填入表5-3。

表5-3 人格倾向量表

类型	人格倾向	排序
现实型（R）	此种类型的人具有顺从、坦率、谦虚、自然、坚毅、实际、有礼、害羞、稳健、节俭的特征，其行为表现为： （1）喜爱实用型的职业或情境，宜从事所喜好的活动，避免社会型的职业或情境； （2）用具体实际的能力解决工作及其他方面的问题，较缺乏人际关系方面的能力； （3）重视具体的事物，如金钱、权力、地位等	
研究型（I）	此种类型的人具有分析、谨慎、批评、好奇、独立、聪明、内向、有条理、谦逊、精确、理性、保守的特征，其行为表现为： （1）喜爱研究型的职业或情境，避免企业型的职业或情境； （2）用研究的能力解决工作及其他方面的问题，即自觉、好学、自信、重视科学，但缺乏领导方面的才能	
艺术型（A）	此种类型的人具有复杂、想象、冲动、独立、直觉、无秩序、情绪化、理想化、不顺从、有创意、富有表情、不注重实际的特征，其行为表现为： （1）喜爱艺术型的职业或情境，避免传统型的职业或情境； （2）富有表达能力和直觉、独立、具有创意、不顺从、无次序等特征，拥有艺术和音乐方面的能力（包括表演、写作、语言），并重视审美的领域	
社会型（S）	此种类型的人具有合作、友善、慷慨、助人、仁慈、负责、圆滑、善社交、善解人意、说服他人、理想主义、富有洞察力等特征，其行为表现为： （1）喜爱社会型的职业或情境，避免实用型的职业或情境，并以社交方面的能力解决工作及其他方面的问题，但缺乏机械能力与科学能力； （2）喜欢帮助、了解别人，有教导别人的能力，且重视社会与伦理的活动与问题	
企业型（E）	此种类型的人具有冒险、野心、独断、冲动、乐观、自信、追求享受、精力充沛、善于社交、获取注意和知名度等特性，其行为表现为： （1）喜欢企业型的职业或环境，避免研究型的职业或环境，会以企业方面的能力解决工作或其他方面的问题； （2）冲动、自信、善社交、知名度高、有领导与语言能力，缺乏科学能力，但重视政治与经济上的成就	
传统型（C）	此种类型的人具有顺从、谨慎、保守、自控、服从、规律、坚毅、实际、稳重、有效率，但缺乏想象力等特性，其行为表现为： （1）喜欢传统型的职业与情境，避免艺术型的职业与情境，会以传统的能力来解决工作或其他方面的问题； （2）喜欢顺从、规律，有写作与计算能力，并重视商业与经济上的成就	

任务训练

一、选择题

1.职业成功，要特别注意能力与职业的匹配。注意发现你的能力，更重要的是培养相应的（　　）。

　　A.职业责任　　　　　B.职业活动　　　　　C.职业兴趣　　　　　D.职业能力

　　2.当从事的职业与我们的个性出现不匹配时，发现和培养潜能优势和（　　）是一个必不可少的过程。只有不断地挖掘自身潜能、自我积极调整，才能在职场上顺风顺水。

　　A.职业责任　　　　　B.职业个性　　　　　C.职业能力　　　　　D.职业道德

　　二、实训题

　　学习完本任务后，请结合有关知识给自己的职业个性做个总结概括，制订个小计划，有步骤、有目的地完善自我（填写表5-4）。

表5-4　　　　　　　　　　　　　　自我职业个性培养计划表

项目	自我概括	培养计划
职业兴趣		
职业性格		
职业能力		

任务二　　　　　　　　　　　　**团队合作训练**

情景导入

微课

团队合作训练

　　2021年6月，在某职业学校足球总决赛中，休闲服务教学部以最豪华阵容出场，对手是10年来第一次闯入总决赛的语言教学部（该部男生极少）。赛前，很少有人会相信语言教学部能够坚持打完比赛。从球队的人员结构来看，休闲服务教学部是一个由"巨星"组成的"超级团队"，每一个位置上的队员几乎都是最优秀的，再加上以足球专业教师作为教练，在许多人眼中，这是建校以来最强大的一支球队，要在总决赛中战胜它，只存在理论上的可能性，更何况对手是一支缺乏"大牌明星"的平民球队。

　　然而，最终的比赛结果却出乎所有人的意料，休闲服务教学部足球队几乎没有做多少抵抗便以1∶4败下阵来。究其失败的原因，球员都觉得自己才是球队的领袖，在比赛中单打独斗，全然没有配合，也无法完全发挥其作用，缺乏凝聚力的队伍如同一盘散沙，其战斗力自然也就会大打折扣。

　　想一想：

　　你觉得是什么原因导致了休闲服务教学部足球队的失败？如果你是教练，你该对球员做哪些思想上的指导？

知识准备

【读一读】

　　"团结就是力量，团结才能胜利。"在党的二十大报告中，习近平总书记特别强调"全面建设社会主义现代化国家，必须充分发挥亿万人民的创造伟力"，要求"不断巩固全国各族人民大团结，加强海内外中华儿女大团结，形成同心共圆中国梦的强大合力"，号召"为全面建设社会主义现代化国家、全面推进中华民族伟大复兴而团结奋斗"。

一、团队与团队合作

团队合作是人与人共处的基本道德准则。这一准则包括团结互助与合作共赢两层含义。团结，本义是指把分散物聚拢在一起，形成结构紧密的团状体，引申到社会人际关系中，是指为了一个共同的信念或利益而联合或正式组织起来结成群体。这个群体（或称团队）意志统一，行动起来像一个人；群体的利益高于一切，每个成员都为实现共同目标而竭尽全力；成员之间相互理解，相互信任，互相支持，荣辱与共。这就是团结互助的集体主义精神，或称团队精神。

团队合作是国家安定、社会和谐发展的基础，人们经常听到的"家和万事兴""和气生财""天时不如地利，地利不如人和"等话语，表达出团队合作的重要性。对一个班级、家庭、单位甚至民族、国家来说，要想兴旺发达、和谐幸福，就必须加强团队合作。对于我们营销工作而言，团队协作精神尤其重要；否则，就难以实现和谐发展，就不能感受到温暖幸福和职业快乐。

学会团队合作，就要增强团队意识。人是群居动物，团队合作是人类进步的最大动力。只有团队合作，才能把事情做得更好。一个人要想成功，除了自身要有较高的素质外，还必须有能够协同合作的精神，即团队精神。

二、团队合作精神与团队凝聚力

现代社会的团队精神有两层含义：一是与别人沟通、交流的能力；二是与人合作的能力。员工的工作能力和团队精神对企业而言是同等重要的。弘扬个性是团队精神的基础。从根本上说，团队业绩首先来自团队成员发挥自我取得的个人成果，其次来自集体成果。也就是说，团队所依赖的是个体成员的共同贡献，即团队精神形成的基础是尊重个人的兴趣和成就。因此，要根据需要设置不同的岗位，选拔不同的人才，给予一定的待遇、培养和肯定，让每个成员都拥有特长。

协同合作是团队精神的核心。团队共同达成目标的基础在于发挥每个人的特长，并注重流程，使之产生协同效应。在一个团队里，如果成员没有团队意识，各行其是，团队的目标就无法实现。只有大家密切配合，团结协作，才能使团队焕发出生机和活力。其中，凝聚力是团队精神的最高境界。全体成员的向心力、凝聚力是从松散的个人集合走向团队最重要的标志。有一个共同目标并鼓励所有成员为之奋斗固然是重要的，但是，向心力、凝聚力来自团队成员自觉的内心动力，来自共同的价值观。很难想象在没有自我展示机会的团队里能形成真正的向心力。同样，也很难想象，在没有明确的协作意愿和协作方式下能形成真正的凝聚力。在这里，信任是问题的关键。

团队凝聚力，是团队对其成员的吸引力和成员之间的相互吸引力，它包括向心力和内部团结两层含义。当这种吸引力达到一定程度，而且团队成员资格对成员个人和团队都具有一定价值时，我们就说这是个具有高凝聚力的团队。

高凝聚力团队具有以下特征：团队成员归属感强，愿意参加团队活动并承担团队工作中的相关责任，维护团队利益和荣誉；成员之间信息沟通快，互相了解比较深刻；关系和谐，具有民主氛围。

一个团队成立并稳定生存，团队凝聚力是其必要条件。丧失凝聚力的团队，就犹如一盘散沙，难以持续并呈现低效率工作状态。相反，如果团队凝聚力较强，团队成员就会热情高涨，做事认真，并有不断创新的行为。因此，团队凝聚力也是实现团队目标的重要条件。

技能拓展

拓展内容一：你知道如何提高团队的凝聚力吗？

1.创造共同的敌人

曾经有哲学家预言过，要想让地球没有战争，就必须发起一场针对外星人的战争。在很多年以后，这句话被心理学家验证了。研究者挑选了十几名初中生参加夏令营，然后把他们随机分成了两队，他们分别给自己的团队起了名字。随着夏令营活动的继续，两队人马出现了分歧，甚至是敌意，而这正是心理学家想要看到的。心理学家的研究课题就是如何让这两支队伍和好。他们想了很多办法，包括谈判、举办活动、参与比赛。不幸的是，没有一种活动能够有效，最坏的时候是他们一起看一场电影，电影过半的时候他们就打起来了，嘴里骂着各种污言秽语。这种敌对状态一直持续到某一天，营地的水管坏了，他们必须同心协力才能修复好水管，这时候两队的分歧突然消失了，他们共同努力最终克服了困难。心理学家总结道，一个团队必须有一个敌人，团队要为战胜共同的敌人去努力，这样团队才能成其为团队。

2.提高进入门槛

假如你是社团团长，而现在又是社团纳新的时候，你想怎样通过纳新来提高新人的凝聚力呢？也许你可以以电影《搏击俱乐部》为例，这个俱乐部的入门门槛非常高，如果你想要加入，你必须在门外站几天不吃不喝，甚至要面对俱乐部其他人的贬损谩骂。但是一旦你进入了俱乐部，就会爱上它，这种效应称为认知失调。心理学家研究认知失调的实验数不胜数，很多实验都可称为经典，其中一个实验是这样的：研究者要求被试参加一项非常无聊的实验，一部分被试获得了20元的酬劳，而另一部分被试获得了2元酬劳。然后研究者分别问这两种被试：你喜欢这项活动吗？结果是，那些只有2元酬劳的被试更加喜欢这个无聊的活动。为什么？因为20元酬劳让被试觉得"我是为了得到钱才去做这件事情的"，因此他们更加觉得这个活动无聊。管理者从中学到了什么？如果你进入一个团队非常难，那么你会想"我为什么费这么大劲进入这个团队？""这个团队一定非常棒！"所以，这种方法经常被聪明的管理者用来提高团队的凝聚力。

3.提高团队自豪感

你会因为你是一个中国人而自豪吗？我们可以有条件地预测，如果你感到自豪，当国家陷于危难的时候你更有可能挺身而出。提高团队自豪感是提升团队凝聚力的一种非常有效的方法。我们可以通过设计团队标志来增加团队自豪感。在运动场上的运动员都有自己的服装，在校学生都有自己的校服，小学生都戴着红领巾，这些方法都在一定程度上提高了团队的自豪感。

4.布局好工作场所

你一定听说过两个刺猬取暖的故事，它们不能离得太近，否则会刺到对方，也不能离得太远，那样就没法相互取暖，因此它们必须保持适当的距离。研究发现，我们的工作场所应该是这样的：所有人在一个共同的大厅里工作，但同时每个人都有自己的小办公桌，办公桌之间用高约一米半的隔板隔开，这样员工在坐下来的时候可以让自己从大厅中"消失"，而在站起来的时候就可以看见周围的人。这种方法让员工之间保持适当的距离，又增加了团队的凝聚力，同时还提高了工作效率。

拓展内容二：你了解互利共赢的重要性吗？

团队合作的出发点和实现基础是互利共赢。团队合作，并不是强调舍弃个人的利益，恰恰相反，团队合作是为了让团队内部获得更大的利益，也就是俗称的互利共赢。团队内部若做到合作共赢，就要：目标明确，分工具体，统一指挥；有荣辱与共的团队精神；充分发挥各自优势，扬长避短；加强沟通，随时协调；推功揽过，勇于负责。对团体间的竞争与发展，要树立正确的竞争意识，虚心向竞争对手学习，竞争不排斥合作，帮助竞争对手提高。

小案例

一个农夫意外地得到一包优良的种子，结出的南瓜比乡亲们种出来的南瓜都大。很快，他的南瓜就被抢购一空，真是让人羡慕死了。第二年，他把南瓜种子拿出来，分给了周围的乡亲。有人不解地问："这不是给自己增加竞争对手吗？"农夫笑了笑说："南瓜的市场很大。大家的南瓜好，就不愁卖不出去，可是如果周围的人南瓜不好，我的也好不了多久。"

"为什么呢？"对方又问。

"你想想看，蜜蜂飞来飞去地传播花粉，周围差的南瓜粉传到我的南瓜上，肯定会让我的南瓜越来越差。但如果周围种的都是好南瓜，我也是受益者啊！"

农夫意识到的问题——学会感谢对手，互利共赢，我们在生活中也要意识到，就像广告词里写的："大家好，才是真的好。"

资料来源　金迪. 领悟国学智慧 提升职业素养［M］. 北京：新华出版社，2015.

生活在海边的人常常会看到这样一种有趣的现象：几只螃蟹从海里游到岸边，其中一只也许是想到岸上体验一下水族以外世界的生活，只见它努力地往堤岸上爬，可无论它怎样执着、坚毅，却始终爬不上岸。这倒不是因为这只螃蟹不会选择路线，也不是因为它动作笨拙，而是它的同伴不允许它爬上去。每当它企图爬离水面，就要爬上堤岸的时候，别的螃蟹就会争相拖住它的后腿，把它重新拖回海里。人们也偶尔会看到一些爬上岸的螃蟹，但不用说，它们一定是单独行动才上来的。

在南美洲的草原上，有一种动物却演绎出迥然不同的故事。酷热的天气，山坡上的草丛突然起火，无数蚂蚁被熊熊大火逼得节节后退，火的包围圈越来越小，渐渐地蚂蚁似乎无路可走。这时，出人意料的事发生了：蚂蚁们迅速聚拢起来，紧紧地抱成一团，很快就滚成一个黑乎乎的大蚁球，蚁球滚动着冲向火海。尽管蚁球很快就被烧成了火球，在噼噼啪啪的响声中，火球外围的蚂蚁被烧死了，但更多的蚂蚁却绝处逢生。

这两则关于动物之间团队合作的故事相映成趣，说明这样一个道理：掣肘，易事难为；携手，难事可成。螃蟹的"拖后腿"，多么像人类中某些人的做法，因嫉妒心、"红眼病"和一己之私作祟，他们惧怕竞争，甚至憎恨竞争。一旦看到别人比自己强，就拆台阶、下绊子，千方百计竭尽倾轧之能事，其宗旨不外乎一条：我不行，你也别行；我得不到，你也别想得到。于是，有多少发明创造的才智，就这样在无声中被内耗掉；有多少贤能，就这样被埋没在默默无闻之境；有多少"千里马"就这样病死于马槽之间。蚂蚁的"抱成团"却与此大相径庭，这一抱，是对命运的抗争、力量的凝聚，是以团结协作的手段，为共渡难关、获得新生所作出的必要努力。无此一抱，蚂蚁们必将葬身于火海，精诚团结则使它们的群体得以延续。

团结协作在社会生活和工作中也起到重要的作用。大家都熟悉的"负荆请罪"的历史故事就证明了这一点。

明星队球员的内耗和冲突往往会使整个团队变得平庸，在这种情况下，1+1不仅不会大于或等于2，甚至还会小于2。在工作团队的组建过程中，管理层往往竭力在每一个工作岗位上都安排最优秀的员工，期望能够通过团队的整合，使其实现个人能力简单叠加所无法达到的成就。然而，在实际操作过程中，众多的精英分子共处一个团队之中反而会产生太多的冲突和内耗，最终的效果还不如个人的单打独斗。

在通常情况下，团队工作的绩效往往大于个人的绩效。但也不是那么绝对，这取决于团队工作的性质：如果团队的任务是要搬运一件重物，单凭其中一个成员的力量绝对搬不动，必须要两个以上的成员才能够搬动，这时团队的绩效要大于个人绩效，1+1的结果会大于或等于2；但如果换成是体操比赛中的团体项目，最后的成绩往往会因为某位成员的失误而名落孙山，这时，团队的绩效还不如其中优秀成员的个人成绩，1+1的结果反而会小于2。

小案例

美国加利福尼亚大学的学者做了这样一个实验：把6只猴子分别关在3间空房子里，每间2只，房子里分别放上一定数量的食物，但放的位置高度不一样。第一间房子的食物就放在地上，第二间房子的食物分别从易到难悬挂在不同高度的适当位置上，第三间房子的食物悬挂在房顶。

数日后，他们发现第一间房子内的猴子一死一伤，伤的缺了耳朵断了腿，奄奄一息；第三间房子内的猴子也死了；只有第二间房子内的猴子活得好好的。

究其原因，第一间房子内的猴子一进房间就看到了地上的食物，于是，为了争夺唾手可得的食物而大动干戈，结果伤的伤、死的死。第三间房子内的猴子虽做了努力，但食物悬挂位置太高，难度过大，够不着，被活活饿死了。只有第二间房子内的两只猴子先是凭着自己的本能蹦跳取食。最后，随着悬挂食物的高度增加，难度增大，两只猴子只有协作才能取得食物。于是，一只猴子托起另一只猴子跳起取食。这样，每天都能取得够吃的食物，很好地活了下来。

案例中，只有第二间房子内的两只猴子靠相互信赖和团结协作得以存活下来。正如有首歌唱得好——"团结就是力量"，而且团队合作的力量是无穷尽的，将创造出不可思议的奇迹。

当今社会，随着知识经济时代的到来，各种知识、技术不断推陈出新，竞争日趋紧张激烈，社会需求越来越多样化，人们在工作和学习中所面临的情况和环境极其复杂。在很多情况下，单靠个人能力已很难处理各种错综复杂的问题并采取切实高效的行动。所有这些都需要人们组成团队，并要求成员之间相互依赖、相互信任、共同合作，建立合作团队来解决错综复杂的问题，并进行必要的行动协调，开发团队应变能力和持续的创新能力，依靠团队合作的力量创造奇迹。

做一做

一家公司招聘职员时，最后要从甲、乙、丙三位中选出两位。题目是这样的：

假如你们3个人一起去沙漠探险，在返回途中，车子抛锚，你们还有很长的路要走，可是你们3个人只能从7样东西中选择4样随身带着。这7样东西分别是：镜子、刀、帐篷、水、火柴、绳子、指南针。而其中帐篷只能住2个人，水也只有1瓶矿泉水。如果是你，你会选择什么？

甲选的是：刀、帐篷、水、火柴。

负责面试的经理问他，为什么第一个就选刀？甲说：主动权是最重要的。害人之心不可有，防人之心不可无。这帐篷只够2个人睡，水只有1瓶，万一要争执起来，女孩子，我可以让着点，这男的，要是为了争夺生存机会想害死我呢？所以，我把刀拿到手，也就等于把生命的主动权控制在了手中。

乙和丙选的4样物品相同：水、帐篷、火柴、绳子。

他们的解释是：水是必需的，虽然只够2个人喝，但是可以省着点，相信也能够3个人坚持到最后；帐篷虽然只能容纳2个人，但是可以3个人轮流睡，1个人还可以看守；火柴也是路上不可缺的；而绳子可以用来把3个人拴在一起，这样在风沙吹得目不见物的时候就不会失散了队伍；如果遇到了流沙，有同伴掉到沙堆底下，还可以用绳子把他拉回来。

小组讨论：（1）甲、乙、丙三位谁会被淘汰？为什么？

（2）假如你是其中一位应聘者，会进行怎样的选择？

做一做

在培养团队合作能力时，可以组织以下小组活动。

1. 汪洋中的一条船（站报纸）。准备一张普通的报纸，展开放在地上。找4~5人，同时站在上面（不能站在报纸之外，周围有人做好安全保护）约3秒钟，成员间可以相互用手协助。做完后再将报纸对折，重复上面的活动；以此类推，看在最小的面积上，是否能够站下这4~5人。这个活动可以增加小组的协作精神与凝聚力。

2. "向后倒"。一人站在桌子上，背朝大家，双手交叉抱臂；另外6~8人面对面站好，双手交叉，形成保护网（和站立者的桌子一样高）。然后站立者直立向后倒，倒在下面由6~8人用手交叉形成的保护网上就算成功。此游戏要求组员之间有充分的信任和配合，有一定的难度，需要在保护得当的情况下完成。

3. 手拉手绕圈。小组成员站成一圈，每位成员左右臂交叉（将左臂放在右臂上，每位成员均这样），用手拉住相邻两个组员的右手和左手，这样就拉成一个圈。然后小组成员要想办法打开交叉的手，最终手拉手，而手臂不交叉。整个活动中组员的手都不能松开。这个活动可以充分发挥成员之间的智慧和协作精神。

4.用身体写数字。每位组员轮流带头分别用手、头、肩、脚和臀部等身体部位写0～9这10个数字。活动虽简单，但可以活跃小组的气氛和增强战斗力。

5.信任之旅。指导者事先选择好盲行路线，最好道路不是坦途，有阻碍，如上楼、下坡、拐弯、室内外结合。每人准备蒙眼用的毛巾或头巾。团体成员两人一组，一位做盲人，一位做帮助盲人的人，"盲人"蒙上眼睛，原地转三圈，暂时失去方向感，然后在帮助者的搀扶下，沿着指导者选定的路线，带领"盲人"绕室内外练习。其间不能讲话，只能用手势、动作帮助"盲人"体验各种感觉。练习结束后两人坐下交流当"盲人"的感觉与帮助别人的感觉，并在团体内交流。然后互换角色，再来一遍，再互相交流。交流讨论集中在以下两个方面：对于"盲人"而言，你看不见后是什么感觉？使你想起什么？你对你的伙伴的帮助是否满意，为什么？你对自己或他人有什么新发现？对于帮助者而言，你怎样理解你的伙伴？你是怎样想方设法帮助他的？这使你想起什么？

任务训练

一、选择题

团队精神是一个高效团队的灵魂。（　　）不是对团队精神内涵的体现。

A.全局观念　　　　B.责任意识　　　　C.诚实守信　　　　D.互相协作

二、实训题

团队游戏一：红与黑。

游戏规则：

1.目的：你队与另一队分别为A队、B队，各自争取取得高分。

2.程序：每轮你队有两种选择——红或黑，由工作人员了解你队每轮的选择并告知你们的得分，你队可根据上轮得分确定下轮选择。

3.沟通：两队在第4轮选择后，征得双方同意，可进行第一次沟通，双方各派一名代表外出面谈，面谈时间为1分钟；两队在第8轮选择后，双方必须进行沟通，面谈时间为1分钟。两队除按上述规则可召集面谈外，禁止其他沟通。

4.得分计算：（1）A队、B队均选红，各得1分；A队、B队均选黑，各减1分。（2）一队选红、一队选黑，选红者减3分，选黑者加3分。（3）第9轮与第10轮选择，得分乘3后计入总分。

请问：在游戏的过程中，你有什么感悟？

团队游戏二：珠行万里。

游戏规则：

1.目的：感受团队队员间有效配合、衔接以及自我控制能力，为共同的目的以及团队荣誉做好每一个环节。

2.简介：团队中每个队员手拿一个半圆形的球槽，将球连续传动（滚动）到下一个队员的球槽中，并迅速地排到队伍的末端，继续传送前方队员传来的球，直到球安全地到达指定的目的地为止。

3.游戏人数：12~16人。

4.场地要求：空旷的场地。

5.需要器材：乒乓球、球槽。

6.游戏时间：约40分钟。

任务三　建立信任训练

微课
建立信任训练

情景导入

　　张芳是一名中职学校市场营销专业的在校生。每到周末，她都会主动地找一些兼职来做。一次，一家快消品公司聘请她去做促销员，要求她到市区最繁华的商业区搞促销。张芳信心满满，但工作时她发现人们在面对促销人员的推销时，总是本能地怀有一种排斥心理。

　　回到学校上课时，张芳向老师提出了这个问题，并请教老师怎么办。老师回答说："营销过程中这类情况比较常见，为了防止营销人员的推销可能给自己造成的高风险，客户便在自己和营销人员中间设置了一道厚厚的'防火墙'，使营销人员无法接近自己。"那么，作为营销人员应该如何打破这道"心理防火墙"，让客户主动安装我们提供的那些"非病毒的有益程序"呢？最关键的一点就是我们要获得客户的信任，一旦客户对我们产生了信任感，他们就会产生了解产品的兴趣，当他们发现产品确实有益无害的话，就会毫不犹豫地同意我们的"安装条款"。所以，卖"信任"胜过卖产品。

　　想一想：

　　你觉得什么是信任？营销人员为什么要获得客户的信任？

知识准备

　　信任，意思是相信并值得托付。有人做过调查：过半数的营销失败源于客户的不信任。以购买保险为例，《中国保险报》调查发现：准客户作出购买决定70%的原因是信任业务员，20%是相信保险制度，10%是因为商品合适。所以，营销是从建立信任开始的。

　　营销人员建立信任的基本要素包括：第一印象、共同点、专业能力与安全感。

　　一、第一印象

　　什么决定第一印象？个人的外表、才华和我们从别处获得的其他的间接信息构成了我们对他的第一印象。

　　第一印象，也称初次印象，是指两个陌生人初次见面所形成的印象。第一印象主要通过相互观察对方的相貌、衣着、表情、姿态、谈吐、举止、风度而形成的初步判断和评价。它虽然零碎肤浅，却非常重要。在先入为主的心理影响下，第一印象往往能对人的认知产生关键作用。第一印象最深刻也最顽固。一旦留下了不好的第一印象，改变将是非常困难的。常言道："花一分钟留下的印象，花一个小时也难矫正。"

1.个人的外表

第一印象既包括亲眼见到对方所获取的印象，也包括看到和听到对方其他方面的信息时所形成的印象。外表，是被个体首先认知的一个重要信息。两个陌生人相遇，会很自然地观察对方的容貌、风度、气质等。虽然"以貌取人"不值得提倡，但良好的外表确实有助于给他人留下良好的第一印象，促进与他人的交往。

2.才华

才华也是人们形成第一印象的重要信息来源。在现代社会中，个人内在的修养、知识和才能越来越被人重视，一个其貌不扬但才华横溢的人也能给人留下良好的第一印象。

3.其他的间接信息

由于人们所接收到的关于某人的间接信息不同，人们对这个人的评价就会有所差异，从而形成不同的第一印象。

那么，如何给人留下良好的第一印象呢？

第一，显露自信和朝气蓬勃的精神面貌。自信是人们对自己的才干、能力、个人修养、文化水平、健康状况、相貌等的一种自我认同和自我肯定。一个人要是走路时步伐坚定，与人交谈时谈吐得体，说话时双目有神、目光正视对方、善于运用眼神交流，就会给人以自信、可靠、积极向上的感觉。

第二，微笑待人，不卑不亢。第一次见面，热情地握手、微笑、点头问好，都是人们把友好的情谊传递给对方的途径。在社会生活中，微笑已成为典型的人性特征，有助于人们之间的交往和建立友谊。但与别人第一次见面，笑要有度，不停地笑反而有失庄重。言行举止也要注意交际的场合，过度的亲密举动难免有轻浮油滑之嫌。尤其是对有一定社会地位的朋友，不应表露出巴结讨好的意思。趋炎附势的行为不仅会引起当事人的蔑视，连在场的其他人也会瞧不起。

第三，仪表举止得体。脱俗的仪表、高雅的举止、和蔼可亲的表情是个人品格修养的重要部分。在一个新环境里，别人对你还不完全了解，过分随意有可能引起误解，产生不良的第一印象。当然，仪表得体并不是非要用名牌服饰包装自己，更不是过分修饰，因为这样反而会给人一种轻浮浅薄的印象。

第四，言行举止讲究文明礼貌。语言表达要简明扼要，不乱用词语，别人讲话时，要专心地听，态度谦虚，不随便打断。在听的过程中，要善于通过身体语言和话语给对方必要的反馈。不追问自己不必知道或别人不想回答的事情，以免给人留下恶劣印象。

第五，讲信用、守时间。现代社会中，人们对时间愈来愈重视，往往把不守时与不守信用联系在一起。若你第一次与人见面就迟到，也许会造成难以弥补的过失。

二、共同点

1.什么是共同点

人与人之间建立信任关系是因为有许多共同点。共同点，也叫共性，是指客户对营销人员与其相似点的接受。大量的事实表明，人们和与其相似的人能相处愉快，例如，有相同的背景、共同爱好、同等社会地位或者有着相似或相同的经历。一般来说，我们可以通过一些问题找到共性。例如，"你曾参加过……吗""我从公示板上看到你是……的会员""你碰巧认识……吗""你也用这个牌子的……啊！我也很喜欢它，你感觉它……""这是你到……的照片吧""你是什么时候去的？那的……很棒吧"。在营销过程中，我们也可以创造共性。例如，邀请客户到你的办公室、邀请客户共进晚餐、尝试一下客户的产品或者服务、邀请客户一同参加电影的试映等。可见，信任关系建立之初可以寻找共同点话题，包括客观环境话题（如天气状况、周边环境、交通状况等）、社会角色话题（如兴趣爱好、子女教育）。需要注意：交浅莫言深。

2.怎样建立共同点

怎么发现自己与对方的共同点呢？建立同理心也许是个比较有效的方法。同理心是个心理学概念。它的基本含义是，你要想真正了解别人，就要学会站在别人的角度看问题，也就是人们在日常生活中经常提到的设身处地、将心比心的做法。在与客户沟通中，同理心尤其重要。下面我们看一个关于同理心的例子。

在纽约市，有一位叫本·大菲的老人，他是BBD&O广告代理公司的主席。他获得了一个关于美国烟草公司客户的秘密情报，就是回扣也价值百万美元。于是他就与美国烟草公司的董事长联系并相约第二天见面。然后，他坐下来问自己："如果我是美国烟草公司的董事长，我会向新的代理商问什么问题呢？"他想到了很多问题，最后他把这些问题逐渐压缩成10个最重要的问题。

第二天下午，他见到了美国烟草公司的董事长，谈话进行得很友善，但没有进入实质性的讨论。这时，本·大菲告诉董事长说他把他认为董事长想了解的10个问题列了出来。出人意料的是，美国烟草公司的董事长也在前一天做了同样的事，于是提议两人互换问题，看看对方都写了什么。他们交换了手上的列表，慢慢地，他们俩都开始笑起来。原来，这10个问题中有7个是一模一样的。美国烟草公司的董事长说："我想我们有了讨论的基础，相信我们的讨论会很愉快并对双方都很有利。"不用多说，BBD&O公司获得了那个客户。

本·大菲之所以成功，主要是因为他做了两件事：

第一步，他把自己想象成那位董事长，去体恤和思考他的担忧、关注以及疑问，并且把这些都按顺序写在纸上。在和美国烟草公司的董事长的交谈中，他表现出了他的同理心，不仅在口头上分享了他如何想出那10个问题的过程，还把他的列表展示给对方看。

第二步，"恰当"的表现，恰当会对可信度作出重要的贡献。具有什么样的表现是可以成交的人，每个客户心中都有一个或清晰或模糊的样子。如果我们按照客户所期望的那样去做，使我们的行为习惯与他们的一致——穿"恰当"的衣服，使用"恰当"的语言，表现"正确"的价值观，就会对我们要建立的"我们就是客户所需要的人"的这种形象有帮助，从而提高客户对我们的信任度。这也是我们上面提到的"第一印象"。

三、专业能力

专业能力是获得长期信任的资本，它包括具有各项专业知识、专业销售技能、熟知消费心理，有良好沟通能力等。

虽然我们站在客户的角度为客户着想了，找到了与客户的共同点并与客户相处得非常愉快，我们已经表现得像一个专业销售人员了，但这时候客户可能还未给予我们完全的信任。这是为什么呢？客户还没有把握确定我们是否有能力解决他们的问题。到了我们展现能力的时候了。首先，我们可以向客户简单描述我们解决问题的能力。我们的描述中必须包含这样的主题：我们的公司、产品、服务和我们自己。例如，我们帮助人们积累财富和减少税负、我们擅长帮助人获取财务上的自由、我们的公司在业内声望很高、我们的产品在业界处于领先地位……

其次，我们要尽可能深入观察了解客户的需求，用客户可以听懂的话去剖析他们的状况及面对的问题，让客户清楚地了解到我们知道如何去解决他们的问题。

最后是邀请客户做进一步讨论的能力。这是最后的问题，是能力展现的象征性阶段，也是和客户建立信任关系的重要阶段。如果客户同意进一步谈论问题，并对我们说出他的看法，我们就可以进行下一阶段的工作了。

思政之窗

内诚于心，外信于人

人无信不立，国无信不兴。古往今来，诚信的力量从来都不容忽视。商鞅徙木立信的故事广为流传，季布一诺千金的佳话不绝于史，周幽王为博美人一笑"烽火戏诸侯"失信于天下，"狼来了"的游戏也必将付出惨痛代价。诚信是中华民族的传统美德，是社会主义核心价值观的重要内容。为何将"诚"与"信"联系在一起？"诚信"一词最早何时出现？

最早将"诚"与"信"二者连起来使用的，是春秋时期法家的管仲，《管子·枢言》中说："先王贵诚信。诚信者，天下之结也。"管仲突出了诚信的重要性，明确将其看作是天下伦理秩序的基础。儒家更是十分重视诚信的作用。孔子强调"民无信不立"，指出诚信是治理国家的重要思想，是国与国之间交往所应遵守的道义标准，更是人们交往应遵守的基本道德规范，要做到"言而有信"。孟子在孔子诚信思想的基础上进一步发展，将"朋友有信"与"君臣有义""长幼有序""夫妇有别""父子有亲"相结合，统称为"五伦"。汉代董仲舒将"信"与仁、义、礼、智并列为"五常"，将其视为最基本的社会行为规范。

诚信是必不可少的人生素养和行为操守，是最基础的价值观和最基本的行为准则。北宋大儒司马光一生"以至诚为主，以不欺为本"，无论是为官、治学还是处世，始终秉持诚信之道，这得益于良好家风的熏陶。宋人邵博所作《邵氏闻见后录》中记载了这样一则故事：司马光五六岁时，想吃青核桃却不会剥，司马光的姐姐想帮他把皮剥掉，却也没能成功，姐姐有些气馁，就先离开了。此时恰巧路过一位婢女，她用热水将核桃烫了一下，轻轻一剥皮就下来了。姐姐回来，问是谁剥掉了核桃皮，司马光回答说："是我自己剥掉的"。此言刚好被司马光父亲听到，他立即严厉训斥道："小孩子怎能说谎骗人呢？"此事让司马光刻骨铭心，相传，年长之后，他还把这件事写到纸上，时时告诫自己不能说谎。正所谓"爱子，教之以义方"，司马光终生践行"诚信"二字，正是因为在小时候，父亲便将诚信这颗种子深埋在他的心中。

对个人而言，诚信是立身之本，是做人做事必须坚守的道德底线；对企业而言，诚信是无形资产，靠信誉打造品牌才能赢得百姓信赖；对社会而言，诚信是公序良俗，是社会和谐和睦的基本前提；对国家而言，诚信是软实力，是国家发展、国际交往不可或缺的重要基石。

资料来源　吴宇轩. 诚信：内诚于心，外信于人 [EB/OL].［2024-01-02］. https://www.ccdi.gov.cn/zlhj/202004/t20200409_215074.html.

四、安全感

人们之所以信任对方，是因为其给予的安全感。营销人员和企业良好的形象、专业能力与共同点都会给对方以安全感。

以销售为例，我们经常能够看到这样的情形：顾客刚迈进店门，营业员就大喊"欢迎光临"，并且尾随其后，不厌其烦地热情导购，顾客正兴致勃勃地欣赏琳琅满目的商品或刚刚临近柜台还没有看清商品时，营业员就凑上来一声连一声地追问"买什么"或忙不迭地把商品递到顾客面前，而顾客只留下一句"随便看看"便匆匆离去。为什么热情的服务反而赶走顾客了呢？过分热情会给顾客的心理带来哪些干扰呢？

顾客总是想在安全的购物空间去选择商品。虽然商品经营者大都明白营销的基本点是以顾客为主导，营业员受顾客支配，但其销售行为却一次次在无意识中触犯了销售所体现的人际关系中的安全准则。营业员往往不自觉地用行动强调自己作为"主人身份"的存在，而顾客在潜意识中总感觉到自己作为"入侵者"而不安或胆怯，于是顾客一边被那些热情的营业员紧逼追赶着，一边匆匆浏览，甚至不安地逃出店门。

可见，顾客在售卖现场需要安全感。因而高素质的营业员应懂得售卖过程中所体现的人际关系安全准则，给顾客一种安全又受关怀的感觉，促使顾客购买。

技能拓展

拓展内容：营销人员如何能够获得营销对象的信任？

信任不仅仅是让顾客相信你是诚实的，尽管这相当重要，更重要的是让他们相信与你交往并不是在浪费时间和金钱。在以客户为中心的销售过程中，信任至关重要。

信任是每个良好销售的基础，企业的销售人员在进行销售时，顾客会非常重视你的产品知识、服务标准、销售能力以及做交易的方法等。为了建立信任，销售人员必须诚恳，并且时刻考虑到客户的利益，对客户提出的问题要及时答复，并最后总结出你的看法和意见。

营销人员建立信任的具体方法如下：

1.拜访前的准备

拜访前的准备是建立信任的最有效手段之一，不过很多销售人员对此重视程度不够。拜访客户不是走亲戚串门，无论你和客户的关系有多好，一次正式的拜访都不能视同于漫无目的的聊天。拜访前，除了我们上面谈到的行动承诺必须设计好以外，以下几个方面也要提前了解或准备：

（1）客户基本情况。如果你第一次见客户，还可以简单询问一下他的背景，如果你第二次去还问这些，他就觉得你对他不尊重了。能提前找到的信息，不要没完没了地去问客户，他没义务回答对他没有好处的问题。你至少要了解：客户的主要业务范围、产品和市场情况，他的客户和他的主要对手使用你的或者你对手的产品的情况（这一点客户大多会关心），以及客户内部的采购习惯和流程等。如果是复杂产品，最需要提前了解的就是客户的行业状况。

获得这些信息的途径有很多，除了网站外，另一个比较好的方法就是找到和客户做过生意的人了解相关情况，这往往会有意想不到的收获。

销售永远不要忘记一件事情：客户见你，是需要时间成本的。所以，你要为这种成本付出一点代价，让客户在和你的会面中有所收获，而最好的补偿方式就是做好专业知识准备。

这里的专业知识是指了解客户的业务问题、解决客户问题的能力。如果你不够专业怎么办？有两个办法：一是提前几天做足功课，准备好相关专业知识；二是带个专业的人去。

专业知识是建立信任的有效手段，学习起来也没有想象中那么难。但是很奇怪，很多营销人员做了一辈子销售，依然不了解这些知识。他们宁肯十几年如一日地让客户瞧不起，也不愿花几天做些准备，这确实让人匪夷所思。

（2）有效的商业理由。这是很多营销人员容易忽略的一点。他们与客户预约会面的时候，经常会提一些自以为是的理由，比如：想去看看你、请你了解一下我们产品、给你送份资料等，不一而足。可是如果我们站在客户的角度想呢？他们接到你的预约电话，第一个想法肯定是：这个人来干什么？如果你回答不了这个问题，他最可能的做法就是找个理由拒绝你。

商业理由不是聊天的理由，它是和业务相关的，它告诉客户两件事：一是去干什么，二是这事对他有什么好处。

一个有效的商业理由可谓好处多多。首先，让你明白自己到底是去干什么，大部分人的拜访其实都不知道自己去干什么，这严重影响了工作效率。其次，让客户做一次确认，我们即将要做的事是不是他关心的问题，也是给自己的销售目标做一次校验。

另外，有效的商业理由还可以让客户觉得你很专业，让客户觉得受尊重，让客户提前做好准备，甚至让客户产生期待。

但即使有这么多好处，依然有很多人不去做。最经常听到的理由有以下三个：

首先，这次拜访纯粹是礼节性的。如果真是礼节性的拜访，和营销又有什么关系呢？那是你自己的私事。既然和营销有关，又不谈正事，客户会怎么想？他毕竟付出时间了。

其次，那样做，客户会觉得你不是为了生意去找他。别自欺欺人了，你不说客户也知道你是干什么的。

最后，太正式的理由客户会很不舒服。这纯粹是营销人员自己的感觉，客户只有在他不知道你来干什么的时候才会不舒服，因为他觉得你是在浪费时间。

由此可见，有效的商业理由是一定要说的，不用担心什么，大声说出来吧。

（3）必须准备问题。无论你做了多少年销售，都别指望到客户那里临时想问题，你必须提前做好准备。这里的准备分为两部分：一是提出什么问题，二是怎样提问。

（4）提问的方向。提问的方向一般不外乎以下几点：客户业务目标与需求；采购决策流程和进展；项目预算；客户情况变动；采购角色；竞争对手；客户方意见和评价等。

做好这四项准备工作，再加上行动承诺，基本就算齐了。有效的准备是建立信任的第一步，接下来让我们敲响客户的大门吧！

2.拜访中积累信任

建立信任并不是哪一次拜访要做的事情，而是每次拜访都要做的事情。这是个持续积累的过程，而且这个过程积累起来很费力，时刻都要保持警惕。

3.要有亲和力

亲和力，就是客户一见面就喜欢你的能力，它是建立信任的基础，不喜欢你很难信任你。

如果你是第一次见客户，刚开始见面的时候肯定会面临这样一个问题：是先和客户闲聊呢，还是直接谈正事？大部分人对这个问题的回答都是根据自己的喜好，而不是客户的好恶。不同社交风格的客户对这个问题的理解是不同的，对此问题的把握，会直接影响到客户对你的第一印象。这个问题有个简单的解决方法。你和客户一见面，必然会有一个握手的动作，握手期间还要有问候、自我介绍等。自我介绍过后，你不要急着说话，等几秒钟。短暂的停顿或沉默能让客户先说话。此时，从顾客口中说出的话，可供你判断什么样的方式才适当。

如果客户热情地嘘寒问暖或者沏茶倒水，你就先闲聊一会儿；如果客户默不作声或者直奔主题，你也就别绕弯子了。

4.学会倾听和提问

客户认为你能够解决问题的前提，是你了解他的问题；客户认为你了解他问题的前提，是他说明白了问题；客户觉得他说明白了问题的前提，是你认真倾听和有针对性地提问了。因此，哪怕你非常清楚客户的问题，也要假装认真听，因为倾听能建立起你和客户之间的信任。

反过来说，如果你没有倾听，见到客户直接开讲，那客户的第一反应就是：这人是来骗我钱的，他只关心怎样把东西卖给我，而不关心如何解决我的问题，所以他是个骗子。有时信任就是这么简单。

5.学会精确地提问

专业性是建立信任的重要手段，可是你也不能一见面就对客户说我很专业啊！这里也有一个招数：问精确的问题。

举个例子，如果正在向客户调研采购和仓储的问题，有下面两种提问方式：

第一种：预算为什么不能有效执行呢？

第二种：从我的经验来看，预算不能有效执行往往有很多原因，比如制定预算的时候没有充分地酝酿，执行层面缺乏绩效考核机制，不过最常见的就是执行中缺乏过程监督和落实工具。当然这是我的理解，你觉得是什么原因造成的？

同样是提问，你觉得哪一种更专业？当然，如果想问出这种问题，你得真懂专业，装是装不出来的。

6.学会讲故事

你可以说你经历过多少客户、实施过多少项目、解决过多少问题，但是这样直接的自我表扬未免过于露骨。有一个含而不露的方法很容易让客户信任你，那就是讲第三方故事。

所谓第三方故事，就是指另外一家客户成功或失败的故事。作为营销人员，你可以多搜集一下这方面的资料，不管谁做的，你都可以借为己用。

要想讲好这样的故事不是一件容易的事情，有以下几个要素必须具备：第三方客户单位名称，你接触的人员的姓名、职务和背景；具体人的具体问题，这些问题最好是你现在的客户也有可能遇到的；你怎么解决这些问题的；解决之后带来了什么利益；你的第三方客户是如何看待这件事情的，他们的个人感受是什么样的。

具备了这些细节，一个完整的故事就有了可信度。客户也可以从这些故事中了解你的专业性，从而建立信任。

以上介绍了很多关于建立信任的技巧，其核心内容是：你脑子里要始终想着你的客户到底希望从本次采购中获得什么。明白了这一点，信任的建立就会变得轻而易举，因为你和他已经站在了同一条战线上。

小资料

运用交谈礼仪给人留下良好的印象

我国礼仪专家金正昆教授讲过，商务场合的交谈礼仪很重要，应掌握要点，给对方留下良好的印象。

1. 社交场合的忌选话题

在商务交往中，忌选的话题有六，统称"六不谈"。

（1）不得非议党和政府

不能非议国家、党和政府，在思想上、行动上应与党和政府保持一致。爱国守法是每个公民、每个企业界人士的基本职业规范，也是道德素养问题，这个问题没有任何讨价还价的余地。

（2）不可涉及国家秘密与商业秘密

我国有国家安全法、保密法，涉及泄密的内容是不能谈论的。因此，在商务谈话中不能涉及国家秘密与商业秘密。

（3）不得非议交往对象的内部事务

与外人打交道时应该牢记客不责主的观念，即不能随便挑剔别人，如果不是大是大非的问题，不能当面使对方出丑、尴尬、露怯、难以下台。

（4）不得背后议论领导、同事与同行

我们主张批评和自我批评，但是家丑不可外扬。在外人面前议论自己的领导、同行、同事的不是，会让别人对你的人格、信誉产生怀疑。

（5）不得涉及格调不高之事

格调不高的话题包括家长里短、小道消息、男女关系、黄色段子等。如果这些格调不高的话题从我方嘴里说出来，就会贻笑大方，会使对方觉得我方素质不高，有失教养。

（6）不得涉及个人隐私之事

关心别人值得提倡，但是关心应有度。在市场经济条件下，应做到关心有度，尊重隐私，隐私问题不能随便议论。与外人交谈时，尤其是与外国人交谈时，应回避个人隐私。

2. 交谈三忌

（1）恶语伤人

与对方交谈的过程中，有时难免会产生分歧，但是无论双方分歧有多大，都要记住尊重对方，对其表示重视和友善，切勿恶语伤人。

（2）三心二意

与人谈话时，眼睛四处观望，说明你三心二意、对对方不重视，是一种极不礼貌的行为。谈话时要注意在方式、方法、表情、语言、内容等方面与交谈对象进行必要的互动。如果对方与你面谈时，你面含微笑、点头致意，表示若有所思，对方感觉一定很好。

（3）大声喧哗

说话的时候要养成细语慢声的习惯，即声音低、语速慢，不要大声喧哗。说话声音低一点，说话速度慢一点，以便对方能够理解和听懂。声音低一点、语速慢一点是交谈时尊重对方的基本要求。

做一做

第一印象测试见表5-5。

表5-5

第一印象测试

1.第一次交谈，你们分别占用的时间是多少？ A.我多于他　B.差不多　　C.他多我少 2.你讲话的速度怎么样？ A.语速快　　B.十分缓慢　C.速度适中 3.你和他人告别时，下次会面的时间、地点是如何确定的？ A.谁也没有提这事　　B.对方提出的 C.我建议的 4.你是否在寒暄之后，很快就能找到双方共同感兴趣的话题？ A.我觉得这很难　　B.必须经过较长一段时间才能找到　　C.是的，对此我很敏锐 5.你与人谈话时的坐姿通常是怎样的？ A.两腿叉开　　B.跷起"二郎腿" C.两膝靠拢 6.当你第一次见到某个人，你的表情是怎样的？ A.大大咧咧，漫不经心 B.紧张局促，羞怯不安 C.热情诚恳，自然大方	7.假如别人谈到了你兴趣索然的话题，你将会怎样？ A.打断别人，另起一题　　B.显得沉闷，忍耐 C.仍然认真听，从中寻找乐趣 8.初次会面，经过一番交谈，你能对他的举止谈吐、知识能力等方面作出积极、准确的评价吗？ A.不能　　　　　　　　B.很难说 C.我想可以 9.会面时，你说话的音量总体如何？ A.声音高亢热情　　　　B.很低，别人听起来较困难 C.柔和而低沉 10.你说话的姿态是否丰富？ A.我常用姿势补充言语表达 B.偶尔做些手势 C.从不指手画脚 11.你同他说话时，眼睛望向何处？ A.看着其他的东西或人　　B.盯着自己的纽扣，不停地玩弄　　C.看着对方的眼睛 12.你选择的交谈话题是什么？ A.自己所热衷的　　　　B.两人都喜欢的 C.对方所感兴趣的

提示：

评分标准和分数：A为0分，B为1分，C为2分，累计为总分。

分数为0~8：第一印象差。也许你感到吃惊，因为很可能你只能依着自己的习惯行事而已。你本心是很愿意给别人一个良好印象的，可是你的不经心或缺乏体贴、言语无趣，无形中让别人产生了关于你的错误的勾勒。必须记住交往是种艺术，而艺术是不能"不修边幅"的。

分数为8~16：第一印象一般。你的表现中存在着某些令人愉快的成分，但同时又偶有不够精彩之处，这使得别人不会对你印象恶劣，却也不会产生很强的吸引力。如果你希望提高自己的魅力，首先必须在心理上重视，努力在"交锋"的第一回合显示出最佳形象。

分数为16~24：第一印象好。你的适度、温和、合作给第一次见到你的人留下了深刻的印象。无论对方是你在工作范围还是私人生活中的接触者，无疑他们都有与你进一步接触的愿望。你的问题只在于注意那些单向的对你"一见钟情"者。

任务训练

一、选择题

1.下列说法中对信任的理解，你认为正确的一项是（　　　）。

（1）信任是对一个人品质和能力的肯定

（2）信任能使我们获得人生的依靠和发展的动力

（3）信任使社会得以顺畅地运转

（4）信任也是人与人之间的一种交易，一种互利行为

A.（1）（2）（3）　　　　　　　　　　B.（1）（2）（4）

C.（2）（3）（4）　　　　　　　　　　D.（1）（3）（4）

2."信者行之基，行者人之本，人非行无以成，行非信无以立。"这句话告诉我们（　　　）。

A.信任是行动的基础，我们要充分信任任何人，不能持怀疑态度

B.信任是人们感情的重要纽带，可以使交往更为顺畅

C.信任能增进人们的情感，但同时也会增加彼此的猜忌

D.一个人要想成就事业，只要有行动就足够了，不需要其他任何东西

二、实训题

游戏：疾风劲草。

目的：建立团队中的信任。

形式：8人一组为最佳。

时间：15~20分钟。

适用对象：全班同学。

操作程序：

（1）老师让每组成员围成一个同心圆，而老师自己站在中央来示范。

（2）老师双手交叉在胸前，进行以下的沟通对话：

老师："我叫……（自己的名字），我准备好了，你们准备好了没有？"

小组成员回答："准备好了！"

老师："我倒了？"

全组成员回答："倒吧！"

（3）老师整个身体完全倒在小组成员的手中，小组成员把老师顺时针推动两圈。

（4）在老师做完示范之后，小组的每位成员都要来试一试。

请问：（1）该游戏最难的地方是哪里？

（2）在活动过程中，你感觉团队的合作精神怎么样？是否有信任感？

微课

学习迁移训练

情景导入

某中职学校毕业生尹明去应聘一家大型食品公司的营销人员，在面试过程中，有一道题难住了他。题目如下：最近一个星期以来，有消费者反映公司的产品有质量问题，但反映的途径多是网上传播。公司最新研发出一种食品，是专为0~3岁婴儿研发的，产品符合国务院卫生行政部门制定的营养卫生标准，这种食品马上就要投放市场了。作为营销部门的一分子，你会怎样进行营销策划？

想一想：

作为一名营销人员，你认为尹明所要制订的营销方案的突破点在哪里？

知识准备

【读一读】

人类的进步与发展通常是建立在已有的知识、经验之上的。利用已有的知识、经验获得新知识、新技能，以及运用新知识、新技能来扩充和丰富已有的知识、经验，并"举一反三"和"触类旁通"，均属于广义的迁移学习。

2024年3月5日，习近平总书记在参加十四届全国人大二次会议江苏代表团审议时强调：发展新质生产力不是忽视、放弃传统产业，要防止一哄而上、泡沫化，也不要搞一种模式。各地要坚持从实际出发，先立后破、因地制宜、分类指导，根据本地的资源禀赋、产业基础、科研条件等，有选择地推动新产业、新模式、新动能发展，用新技术改造提升传统产业，积极促进产业高端化、智能化、绿色化。

这是党在高质量发展的实践中，善于迁移学习，触类旁通，与时俱进的最好体现。

一、迁移

心理学上有一个术语：迁移。迁移是指已经获得的知识、技能，甚至方法和态度对学习新知识、新技能的影响。这种影响可能是积极的，也可能是消极的，前者叫正迁移或简称迁移，后者叫负迁移或简称干扰。正迁移就是指一种学习中学得的经验对另一种学习起促进作用，而负迁移则指一种学习中学得的经验对另一种学习起阻碍作用。

比如一个会骑自行车的人，再学习骑摩托车会相对容易，这属于正迁移；而学会打羽毛球的人再学习打网球，会有一定阻碍作用，因为打羽毛球需要压腕，而打网球不能压腕，这就是负迁移。人们往往将态度上的迁移称为首因效应、近因效应、晕轮效应、刻板效应。在此我们着重分析一下近因效应、晕轮效应、刻板效应。

二、近因效应

所谓近因，是指个体最近获得的信息。所谓近因效应，与首因效应相反，是指在多种刺激一起出现的时候，印象的形成主要取决于后来出现的刺激。也就是说，在交往过程中，我们对他人最近、最新的认识占了主体地位，掩盖了以往形成的对他人的评价，因此，也称为"新颖效应"。多年不见的朋友，在自己的脑海中印象最深的，其实就是临别时的情景；一个朋友总是让你生气，可是谈起生气的原因，只能说上两三条，这也是一种近因效应的表现。在学习和人际交往中，这两种现象很常见。

受近因效应的影响，有的人往往改变原有看法，作出错误判断。如有的企业组织一直遵纪守法，产品质量很高，但最近被曝光，说其某种产品质量不合格，就会被认为一贯弄虚作假，欺骗消费者。用近期的一时一事来肯定或否定一个企业的全面工作，很容易决策片面、失误。

近因效应说明最近、最后的印象，往往是最强烈的，可以冲淡在此之前产生的各种因素的作用。

有这样一个例子：面试过程中，面试官告诉应聘者可以走了，可当应聘者要离开考场时，面试官又叫住他，对他说，你已回答了我们所提出的问题，评委觉得不怎么样，你对此怎么看？其实，面试官作出这样一种设置，是对应聘者的最后一考，想借此考察一下应聘者的心理素质和临场应变能力。如果这一道题回答得精彩，大可弥补此前面试中的缺憾；如果回答得不好，可能会由于这个最后的关键性试题而使应聘者前功尽弃。

又如，某人近期突然出现了异常言行，让别人印象非常深刻，以致推翻了根据过去此人一贯表现所形成的看法，从而导致一定的偏见。所以有时候一句话会伤了多年的和气。事实上，如果你能够把别人近期的异常表现视同以往的任何一件事，甚至是非常普通的一件事，你就不会因近因效应而影响你的判断。

同首因效应相反，近因效应使人们更看重新近信息，并以此为依据对问题作出判断，忽略了以往信息的参考价值，从而不能全面、客观、公正地看待问题。近因效应是存在的，首因效应也是存在的，那么，怎样去解释这种矛盾的现象呢？

大量的实验证实，首因效应和近因效应依附于人的主体价值选择和价值评价。在主体价值系统作用下形成的印象，被赋予了某种意义，故也称加重印象。一般而言，认知结构简单的人更容易出现近因效应，认知结构复杂的人更容易出现首因效应。

三、晕轮效应

晕轮是指太阳周围有时会出现的一种光圈，远远看上去，太阳好像扩大了许多。晕轮效应是一种普遍存在的心理现象，它是指一个人在对他人进行评价时，对他人的某种特征或品质有非常清晰鲜明的知觉，由于这一特征或品质从观察者的角度来看非常突出，从而掩盖了对这个人其他特征和品质的知觉。也就是说，这一突出的特征或品质起着一种类似晕轮的作用，使观察者看不到其他特征或品质，而仅凭借一点信息就对这个人的整体面貌作出判断。

小案例

有这样一个"智子疑邻"的故事：宋国有一个富庶人家，在某一天，天降大雨把墙都淋塌了，儿子提醒父亲要小心防盗，他的邻居也同样提醒了这件事。天有不测风云，第二天，富人突然发现自己一把劈柴的斧头不见了，翻箱倒柜找了大半天，最终也没有找到。富人的儿子怀疑是他的邻居偷走了斧头，富人就开始仔细观察他的邻居，发现邻居无论是走路还是做事都有些和平时不太一样，甚至感觉连他说话的语气都和先前有不少变化，肯定是他做贼心虚，于是他也认为自己的儿子说得对。

然而令他意外的是，在第三天，他无意中在木柴堆里找到了那把遗失的斧头，才发觉先前的猜测都错了。这时候，他感觉邻居走路、做事甚至说话都和先前没什么两样了。

　　消费者对产品的印象也受晕轮效应的影响。例如，截至2011年8月，《愤怒的小鸟》游戏的全球下载量已经飙升至3亿次，每日用户在线时长约为3亿分钟，每月活动用户达1.2亿。这样一连串的巨额数字强有力地证明了这款游戏的强大魅力。但真正吸引眼球的不是这款游戏席卷全球，而是它正在由一款游戏演变成一个完整的娱乐产业链——包括玩偶、文化用品、服饰、食品等。正如Rovio公司首席营销官彼得·维斯特巴卡所称："对我们来说，《愤怒的小鸟》的意义已经远不止是一款游戏。"迪士尼每年营业收入可以达数百亿美元，而Rovio正努力复制这种模式，将"愤怒的小鸟"塑造成一个响亮的娱乐品牌。

　　人们为什么对一个虚拟世界中的品牌形象如此"忠心耿耿"呢？马特·威尔森解释说，这是因为人们容易对熟悉的品牌产生晕轮效应。消费者接受独特的、与众不同的品牌形象后，也会认为这个品牌形象的服务也是特别的、无可替代的，这不仅为品牌筑起了防卫竞争者的感性屏障，也为其向周边领域拓展提供了支持。在Rovio的构想中，《愤怒的小鸟》不仅是一个游戏品牌，还是一个全新的娱乐品牌。当你沉浸在一个售价99美分的游戏中时，你很可能会心甘情愿地为与之相关的毛绒公仔、小鸟T恤、小鸟蛋糕而买单。

　　为此，Rovio迅速推出了周边产品销售业务，从2010年的圣诞节至2011年3月，已售出200多万个毛绒玩具。另外，它还开发了T恤、手机套、箱包挂饰等衍生产品。Rovio还与玩具巨头美泰合作开发了一款桌游玩具。彼得·维斯特巴卡称，"我们的目标是自己设计产品，并保持控制"，让《愤怒的小鸟》成为像米老鼠、唐老鸭那样长久的品牌。

　　四、刻板效应

　　一提到商人，人们便会想到"唯利是图"；一提到老鼠，人们便会想到"人人喊打"。其实"商未必就奸"，老鼠也并非一定该打。这只不过是一种心理定式，也叫刻板效应。所谓刻板效应，指的是人们对某一类人或事物产生的比较固定、概括而笼统的看法，是人们在认识他人时经常出现的一种现象。

　　每个人都有"刻板效应"。它是指一个人在一定的时间内所形成的一种具有一定倾向性的心理趋势，即一个人在其已有经验的影响下，心理上通常会对某一特定活动处于一种准备的状态，从而使其在认识问题、解决问题时带有一定的倾向性与专注性。刻板效应能够使人们在从事某一项活动时相当熟练，从而节省很多时间和精力，但同时它也会束缚人们的思维，使得人们总是会用常规方法去看待问题和解决问题，而不去寻求其他的突破途径。因此，刻板效应有时也不利于问题的解决。

　　刻板效应不仅在思考和解决问题时会出现，也会在市场销售和人际交往中出现。

小案例

　　苏联心理学家曾做过这样一个关于刻板效应的实验：

　　心理学家把同一张照片出示给参与实验的两组大学生看。不过，心理学家事先告诉第一组学生，照片上的人是一个十恶不赦的罪犯；事先告诉第二组的学生，照片上的人是一位伟大的科学家。最后，心理学家让这两组学生分别用文字对照片上这个人的相貌进行描述。结果，第一组学生描述道：此人深陷的双眼表明其内心充满了仇恨，突出的下巴昭示着他沿着犯罪的道路越走越深的内心……第二组学生描述道：此人深陷的双眼表明其思想的深度，突出的下巴表明他在求知的道路上不畏艰难险阻的意志……同一个人，之所以会得到如此截然不同的评价，仅仅是因为评价者之前得到的关于此人身份的提示有区别，而这就是刻板效应对人们认识过程的巨大影响。

🎯 技能拓展

拓展内容：营销人员怎样利用近因效应产生良好的影响？

营销人员在进行营销活动时，一定要注意近因效应的影响。

首先，营销人员一定要注意在购买的最后阶段的接待，以免前功尽弃。无论是老顾客，还是新顾客，不管他这次是购买还是不购买，自己的服务、语言要一如既往地热情，始终保持微笑，以发挥近因效应的作用，使顾客经常来光顾。

其次，在面对顾客的不满、质疑以及纠纷时，也要妥善处理，不能情绪化，注意语言，尊重顾客，理解顾客。

最后，还要采取公信度高的方式，消除新近发生的对公司或产品的不良影响。只有这样，才能在顾客心目中树立良好的形象。

可能有人会想，当首因效应和近因效应相矛盾时，是首因效应唱主角，还是近因效应更胜一筹呢？心理学家对此进行了专门的研究。结果表明，当两种矛盾的信息连续出现时，首因效应突出，而当两种信息间断出现时，近因效应更为明显；在与陌生人交往时，首因效应影响较大，而在与熟悉人交往时，近因效应则有较大影响。近因效应有时会给人的交往带来负面影响，造成偏颇。我们在结交朋友时，应该明辨是非，尽量降低负面近因效应。

🎙 小案例

比尔刚走进公关经理室就对副经理戴伊颇有好感，他干脆利落的工作作风，风度翩翩的仪表，尤其是热情的态度，都给比尔留下了深刻的印象。比尔一进门，戴伊便喊道："嗨！小伙子，你好，请坐！"随后带着他熟悉了公司的各个部门，还重点介绍了部门的情况，比尔对此感激不尽，认为戴伊是个讲义气的朋友。而另一部门的工程师劳德鲁普脸色阴沉沉，手里正忙着设计，抬头瞥了一眼比尔，连声招呼也没打。比尔在心里给劳德鲁普下的定义是"呆板、不热情，肯定是个冷血动物"。此后，比尔遇到事，就以此为"尺度"进行衡量。

但是好景不长，戴伊利用比尔的信任和年轻，让他在众人面前跌了一个大跟头。比尔后悔莫及，暗自思忖为什么要为戴伊卖命。这时工程师劳德鲁普出现了，他揭穿了戴伊的诡计，为比尔挽回了损失和声誉，替比尔洗刷了不白之冤。

由以上案例可见，比尔对戴伊的好感便是首因效应。

在现实生活中，近因效应的心理现象相当普遍。孙伟与赵亮是小学同学，从那时起，两个人就是好朋友，彼此之间非常了解。可是近一段时间赵亮家中闹矛盾，赵亮心情十分不好，有时和孙伟说话动不动就发火，而且都是因为一些鸡毛蒜皮的小事。后来，一次偶然间，赵亮卷入了一起盗窃案。孙伟认为赵亮过去一直在欺骗自己，于是与他断绝了交往。其实这就是近因效应在起负面作用。

营销时代的市场竞争正越来越体现为品牌的竞争。消费者心目中的品牌形象塑造，"如同鸟儿筑巢一样，用随手摘取的稻草杂物建造而成"。对一个事物而言，起关键作用的往往是新近发生或最后发生的事情。

对于企业来说，企业的良好形象对产品营销的作用不言而喻，而人们对企业形成的印象正如人们对他人形成的印象一样，近因效应起着重要的作用。

小案例

美国"阿罗兹"饼干是个著名品牌，主要销售地在大洋洲。经过几年的市场开拓，"阿罗兹"饼干的销量扶摇直上。

圣诞节后的一天，阿罗兹食品公司突然接到一个可怕的匿名电话，说他在大洋洲某一地区待售的饼干中投了毒。"阿罗兹"饼干在大洋洲有上千个品种，当月批发量已达 4 000 万澳元，如果仅查封这个地区的饼干显然不能消除消费者的疑虑。

董事会很快作出一个惊人的决定：封存大洋洲所有的"阿罗兹"饼干。短短的十几个小时内，全大洋洲所有商店柜台上的"阿罗兹"饼干被全部撤下。阿罗兹食品公司在媒体上刊登了致歉广告：由于种种原因，目前各大商场已买不到"阿罗兹"饼干，给消费者带来不便，敬请大家谅解。

此举让阿罗兹食品公司遭受了巨大损失。消费者不明究竟，纷纷打探，但消息被公司暂时封锁了。8天后，"阿罗兹"饼干新包装上市，这种包装采用了防伪技术，打开后就无法复原。新包装上市后不久，销售量继续保持稳定。

正当阿罗兹食品公司在巨大的打击中慢慢复苏时，警察局查出了那个打匿名电话的人——一位病人。他也喜欢吃"阿罗兹"饼干，谁知爱极生恨，把一家跨国大公司狠狠"冤"了一把！

经过这一次折腾，谁能料想原先一直抵制"阿罗兹"饼干进口的日本、韩国等国家闻讯后纷纷开始进口"阿罗兹"饼干。公司当年不仅挽回了在大洋洲的全部损失，而且大赚了一笔，还开辟了新的市场！

日本、韩国等国家之所以能够改变之前对"阿罗兹"饼干抵制的态度，而放心地进口该品牌饼干，就是因为公司管理者在这次事件中所采取的对消费者负责的态度在他们心中留下了良好的印象。

资料来源 魏华. 世界上最精明的成功谋略 [M]. 北京：现代出版社，2007.

无独有偶，我国的海尔集团也是一点一滴地在消费者心目中树立了自己良好的企业形象。海尔立足于"品牌企业"，在打造自己品牌的过程中，依靠确保产品质量，发展规模经济，增强企业实力，加强管理，培养优秀人才，注重形象宣传，提高商业信誉，坚持开发创新，增强品牌活力，做好服务，赢得消费者信赖等措施，以质量保证品牌，以服务保证品牌，做到质量、服务与品牌互动。最终，海尔奠定了白色家电龙头老大的位置。这一切，都与海尔良好的企业形象有着密不可分的关系。

近因效应似乎总是在人飘飘然、无限风光、放眼远望时，骤降倾盆大雨。的确，近因效应总是发生在彼此熟悉之后。这也是它的悲剧色彩更加浓厚的原因。

议一议

作为营销人员，你怎样解释某些公司（譬如三鹿集团股份有限公司）的破产事件？

小案例

1982年，美国强生公司生产的"泰利诺"止痛药一经推出便替代了阿司匹林，成为止痛药市场的后起之秀，在止痛药市场占据了35.5%的市场销售份额。而就在1982年9月底，美国芝加哥地区连续发生了7人服用强生公司生产的"泰利诺"止痛胶囊而中毒的事件。经过检验，"泰利诺"中含有剧毒的氰化物。这则报道一经发出，强生公司的形象便一落千丈，人们谈"泰利诺"而色变。虽然"泰利诺"品牌的形象在消费者心目中非常好，但如果近期品牌形象或者产品质量出现问题，就会使原来的辉煌付之一炬，良好的形象瞬间发生逆转。

资料来源　海波. 你其实不懂消费心理学 ［M］. 海口：南方出版社，2012.

但事物都是有两面性的，近因效应也不例外。它能使一座大厦轰然崩塌，也具有重整河山的作用。利用近因效应也可以将新出现的有积极意义的事物影响扩大，让不良刺激发生逆转。例如近年来汽车质量的下降，导致消费者对一些汽车品牌的信任度急剧下降，但这些汽车公司及时采取措施，将汽车召回、公开道歉，使消费者对其的信任又重新建立起来。这就是利用近因效应对良好刺激的传播作用。

日本著名心理学家、政治家田中角荣非常善于处理复杂事务，尤其是处理各种团体的请愿。对已经接受了其请愿的团体，他从不送客，而对没有被接受请愿的团体，他则亲自把他们送到门口，并一一道别。虽然没有接受自己的请愿，但获得如此的礼遇，请愿团还是十分高兴的。田中角荣就是这样运用近因效应使请愿团对政府、对自己的形象保持良好的印象。

议一议

（1）如果企业的一种产品有负面报道，为什么该企业其他产品的形象也会受影响？
（2）明星若有负面报道出现，他们的经纪公司通常会进行"危机公关"，为什么？

任务训练

一、选择题

首因效应属于（　　）。

A.近因效应　　　　B.第一印象　　　　C.定式效应　　　　D.晕轮效应

二、实训题

下面罗列了一些典故或现象，请你分析一下它们分别是什么效应。

1.《三国演义》中曾与诸葛亮齐名的庞统去拜见孙权，"权见其人浓眉掀鼻，黑面短髯、形容古怪，心中不喜"；庞统又见刘备，"玄德见统貌陋，心中不悦"。

2.多年不见的朋友，在自己的脑海中印象最深的，其实就是临别时的情景；一个朋友总是让你生气，可是谈起生气的原因，只能说上两三条。

3.俄国著名的大文豪普希金狂热地爱上了被称为"莫斯科第一美人"的娜坦丽，并且和她结了婚。娜坦丽容貌惊人，但与普希金志不同、道不合。当普希金每次把写好的诗读给她听时，她总是捂着耳朵说："不要听！不要听！"相反，她总是要普希金陪她游乐，出席一些奢华的晚会、舞会，普希金为此丢下创作，弄得债台高筑，最后还为她决斗而死，一颗文坛巨星过早地陨落。

4.有的领导者认为爱挑毛病的人一定是"刺儿头"，沉默寡言的人一定城府很深；活泼好动的人一定办事毛糙，性格内向的人一定老实听话；青年人单纯幼稚、容易冲动，老年人经验丰富、保守、稳重。

5.一个新闻系的毕业生正急于寻找工作。一天，他到某报社对总编辑说："你们需要一个编辑吗？""不需要！""那么记者呢？""不需要！""那么排字工人、校对呢？""不，我们现在什么空缺也没有了。""那么，你们一定需要这个东西。"说着，他从公文包中拿出一块精致的小牌子，上面写着"额满，暂不雇用"。总编辑看了看牌子，微笑着点了点头，说："如果你愿意，可以到我们广告部工作。"

任务五　环境适应训练

微课

环境适应训练

任务描述

赵武是沈阳某机床公司的业务员，刚参加工作不到两年。由于工作需要，他被派到江苏省负责产品推广和销售工作。他经常出差到江苏省内的各个城市开展业务，然而不仅业务推广遇到阻力，就连日常生活都令他叫苦不迭。

听不懂当地的方言，交流中沟通不畅，吃不惯当地偏甜、偏淡的菜品，还有炎热的天气让他夜不能眠，这些都令这个北方的小伙子无法承受。前两周，他不仅业务上毫无进展，而且吃不饱、睡不好，心急如焚，整整瘦了一大圈。后来不得不暂时中止工作，回到了家乡。

回来后，领导找他谈话，告诉他，若想成为一名优秀的业务员，必须提高多种能力和素养，良好的环境适应能力是必须具备的。经过思想斗争，赵武下决心一定要做好这份工作。他认真地研究了江浙一带的风土人情和生活习惯，学习了方言，分析了自己的差距。当再一次踏上南去的列车时，他已经信心满满。他试着说淮扬话，吃淮扬菜，交那里的朋友，适应那里的风土人情……一年的工作中，他不仅能说一口地道的淮扬话，而且完全习惯和适应了那里的生活，工作业绩突飞猛进。

后来公司调整区域重点，又派赵武去了西南、西北一带，无论走到哪里，环境问题对他来说已经不是工作上的障碍了。

想一想：

习近平总书记在对青年人的寄语中指出："奋斗的道路不会一帆风顺，往往荆棘丛生、充满坎坷。强者，总是从挫折中不断奋起、永不气馁。"请结合这句话谈谈：赵武由失败到成功的经历告诉我们一个什么道理？你的环境适应能力怎么样？你有改变这个能力的计划吗？

知识准备

【读一读】

当今世界正经历百年未有之大变局，我们该如何应对这种变迁？习近平总书记指出："青年要保持初生牛犊不怕虎、越是艰险越向前的刚健勇毅，勇立时代潮头，争做时代先锋。一切视探索尝试为畏途、一切把负重前行当吃亏、一切'躲进小楼成一统'逃避责任的思想和行为，都是要不得的，都是成不了事的，也是难以真正获得人生快乐的。"所以，青年人要在变迁面前，勇敢地面对困难，适应环境的变化。

一、适应能力对营销人员的必要性

良好的适应能力即对环境变化作出正确的反应，对挫折、失败以不屈不挠的积极心态应对的能力。

心理适应在心理学上通常是指当外部环境发生变化时，人们通过自我调节系统作出能动反应，使自己的心理活动和行为方式更加符合环境变化和自身发展的要求，使主体与环境达到新的平衡的过程。这说明，适应现象是伴随着环境的变化而出现的，由于人们生活的环境（包括自然环境、心理环境和社会环境）经常处在不断变化之中，因此，每个人在学习、工作和生活中都会不断产生适应新环境的需要。从这个意义上来说，适应是人的一种基本需要，是人一生中随时都要面临的任务，也是营销人员应当具备的一种基本素质。面对未来复杂多变、竞争激烈的社会环境，只有具备较强适应能力的人才能获得更充分的生存与发展的条件，才能成为社会所需要的合格人才。对营销人员来说，唯一不变的就是"变化"。能适应环境的变化，在变化的环境中不断调整自身状态、推销方向、推销技巧、生活习惯，是生存和发展的根本。

营销人员的适应能力，从企业的内部环境来说，要能够适应企业，包括企业文化、运营理念、营销方针、人文环境等；从企业的外部环境来讲，营销人员还应能适应市场的需要、适应经销商的发展需求、适应当地的风土人情等。营销人员只有适应了营销职业，适应了营销生活，适应了企业的内外部环境，才能更好地给自己准确定位，找到适合自己发展的方向，取得职业生涯的成功。

二、积极地适应环境

在现实生活中，人们对环境的适应，从适应的方向上看大体有以下两种：

一种是消极的适应。这种适应是营销人员与环境的消极互动过程。在这一过程中，个体认同、顺应了环境中的消极因素，压抑了自身的积极因素，即自身的潜能，违背了人的心理发展方向。其结果是环境改造了人，而人未发挥自己对环境的能动作用。例如，营销人员在遭受挫折的情况下，采取了消极、悲观的态度等。这些人都是以压抑自己的潜能、牺牲个人心理机能和品质的发展为代价的，这种对环境的适应是退化，而不是发展。

另一种是积极的适应。积极的心理适应是营销人员在客观环境中积极主动地调整自己对环境的不适应行为，增强个体在环境中的主动性、积极性，使自身得到发展。任何环境中都存在着有利于个人成长的积极因素和不利于个人成长的消极因素。积极的适应是要正确地分析自身的特点及环境的特点，从对这二者的分析中找到自己的成长点。在个人的实践中发挥潜能，将环境中的有利因素和个性中的积极因素统一在自己能动的实践活动中，人就获得了一种积极的适应。营销人员需要在发展中立大志、担大任，积极地适应环境。

技能拓展

拓展内容：如何提高个人的环境适应能力？

人的成长过程，就是一个不断适应新环境的过程，在此过程中，适应的关键是心理活动的自我调节。

若要有所作为，我们就得提高自己的适应能力，就应该尽早确定目标，自觉地把现在的学习同今后的就业紧密地联系起来，培养科学的思维方式，提高实践能力，以适应职业岗位的要求。那么，如何做才能提高自己的适应能力呢？

1.拓展知识

合理的知识结构是胜任现代营销岗位的必要条件和基础。现代营销工作所需的不仅仅是知识结构，还要适时拓展自己的视野，只有这样，才能根据社会发展和职业的要求提升自己，拓展所学到的知识，适应新的情况，才能解决新的问题。因此，我们在校期间不应只关注本专业的知识，还要利用学习之外的空闲时间去多读一些社会科学管理和历史地理等方面的书籍，拓宽知识面，开阔视野，打下宽厚、扎实的知识基础，只有这样，才能适应工作的变动和社会的变化。

因此，同学们在校期间应积极参加学校的各项活动，比如积极参加学校的社团活动，利用寒暑假到企事业单位进行社会调查、勤工俭学等，并不断总结经验，提高社会活动能力和适应能力。

2.锻炼培养实践能力

知识的积累并不等同于能力的积累，将知识转化为能力并不是件容易的事。在完成学习任务的前提下，应发展自己的实际应用能力，包括人际交往能力、社会应变能力、组织管理能力、创新能力等。

3.有较强的分析问题和作出正确判断的能力

面临新环境的变化，要能够尽快了解新的要求，明确新的努力方向。

4.对自己要有一个全面、客观的评价

了解自己不适应的表现和存在的差距，同时也要看到自己的潜力，在此基础上形成积极的自我观念，做到自尊、自爱，对自己始终充满自信。

5.增强自我监督的意识和自我调节的能力

培育自己坚韧、顽强、果断的精神，养成较强的自制力、竞争意识和好胜心，塑造对人对事宽容的态度与豁达的胸怀。"水冲日食终成沙，沙走留金满箕挂"，相信只要我们拥有较强的适应能力，无论将来社会的竞争有多么激烈，现实有多么残酷，我们都能自信面对，在奋斗中摸爬滚打，从中找到人生真谛、生命价值、事业方向。

做一做

环境适应能力测试：

1.问题

（1）若把每次考试的试卷拿到一个安静、无人的房间去做，我的成绩可能会好一些。

（2）夜间走路，我能比别人看得更清楚。

（3）每到一个新的地方，我往往会患一些诸如失眠、心烦、吃不好、拉肚子等小毛病。

（4）我在正式测验时所取得的成绩比平时的要好得多。

（5）尽管我已把演讲稿记得很牢，可是在讲演的时候总要出些差错。

（6）如果有必要，我可以通宵达旦地工作和学习。

（7）夏天我比别人更怕热，冬天比别人更怕冷。

（8）即使在混乱嘈杂的环境里，我仍能集中精力高效率地学习和工作。

（9）体检时，医生都说我心动过速，其实我的脉搏很正常。

（10）会议上发言时，我比别人更镇定、更自然。

（11）当家人的朋友来时，我常常想方设法躲避他们。

（12）外出时，我很快能适应当地的生活习俗。

（13）遇重大比赛时，场面越激烈，我的成绩越差。

（14）讨论问题时，我能流利地表达自己的看法。

（15）很多事情我更愿意一个人做而不愿多人合作。

（16）考虑到大家要相安共处，有时我常不能坚定自己的立场或意见。

（17）在公众面前或面对生人时，我常有心跳加快的感觉。

（18）我能注意到应该注意的细节，不管当时的情况多么紧迫。

（19）与别人讨论时，我常觉得自己没话说，但事后却常发觉自己有很多理由能反驳对方。

（20）我正式的考试成绩常常比平时的要好。

2.评分

A.很符合我的情况；B.比较符合我的情况；C.不能肯定；D.不太符合我的情况；E.根本不符合我的情况。凡属单号题（如1、3、5等）从A到E的选项答案分别记1分、2分、3分、4分、5分，即A（1分）、B（2分）、C（3分）、D（4分）、E（5分）。凡属双号题（如2、4、6等）从A到E的选项答案分别记5分、4分、3分、2分、1分，即A（5分）、B（4分）、C（3分）、D（2分）、E（1分）。

3.答案与分析

全部20题得分与环境适应能力的相互关系：81～100分，环境适应能力很强；61～80分，环境适应能力较强；41～60分，环境适应能力一般。

环境适应能力可以通过生活实践来培养，同学们从现在开始就应该有目的、有意识地参加社会实践活动（如勤工俭学、社会公益活动），主动接受挑战。在校期间，同学们应积极参加社团活动、各类演出、班级活动，从而提高环境适应能力，以适应未来营销工作的需要。

做一做

请同学们一起加入团队游戏，学会在陌生环境中生存的技巧。

场地：室外/草地/操场。

活动开始，主持人引导大家动起来。"请大家站好，手拉手围成圈。""好，现在手可以松开，请每位同学双手侧平举，注意左手掌心向下，右手伸出食指，指向天空……好，调整一下，使你的左手掌心正对着你左边同学的食指，右手食指戳着右边同学的掌心。"

"很好，我们马上要开始一个趣味比赛，叫'机遇陷阱'。每位同学左手掌下面的就是机遇，而右手食指面临着落入陷阱的可能，过一会儿我会给大家讲一个故事，故事里会出现'水'字，只要大家听到'水'字，就要快速地抓住'机遇'，同时又要逃离'陷阱'，抓住'机遇'同时又成功逃离'陷阱'的同学将得到一件小礼品，而落入'陷阱'的同学，就必须接受惩罚，做10个俯卧撑！"

"规则清楚了吧？现在开始了……只要出现'水'字就要赶紧动手哦……"主持人开始讲故事："从前有座山，山上有座庙，庙里有个小和尚。一天小和尚下山挑柴，挑完柴他就下山挑米。忽然他发现水没了，于是他又下山挑水。走啊走，天很热，流了很多汗，终于前面出现了一条河。小和尚一下子跳进河水里，洗了洗毛巾，用力一拧，抖出来许多沙子，接着他往桶里灌满了水……"

学生分享：游戏让同学们开心大笑的同时也引起了大家的思考，走向成功的路上，环境变幻莫测，机遇与陷阱遍布四周，有时机遇即陷阱，陷阱即机遇。如何把握？只想着要抓住机遇可能就会落入陷阱，由于盲目乐观导致失败的例子比比皆是；而时刻小心不要落入陷阱，又有可能错失机遇，畏首畏尾，不敢开拓，导致错失发展时机。面对陌生的环境，需要充满自信，全神贯注，集中所有的注意力，发现并抓住机遇的同时及时避开陷阱，走向成功，实现理想。

做一做

（1）制订一个环境适应能力培养计划（见表5-6），并照此执行。

表5-6 环境适应培养计划表

时间	参加活动项目	自我评价	努力方向
一年级上学期	（如勤工俭学）		
一年级下学期			
二年级上学期			
二年级下学期			
三年级上学期			
三年级下学期			

（2）利用假期参加社会实践和勤工俭学活动，锻炼自己的适应能力。

任务训练

一、选择题

1.营销人员的适应能力，从企业的内部环境来说，首先要能够适应（　　），包括企业文化、运营理念、营销方针、人文环境等。

A.企业　　　　　　B.社会　　　　　　C.家庭　　　　　　D.集体

2.从企业的外部环境来讲，营销人员还应能适应市场的需要，适应经销商的发展需求，适应（　　）等。

A.当地的方言　　　　　　　　　　B.社会的人情世故

C.当地的风土人情　　　　　　　　D.人际交往中的潜规则

3.人的成长过程，就是一个不断适应新环境的过程，在此过程中，适应的关键是内部心理活动的（　　）。

A.自我反思　　　　B.外部施压　　　　C.自我施压　　　　D.自我调节

二、实训题

1.案例背景：高娟是某中专应届毕业生，她的性格外向活泼、豪爽直率，与同学相处很和谐。在校期间，她喜欢参加各类社团活动。毕业后，高娟被一家公司录用，做了一名销售员，公司对她寄予了很高的期望。可过了几天，高娟辞职了，原因是她对公司的管理方式不太适应。不久，高娟又被一家公司录用了，过了一个月，她再次辞职了，原因是单位的人事关系太复杂。就这样，高娟的工作一直都不稳定，半年内换了四家工作单位。

问题：（1）请同学们根据案例分析高娟屡屡辞职的原因，并给出建议。

（2）请同学们就案例中高娟的行为进行讨论，该如何避免类似事件的发生呢？

2.案例背景：江涛的父亲是一位残疾转业军人，母亲原是一位北京人，她把全部希望都放在儿子身上。母亲一直有个梦想，离开农村，回到北京去。江涛聪慧过人，懂事的他为了满足母亲的愿望，拼命压制童心，刻苦学习。终于，他以优异的成绩考上了北京大学。大学毕业后，他又考取了某名牌大学的硕士研究生，是当年赴京的9位高中同学中唯一的一个研究生。研究生毕业后江涛留在了北京，在中美合资企业里做策划工作。他表现出了非凡的才干，他作出的几项促销策划都大获成功，深得公司领导层的赏识。年仅27岁的江涛就被提拔为中层管理人员，一个人拥有一间数十平方米的办公室，月工资达2万多元，这在当时来看已经是非常可观的数字了。可公司为了开拓市场，把他调往西安工作，他无法适应当地团队的人际环境和生活环境，无法实现有效的管理，也不善于处理和同事的关系，一度情绪特别不好，他没能完成当月任务；两个月过去了，他仍是完不成任务……合资企业管理十分严格，公司毫不客气地将他辞退了。失业后，情绪失落的他宅在家里，再也没有发挥他的才干。

问题：（1）请同学们根据案例谈谈江涛职场失利的原因，并给出今后的改进措施和计划。

（2）请同学们对案例中江涛的实例进行讨论，该如何锻炼自己的环境适应能力，并丰富自己的培养计划。

任务六　　压力管理训练

微课

压力管理训练

情景导入

　　林红曾做过多年的销售代表。她和一位年轻女孩小王一起进了一家很著名的IT公司。无论是在经验上还是在销售技巧方面，林红都远远超过小王。

　　林红信心满满，认为凭她的工作经验，业绩一定会比小王出色得多。第一个季度过去了，两个人都没有完成任务，因为她们刚开始接触新的客户，需要时间与客户建立联系。但是小王的业绩居然比她好一些，这让她有些意外。在接下来的季度里，小王居然完成了任务，而她的销售额还是与上个季度差不多，依然没有完成任务。

　　林红看到了经理眼神中的不满和诧异，她感受到了巨大的压力，开始夜不能眠、食不知味。由于紧张焦虑，还引发了经常性的头痛，加之工作上毫无突破，业绩止步不前，她的压力感和对工作的倦怠感越发强烈。小王则在轻松愉快的工作氛围中不断提升业绩，得到了经理的赏识。经理多次找林红谈话，希望她想办法提高业绩，她的自信心受到了前所未有的打击。两个月后，因为业绩平平，她被辞退了。

　　想一想：

　　林红工作失败的主要原因在哪里？如果我们遇到了这样的压力，该通过什么样的途径缓解呢？

知识准备

【读一读】

　　2020年2月，习近平总书记在统筹推进新冠肺炎疫情防控和经济社会发展工作部署会议上强调："中华民族历史上经历过很多磨难，但从来没有被压垮过，而是愈挫愈勇，不断在磨难中成长、从磨难中奋起。"在这场惊心动魄的新冠肺炎"战疫"中，伟大的民族精神为我们精诚团结、凝聚智慧、从容应战提供了强大的动力。作为一名营销人员，应该发扬中华民族百折不挠的精神，"千淘万漉虽辛苦，吹尽狂沙始到金"。

　　在日常的工作中，营销人员不可避免地会遇到各种困难和挫折，导致心理冲突和压力，从而受到不良情绪的困扰，抑制了潜能和创造力的发挥，最终严重影响工作效率和工作质量。所以，学会认识压力、正确应对压力，调适好自我情绪，才能具有健康的身心，保持良好的工作状态，取得满意的工作效果。

　　中国特色社会主义新时代为我们个人发展提供了广阔的舞台和无限的机遇，同时，也对我们提出了新的要求。新时代的优秀营销人员要具有敢于面对困难和挫折，还能够具有自我调控不良情绪和压力的能力，应对各种挑战，才能顺应时代的需要。激励自己用中国梦激扬青春梦，从而激励自己树立远大理想，制定切实可行的目标，以真诚、职业的态度为客户提供服务。面对困难时，营销人员要保持自信，以积极的态度去应对，主动地根据自己所处的销售环境，调整对自己的认知。面对压力，营销人员要在逆境中自立自强，以平静的心态去寻找差距、追求进步，并认真反思、虚心求教，创造性地在客户服务中运用销售技巧，改进与客户的沟通方式，改善沟通效果，使销售能力持续提高。

为应对工作中的压力，营销人员应该能够进行自我心理调控，具备相应的心理素质。

一、良好的认知能力

作为营销人员，要有良好的认知能力，注意力要集中，具备注意力分配和注意力迅速转移的能力。与时俱进，具有运用数字化技术的学习能力，提升信息素养。

有了良好的注意力，才会提高认知能力。在面对客户时，要感知、判断、思考客户的特点，揣摩客户的需求，凭借较强的记忆力、丰富的想象力和准确的判断力，最终赢得客户认可。

二、积极的情感体验

在工作中，营销人员要表现出积极、乐观、开朗的情感体验，在这种积极的暗示和感染下，客户会用积极的情绪配合工作，即便客户不配合或市场开拓遇到阻力，也能够控制自己的不良情绪，尽快转变心情，变压力为动力，走出工作低谷。

三、坚强的意志品质

营销工作中经常会出现各种困难和阻力，需要营销人员具有坚强的意志力。营销过程中常常不能保证客户在谈笑中爽快地签约，必须锲而不舍地重复自己的说服工作。无论工作多么艰难，在遇到挫折时，营销人员都要沉着冷静、坚毅果敢，在最短的时间内妥善解决问题，走出困境。

四、较强的能力品质

在营销工作中，营销人员的讲解就是通过语言表达，向客户传达各种信息，使之从中了解产品、了解企业文化、对产品产生信任感。因此，具备较好的语言表达能力是做好营销服务工作的关键。同时，营销人员应具有良好的感知力和观察力，要善于观察客户并敏锐地感知其不同的心理反应，及时调整营销工作相应的方式和途径，采取必要的措施，运用多变的手法，保证营销活动的顺利进行。

另外，营销人员要有较强的预见能力和应急能力。营销人员应善于从各种现象或得到的各种信息中预见可能会出现的困难或阻力，以平静的心态审时度势、灵活机动地采取相关措施，以避免和消除可能发生的意外事故。在发生突发事件时，能够正确看待挫折，保持良好心态，机智灵活地把损失降到最低，圆满完成任务。

📖 **小资料**

挫折后的行为表现

人们遇到了挫折会有什么样的行为表现呢？

由于受挫折的人各有特点，所以人们受挫折后的行为表现也各不相同。有的人采取积极进取的态度，采取减轻挫折和满足需要的积极适应态度；有的人却采取消极的态度，甚至是对抗的态度，比如攻击、冷漠、幻想、退化、固执等。

1.攻击

攻击是一种常见的对挫折所采取的公开对抗的行为。这种攻击行为又可以分为直接攻击和转向攻击两类。直接攻击是把攻击行为直接指向阻碍达到目标的人或物。转向攻击是指当不能直接攻击阻碍自己达到目标的人或物时，把攻击行为转向某种替代的人或物。如营销工作中遇到阻力，有的人会把恼怒的情绪指向家人或同事。

2.冷漠

当一个人受到挫折后压力过大，无法攻击或攻击无效，或因攻击而导致更大的痛苦时，便可能将愤怒的情绪压抑下来，采取冷漠行为。从表面上看，似乎对挫折漠不关心，表现出冷漠退让，但是，其内心的痛苦可能更甚，严重的可能变为忧郁型精神病人。

3.幻想

幻想是人受到挫折后的另一种退缩式反应。它是指个人遭受挫折后退缩、脱离，把自己置于一种想象的境界中，企图以非现实的虚构方式来应对挫折或解决问题。

4.退化

退化是指个体遇到挫折时表现出与自己年龄、身份不相符的行为，是一种反常的现象，如哭闹、逃避等表现。

5.固执

遇到挫折时，我们需要有一种随机应变的能力，才能顺利地解决所遇到的问题。但在某些情况下，如数次遇到同样的挫折，也可能会采取一种顽固的反应方式，即使以后情况已改变，这种已有的刻板性反应方式仍会继续盲目出现，这种现象就叫固执。

技能拓展

拓展内容一：如何有效地应对压力？

1.主动疏导，理智宣泄

人生活在社会中，有点压力是正常的，营销人员应该随时在心理上做好应对压力的准备。正常的压力并不需要全面排除，它会起到激励作用，但是太大的压力、太重的心理负担必须要想办法减轻。因而，当感到工作中压力太大时，就应当学会主动疏导发泄，把自己在工作中的体验讲给亲人、同学、朋友，让郁闷释放出来，这样就会觉得有所安慰（如图5-1所示）。比如营销人员在感受到工作压力时，应当积极地总结自己的工作，把感受到的压力及时地释放出来，必要的时候可以找专业的心理咨询师进行心理咨询，缓解压力。

图5-1　主动疏导、释放压力

2.改变不良的认知方式

如果不能改变引发压力的事情，那么不妨改变一下自己对这些事情的认知，即换个角度从积极的方面看问题。比如营销中遇到不良突发事件，有的人认为是挫折，有的人认为是考验。营销人员应该把整个问题的处理过程当成提高自己能力的重要机会。

一些不良认知来自不良的思维方式。根据美国心理学家艾利斯的理论，个体的不合理思维常常是导致个体产生压力的深层原因。

营销人员不合理思维的特点首先是绝对化，即个人内心常将"必须""应该""绝对"等词汇联系在一起，如"这件事关系到我的前途，我必须成功！"这样不合理的思维方式常会导致个体自责、焦虑、抑郁等；其次是灾难性想象，即营销人员想象某件事的结果非常可怕，具有灾难性影响，进而导致自责、焦虑、抑郁等情绪产生而不能自拔，如"我要是不能圆满完成这次任务，就肯定会被开除！"等。因此，我们要改变不良的认知方式，从而减轻压力。

3.增强身体素质，提高抗压能力

营销人员应在日常生活中注意加强营养，经常锻炼身体和丰富健康常识。学会在工作中合理安排饮食和休息的一些技巧。一个身体健康的营销人员比一个身体虚弱的营销人员更能有效克服心理压力。

4.学会换位思考，做好角色暗示

所谓换位思考，就是营销人员要经常把自己比作客户，尝试站在对方的角度和立场来看待、分析、处理工作中的问题，学会运用马克思主义观点来辩证地认识事物。

角色暗示是指营销人员在工作中遇到挫折时，要能够迅速排解不良情绪。在工作中，我们会遇到形形色色的人、千奇百怪的事，"挫折感"在所难免，"不顺心"更是家常便饭，做好角色暗示是舒缓营销人员心理压力的一剂良方。

5.提高自我效能感

自我效能感是指人们对自身完成某项任务或工作能力的信念。它涉及的不是技能本身，而是对自己能否利用所拥有的技能去完成工作的自信程度。

低效能感的营销人员在遇到不愉快的事时很容易产生心理压力，将其注意力放到对可能的挫败或不利的后果的关注上，随之产生不同程度的焦虑，弱化解决问题的努力，在这样的心理作用下就极易产生更大的压力。相反，具有高效能感的营销人员因其自我评价较高，他们对自我的期待水平也相应较高，对工作的控制力较强，会以一种乐观积极的心态处理遇到的各种难题，并取得良好的成效。

拓展内容二：面对挫折，如何进行自我心理调节？

1.正确认识挫折，客观分析原因

人生难免会遇到挫折，而挫折有着正面和负面的影响。它既可以使人走向成熟、取得成就，也可能破坏个人的前途，其关键在于怎样面对挫折。英国哲学家培根说过："超越自然的奇迹多是在对逆境的征服中出现的。"没有河床的冲刷，便没有钻石的璀璨；没有挫折的考验，也便没有成长的快乐。因此，营销人员在面对挫折时应坦然面对，把它看作自我历练的试金石，吸取教训，分析原因，冷静地解决问题，这对自我的成长会起到促进作用。

2.学会自我接纳，树立坚强信念

学会对自己进行比较全面客观的认识，正视自己的优缺点，接受自我，欣赏自我，并在此基础上发展自我，不断完善自我。同时，树立坚强信念，在面对挫折时不气馁，凭借自己坚强的意志去面对挫折，勇于接受挑战，顺利完成工作任务。

3.运用合理方法，学会心理防御

（1）沉着冷静，不慌不怒。一个优秀的营销人员遇事冷静，沉着应对发生的一切变化，这样才能赢得最后的胜利。

（2）审时度势，迂回取胜。有句话说得好：退一步海阔天空。在营销中，有时候需要我们为了终极目标舍弃眼前利益，在曲折中前进。

（3）移花接木，灵活机动。倘若原来的目标太高，一时无法实现，可用比较容易达到的目标来替代。

（4）情绪转移，寻求升华。可以通过自己喜爱的唱歌、听音乐、舞蹈、体育锻炼、娱乐活动等方式，使情绪得以调适，情感得以升华。

（5）学会幽默，自我解嘲。幽默和自嘲是宣泄积郁、平衡心态、制造快乐的良方。

（6）学会宽容，勇于承担。越是遭受挫折，越是要谦让，对别人宽容大度，勇于自我承担责任。

（7）转移目标，学会补偿。为了弥补由于某些方面的不足所带来的自我价值缺失，可以在其他方面加倍努力，以求得心理上的平衡，保持自我价值感。

拓展内容三：如何管控好你的情绪？

在与同事和客户接触的过程中，营销人员难免会产生怨气、怒气和委屈，情绪焦虑、抑郁，伤人又伤己，不仅影响人际关系，也影响身心健康，给工作带来不良影响。那么，有哪些调节情绪的方法呢？

1.学会放松

紧张、愤怒的时候，可通过身体的放松来缓解心理的紧张。可以深深地吸一口气，然后慢慢地呼气，同时不断地暗示自己"放松、放松"，把注意力集中在有趣的事物上，并停留几分钟。重复这几个步骤，直至不良情绪缓解。

2.学会转移

在发生情绪反应时，大脑中会产生一个较强的兴奋灶，此时如果另外建立一个或几个新的兴奋灶，便可以抵消或冲淡原来的优势中心。当不良情绪爆发时，你可以尝试做些赏花草、听音乐、观山水、散步等活动，这样有助于摆脱不良情绪困扰，换一副好心情。

3.学会宣泄

不良情绪如不能及时发泄加以释放，积累起来将有害身心。所以，如果一个人有不愉快的事情，感到委屈、气愤、悲伤，不要闷在心里，而要把心中的不平和愤怒向合适的人说出来，也可以考虑与引起愤怒的人交换意见，把话说开，这也是释放的好方法。

4.学会自我安慰

当一个人追求某事物而得不到时，为了减少内心失望，常常为失败找一个冠冕堂皇的理由，用以安慰自己。也就是说，"酸葡萄心理"和"甜柠檬心理"可以冲淡内心的不安与痛苦。

5.学会期望

给自己一个愉快的期望，然后努力去实现它。如果能制订一份既愉快而又切实可行的休养身心的计划，那么，在这个时间到来之前，你的心情会是愉快的、有盼头的。

拓展内容四：这些自我放松方法你知道吗？

营销人员在遇到特殊情况时难免紧张、焦虑、不知所措，如何让自己身心放松，使生理与心理活动趋于平衡，从烦恼、愤恨、紧张、惊慌等不良情绪中解脱出来呢？下面的放松方法不妨一试。

1.深度呼吸训练

全身放松，闭上眼睛，注意体会自己的肺部在一张一合地呼吸，边呼吸边在心里计数。深深地吸气，屏住呼吸，再深深地呼气。吸气的时候，想象从身体的毛孔中吸进新鲜的空气，呼出污浊的气体，渐渐地你会感觉到身体各个部位很放松，很通畅，仿佛整个身体都融入大自然之中。

2.静坐与冥思

有时候，你可能觉得自己的思维很混乱，心猿意马，不能专心地做自己想做的事情。此时你应该收心摄念，闭上眼睛，静下心来，检视一下自己现在在想什么。一个想法出现了，不要去理它。这时你会发现，你不理它时，它自己就悄悄地溜掉了。冥思过后，慢慢地睁开眼睛，你会感觉到眼睛比先前明亮多了，思路也清晰了，思维也更敏捷了。

3.自我暗示

自我暗示是指运用内心语言或书面语言的形式来自我调节情绪的方法。例如，心里默念"放松""清静""别发火""我能行"等，每次重复3～5遍。这种方法既可用来松弛过分紧张的情绪，使内心平静，也可用来调节身体局部或全身各部位的紧张状态。此外，这个方法还可用来激励自己的斗志。

4.意象训练

意象训练的基本原理就是通过想象轻松、愉快的情境（如大海、山水、瀑布、蓝天、白云等），达到放松身心、舒缓情绪的目的。意象训练的效果取决于想象的生动性和逼真性，意象越清晰生动，放松的效果就越明显。这种方法不仅能消除疲劳，恢复精力，长时间坚持训练还可以达到开发智力的效果。

📖 小资料

合理减轻心理疲劳

由于工作的压力比较大，营销人员很容易产生心理疲劳。心理疲劳不仅会降低工作效率，而且对心理健康也有很大的影响。长期的心理疲劳使人情绪低落、心情抑郁、百无聊赖、精疲力竭，进而引起心因性疾病。所以，营销人员对心理疲劳要加以足够的重视，及时排解。

1.合理安排休息

具体地说，工作要合理安排时间和轻重缓急，生活要有规律，重视积极性休息，适时参加一些体育锻炼，如跑步、游泳等，以提高肌体的活力、精力和适应能力，从而避免因从事的活动过于单一而产生单调、消极的心境。同时，每天尽可能保证7～8小时的睡眠，这对消除疲劳有明显的效果。

2.换个角度看世界

我们之所以感觉身心疲惫，关键在于过多地关注一些利益攸关的事，而忽略了去发现和欣赏许多美好的东西。与其为那一个多小时的上班车程而忧心忡忡，倒不如把心思倾注于美丽清晨的每一个细节之中。也许一阵清脆的鸟鸣能让你心情愉快，刚刚盛开的花朵能使你神清气爽。

事实上，很多时候我们之所以感觉到累，更多的是因为不能在工作中找到乐趣和价值感，在心理上将其当成沉重的包袱，背负着这个包袱才感到格外累。此外，很多人在工作和生活中总是重复着单调的活动，缺少变化，如此一来，也必然会导致心理上的疲劳。

3.培养浓厚的兴趣

努力改变单调、枯燥、重复性的工作或学习的程序，使活动的样式保持多样化，这样就能够通过交换刺激，防止那些重复性活动使大脑皮层产生抑制，使人始终保持兴奋状态，即使身体疲劳，心理上仍会保持愉悦的感觉。

浓厚的兴趣是消除心理疲劳的关键之一。一旦对某一活动产生兴趣，就能使大脑皮层形成兴奋灶。所以，积极培养对工作或学习的兴趣，就能使心理处于一种良好的应激状态，克服心理疲劳。

4.合理设计工作环境

在工作环境的设计上，除了消除温度、噪声、粉尘等不利因素的影响外，工作台、工作座椅的合理设计对消除疲劳也是十分重要的。工作台过高或过低、工作座椅设计不合理，往往会使人在一种不舒适的姿势下工作，从而引起局部肌肉疲劳。此外，工作中变换姿势，使工作负荷由不同肌肉轮流承担，也是一种减轻疲劳的有效方法。

5.自我心理训练

运用思维、情绪等心理因素的作用，对自己进行良好的心理暗示，使大脑产生美好的想象，抑制大脑的紧张状态，从而有助于消除疲劳，强身健体，提高工作效率。

自我心理训练的方法包括：闭目养神，精神集中，想想美好的事物，产生愉快的体验；以意领气，采用自我调节呼吸的方法，吸气时默念"静"，呼气时默念"松"，从而反复地、缓慢地调节呼吸。经过多次练习之后，全身放松，血液循环和呼吸系统的功能可以得到显著改善。

任务训练

一、选择题

1.特殊情境的自我放松方法有（   ）。

A.大声喊出来   B.说服客户，据理力争

C.深度呼吸训练   D.离开现场

2.面对挫折，正确的自我心理调适方法是（   ）。

A.绕路走开   B.正确看待挫折

C.向客户宣泄   D.顺其自然

3.压力的正确应对策略是（　　　）。

A.放弃努力　　　　　　　　　B.主动疏导

C.自暴自弃　　　　　　　　　D.彻底宣泄

二、实训题

高强是某洗护用品公司的业务员，本来约好上午8：00与一位大客户见面，结果他睡过了头。他惊慌地意识到已经来不及了！为了尽快出发，他加快速度，结果刮胡子时脸被刮破了，早餐没吃上，脑子里还不时闪现客户焦急地等待自己时不满的表情。在公路上，由于不能变换车道，他的车只能跟在一辆行驶缓慢的汽车后面，他在心里默默地咒骂着前面的司机。他满脸焦急，车速也有些失控，一不小心蹭到了一辆小轿车，草草赔了钱赶路。

一到约定地点，他就看见已经等得不耐烦的客户满脸不高兴。他忙不迭地向他们解释，可是客户仍然觉得他不守时、不可靠，最后不欢而散。失去了这家客户的信任，他心里懊恼极了。回到单位，由于客户的不满反馈，经理大发脾气，狠狠地批评了他。

晚上回到家，高强又累又紧张，再加上情绪急躁，他对孩子发了脾气，又惹恼了妻子，两人争吵起来。他躺在沙发上，盯着天花板直到第二天凌晨。结果他又睡过了头，依旧是急躁不堪。

请问：（1）导致高强"一塌糊涂"的最主要原因是什么？

（2）高强是如何处理这些紧张情绪的？你遇到此类事件时应该如何调整自己的情绪？

（3）高强应该采取哪些行动才能更好地处理他所遇到的困难？分小组进行讨论，把应对措施在组间相互展示，并做好相应的心理分析和小组互评。

项目小结

通过本项目的学习，同学们要懂得良好的心理素质对营销工作的重要作用，同时要在实践中提高心理素质，践行职业行为。要了解自己的个性特点，树立职业目标，培养营销人员的职业个性特征；团结协作，积极地适应环境；能够合理管理不良态度、不良情绪和压力，把自己培养成为一名适应职业发展需要的新时代合格营销人员。

项目测试

一、选择题

1.全面了解和正确对待性格特质，正视自己性格中的弱点，坚定信心，通过广泛的社会实践活动，扩大人际交往范围，加强专业认识，塑造良好的（　　　）。

A.营销能力　　　B.营销技巧　　　C.营销职业性格　　　D.营销职业兴趣

2.对于一般团队成员而言，团队培育首要内容是（　　　）。

A.团队领导力　　　B.团队价值观　　　C.团队合作技能　　　D.团队业务技能

3."害人之心不可有，防人之心不可无。"这句话给我们的启示是（　　　）。

（1）对那些不可靠或不诚实的人要有所防范，绝不能掉以轻心

（2）如果对一个人不了解而信任他，可能会给我们带来不必要的挫折和损失

（3）信任要建立在相互了解的基础上，否则就是轻信

（4）我们不能有伤害他人的想法，但对任何人都必须加以防范，即使自己的父母和知心朋友，也不能例外

A.（1）（2）（3）（4）　　　　　　B.（1）（3）（4）

C.（1）（2）（3）　　　　　　　　D.（2）（3）（4）

4.迁移是指已经获得的知识、技能，甚至方法和（　　）对学习新知识、新技能的影响。

A.态度　　　　　B.记忆　　　　　C.言语　　　　　D.想象

5.自我调控不良情绪和压力是营销人员在长期的营销实践中必备的一种（　　）。

A.自我调节能力　　　　　　　　B.职业技术

C.营销态度　　　　　　　　　　D.营销手段

6.营销人员应具备的心理素质不包括（　　）。

A.积极的情感体验　　　　　　　B.良好的认知能力

C.坚强的意志品质　　　　　　　D.营销谈话技巧

7.具有（　　）的营销人员因其对自我评价较高，他们对自我的期待水平也会相应较高，对工作的控制力较强，会以一种乐观积极的心态处理遇到的各种难题，并取得良好的绩效。

A.高自负　　　　　　　　　　　B.高效能感

C.高营销手段　　　　　　　　　D.高品格

二、判断题

1.只要努力就能做好营销工作。　　　　　　　　　　　　　　　　　（　　）

2.职业兴趣、性格和能力是可以通过后天努力来塑造的。　　　　　　（　　）

3.要想获得事业的成功，要发现你的能力，更重要的是培养相应职业能力，将你的能力与职业相匹配。　　　　　　　　　　　　　　　　　　　　　　（　　）

4.团队合作就是在团队里不能发挥自己的个性。　　　　　　　　　　（　　）

5.具有团队合作精神的人是不追求个人利益的。　　　　　　　　　　（　　）

6.团队合作要求只讲合作不讲竞争。　　　　　　　　　　　　　　　（　　）

7.人们常说的"家和万事兴""和气生财""天时不如地利，地利不如人和"等话语，表达出团队合作的重要性。　　　　　　　　　　　　　　　　　　　（　　）

8.在竞争日益激烈的社会中，要想出成绩，人们只能讲竞争不能讲团队精神。（　　）

9.掣肘，易事难为；携手，难事可成。这句话表明了团队合作的作用。（　　）

10.学会团队合作，第一是要增强团队意识，第二要学会互利共赢。　（　　）

11.协同合作是团队精神的核心。　　　　　　　　　　　　　　　　（　　）

12.为了获得别人的信任，营销人员可以不真实地反映产品的质量问题。（　　）

13.营销人员在工作中，为了获得他人的信任，应该注意自己给对方的第一印象、共同点、安全感及专业能力。　　　　　　　　　　　　　　　　　　　（　　）

14.初次见面，营销人员为了与工作伙伴或对象快速建立信任关系，可以探讨家庭成员、收入等问题。　　　　　　　　　　　　　　　　　　　　　　（　　）

15.人际交往中首因效应也有其负面作用，它使人"一叶障目，不见泰山"。（　　）

16."路遥知马力，日久见人心。"这句话的意思是：时间会说明一切，对一个人的第

一印象正确与否，需要时间来检验。　　　　　　　　　　　　　　　　（　　）

17.亲和力是人与人之间建立信任的基础。　　　　　　　　　　　　　（　　）

18.信任关系建立之初可以寻找共同点话题，包括客观环境话题（如天气状况、周边环境、交通状况等）和社会角色话题（如兴趣爱好、子女教育等）。　　　　（　　）

19.迁移产生的作用全是积极的。　　　　　　　　　　　　　　　　　（　　）

20.近因效应总是比首因效应影响大。　　　　　　　　　　　　　　　（　　）

21.印象是对方呈现出的形象。　　　　　　　　　　　　　　　　　　（　　）

22.营销工作中要想给对方留下好的印象，只要留下良好的第一印象就可以了。
　　　　　　　　　　　　　　　　　　　　　　　　　　　　　　　（　　）

23.利用近因效应可以将新出现的有积极意义的事物影响扩大，让不良刺激发生逆转。
　　　　　　　　　　　　　　　　　　　　　　　　　　　　　　　（　　）

24.在与陌生人交往时，首因效应影响较大，而在与熟悉的人交往时，近因效应则有较大影响。　　　　　　　　　　　　　　　　　　　　　　　　　　（　　）

25.近因效应也称"新颖效应"。　　　　　　　　　　　　　　　　　（　　）

26.所谓"近因"，是指个体最近获得的信息。　　　　　　　　　　　（　　）

27.积极的心理适应是个体在客观环境中积极主动地调整自己与环境的不适应行为，增强个体在环境中的主动性、积极性，使自身得到发展。　　　　　　　　（　　）

28.营销人员到了工作岗位再培养适应能力也来得及。　　　　　　　　（　　）

29.营销人员的适应能力和知识面无关。　　　　　　　　　　　　　　（　　）

30.自我调控不良情绪和压力是营销人员在长期的营销实践中必备的一种自我调节能力。　　　　　　　　　　　　　　　　　　　　　　　　　　　　　（　　）

项目评价

本项目考核由职业能力和通用能力两部分构成，成绩分别根据学生在课堂教学、课堂讨论中的表现及课堂测试的完成情况给出，填入表5-7。

表5-7　　　　　　　　　　　　　　　项目考核评价表

内容		评价		
学习目标	评价项目	分值	得分	评语
职业能力　职业个性训练	1.分析自身个性的优势和劣势	5		
	2.分析职业个性与职业匹配程度	5		
	3.制订完善职业个性的计划	5		
团结合作训练	1.能顺利与他人沟通合作	5		
	2.能够信任他人	5		
	3.能够自主培养团队协作精神	5		
建立信任训练	1.能建立良好的第一印象	5		
	2.能够悦纳自己，拥有自信	5		

内容			评价		
职业能力	学习迁移训练	1.善于运用营销中的心理效应	5		
		2.善于发挥正迁移作用，避免营销中的负迁移	5		
	环境适应训练	1.适应内外部环境的能力	5		
		2.自我调适能力	5		
	压力管理训练	1.建立正向思维模式	5		
		2.面对挫折的自我调适	5		
		3.情绪的自我调节	5		
通用能力	组织能力		5		
	沟通能力		5		
	解决问题的能力		5		
	自我提高的能力		5		
	创新能力		5		
综合评价			100		

综合实训

【实训情境】

根据以下不同的实训情境,每个实训小组选择1~2个,准备完成模拟实训。

1.我们笑颜以对,可顾客毫无反应,一言不发或冷冷地回答:"我随便看看。"

2.顾客其实很喜欢,但同行的人却不买账,说:"我觉得一般,到别处再看看吧。"

3.顾客虽然接受了我们的建议,但是最终没有作出购买决定而离开。

4.我们建议顾客感受一下产品功能,但顾客不是很愿意。

5.顾客总是觉得特价商品质量有这样或那样的问题。

6.顾客说:"你们卖东西的时候说得都好,哪个卖瓜的不说自己的瓜甜呢?"

7.顾客看中了一件商品,想买下来送给自己的家人,却说要把家人带来再决定。

8.推销即将成功时,却被闲逛的客人顺口否决。

9.听完营销人员介绍后,顾客什么话都不说,转身就走。

10.顾客进店看了看,说:"东西有点少,没啥好买的。"

11.顾客怒气冲冲地来投诉。

【实训要求】

针对以上具体实训情境,组织学生进行针对性实训,应做到以下几点:

1.掌握营销人员接待各种顾客的规范和礼仪。

2.能够运用灵活、多变的思维方法,在具体实训情境中进行高效的语言沟通,进行深入、透彻的心理分析。

3.能通过实训过程,提高个人的营销素养。

【实训指导】

1.将学生按每组6~8人划分成若干实训小组,每个小组推选出一名小组长。

2.每个实训小组根据以上不同的实训情境,合理进行角色分工,小组长协调组员共同有效地完成模拟实训。

3.各小组进行实训总结,通过组内讨论,归纳实训过程中发现的问题和应对举措,并形成小组实训报告。

4.教师组织各小组进行实训成果交流，给出各小组实训成绩并进行评价。

【实训提示】

1.我们笑颜以对，可顾客毫无反应，一言不发或冷冷地回答："我随便看看。"

错误应对1：没关系，您随便看看吧。

错误应对2：好的，那您随便看看吧。

错误应对3：那好，您先看看，需要帮助的话叫我。

实训举例：

（1）营销人员：没关系，您现在买不买无所谓，您可以先了解一下我们的商品。来，我先给您介绍一下我们的灯具……请问，您卧室的家具是什么颜色？

点评：先顺着顾客意思，以轻松的语气来缓解顾客的心理压力，同时简单介绍灯具的特点，然后话锋一转，以提问的方式引导顾客回答问题，只要顾客愿意回答我们的问题，我们就可以深入展开发问，保证销售过程得以顺利进行下去。

（2）营销人员：没关系，买东西是要多看看！不过，我真的想向您介绍这款最新开发的商品，这几天在我们店卖得非常火，您可以先了解一下，来，这边请。

点评：首先仍是认同顾客的意思，以轻松的语气来舒缓顾客的心理压力，然后话锋一转，以真诚而兴奋的语调引导顾客了解某款商品，并且顺便以有力的手势引导顾客与你前往。只要顾客愿意和你一起去了解该商品，营销人员就可以深入展开发问，以了解顾客的其他需求，保证销售过程得以顺利进行下去。

提示：营销人员并非直接要求顾客购买，而是主动引导顾客朝购买的方向前进。

2.顾客其实很喜欢，但陪购的人不买账，说："我觉得一般，到别处再看看吧。"

错误应对1：不会呀，我觉得挺好。

错误应对2：这是我们这季的主打款式。

错误应对3：这个很有特色呀，怎么会不好看呢？

错误应对4：甭管别人怎么说，您自己觉得怎么样？

"不会呀，我觉得挺好"及"这个很有特色呀，怎么会不好看呢"，这类说法既简单、缺乏说服力，又容易导致营销人员与陪购者产生对抗情绪，不利于营造良好的销售氛围。"这是我们这季的主打款式"则牛头不对马嘴。"甭管别人怎么说，您自己觉得怎么样"容易招致陪购者反感，并且顾客肯定是站在陪购者一边的，销售过程也必将就此终止。

实训举例：

（1）营销人员：（对陪购者）这位先生，您不仅对灯具有独特的见解，而且对朋友也非常用心，能带上您这样的朋友一起来买灯具真好！请教一下，您觉得还有哪些方面不太合适呢？我们可以交流看法，然后一起帮助您的朋友挑选到真正适合他的东西，好吗？

点评：首先，真诚巧妙地赞美陪购者，然后请教他对购买家居的建议。只要陪购者愿意给出他的观点，就意味着我们争取到了他的支持，销售成功的概率将极大地提升。

（2）营销人员：（对顾客）您的朋友对购买灯具挺内行，并且也很用心，难怪您会带上他一起来买灯具！（对陪购者）请问这位先生，您觉得还有什么地方不合适呢？您可以告诉我，这样的话我们可以一起来给您朋友做建议，帮助他找到一套更适合他家的灯具，好吗？

点评：首先，对顾客间接赞美陪购者的专业、细心等，然后再询问陪购者的看法，将他拉为自己的建议者，只要他给出建议，销售过程就可以继续进行下去。

提示：陪购者既可以成为敌人，也可以成为朋友。

3.顾客虽然接受了我们的建议，但是最终没有作出购买决定而离开。

错误应对1：这个真的很适合您，还商量什么呢！

错误应对2：真的很适合，您就不用再考虑了。

错误应对3：……（无言以对，开始收东西）

错误应对4：那好吧，欢迎你们商量好了再来。

"这个真的很适合您，还商量什么呢"给人感觉太强势，容易招致顾客的排斥心理，毕竟顾客花这么多钱买东西，与家人商量也是很正常的事情。"真的很适合，您就不用再考虑了"牵强附会，表白空洞，没有说服力。而无言以对则显得太消极，没有做任何努力争取顾客的购买。"那好吧，欢迎你们商量好了再来"给人以"没有做任何努力，并且还有驱逐顾客离开"的感觉，因为只要营销人员这句话一出口，顾客为了避免留在原地的尴尬，就只有顺着台阶离开门店。

实训举例：

（1）营销人员：是的，您有这种想法我可以理解，毕竟买一件好灯具也得好几千元钱呢，肯定要与家人商量一下，这样买了才不会后悔。您看这样行吗？您再坐一会儿，我多介绍几款给您，您可以再多看看，多比较一下，这样考虑起来才会更加全面一些……

点评：首先，认同顾客这种说法的合理性，争取顾客的心理支持，然后以此为理由，顺理成章地为顾客介绍其他几款货品，目的是延长顾客的留店时间、了解顾客的真实情况并为双方建立信任打基础。

（2）营销人员：小姐，这款灯具无论款式还是光线色彩都与您的房间非常吻合，并且我感觉得出来您也挺喜欢。可您说想再考虑一下，当然您有这种想法我可以理解，只是我担心自己有解释不到位的地方，所以想向您请教一下，您现在主要考虑的是……？（微笑目视顾客并停顿，以引导对方说出顾虑）小姐，除了……以外，还有其他的原因导致您不能现在作出决定吗？（引导对方说出所有顾虑并有选择地加以处理后，应该立即引导顾客成交）

（3）营销人员：小姐，对您关心的这个问题我是否解释清楚了？（只要顾客说"明白"、点头或者沉默等就立即推荐购买）那好，您的送货地址是……（如果顾客仍然表示要与家人商量或考虑等，则导入下一步）

（4）营销人员：小姐，如果您实在要考虑一下，我也能理解。不过我想告诉您的是，这款灯具非常适合您的情况，并且现在买也非常划算，您看它的款式……它的色彩……还有做工……它的光源……，并且这款灯具库房现在只有一套了，如果不装在您的家里真的很可惜。这样好不好，我现在暂时给您保留起来，真的希望您不要错过这款灯具，因为这款灯具确实非常适合您！

点评：用稍带压力的方式引导顾客说出其拒绝的真正原因，处理后立即引导顾客成交；如果顾客确实想出去比较一下，就适当后退一步，但一定要为顾客回头埋下伏笔。

提示：适度施压可提高门店业绩，70%的回头客会产生购买行为。

4.我们建议顾客感受一下产品功能，但顾客不是很愿意。

错误应对1：喜欢的话，可以感受一下。

错误应对2：这是我们的新品，它的最大优点是……

错误应对3：这个也不错，您可以看一下。

"喜欢的话，可以感受一下"和"这是我们的新品，它的最大优点是……"这两句话几乎成了中国零售店铺销售中老生常谈的经典用语，有的营销人员只要看到顾客一进店或者开始触摸商品，就这么大声招呼，让顾客听得耳朵都起老茧。"这个也不错，您可以看一下"这句话的问题是：营销人员缺乏专业知识，未能向顾客推荐适合的款式，只要看到顾客看时就说"这个也不错"，会导致顾客不信任营销人员的推荐。可以说，是我们自己的表现让顾客不把我们的建议当回事。

实训举例：

（1）营销人员：小姐，真佩服您的眼光。这是我们的新款，卖得非常好！我认为以您家室内的设计风格，再配上我们这款灯，效果一定不错。小姐，光我说好看不行，来，您可以先试看一下这款灯的光线效果……

（2）营销人员：（如对方还不动）小姐，灯具放在每一个地方，都有它不同的效果，就如衣服您不穿在身上就看不出它的效果。小姐，其实您买不买真的没关系，请跟我这边来……

点评：如何引导顾客去对灯具产生兴趣，是许多销售人员困惑的问题。首先肯定顾客的眼光，然后以专业、自信的口吻建议顾客体验，并且用自己的肢体动作很坚决地引导，使其有种不去了解都不行的感觉。在遇到顾客拒绝体验的时候没有放弃，而是继续自信地给对方提供体验的理由，并顺势再次做引导体验，整个过程自然、流畅，让顾客有不好意思拒绝的感觉。

（3）营销人员：小姐，您真有眼光。这款灯是我们的最新款，卖得很好！来，我给您介绍一下，这款灯采用……材质与工艺，导入……技术与功能，非常受广大顾客的欢迎。当然，光我说好还不行，灯是您自己在用，您自己觉得好才是最重要的。来，您自己感受一下这款灯吧。（直接引导顾客体验）

（4）营销人员：（如果顾客不是很配合）小姐，我发现您对这款灯似乎不是很有兴趣，其实，您今天买不买真的没关系，不过我是真的想为您服务。请问是不是我刚才的介绍有什么问题，还是您根本不喜欢这个款式呢，您可以告诉我吗？谢谢您！（如果顾客说不喜欢这个款式，则转入询问推荐阶段）

点评：认同顾客选择并用兴奋的语调营造热销的氛围，然后迅速地引导顾客亲自体验商品的优点，遇到阻力的时候，真诚询问顾客并征求顾客的意见，从而为再次推荐做好准备。

提示：无论顾客是否购买，尽量争取顾客体验。

5.顾客总是觉得特价商品质量有这样或那样的问题。

错误应对1：您放心吧，质量都是一样的。

错误应对2：都是同一批货，不会有问题。

错误应对3：都是一样的东西，怎么会呢？

错误应对4：都是同一个品牌，没有问题。

实训举例：

（1）营销人员：您有这种想法可以理解，毕竟您说的这种情况在我们行业确实存在。

不过我可以负责任地告诉您，虽然我们这款产品是特价，但它们都是同一品牌，其实质量完全一样，并且现在价格上比以前又要优惠得多，所以现在买真的非常划算！

点评：首先学会认同顾客的顾虑，然后再针对顾虑，以真诚负责任的口吻告诉顾客事实，并且强调现在购买的利益，以推动顾客立即作出决定。

（2）营销人员：您这个问题问得非常好，我们以前也有一些老顾客有过类似顾虑，不过有一点我可以负责任地告诉您，不管是正价还是特价，其实都是同一品牌，质量也完全一样，包括我们给您提供的质量保证都是一样的，而现在价格却要低很多，所以现在买真的是非常划算，您完全可以放心地选购！

点评：认同是个好技巧，遇到不好处理的问题，在解释前使用认同技巧，往往会使营销人员的说服力大增，然后再给以质量承诺，以降低其心理上的顾虑，顺便可以强调特价品的优点，以推动顾客成交。

（3）营销人员：我能理解您的这种想法，不过我可以负责任地告诉您，这些特价货品之前其实都是正价商品，是我们为了回馈老顾客，所以才变成特价促销品，但质量是一样的，您完全可以放心地挑选。

点评：认同完顾客顾虑后，给顾客一个充分、合理的理由，使顾客自己感到放心。

提示：没有不能引导的顾客，只有不会引导的营销人员。

6.顾客说："你们卖东西的时候说得都好，哪个卖瓜的不说自己的瓜甜呢？"

错误应对1：如果您这样说，我就没办法了。

错误应对2：算了吧，反正我说了您又不信。

错误应对3：……（沉默不语，继续做自己的事情）

"如果您这样说，我就没办法了"这种语言表面上看起来好像很无奈，其实却很强势，会让顾客感觉自己很无趣也很没面子，潜在的意思是"你这个人真不讲道理，我对你都没话说了，简直不想理你"。"算了吧，反正我说了您又不信"的意思是你反正也不会相信我说的，所以我懒得理你。而沉默不语，继续做自己的事情，则传递给顾客这样的信息：营销人员自己觉得理亏，所以默认了他的说法。

实训举例：

（1）营销人员：小姐，您说的这种情况现在确实也存在，所以您有这种顾虑我完全可以理解。不过请您放心，我们在这个地方开店3年多了，我们的生意主要靠像您这样的老顾客支持，所以我们绝对不会拿自己的商业诚信去冒险。我相信我们一定会用可靠的质量来获得您的信任，这一点我很有信心，因为……

点评：首先认同顾客顾虑，以使顾客获取心理安全感，进而使其对店员产生心理好感，然后再强调门店长期经营的事实，以打消顾客的顾虑。

（2）营销人员：我能理解您的想法，不过有两点请您放心：一是我们的"瓜"确实很甜，这我很有信心。二是我是卖"瓜"的人，并且我已经在这个店卖了很多年的"瓜"了。如果"瓜"不甜，你还会回来找我的，我何必给自己找麻烦呢，您说是吧？当然光我说"瓜甜"还不行，您自己亲自试一下就知道了。来，小姐，这边请！

点评：借助顾客的话语，自信地说出"瓜甜"的事实，同时以轻松幽默的语调引导顾客体验货品。

提示：当顾客不信任我们时，我们要做的就是恢复信任。

7.顾客看中了一件商品，想买下来送给自己的家人，但说要把家人带来再决定。

错误应对1：不要等，现在不买就没有了！

错误应对2：您现在买就可以享受折扣。

错误应对3：那好，您把家人带来再说吧！

"不要等，现在不买就没有了"没有提供明显的事实依据，顾客可能会认为这是营销人员在故意施加虚假的压力，一旦顾客感觉到营销人员是在耍把戏，那么无论营销人员再怎么说，顾客都会表现得心不在焉。"您现在买就可以享受折扣"，好像顾客买东西就是为了贪图便宜似的。"那好，您把家人带来再说吧"刚好给了顾客一个离开的理由，极大地降低了门店销售业绩。

实训举例：

（1）营销人员：小姐，您做事真的很细心！其实您刚才也说了这款产品无论从款式还是颜色来说，都比较适合您家的风格。我想知道，现在主要是哪方面的问题让您难以作出决定？

点评：首先恭维顾客，然后直接探询顾客犹豫不决的原因，并有针对性地解决。

（2）营销人员：其实，这已经不是一件简单的产品啦，您的家人感动还来不及呢，您说是不是？再说了，如果他真有什么不满的地方，只要不影响再次销售，我们特别允许您在3天内可以拿回来调换，您看这样成吗？

提示：优秀的营销人员经常用故事打动顾客。

8.推销即将成功时，却被闲逛的客人顺口否决。

错误应对1：哪里不好看啦？

错误应对2：您不买东西就不要乱说！

错误应对3：您不要听他的，他乱说的。

错误应对4：拜托您不要这么说，好吗？

实训举例：

（1）营销人员：（微笑着对闲逛客说）这位小姐，感谢您的建议，请问您想看什么样的款式呢？（快速处理闲逛客户后，将目光重新转移到顾客身上）小姐，就比如鞋子穿在脚上，舒服与否只有自己最清楚，您说是吧？小姐，我在这个行业工作5年了，我是真心想为您服务。我认为这款灯具真的非常适合您，您看……（介绍商品优点）您觉得呢？

（2）营销人员：（微笑着对闲逛客说）谢谢您，这位小姐，请问，您今天想看点什么？（快速处理并支开闲逛客户后，微笑着对顾客说）小姐，生活中我们不可能要求每个人都喜欢同一件东西，您说是吧？其实买东西也是一样的道理。小姐，我在这个行业工作5年了，我可以负责任地告诉您，这款产品完全符合您的需求，真的是非常适合您，您看……（阐述商品的优点）

（3）营销人员：（微笑着对闲逛客说）这位小姐，谢谢您的建议，其实每个人对自己的居室装修、家具搭配等的理解都会有差异，您说是吧？请问小姐，您今天想看点什么呢？（快速处理闲逛客户后，微笑对顾客说）……

提示：聪明的营销人员善于选择与放弃、弱化和转移。

9.听完营销人员介绍后，顾客什么话都不说，转身就走。

错误应对1：好走，不送！

错误应对 2：这个很不错呀。

错误应对 3：请稍等，还可以看看其他的。

错误应对 4：您如果真心要，可以再便宜点。

错误应对 5：您是不是诚心买，看着玩啊？

实训举例：

（1）营销人员：这位小姐，您先别急着走，好吗？这位小姐，请问是不是我们这几款灯您都不喜欢，还是我的服务没有做到位？您都可以告诉我，我可以立即改进，真的，我是诚心想为您服务。请问您真正想找的是什么样风格的灯具？

（2）营销人员：小姐，请留步。真是抱歉，刚刚一定是我没有介绍到位，所以您没有兴趣继续看下去。不过我确实真心想帮您找一款最适合您的产品，所以能不能麻烦您告诉我您真正的需求，我再重新帮您找一下适合您的产品，好吗？谢谢您！请问……（重新了解顾客需求意图）

点评：首先从自身找原因，以求得顾客的谅解，然后再重新了解顾客需求并做推荐。

（3）营销人员：这位小姐，能不能请您留一下步，您买不买东西真的没有关系。是这样子，我只是想请您帮个忙，我刚开始做这个品牌，麻烦您告诉我哪方面您不是非常满意，这样也方便我改进工作。真的非常感谢您，请问……

点评：营销人员要学会主动放低身段，这样会无形中抬高顾客身段，使顾客感受到尊重，从而使顾客更加配合我们。

提示：管好自己的嘴巴，逞一时口舌之快，将招致更大的损失。

10.顾客进店看了看，说："东西有点少，没啥好买的。"

错误应对 1：新货过两天就到了。

错误应对 2：已经卖得差不多了。

错误应对 3：怎么会少呢，够多的了！

错误应对 4：这么多东西您买得完吗？

实训举例：

（1）营销人员：是的，您很细心，我们这个专卖店摆放的货品确实不多，不过件件都是我们老板精心挑选的精品款式，每款都有自己的特色。来，我帮您介绍一下吧，请问您喜欢哪种款式的灯具？

（2）营销人员：您说得有道理，我们这儿款式确实不多，因为我们老板喜欢比较有特色的东西，不过我们有几款产品我觉得非常适合您。来，这边请，我帮您介绍一下，请问您是想看看……还是……

点评：营销人员要学会先顺着顾客的语气、肯定顾客的看法，再自然地引导顾客的思路，"少"意味着"精"，接着迅速切换到具体介绍商品的环节。

提示：聪明的营销人员善于先跟后带、先认同后引领。

11.顾客怒气冲冲地来投诉。

错误应对 1："我能理解您的心情！"

错误应对 2："很抱歉给您带来不便！"

实训举例：

（1）营销人员："我知道，您是担心我们可能会将您的事情置之不理或者拖延下去，对吗？"

（2）营销人员："请您放心，我会尽全力来帮助您解决这件事情的，并且会在第一时间将处理的进度告诉您，好吗？"（当你说出他的想法之后，就要给他吃定心丸了，另外可以在最后问一个"好吗？"，这样就把句子变成了封闭式提问，只能选择"好"与"不好"，而实践表明，大部分人会接受你的做法，如果此前你应对得当的话）

点评：投诉者大部分是带有敌对情绪的，所以如果能让顾客觉得你真的是为他着想的，他的愤怒就会立刻减半。营销人员控制住投诉者愤怒情绪的前提是，先控制好自己的情绪。投诉者不是针对你，而是针对这件事情。所以请你勇敢面对，要相信自己是一定可以解决好的。

提示：理智的营销人员知道顾客心里想的是什么，是真正的理解，而不是随便说说。

主要参考文献

[1] 张淑英. 商务礼仪与职业素养 [M]. 杭州：浙江大学出版社，2021.

[2] 杨雅蓉. 高端商务礼仪与沟通：让你身价倍增的社交礼仪 [M]. 北京：化学工业出版社，2019.

[3] 肖剑锋. 营销素养训练：团队与个人管理实务 [M]. 2版. 北京：中国财政经济出版社，2021.

[4] 余彦蓉. 营销职业认知与素养训练 [M]. 北京：中国水利水电出版社，2020.

[5] 神冈真司. 高情商沟通：让事情按照你的想法推进 [M]. 秦琴，译. 武汉：武汉出版社，2018.

[6] 吴仁波，刘昌华. 国际商务谈判：理论·实务·案例分析 [M]. 杭州：浙江大学出版社，2018.

[7] 左显兰. 商务谈判与礼仪 [M]. 2版. 北京：机械工业出版社，2018.

[8] 蔡春红，余远坤，冯强，等. 推销技巧与实战 [M]. 2版. 北京：清华大学出版社，2017.

[9] 宫承波. 创新思维训练 [M]. 北京：中国广播电视出版社，2014.

[10] 苏兰君. 营销思维训练手册 [M]. 北京：北京大学出版社，2014.

[11] 吴健安，王旭，姜法奎，等. 现代推销学 [M]. 4版. 大连：东北财经大学出版社，2014.

[12] 中华人民共和国教育部. 中等职业学校专业教学标准（试行）财经商贸类（第一辑）[M]. 北京：高等教育出版社，2014.

[13] 罗生芳，李红梅. 市场营销口才训练 [M]. 3版. 北京：电子工业出版社，2013.

[14] 荣晓华. 消费者行为学 [M]. 4版. 大连：东北财经大学出版社，2013.

[15] 王彩娥. 市场营销综合实训 [M]. 北京：科学出版社，2013.

[16] 杨群祥. 商务谈判 [M]. 4版. 大连：东北财经大学出版社，2013.

[17] 钟立群，李彦琴. 现代推销技术 [M]. 3版. 北京：电子工业出版社，2013.

［18］蔡炜．商务谈判［M］．上海：立信会计出版社，2012.

［19］李剑虹．市场营销学案例分析及综合训练［M］．成都：西南交通大学出版社，2012.

［20］刘玉冰．沟通技巧与实训［M］．北京：清华大学出版社，2012.

［21］杨玉荣．营销口才训练［M］．北京：化学工业出版社，2012.

［22］张雪松．旅游心理学［M］．北京：中国铁道出版社，2012.

［23］葆卿．超级营销口才：一语值千金［M］．北京：印刷工业出版社，2011.

［24］张素洁．职业通用礼仪［M］．北京：清华大学出版社，2011.

［25］崔利群，苏巧娜．推销与沟通技巧［M］．北京：高等教育出版社，2010.

［26］李军昭．市场营销能力综合训练［M］．北京：高等教育出版社，2010.

［27］张素洁，代智弘．饭店服务礼仪［M］．北京：中国铁道出版社，2010.

［28］刘兰明．职业基本素养［M］．北京：高等教育出版社，2009.

［29］肖剑锋．营销素养训练——团队与个人管理实务［M］．3版．北京：中国财政经济出版社，2023.

［30］葛雷，白宇．营销素养训练——销售语言与服务礼仪［M］．3版．北京：中国财政经济出版社，2023.